LE DROIT DE LA NATURE ET DES GENS.

LIVRE HUITIÉME,

Où l'on traite des principales Parties de la Souveraineté; des Contracts & des Traitez, tant Publics que particuliers, des Puissances Souveraines; des différentes manieres dont les Citoyens cessent d'être Membres d'un Etat, & des divers changemens ou de la destruction même des Societez Civiles.

CHAPITRE PREMIER.

Du POUVOIR *qu'ont les Souverains* DE PRESCRIRE DES LOIX *à leurs Sujets.*

§. PREMIER.

APRÉS avoir expliqué tout ce qui regarde la nature de la Souveraineté en général, il ne reste plus qu'à examiner en détail les principales questions que l'on agite au sujet de chacune de ses Parties. Nous avons mis au premier rang le Pouvoir de prescrire aux Sujets la maniere dont ils doivent régler leur conduite : Pouvoir d'où émanent les LOIX que l'on appelle CIVILES. Il faut donc ajoûter ici à ce que nous avons dit (a) ailleurs des Loix en général, une idée plus distincte de ce qui concerne en particulier les Loix Civiles, & les ordres du Souverain.

De la nature des *Loix Civiles* en général.

(a) Liv. I. Chap. VI.

Les *Loix Civiles* sont ainsi appellées ou *par rapport à leur autorité*, ou *par rapport à leur origine*. Au premier égard, on peut donner le nom de Loix Civiles à toutes (b) celles qui servent de régle aux Jugemens des Tribunaux d'un Etat, de quelque endroit qu'elles tirent leur origine. Les Loix Naturelles, & les Loix Divines Positives, obligent à la vérité, & rendent punissables devant le Tribunal Divin, tous ceux pour qui elles sont établies & publiées, & la violation des Loix de la Nature

(b) Voyez *Grotius de Imp. Summ. Potest. circa Sacra*, Cap. III. num 3. 4. 11. & Cap. IV. num. 1.

(c) Liv. II. Chap. III. §. 21.

est même suivie ici-bas des *Peines Naturelles*, dont nous avons (c) parlé ailleurs Mais ce qui leur donne pleine & entiere force de Loi dans les Tribunaux Civiles, c'est l'Autorité du Souverain, à qui il appartient de déterminer les Crimes qui doivent être punis en Justice, & ceux dont on laisse à DIEU la vengeance; comme aussi les Obligations Naturelles pour lesquelles on peut avoir action en Justice, (1) & celles dont l'accomplissement est abandonné à l'honneur & à la conscience de chacun. Or entre les maximes du Droit Naturel, il n'y a que celles sans l'observation desquelles les Citoyens ne sauroient absolument vivre en paix les uns avec les autres, qui ayent force de Loi dans tous les Etats du monde. Pour (d) les autres, on n'a pas jugé à propos de leur donner cette efficace ni expressément, ni par l'usage du Barreau; soit parceque les actions qui paroissent contraires à ces maximes, auroient été d'une trop difficile discussion; soit pour ne pas ouvrir la porte à une infinité de procez; soit pour laisser aux véritables gens-de-bien le moyen de faire connoître, en pratiquant avec soin les Devoirs dont la violation demeure impunie devant les Tribunaux Humains, qu'ils n'agissent point par la crainte des Peines, mais uniquement par la crainte de DIEU, & par l'amour de la Vertu: ce qui est pour eux le plus grand sujet de louange.

(d) Voyez un passage de *Séneque* cité ci-dessus, Liv. I. Chap. II. §. 10. Note 4. Voyez aussi ce qu'on a dit Liv. III. Ch. IV. §. 6.

Les *Loix Civiles* ainsi appellées *à cause de leur origine*, ce sont celles qui ont uniquement pour principe la volonté du Souverain, & elles roulent sur des choses qui se rapportent au bien (e) particulier de l'Etat, quoique d'ailleurs indifférentes par le Droit Naturel & par le Droit Divin, dont elles sont (2) *comme des supplémens*, selon l'expression d'un ancien Juif. Les Sujets ne doivent pourtant pas les observer avec moins d'exactitude, que les Loix purement Naturelles: car il est manifestement plus avantageux à la Societé Humaine, de se conformer à la volonté du Souverain en matiere de choses indifférentes, & de trouver bon ce qui lui paroît tel, que s'il y avoit là-dessus des contestations perpétuelles, d'où il naîtroit infailliblement des Guerres & des Carnages, qui sont sans contredit de terribles maux.

(e) Voyez un passage de *Ciceron*, cité ci-dessus, Liv. V. Chap. XII. §. 8. Note 6.

L'assemblage de ces sortes de Loix, est ce que l'on appelle ordinairement le *Droit Civil*. Mais il faut remarquer, que toutes les Régles qui se trouvent contenuës dans les *Corps de Droit* ou les *Codes*, ne sont pas des Loix Civiles proprement ainsi nommées, & qu'il y a bien des maximes du droit Naturel mêlées parmi les Ordonnances que le Souverain fait en vuë du bien particuler de l'Etat, quoique jusqu'ici les Interprêtes du Droit Civil confondent tout cela ordinairement. Les réglemens du Droit purement Civil y sont néanmoins le plus grand nombre, & ils consistent (3) en géne-

CHAP. I. (1) Voyez ci-dessus, *Liv. III. Chap. IV.* §. 6.

(2) *Ὥσπερ εἰκότως προσθῆκαι μᾶλλον αἱ κατὰ μέρος πολιτεῖαι μιᾶς τῆς κατὰ τὴν φύσιν. προσθῆκαι μὲν γὰρ οἱ κατὰ πόλεις νόμοι τοῦ τῆς φύσεως ὀρθοῦ λόγου· προσθήκη δ' ἐστὶ πολιτικὸς ἀνὴρ τοῦ βιοῦντος κατὰ φύσιν* PHILON, *Liv. de Joseph* p. 531. B. *Edit. Paris.* C'est aussi l'idée des Jurisconsultes Romains, qui disent que le Droit Civil *ajoûte* quelque chose au Droit Naturel, ou en *retranche*, c'est à dire, en matiere des choses permises, à l'egard desquelles il borne la liberté naturelle, lorsque le Bien Public le demande: *Jus Civile est, quod neque in totum à Naturali vel Gentium jure recedit, nec per omnia ei servit: itaque, quum aliquid* ADDIMUS *vel* DETRAHIMUS *Juri communi*, JUS PROPRIUM, *id est*, CIVILE, *efficimus* DIGEST. Lib. I. Tit I. *De Justit. & Jure*, Leg. VI Pour ce qui est des Loix Naturelles qui prescrivent ou qui defendent quelque chose, le Droit Civil les confirme, ou doit les confirmer par son autorité, autant que le permet ou le demande le bien Public. Et alors l'obligation de les observer devient par cela même plus forte: Voyez l'*Ebauche de la Religion Naturelle* par Mr. WOLLASTON, Secte VII. page 259, 260.

(3) De-plus, comme il y a bien des choses que le Droit Naturel prescrit seulement d'une maniere generale & indeterminee, ensorte que le *tems*, la *maniere*, le *lieu*, l'*application à telle ou telle personne*, & autres semblables circonstances, sont laissées à la volonte & à la prudence de chacun. Les Loix Civiles reglent ordinairement tout cela, pour l'ordre & la tranquilité de l'Etat: quelquefois même elles proposent des ré-

ral, ou à prescrire certaines formalitez que l'on doit observer pour rendre valables en Justice les actes par lesquels on transporte quelque droit, ou l'on entre dans quelque engagement envers autrui; ou à régler la maniere dont chacun doit poursuivre son droit en Justice. Si l'on traite néanmoins ces choses à part, & qu'on écarte tout ce qui est de Droit Naturel, le Droit Civil se trouvera, pour le fond, réduit à des bornes assez étroites. Outre que, dans tous les cas où l'on ne trouve point de décision du Droit Civil, (4) on a recours aux principes de la Raison naturelle; desorte que le Droit Naturel suplée en tout & partout au défaut des Loix Civiles.

Si les Loix Civiles peuvent être contraires au Droit Naturel?

§. II. HOBBES (a) avance ici un assez grand paradoxe: car il soutient, qu'*il est impossible que les Loix Civiles soient contraires au Droit Naturel, tant qu'elles ne renferment rien d'injurieux à la Divinité.* La raison principale surquoi il se fonde, c'est que l'*Obligation d'observer les Loix Civiles étant antérieure à la publication de ces Loix, est fondée sur la constitution même de l'Etat*, où chacun (b) de ceux qui entrent dans la Societé, s'engage à obéïr aux commandemens du Souverain, c'est-à-dire, aux Loix Civiles; *le Droit Naturel, en vertu d'une de ses Loix, qui défend de manquer à ce que l'on a promis, prescrit en même temps l'observation de toutes les Loix Civiles. Car*, ajoute-t'il, *lorsqu'on est tenu d'obéir, avant que de sçavoir ce qui sera commandé, on doit se soumettre généralement à tous les ordres que l'on recevra.* Mais il est certain qu'avant la formation des Societez Civiles, les Hommes avoient déja les idées du Droit Naturel. Le but principal de cet établissement, est même de pouvoir sûrement pratiquer les Loix de la Nature, qui sont le fondement de la paix du Genre Humain. Enfin, il n'y a rien dans les Loix Naturelles, qui soit contraire au but & à la constitution des Societez Civiles: au contraire l'observation de ces Loix est d'un très-grand usage pour le bonheur d'un Etat. Cela étant, il faut sans contredit supposer, que ceux qui en se joignant ensemble pour former une telle Societé, s'engageoient à obéïr aux Loix qui seroient établies pour le bien particulier de leur Etat, supposoient qu'elles ne renfermassent rien de contraire ni au Droit Naturel, ni au but général des Societez Civiles. Ainsi, quoique par abus on puisse actuellement faire quelque Loi Civile (1) opposée au Droit Naturel, il n'y a que des (2) Princes insensez,

(a) *De Cive*, Cap. XIV. §. 10.

(b) *Ibid.* §. 9.

compenses à ceux qui feront de leur propre mouvement ces sortes d'actions. Elles expliquent aussi ce qu'il peut y avoir d'obscur dans les maximes du Droit Naturel, ou dans leur application; & les Particuliers sont tenus de se conformer à ces decisions faites par autorité publique, quand même ils ne les trouveroient pas bien justes. Enfin, elles bornent en diverses manieres l'usage des droits que chacun a naturellement. Au reste, chaque Sujet doit obéïr & se soumettre à tous ces reglemens, tant qu'ils ne renferment rien de manifestement contraire aux Loix Divines, soit Naturelles, ou Revelées; & cela non seulement par la crainte des Peines qui sont attachées a leur violation, mais encore par un principe de conscience, & en vertu d'une maxime même du Droit Naturel, qui ordonne d'obéïr aux Souverains légitimes. J'ai tiré ceci de l'Abregé *des Devoirs de l'Homme & du Cit.* Liv. II. Chap. XII. §. 6, 7, 8. Voyez là-dessus mes Notes.

(4) HOBBES, *de Cive*, Cap. XIV. §. 14. appelle la Loi Naturelle, une *Loi Civile non-écrite.* C'est là-dessus (ajoûtoit notre Auteur) qu'est fondée l'action *inscripti maleficii*, c'est-à dire, intentée pour des crimes qui ne se trouvoient pas exprimez dans les Loix, de laquelle action les anciens Déclamateurs parlent souvent, & dont QUINTILIEN surtout fait voir l'équité, par la raison que les plus habiles Législateurs ne sauroient prevoir tous les Crimes que la Malice Humaine est capable d'inspirer: *Diligentissime majores hanc videntur excogitasse legem, quod quum scirent nullam tantam esse prudentiam, nullam immotam certam divinationem, ut omnia quacumque ingeniis malorum excogitari unquam potuissent, providentia caventium videret: hac lege omnem malitiam, velut quadam indagine, cinxerunt, ut quidquid aliarum Legum effugisset auxilium, quasi extrinsecus circumdaretur.* Declam. CCLII. page 555. *Edit. Burm.* Cette action, au reste, usitée autrefois chez les Grecs, (ἀγράφων ἀδικημάτων) est ce que le Droit Romain appelle *Stellionatus.* Voyez CUJAS, *Observ.* Lib. X. Cap. 26. NICOLAS FABER sur SENEQUE, Excerpt. Controv. Lib. III. *Præfat.* PIERRE AYRAULT sur QUINTILIEN, *Declam.* 344. & SAUMAISE, *De modo Usurarum*, Cap. XIV. *page* 589. TURNEBE, *Adversar.* Lib. X. Cap. 6.

§. II. (1) Voyez mon *Discours sur la permission des Loix*, joint aux dernieres Editions des *Devoirs de l'Homme & du Citoyen.*

(2) On traita avec raison d'insensé, ce *Stratocles*,

ou assez méchans pour souhaiter de détruire leur propre Etat, qui soient capables d'établir de propos délibéré des Loix reconnuës telles.

Si ces mêmes Loix peuvent déterminer la nature des Crimes, selon que le Législateur le juge à propos?

§. III. Le même Auteur (a) appuye encore son sentiment d'une autre maniere. *Il est vrai*, dit-il, *que la Loi Naturelle défend le* Larcin, *l'*Homicide, *l'*Adultere, *& en général toute sorte d'Injures: mais il appartient uniquement aux Loix Civiles, de déterminer ce qu'il faut entendre par ces termes. Ce n'est pas toûjours voler, que de prendre ce qu'un autre possède; mais* le Larcin *consiste à prendre* une chose qui appartient en propre à autrui: *or la détermination du* Mien *& du* Tien, *dans un Etat, dépend absolument des Loix Civiles. On ne commet pas un* Homicide, *toutes les fois que l'on tue quelqu'un; mais seulement lorsque l'on tue une personne à qui les Loix de l'Etat nous défendent d'ôter la vie. Tout commerce avec une Femme ou une Fille n'est pas un* Adultere; *mais seulement celui qui se trouve défendu par les Loix Civiles. Enfin la violation d'une Promesse n'est une* Injure, *que quand la Promesse regarde une chose permise; car si l'on n'a pas droit de faire une certaine Convention, personne n'acquiert par-là aucun droit. Or c'est aux Loix Civiles à régler sur quelles choses on peut ou l'on ne peut pas traiter.*

(a) *De Cive*, Cap. VI. §. 16. & Cap. XIV. §. 9, 10.

Je répons à cela, 1. Que dumoins ceux qui, comme nous, reconnoissent la divinité de l'Ecriture Sainte, peuvent être assurez, & par les Loix que Dieu donna autrefois aux *Juifs*, & par ses autres Révélations, de quelle maniere ce Souverain Législateur, qui est l'Auteur de la Loi Naturelle, veut que l'on définisse plusieurs sortes de Crimes. Si donc les Loix d'un Etat font regarder comme innocens certains actes qui entrent dans les idées de ces définitions, ils ne laisseront pas pour cela d'être contraires à la Loi de Dieu: d'autant plus qu'on ne sauroit alléguer aucune raison satisfaisante, pourquoi Dieu les ayant défendus aux *Juifs*, les permettroit néanmoins aux autres Peuples. Chez les *Lacédémoniens*, par exemple, un Vieillard (b) cassé pouvoit faire coucher avec sa Femme quelque Jeune Homme vigoureux, sans que ni le Mari se deshonorât par-là, ni le Jeune Homme & la Femme passassent pour commettre un adultére; parceque les Loix de l'Etat n'avoient pas compris sous ce nom un tel commerce avec la Femme d'autrui du consentement du Mari même. Mais les Loix divines, en défendant l'*Adultere*, l'entendent de tout commerce impur avec une Femme actuellement mariée à un autre Homme; desorte que la pratique autorisée par les Loix de *Lacédémone*, ne peut qu'être regardée comme un abus contraire au Droit Naturel.

(b) Voyez ci-dessus, Liv. VI. Ch. I. §. 15.

2. De-plus, quand même on s'opiniâtreroit à soûtenir, que les définitions de certains actes déclarez illicites par les Loix de *Moïse*, ne regardent que le Peuple Juif à qui elles étoient données, il faudroit toûjours reconnoître que les Loix Civiles doivent déterminer les actions défendues par le Droit Naturel, d'une maniere qui ne donne aucune atteinte au but de la Loi naturelle, qui est d'entretenir parmi les Hommes une Societé honnête & paisible; & par conséquent, que toute Loi Civile contraire à cette fin, (1) est aussi contraire au Droit Naturel. Si on vouloit définir,

qui fit passer à *Athénes* un Decret portant, *que tout ce que commanderoit le Roi* DEMETRIUS, *seroit tenu pour Saint envers les Dieux, & juste envers les Hommes.* PLUTARQUE. *in Demetr.* page 900, 901. Tome I. *Edit. Wech.* La flatterie de *Parysatis* n'est pas moins impie & moins détestable. Pour persuader *Artaxerxe* d'épouser sa propre Fille, elle dit à ce Prince, que *la Divinité en le donnant aux* Perses, *l'avoit établi avec pouvoir de faire par sa volonté la régle de ce qui est Honnête ou Deshonnête.* Idem, *in Artaxerx.* page 1024. B. Citation de l'Auteur. Voyez ci-dessus, *Liv.* II *Chap.* III. §. 4. *Note* 1. & *l'Ebauche de la Religion Naturelle*, par Mr. *Wollaston*, Sect. VII. *page* 234 *& suiv.*

§. III. Il faut remarquer, que quand des Peuples un peu éclairez ont permis & autorisé en quelque maniere des choses manifestment contraires au Droit

par exemple, l'*Adultere*, une copulation charnelle avec la Femme d'autrui *sans son consentement*; ou le *Larcin*, un vol fait *de nuit*, ou (2) *d'une chose dont on a besoin*; ou l'*Homicide*; ou meurtre commis *ouvertement & à main armée*; qui doute, que cela ne produisît dans l'Etat une infinité de désordres? En vain prétendroit-on que la Loi étant générale, chacun pourroit se dédommager de ce qu'il en souffriroit quelquefois, en profitant à son tour, dans une autre occasion, de la permission qu'elle lui donneroit, aussi-bien qu'aux autres; & que la parfaite égalité des Citoyens à cet égard ôteroit à chacun tout sujet de plainte. Il se trouve bien des gens qui souhaiteroient d'être seuls en droit de faire certaines choses: mais si les autres pouvoient en user de même à leur égard, ils ne voudroient pas acheter à ce prix-là une telle permission. Il n'y a que des Vauriens achevez, qui puissent s'accommoder de la liberté que chacun a, par exemple, en *Tartarie*, de prendre impunément tout ce dont il a besoin: car pour ceux qui sont un peu soigneux de leur bien, il arriveroit très-souvent qu'ils se verroient dépoüillez par-là de ce dont ils auroient le plus de peine à se passer, sans trouver chez aucun autre rien de semblable surquoi ils pussent se dédommager, ou dumoins sans que l'absence ou la négligence du Proprietaire leur permît de le lui enlever, quand il leur en prendroit envie. Que si l'égalité parfaite du droit des Citoyens, en matiere de pareilles choses, étoit une raison suffisante pour autoriser à les permettre; on pourroit, par la même raison, abolir toutes les Loix; expédient très-propre à introduire parmi les Hommes une entiere égalité à tous égards, mais qui ne viendra jamais dans l'esprit d'une personne de bon sens.

3. Rien n'est plus faux que ce qu'Hobbes suppose ici, que les questions qui regardent le *Mien* & le *Tien* soient uniquement du ressort des Loix Civiles proprement ainsi nommées; (3) & que dans l'Etat de la Nature il n'y ait point de Proprieté de

Naturel, ce n'a pas été faute d'ignorer *cette opposition*, moins encore dans la pensée que le Souverain peut determiner à sa fantaisie la nature des Crimes; mais le plus *souvent* à cause de certaines circonstances, qui faisoient qu'on jugeoit à propos de laisser quelque Crimes impunis, pour eviter de plus fâcheux inconvéniens. C'est ainsi que parmi les *Egyptiens* il y avoit une Loi, qui portoit, que ceux qui voudroient faire métier de voler, devoient aller se faire enregistrer chez un Capitaine de Voleurs, à qui ils promettoient de lui apporter incessamment tout ce qu'ils pourroient prendre. Ainsi ceux qui avoient perdu quelque chose, pourvû qu'ils eussent soin de marquer le jour, l'heure, & l'endroit où ils avoient été volez, le recouvroient aisément, & en étoient quitte pour donner le quart de ce que pouvoit valoir la chose volée. Surquoi Diodore *de Sicile*, après avoir rapporté une Loi qui paroît d'abord si etrange, remarque en même tems, que comme il n'étoit pas possible d'empêcher tout le monde de voler, le Legislateur avoit par-là trouvé un expédient, pour faire retrouver à chacun, sans qu'il lui en coûtât beaucoup, tout ce qu'on lui auroit pris. Ἀδυνάτου γὰρ ὄντος τοῦ πάντας ἀποστῆσαι τῆς κλοπῆς, εὗρε πόρον ὁ νομοθέτης, δι' οὗ πᾶν τὸ ἀπολόμενον σωθήσεται, μικρῶν διδομένων λύτρων. Lib. I. page 72. *Edit. Rhodom.* C'est que, comme le remarque Mr. Le Clerc sur Exod. XX. 15. *les Egyptiens* de même que les *Arabes* d'aujourd'hui, avoient beaucoup d'inclination de voler.

(2) C'est ainsi qu'en Tartarie, quiconque a besoin d'une chose, peut impunément la prendre où il la trouve. Si celui, à qui elle est, va se plaindre au Juge de la violence, le Voleur ne nie point le fait; il dit seulement qu'il ne pouvoit se passer de la chose volée. Alors le Juge prononce la Sentence en disant au Demandeur: *Si tu as toi-même besoin de quelque chose, va la prendre à d'autres.* Sigismund. *Baro in* Herberstain, Rer. Moscovit. *page* 90. *Edit. Basil.* 1556. Un autre Historien rapporte néanmoins cette coûtume d'une maniere moins étrange. Les *Tartares*, dit-il, partagent volontiers leurs provisions avec leurs Hôtes; mais ils veulent qu'on en fasse de même à leur egard, sinon ils prennent par force ce qu'on leur refuse. Haython, *de Tartar.* Cap. XLVIII. La licence du Larcin est encore plus grande dans la *Colchide*. On s'en fait honneur, jusques-là que qui ne sçait pas voler, passe pour une souche & une bête. Son Frere, ou son propre Fils le donne, ou le vend pour peu de chose, à des Marchands Etrangers. Busbeq. *Epist.* III. page 208. *Edit. Elzevir.* Citations de notre Auteur.

(3) C'est neanmoins ce que feu Mr. Bossuet, Evêque de *Meaux*, n'a pas fait scrupule d'avancer dans une *Politique tirée*, à ce qu'il prétend, *des propres paroles de l'Ecriture Sainte*, mais tres-souvent fort mal entenduës & appliquées. *Otez le Gouvernement*, dit-il, *la Terre & tous ses biens sont aussi communs entre les hommes, que l'Air & la Lumiere.* Fort bien. Mais s'ensuit-il de là, que *selon ce droit primitif de la Nature, nul n'ait de droit particulier surquoi que ce soit, & que* TOUT SOIT EN PROYE A TOUS; ensorte qu'il soit necessaire, que *dans un Gouvernement réglé chaque Par-*

biens. Il est vrai que la possession de ce qui appartient à chacun est beaucoup plus assurée dans les Societez Civiles, où l'on joüit de ses biens à l'abri du secours de plusieurs personnes jointes ensemble, & de la protection des Juges communs, établis par autorité publique; que dans l'Etat de Nature, où chacun n'a que ses propres forces pour se défendre contre les insultes d'un injuste Ravisseur. Mais cela n'empêche pas que l'établissement de la Proprieté des biens ne soit antérieur à la formation des Societez Civiles, & il ne suffit pas d'affirmer gravement le contraire, il faut le prouver. Aujourd'hui même les Princes & les Etats vivent dans l'Etat de Nature les uns par rapport aux autres, desorte que la Proprieté des biens n'est pas fondée entr'eux sur l'autorité d'une Loi commune, ou d'un Juge Supérieur d'où ils dépendent également; mais uniquement sur des Conventions, & sur les titres que donnent les manieres naturelles d'acquérir une chose en propre. Oseroit-on soûtenir pour cela, qu'un Roi puisse, sans se rendre coupable de larcin ou de rapine, prendre ou secretement, ou de vive force, le bien d'un autre avec qui il n'a point fait de Traité? J'avouë encore, que les Conventions des Citoyens au sujet d'une chose défenduë par les Loix, ne sont pas valides: mais s'ensuit-il de là que ceux qui vivent dans l'indépendance de l'Etat de Nature, ne se fassent point de *tort* les uns aux autres, lorsqu'ils violent les engagemens où ils étoient entrez? Il est donc faux que le *Tort* ou l'*Injure* suppose toûjours nécessairement la détermination des Loix Civiles. On ne sauroit non-plus raisonnablement soûtenir, que dans l'état de la Liberté Naturelle, un homme qui en tue un autre, sans y être autorisé par le droit de la Guerre, ou par la nécessité de défendre sa propre vie, ne commette pas un véritable *Homicide*. Les principes du Droit Naturel suffisent aussi pour nous faire clairement comprendre, que l'*Adultere* consiste dans la violation de la foi conjugale, sans qu'on ait besoin pour cela de la décision des Loix Civiles. Tout ce qu'elles peuvent faire, c'est d'ajoûter aux Contrats de Mariage quelques circonstances & quelques formalitez, dont le défaut les rends nuls & les dépoüille de certains effets qu'ils auroient eu sans cela.

4. Enfin, il faut bien distinguer ici entre ce que les Loix Civiles ordonnent, & ce

ticulier renonce au DROIT D'OCCUPER *par force ce qui lui convient?* DE LA (dit-on, c'est à-dire, de l'établissement du Gouvernement Civil) *est né le droit de Proprieté. Et en general* TOUT DROIT *doit venir de l'Autorité Publique, sans qu'il soit permis de rien envahir, ni de rien attenter par la force.* Liv. I. Artic. III. Proposit. IV. On ne peut guéres plus fidellement exprimer les principes d'HOBBES, & il pourroit bien être, que c'est dans le même esprit, que l'Evêque appelle ailleurs l'Anarchie, par opposition au Gouvernement Civil, *un état de Guerre de tous contre* TOUS. Liv. VII. Art. II. Propos. III. à la fin. Opposons à des idées si fausses & si grossieres, les paroles suivantes de Mr. WOLLASTON. Avant toute Loi Humaine „ l'effet, ou „ le produit du travail de B. n'est pas l'effet du travail „ de C. Cet effet donc appartient à B. & non pas à C: „ il appartient aussi réellement à B. que le fait son „ propre travail; parceque tout ce que le travail de „ B. produit, est véritablement produit par B. . . . & „ non par C. ni par quelque autre. Si C. reclamoit „ donc la proprieté de ce que B. seul peut véritable- „ ment appeller sien, C. agiroit d'une maniere con- „ traire à la Verité; (c'est-à-dire, au droit que B. a vé- „ ritablement en vertu de sa proprieté. Or le droit de chacun sur les Choses qui étoient au commencement communes, vient de ce que le premier Occupant, par son propre travail, tiroit ces choses de l'état de Communauté, & se les approprioit ainsi. Voyez ci-dessus, *Liv.* IV. *Chapitre* IV. §. 4. „ De-plus, il y a „ plusieurs choses, que B. peut avec verité appeller „ *siennes* dans un sens, & pour des raisons qui lui con- „ viennent à lui seul, & ausquelles D. n'a pas plus de „ droit que F, &c. & dont la proprieté est par consé- „ quent particuliere à B: parceque C. n'a pas à ces „ choses un plus juste titre, que D. ni D. que F, &c. „ Or, quand tous les Hommes, excepté B. ont un ti- „ tre égal à la proprieté d'une chose, leur titre est „ anéanti; parceque leurs prétensions se contrebalan- „ cent & se détruisent les unes les autres, tandis que „ celle de B. subsiste. Or, en ce cas-là, peu de chose „ opposée à rien, sera assez forte pour maintenir les prétensions de B. ABAUCHER *de la Relig. Natur.* page 218, 219. Je voudrois néanmoins que cet Auteur, dans les dernieres paroles, eût laissé à quartier cette *égalité de titre*, qui fait que les prétensions de tous les autres *s'entre-détruisent* Dès-là qu'un seul a droit à une chose, tous les autres n'y en ont aucun; & par conséquent il n'est pas question d'accorder leurs titres.

qu'elles permettent (4) simplement, ou ce qu'elles ne défendent pas sous quelque peine ; car rien n'empêche qu'une seule & même chose ne soit défendue par le Droit Naturel, & permise par le Droit Civil. La permission des Loix Civiles ne fait pas qu'une action cesse d'être contraire au Droit Naturel, ou qu'on puisse la commettre sans pécher contre Dieu, le Souverain Législateur : toute la vertu qu'elle a se réduit à déclarer, que le Souverain n'usera pas de son autorité pour réprimer ceux qui voudroient commettre une telle action, ni ne les en punira point, s'ils l'ont une fois commise ; & qu'elle aura d'ailleurs devant les Tribunaux Humains les mêmes effets, que les choses qui sont permises par le Droit de Nature. Les Loix de *Tartarie*, par exemple, (5) n'ordonnent pas formellement de prendre le bien d'autrui ; elles ne défendent pas non-plus, je pense, aux Proprietaires de repousser ceux qui viennent leur enlever leurs biens : elles accordent seulement une pleine impunité à ceux qui ont pris quelque chose qui appartient à autrui, & ne les contraignent pas même de le rendre à son maître : desorte que devant les Tribunaux de ce Païs-là ce que l'on a pris de cette maniere passe pour légitimement acquis (6). Il n'y avoit non-plus à *Lacédémone* aucune Loi qui ordonnât aux vieux Maris de souffrir que leurs Femmes couchassent avec quelque Jeune Homme, ni aux Jeunes Hommes de coucher avec la Femme de quelque vieux Mari : mais lorsque les intéressez y consentoient de part & d'autre, les Loix ne s'y [illegible]ent pas, & tenoient pour légitimes les Enfans nez d'un tel commerce ; ensorte [illegible]ient admis à la succession des biens paternels. Ainsi, dans les endroits [illegible]els sont permis, celui qui tue son homme en cette occasion ne laisse pas d'être coupable devant le Tribunal Divin, quoiqu'il soit exempt de la peine dont

(4) „ Il y a de certains maux dans la République „ qui y sont soufferts, parcequ'ils préviennent ou em„ pêchent de plus grands maux. Il y a d'autres maux, „ qui sont tels seulement par leur établissement, & „ qui étant dans leur origine un abus ou un mauvais „ usage, sont moins pernicieux dans leurs suites & „ dans la pratique, qu'une Loi plus juste, ou une „ coûtume plus raisonnable. L'on voit une espece de „ maux que l'on peut corriger par le changement ou la „ nouveauté, qui est un mal, & fort dangereux. Il y „ en a d'autres cachez & enfoncez comme des ordures „ dans une cloaque, je veux dire ensevelis sous la „ honte, sous le secret & dans l'obscurité ; on ne peut „ les fouiller & les remuer qu'ils n'exhalent le poison „ & l'infamie : les plus sages doutent quelquefois, „ s'il est mieux de connoître ces maux que de les „ ignorer. L'on tolére quelquefois dans un Etat un „ assez grand mal, mais qui détourne un million de „ petits maux ou d'inconvéniens qui tous seroient iné„ vitables & irremédiables. Il se trouve des maux dont „ chaque Particulier gémit, & qui deviennent néan„ moins un bien public, quoique le Public ne soit autre „ chose que tous les Particuliers. Il y a des maux per„ sonnels qui concourent au bien & à l'avantage de „ chaque famille. Il y en a qui affligent, ruïnent, ou „ deshonnorent les familles ; mais qui tendent au „ bien & à la conservation de la machine de l'Etat & „ du Gouvernement. La Bruyere, *Caracteres ou mœurs de ce siécle*, Chap. X. *du Souverain & de la République*, Tome I. page 455, 456. *Edit. d'Amst.* 1731.

(5) Il faut dire la même chose (ajoûtoit notre Auteur) de la permission du Larcin, que les Loix de *Lacédémone* accordoient aux Enfans. Car ces mots de Plutarque : *Apopht. Lacon. page* 234. A. Κλέπτειν νενόμισε τοὺς παῖδας, signifient, que la Loi le leur *permettoit*, & non pas le leur ordonnoit. Quand Xenophon dit aussi que le Larcin non seulement n'étoit pas honteux, mais qu'il étoit même *de nécessité*, Οὐκ αἰσχρὸν εἶναι, ἀλλ' ἀναγκαῖον, κλέπτειν, *De exped. Cyr.* Lib. IV. Cap. VI. §. 11. *Edit. Oxon.* il outre un peu la chose en raillant, pour pincer *Chérisophe* Lacedemonien, à qui il en vouloit. La coûtume en elle-même n'étoit pas aussi étrange que quelques-uns se l'imaginent, & qu'Isocrate même la represente, *Panathen* : Car il n'étoit permis aux Enfans de voler, que les fruits des Jardins, & les provisions de bouche ; que s'ils étoient decouverts, on les battoit bien, on les faisoit jeûner. Voyez Plutarque, *in Lycurg.* page 50. B. & Xenophon, *De Rep. Laced.* Cap. II, §. 7. & *seqq.*

(6) *Denys l'ancien* (comme le remarquoit plus bas notre Auteur) punissoit sévérement les autres crimes ; mais il accordoit l'impunité à ceux qui avoient fait un simple vol des habits de quelqu'un ; & il en usa ainsi, pour faire perdre aux *Syracusains* la coûtume de tenir table long-tems, & de s'enyvrer ensemble. Plutarch. *Apophthegm.* p. 175. F. Par le Droit Romain un homme qui souffroit que l'on jouât chez lui à quelque Jeu de hazard, ne pouvoit pas redemander en Justice ce qu'on lui avoit volé pendant ce tems-là. *Prætor ait.* Si quis eum, apud quem alea lusum esse dicetur, verberaverit, damnumve ei dederit, sive quid eo tempore dolo ejus subtractum est judicium non dabo. *Digest.* Lib XI. *Tit.* V. *De Aleatoribus*, Leg. I. Voyez ce que j'ai dit sur cette Loi dans mon Traité du Jeu, Liv. III. Chap. IX. §. 11.

les Loix Civiles punissent d'ailleurs l'Homicide. De dire maintenant, si le Souverain peut légitimement permettre de pareilles choses, & cela non par une simple connivence, mais par un acte formel & authentique qui les autorise; c'est sur quoi je n'oserois prononcer affirmativement; car de cette maniere on encourage & l'on sollicite presque les Citoyens à commettre des actions contraires au Droit Naturel. Mais la simple tolérance est en quelque façon excusable, lorsque les circonstances des tems (7) & le naturel des Peuples ne permettent pas de remédier directement à ces sortes d'abus. Ce n'est pas non-plus sans raison que le Droit Romain donne *action* (8) *pour cause de choses d'autrui détournées*, en des cas où il y a un véritable Larcin.

Si les Commandemens du *Décalogue* sont des Loix Civiles?

(a) *De Cive*, Cap. XIV. §. 9.

§. IV. HOBBES (a) prétend aussi, que *les Commandemens du Décalogue* ne sont pas des Loix Naturelles, mais *des Loix Civiles, qui doivent être expliquées de cette maniere : Ne refusez point à vos Peres & à vos Meres l'honneur que les Loix Civiles ordonnent de leur rendre : Ne tuez aucun de ceux à qui les Loix Civiles vous défendent d'ôter la vie : Ne vous abandonnez à aucun commerce d'amour défendu par les Loix : Ne prenez point le bien d'autrui sans le consentement du Proprietaire : Ne fraudez pas les Loix, & ne trompez pas les Juges par de faux témoignages.* Tout ceci roule encore sur la fausse hypothese de cet Auteur, qu'avant l'établissement des Societez Civiles il n'y avoit point de *Mien* & de *Tien*, ni de Mariage réglé, & que chacun pouvoit alors agir comme il lui plaisoit envers & contre tout autre. Mais il est clair que tous ces Commandemens ont lieu entre ceux qui vivent dans l'indépendance de l'Etat de Nature, & qui ne reconnoissent d'autres Loix communes que les Naturelles, aussi-bien qu'entre les Sujets d'un même Etat. Avant qu'il y eût aucune Societé Civile, on pouvoit sans contredit faire ensemble, par des Conventions, un partage des biens de la Terre, & on l'a fait actuellement. Desorte qu'alors ceux qui prenoient le bien d'autrui, ou de vive force, ou en cachette, ne péchoient pas moins contre le huitiéme Commandement du Décalogue, qu'un homme qui aujourd'hui vole son Concitoyen. Si quelqu'un osoit soûtenir, que ce n'est pas un *Adultere* de débaucher la Femme d'un Homme, par rapport auquel on vit dans la Liberté Naturelle; il n'auroit, pour se désabuser d'une telle pensée, qu'à lire ce que DIEU dit autrefois en songe à *Abimelech* (b), lorsque ce Prince s'étoit saisi de *Sara*. Enfin, l'usage des Arbitres, du moins (c) ceux qui décident quelque question de fait sur le rapport des Témoins, a lieu sans contredit dans l'Etat de Nature, & par conséquent aussi le neuviéme Commandement du Décalogue. Du reste, quoique la plûpart des Commandemens du Décalogue se rapportent par eux-mêmes au Droit Naturel, il faut avoüer qu'entant qu'on les considere comme gravez sur deux Tables, & donnez aux *Israëlites* par MOÏSE, on peut fort bien les appeller les Loix Civiles de ce Peuple, ou plûtôt les principaux Chefs de son Droit Civil, ausquels le Législateur ajoûta ensuite divers Commandemens particuliers, accompagnez d'une détermination précise des peines dont le Législateur menaçoit les contrevenans (d). En effet, le Décalogue (e) ne parle point

(b) *Genes.* XX, 3. Voyez aussi XXVI, 10.

(c) Voyez *Hobbes* lui-même, *De Cive*, Cap. III. §. 23.

(d) Voyez *Philon de Decalogo*.

(e) *Grotius*, ad *Matth.* V, 27.

(7) Voyez un fragment de PHILEMON, rapporté par *Athenée*, Lib. XIII. page 569. & un passage de St. AUGUSTIN que Mr. LE CLERC cite là-dessus, page 298. d'où il paroît, pourquoi on est quelquefois obligé de tolerer les *Courtisanes*. On peut aussi lire là-dessus la Dissertation de VELTHUYSEN, qui a pour titre, *Disquisitio de tolerando malo in Republica*.

(8) C'est lorsqu'un Mari ou une Femme, en se séparant, avoit retenu quelque chose de ce qui devoit revenir à l'autre après le Divorce. A cause de l'étroite liaison qu'il y avoit eu entr'eux par le Mariage, on adoucissoit l'idée du Larcin, que commettoit veritablement celui qui ne rendoit pas un bien dont il n'étoit pas légitime possesseur, & on appelloit cela simplement *détourner le bien d'autrui*. Voyez DIGEST. Lib. XXV. Tit. II. *De actione rerum amotarum*, & Mr. NOODT, dans son *Julius Paulus*, Cap. VII.

§. V.

point de tous les Crimes ; pas même de tous ceux qui étoient punissables devant le Tribunal Civil, mais seulement des plus énormes de chaque espece. Il n'y est point fait mention, par exemple, des coups que l'on porte sans aller au-delà d'une Blessure, mais seulement de l'Homicide ; ni de tout profit illicite qui tourne au détriment d'autrui, mais seulement du Larcin ; ni de toute Perfidie, mais du seul Faux-témoignage.

§. V. Il faut encore examiner ici les paroles suivantes du même Auteur, qui traitant des opinions seditieuses propres à causer la ruine d'un Etat, met au premier rang cette maxime ; (a) *Que les Particuliers peuvent juger par eux-mêmes de ce qui est Bon ou Mauvais ; car*, dit-il, *les Loix Civiles sont la Régle du Bien & du Mal, du Juste & de l'Injuste : par conséquent on doit tenir pour Bon, ce que le Législateur ordonne, & pour Mauvais, ce qu'il défend. Or le Législateur est toujours le Souverain..... On a donc tort de dire, comme on fait ordinairement, que le Roi est celui qui fait bien ; & qu'on ne doit obéir aux Rois que quand ils ordonnent des choses justes ; & autres semblables maximes. Avant l'établissement des Gouvernemens Civils, il n'y avoit ni Juste, ni Injuste : car ces deux idées sont essentiellement relatives au Commandement d'un Supérieur ; & toute Action est indifférente de sa nature : desorte que si elle est Juste ou Injuste, cela vient de l'autorité du Souverain. Ainsi tout Roi légitime rend les choses justes, par cela même qu'il les ordonne ; & injustes, par cela seul qu'il les défend. Pour les Particuliers, en s'attribuant le droit de juger du Bien & du Mal, ils entreprennent sur les droits du Roi ; ce qui ne peut se faire sans détruire l'Etat.*

S'il y avoit quelque chose de *Juste* & d'*Injuste* avant l'établissement des Loix Civiles?

(a) *De Cive*, Cap. XII. §. 1.

Je remarque là-dessus, qu'il dépend des Rois, à la vérité, de donner ou de ne pas donner force de Loi Civile à telle ou telle Loi Naturelle ; comme aussi de rendre justes ou injustes, en les commandant ou les défendant, bien des choses indifférentes en elles-mêmes par le Droit de Nature. Mais de prétendre, (1) qu'avant l'établissement des Societez Civiles il n'y eût pas des Régles fixes & évidentes du Juste & de l'Injuste, fondées sur le Droit Naturel, & ausquelles on fût tenu en conscience de se conformer ; cela est aussi faux & aussi absurde, que si l'on soûtenoit, que la Verité & la Rectitude dépendent de la volonté des Hommes, & non pas de la nature même des Choses, ou que les Souverains peuvent changer à leur fantaisie la nature des Choses, ou que deux Propositions contradictoires peuvent être vrayes à la fois par rapport à un seul & même sujet. D'ailleurs le paradoxe, qu'Hobbes avance ici, ne s'accorde pas bien avec ses propres principes. Selon lui, les premiers Peres de famille,

§. V. (1) Nôtre Auteur remarquoit plus bas, que Polybe avoit déja soûtenu la même chose : en quoi Machiavel l'a copié sans jugement (& sans nommer cet Historien). *Discurs. ad T. Liv.* Lib. I. C. II. Voici les paroles de Polybe : Καὶ τότε [ἐξ ἀρχῆς βασιλείας] πρώτως ἔννοια γίνεται τοῦ καλοῦ καὶ δικαίου τοῖς ἀνθρώποις, ὁμοίως δὲ καὶ τῶν ἐναντίων τούτοις. » Lorsqu'on se fut avisé d'établir la Royauté, (qui est selon lui, la forme de Gouvernement qui devoit se présenter naturellement à l'Esprit) » les Hommes » commencerent à se former des idées de l'Honnête » & du Juste, & de leurs contraires. *Lib.* VI. *Cap.* 3. Il me semble néanmoins, que Polybe ne prétend pas qu'on ne puisse avoir absolument aucune connoissance de l'Honnête ou du Deshonnête, du Juste ou de l'Injuste, sans l'établissement des Societez Civiles ; moins encore qu'on ne soit obligé de suivre aucune Régle de Justice ou d'Honnêteté dans l'indépendance de l'Etat de Nature. Il parle du *fait*, & non pas du *droit*. Il raisonne sur une Supposition fausse, à la vérité, mais qui le décharge toûjours d'une partie de la critique ; c'est que les premiers Hommes vivoient à-peu-près comme les Bêtes, & n'avoient d'autres lumieres que l'instinct qui leur est commun avec les autres Animaux. C'étoit-là l'opinion de la plûpart des Payens, venuë de l'ignorance où ils étoient de l'origine du Genre Humain ; comme notre Auteur l'a montré ci-dessus. *Liv.* II. *Chap.* II. §. 2. En tous cas, si la pensée de Polybe étoit telle qu'elle paroit d'abord, on pourroit le refuter par lui-même, & faire voir que ce qu'il dit de la maniere dont les Hommes, à l'occasion des Societez Civiles, sont venus à se former *naturellement* (καλοῦ καὶ δικαίου κατὰ φύσιν ἔννοια, Ibid. *Cap.* 5.) des idées du Juste & de l'Injuste, pouvoit aussi avoir lieu auparavant, pour peu qu'ils fissent usage de leur Raison naturelle.

qui se joignirent ensemble pour former des Societez Civiles, vivoient avant cela comme des Bêtes brutes; ne gardoient point les Conventions qu'ils avoient faites les uns avec les autres; ôtoient la vie & les biens à qui bon leur sembloit, sans commettre néanmoins aucune injustice: toutes leurs actions, en un mot, passoient pour indifférentes. Sur ce pié-là, aujourd'hui même les Monarques absolus, qui ne sont soumis à aucune Loi Civile, ne se font point de tort les uns aux autres, lorsqu'ils se pillent ou qu'ils se manquent de foi. Or, de l'aveu même d'HOBBES, les Conventions sont le fondement des Societez Civiles. Mais comment est-ce donc que ces Societez ont pu se former & se maintenir, si l'on ne croyoit pas auparavant, qu'il fût Juste de tenir sa parole, & Injuste d'y manquer? Ceux qui formoient les Etats, auroient-ils pû sans cela compter sur leurs Conventions réciproques? Et après même la formation de la Societé, qu'est-ce qui empêcheroit les Sujets de secouer, quand il leur plairoit, le joug de l'obéïssance, & d'abolir, avec l'Etat, toute différence du Juste & de l'Injuste? Car la crainte toute seule ne sauroit retenir long-tems une si grande multitude. Aussi n'y a-t-il jamais eu, à mon avis, de Roi assez fou pour ordonner positivement quelque chose de contraire aux maximes générales du Droit Naturel, ou pour défendre quelque chose que ce même Droit prescrit. On ne trouve point de Loi Civile, qui porte qu'il ne faut pas tenir ce que l'on a promis, ni rendre à chacun le sien, ni vivre honnêtement; & que l'on doit, au contraire, faire aux autres tout le mal possible, &c. Cependant rien n'empêcheroit qu'on ne fît de telles Loix, s'il étoit vrai qu'il n'y eût rien de Juste ni d'Injuste, avant la détermination du Souverain. Mais la vérité est, que les ordres les plus exprez du Souverain ne peuvent pas plus rendre bonnes & justes ces sortes de choses, qu'ils ne peuvent ôter, par exemple, à un venin sa qualité naturelle, qui le rend nuisible au Corps Humain. (b).

(b) Voyez *Rich. Cumberland. de Leg. Nat.* Lib. V. C. V.

On peut néanmoins admettre en un autre sens la proposition d'HOBBES, c'est-à-dire, en prenant le *Bien* & le *Mal* pour ce qui est avantageux ou desavantageux à l'Etat; car c'est sans contredit une opinion séditieuse, que d'attribuer aux Particuliers le droit de juger, si les moyens dont le Prince ordonne de se servir pour l'avancement du Bien Public, sont convenables ou non à cette fin, ensorte que l'obéïssance de chacun dépende des idées qu'il se fait là-dessus. Il est certain au contraire, qu'ici comme à la Guerre, il y a des choses que les Sujets doivent ignorer (2), comme il y en a qu'ils doivent sçavoir. Si toutes les fois que le Souverain donne quelque ordre, chacun pouvoit en demander la raison, il n'y auroit plus d'obéïssance, ni par conséquent plus de Souveraineté.

Si l'on peut quelquefois executer innocemment un ordre injuste de son Superieur ?

§. VI. On demande ici, (& la question est assez difficile à décider) si un Sujet peut

(2) *Tam nescire quaedam milites, quàm scire oportet.* TACIT. *Hist.* Lib. I. Cap. LXXXIII. Voyez aussi *Annal.* Lib. VI. Cap. VIII. & ce que l'on a dit ci-dessus, Liv. V. Chap. IV. § 5. L'Auteur cite encore ici trois passages, dont les deux premiers ne sont pas fort à propos. Le premier est de PLATON qui dit, que *personne ne doit être en rien plus sage que les Loix.* Οὐδὲν γὰρ δεῖ τῶν νόμων εἶναι σοφώτερον. Cela s'entend des Loix écrites, & perpetuelles, établies par le consentement du Peuple; au lieu qu'il s'agit ici surtout des ordres particuliers que le Prince donne selon les cas & les circonstances. Politic. *Tome* II. page 299. C. *Edit. H. Steph.* Le second est d'ARISTOTE, Rhetor. *Lib. I.* cap. XV. où ce Philosophe donnant des Preceptes à un Orateur qui plaide une Cause, à laquelle les Loix écrites sont favorables, lui conseille entr'autres choses de représenter: *Que de chercher à rafiner sur les Loix, & pretendre être plus sage qu'elles, est une chose que les Loix les plus estimées ont de tout tems défendu.* C'est ainsi que CASSANDRE tourne les paroles suivantes: Καὶ ὅτι τὸ τῶν νόμων σοφώτερον ζητεῖν εἶναι, τοῦτ' ἐστὶν, ὃ ἐν τοῖς ἐπαινουμένοις νόμοις ἀπαγορεύεται. Le dernier, qui est de CATON, vient ici par accommodation: *Ne plus censeat* [Villicus] *sapere se quam Dominum.* » Un Metayer ne doit pas vouloir être plus » sage & plus entendu que son Maître. *De Re Rust.* Cap. 5.

pécher en executant les ordres de son Prince, lorsqu'il témoigne ouvertement qu'il n'agit qu'en qualité de simple executeur, se déchargeant entierement sur celui qui lui donne ces ordres, du soin d'examiner s'ils sont justes ou non, & le rendant responsable de tout? Je dis les *ordres*, & non pas les *Loix* : car il y a cette différence entre ces deux sortes de commandemens, que les derniers sont généraux, & regardent tous les Sujets; au lieu que les autres s'adressent à tel ou tel Sujet en particulier, à qui le Souverain les donne dans l'occasion : quoique les uns & les autres imposent une Obligation d'obéïr également indispensable. Le sentiment commun est donc, que l'on péche quelquefois en obéïssant aux ordres du Souverain; & qu'ainsi les Sujets peuvent & doivent les examiner selon les lumieres d'une Conscience bien éclairée. (1) Il y a même, dit-on, une forte présomption, que tout honnête homme, qui est persuadé qu'il doit un jour rendre compte de ses actions devant le Tribunal Divin, n'a promis d'obéïr qu'à condition que son Souverain ne lui ordonneroit rien qui fût manifestement contraire au Droit Naturel & au Droit Divin Positif : car il n'en est pas de même de ce qui seroit seulement contraire aux Loix Civiles, & il n'y a point de doute, qu'en ce cas-là le Sujet ne puisse obéïr, sans se rendre coupable en aucune maniere. HOBBES (a), au contraire, met au rang des opinions séditieuses, *de croire que les Sujets péchent, toutes les fois qu'ils executent quelque ordre de leur Prince, qui leur paroit injuste.* Pour moi, je regarde comme une chose dangereuse, & pour l'Etat, & pour la conscience des Particuliers, de s'imaginer, que pour un simple scrupule ou un doute qui vient dans l'esprit sur la justice des ordres du Souverain, on puisse légitimement refuser d'y obéïr : Car les Sujets se verroient par-là très-souvent réduits à une nécessité inévitable de pécher; puisqu'ils agiroient contre leur Conscience, s'ils obéïssent, & contre la soumission qu'il ont promise à leur Souverain, s'ils désobéïssoient. (2) D'ailleurs, il est certain, que dans un doute le meilleur est pour la Conscience de prendre le parti le plus sûr. Or on court beaucoup moins de risque de pécher en obéïssant aux ordres précis de son Souverain, que l'on ne sçait pas certainement être injustes, qu'en manquant, pour un simple doute, aux engagemens exprez où l'on est entré envers lui; car en ce cas-là il y a toûjours présomption que le Souverain n'ordonne rien que de juste; il peut souvent avoir des vûës qu'il n'est pas permis aux Particuliers d'examiner. Il faut encore bien remarquer ici la distinction d'HOBBES; c'est que *l'on péche à la verité toutes les fois qu'en faisant une chose on croit commettre soi-même en son nom propre un véritable Péché : mais on peut quelquefois faire, sans pécher soi-même, une chose que l'on regarde comme un péché d'au-*

(a) *De Cive*, Cap. XII. §. 2.

§. VI. (1) Dans une Tragédie d'un ancien Poëte Grec, *Antigone*, qui avoit fait ensevelir son frere *Polynice*, malgré les défenses de *Créon* Roi de *Thebes*, répond à ce Prince, lorsqu'il lui demandoit pourquoi elle avoit osé contrevenir à ses Loix.

Οὐδὲ σθένειν τοσοῦτον ᾠόμην τὰ σὰ
Κηρύγματ', ὥς ἄγραπτα κἀσφαλῆ Θεῶν
Νόμιμα δύνασθαι θνητὸν ὄντ' ὑπερδραμεῖν.
Οὐ γάρ τι νῦν γε κἀχθὲς, ἀλλ' ἀεί ποτε
Ζῇ ταῦτα, κοὐδεὶς οἶδεν ἐξ ὅτου φάνη.
Τούτων ἐγὼ οὐκ ἔμελλον, ἀνδρὸς οὐδενὸς
Φρόνημα δείσας, ἐν Θεοῖσι τὴν δίκην
Δώσειν. — — —

» Je ne croyois pas que les Edits d'un homme mortel » comme vous, eussent tant de force qu'ils dussent » l'emporter sur les Loix des Dieux mêmes, non » écrites à la verité, mais certaines & immuables: Car » elles ne sont pas d'hier ou d'aujourd'hui, on les » trouve établies de tems immemorial; personne ne » sçait quand elles ont commencé. Je ne devois donc » pas par la crainte d'aucun homme, m'exposer en » les violant, à la punition des Dieux. SOPHOCL. Antigon. vers. 463, *& seqq.* page 212. *Edit. H. Steph.* L'Auteur citoit une partie de ce beau passage.

(2) Il y a dans l'original, *car*; mais, comme c'est une nouvelle preuve, & non pas une raison de ce que l'Auteur vient de dire immédiatement, j'ai crû qu'il falloit mettre, *d'ailleurs*.

trui. Car, ajoûte-t-il, *si j'ai ordre de faire une chose qui est un péché pour celui qui la commande, je ne péche point en l'executant, pourvu que celui à qui j'obéïs soit mon Supérieur, & qu'il ait droit de me commander* (3). En effet, on peut sans contredit executer en qualité de (4) simple instrument une action ordonnée par le Sou-

(3) ——— ——— *Ad auctores redit*
Sceleris coacti culpa. ———
SENEC. *Troad.* v. 870, 871.

Voyez un passage de PROCOPE, qui a été cité deja ci-dessus, Liv. I. Chap. V. §. 14. Note 3. l'Auteur alléguoit encore ici SENEC. *Controv.* Lib. IV. Contr. XXVII. page 255, 25. *Edit. Gron.* & DIGEST. Lib. III. Tit. II. *De his qui notantur infamia*, Leg. I. où l'on exempte de la note d'infamie qu'encourent ceux qui font certaines choses defendues par les Loix, les Enfans qui étant sous puissance, ont agi par ordre de leur Pere : QUIVE SUO NOMINE, NON JUSSU EJUS, IN CUJUS POTESTATE ESSET. Il remarquoit aussi à la fin du paragraphe, que les *Bramins* croyent qu'en vertu du Pouvoir d'un Mari sur sa Femme, elle peut innocemment faire toutes les choses qu'il lui ordonne, quelque mauvaises qu'elles soient en elles-mêmes. ABR. ROGER. *de Bramin.* Part. I. Cap. XIX.

(4) Cette distinction ne leve pas la difficulté. Car, de quelque maniere que le Sujet agisse, ou en son propre nom, ou au nom du Prince, sa volonté concourt toûjours en quelque sorte à l'action injuste & criminelle qu'il execute par l'ordre de son Souverain. Ainsi ou il faut toûjours lui imputer en partie ces sortes d'Actions, ou il ne faut jamais lui en imputer aucune. Et il ne serviroit de rien de dire, que dans le cas dont notre Auteur parle, l'*Action* est du nombre de celles qu'on appelle *Mixtes*; ou d'alleguer ici les droits & les privileges de la Necessité. Voyez ce qui a été remarqué, *Liv.* I. *Chap.* V. §. 9. *Note* 1, 5. & *Liv.* II. *Chap.* VI. §. 2. *Note* 5, 7. Le plus sûr est donc, de soûtenir generalement & sans restriction, que les plus grandes menaces du monde ne doivent jamais porter à faire, même par ordre & au nom d'un Supérieur, la moindre chose qui nous paroisse manifestement injuste ou criminelle, & qu'encore que l'on soit fort excusable devant le Tribunal Humain d'avoir succombé dans une si rude épreuve, on ne l'est pas entierement devant le Tribunal Divin. Il n'y a qu'un seul cas où l'on puisse en conscience obéïr aux ordres évidemment injustes d'un Souverain; c'est lorsque la personne intéressée à l'Action illicite que le Prince nous commande, nous dispense elle-même de nous exposer en sa faveur aux fâcheuses suites d'un refus: bien entendu qu'il s'agisse d'une chose à l'égard de laquelle il soit en son pouvoir de consentir au mal que le Souverain veut lui faire, ou de la violation d'un droit auquel il lui soit permis de renoncer: car si quelqu'un me permettoit, par exemple, de le tuer, je ne pourrois pas pour cela innocemment me rendre le Ministre de la fureur du Prince; personne n'étant maître de sa propre vie. Voilà à-peu-près ce que dit Mr. TITIUS, *Observ.* DCXXX. DCXXXI. J'ajoûte, qu'il faut prendre garde de ne pas confondre avec les cas dont il s'agit, ceux où la chose en elle même est innocente, quoique de la part du Supérieur qui la commande elle puisse être mauvaise. On trouvera dans mon GROTIUS, *Liv.* II. *Chap.* XXVI. §. 3. *Note* 22. un exemple remarquable de scrupules mal fondez à cet égard; & Liv. I. Chap. IV. §. 5. *Note* 10. un exemple de resistance séditieuse fondée sur un tel prétexte. A quoi on peut joindre celui de l'Evêque *Abdas*, rapporté dans ma *Preface* sur cet Ouvrage de PUFENDORF, §. IX. sur la fin. Conferez ici le *Jus Publicum Universale* de Mr. BOHMER, Part. Spec. *Lib.* III. *Chap.* II. §. 10, 11. Pour revenir à la question, notre Auteur prétend (dans son *Apologie*, §. 20.) que si l'on n'admet le sentiment qu'il soûtient ici, on sera obligé necessairement de reconnoître, que tous les Soldats, les Huissiers, les Bourreaux, &c. doivent entendre la Politique & la Jurisprudence, & qu'ils peuvent se dispenser d'obeïr, sous pretexte qu'ils ne sont pas bien convaincus de la justice de ce qu'on leur commande; ce qui reduiroit à rien l'Autorité du Prince, & le mettroit hors d'état d'exercer les fonctions du Gouvernement. Mais cela prouve seulement, que les Sujets ne peuvent pas & ne doivent pas même toûjours examiner tous les ordres de leur Souverain, pour sçavoir s'il sont justes, ou non. Si cela étoit, il n'y auroit, je l'avoue, presque aucun Soldat qui fit innocemment son metier. Combien peu y en a-t-il qui sçachent les veritables raisons du Prince pour qui ils portent les armes! Et quand ils le sauroient, combien peu y en a-t-il qui fussent capables d'en juger! Ainsi pour l'ordinaire la plûpart des gens que le Souverain enrolle dans ses Etats, ne peuvent pas s'excuser sur les doutes qu'ils ont au sujet de la justice de la Guerre où on les fait marcher; parceque cela demande une discussion qui est au-dessus de leur portée; au lieu qu'ils n'ont pas besoin d'un grand sçavoir ni d'une grande penetration, pour être clairement convaincus de l'Obligation où ils sont d'obeïr à leur Souverain. Mais si un Officier, habile en Politique, & qui connoît bien les affaires & les intérêts de l'Etat, voit avec la derniere évidence, que son Prince s'engage dans une Guerre injuste ou non nécessaire; ne doit-il pas tout sacrifier, & même sa propre vie, plûtôt que de servir dans une Guerre comme celle-là! Il ne faut pas même toûjours être extraordinairement éclairé, ni avoir entrée dans le Conseil du Cabinet, pour decouvrir l'injustice des Guerres qu'entreprennent les Princes ambitieux ou peu scrupuleux. Souvent les Manifestes qu'ils publient eux-mêmes, comparez un peu attentivement avec ceux de leurs Ennemis, suffisent pour faire voir à quiconque a tant soi peu de Bon-sens & de droiture, la foiblesse de leurs raisons, & l'iniquité de leur cause. En ce cas-là on est non seulement dispensé d'obeïr, mais on doit même s'en abstenir & le refuser, à quelque prix que ce soit. Il faut dire la même chose, à mon avis, d'un Parlement à qui le Prince ordonne d'enregistrer un Edit manifestement injuste; d'un Ministre d'Etat, que son Souverain veut obliger à expédier ou à faire executer quelque ordre plein d'iniquité ou de tyrannie; d'un Ambassadeur, à qui son Maître donne des ordres accompagnez d'une injustice manifeste; d'un Officier, à qui le Roi comande de tuer un homme dont l'innocence est claire comme le jour, &c. Et ce ne sont pas seulement les personnes d'une condition distinguée, ou d'une habileté & d'une penetration au-dessus du commun, qui peuvent & doivent se dispenser d'obeïr, par la raison que nous avons dite:

verain, qui en est regardé comme l'unique auteur sur qui toute la faute retombe. Il faut pourtant (5) à mon avis, supposer les trois conditions suivantes. 1. Que l'on exe-

Les gens les plus simples se trouvent aussi quelque fois, quoique plus rarement dans une obligation indispensable de refuser à leur Souverain le ministere de leur bras, au peril même de leur vie. Tel étoit le cas des Soldats que le Roi *Achazja* envoya pour prendre *Elie*, & qui en furent punis par le feu du Ciel qui descendit sur eux à la priere de ce Prophete, II. ROIS, Chap. II. 9. *& suiv.* Surquoi voyez Mr. LE CLERC. Ainsi un Huissier n'est pas à la verité ordinairement tenu de s'informer, si le Magistrat, qui lui commande de se saisir d'une personne, a juste sujet, ou non, d'ordonner contr'elle prise de corps : ce n'est pas là son affaire, & il doit bien presumer en faveur de ceux qui administrent la Justice, tant qu'il n'a pas des preuves manifestes du contraire. Mais supposé qu'il ait effectivement de telles preuves, je soutiens qu'en ce cas-là il ne doit point obeir. Et cette supposition ne renferme rien d'impossible. Il peut arriver, par exemple, (& chacun le concevra aisément) que l'Huissier connoisse, avec une entiere certitude, l'innocence d'un homme accusé, par exemple, de meurtre ou de vol, & qui est perdu si une fois il est entre les mains de la Justice. Dans les dernieres persecutions de *France*, ceux que l'on envoyoit pour prendre des gens dont tout le crime consistoit visiblement à servir DIEU selon les mouvemens de leur Conscience, ne pouvoient-ils pas & ne devoient-ils pas voir avec la derniere evidence, l'injustice tyrannique & la cruauté barbare des ordres qu'ils recevoient ? Si en ces cas-là on peut innocemment accorder son interêt avec sa Conscience, en faisant semblant de chercher des malheureux que l'on ne veut pas trouver, & leur fournissant même sous main le moyen de s'evader; à la bonne-heure. Mais je ne saurois me persuader, que l'on puisse executer ponctuellement de pareils ordres, sans se rendre complice de l'iniquité de celui qui les donne. Il faut dire la même chose des Bourreaux. Surquoi voyez GROTIUS, Liv. II. Chap. XXVI. §. 4. num. 12. Consultez aussi le *Discours sur le Gouvernement*, par Mr. SIDNEY, Secte XX. & l'*Apologie de Socrate* par XENOPHON, où il y a plusieurs belles choses pour faire voir qu'on ne doit jamais obeïr à ses Supérieurs, au préjudice de son Devoir. Bien-loin de là, & à moins que d'être dans une entiere impuissance de leur resister, il faut donc *montrer un noble courage* à empêcher de toutes ses forces qu'ils n'oppriment l'Innocent. Les gens de *Saul* refuserent de faire main-basse sur un grand nombre de pauvres Sacrificateurs que ce Prince immola à sa fureur contre *David*; (I. SAM. XXII. 17. *& suiv.*) mais, comme l'a remarque Mr LE CLERC, ils seroient encore plus loüables s'ils eussent tous intercedé auprès du Roi pour ces personnes innocentes, en lui representant de leur mieux qu'il commandoit une chose qui n'étoit permise ni par les Loix Divines, ni par les Loix Humaines; & si après que toutes leurs prieres, toutes leurs representations auroient été inutiles, ils se fussent saisis du Roi, comme d'un Furieux, jusqu'à ce que les Sacrificateurs eussent eu le tems de s'evader. Voyez ce qui suit. Depuis la premiere Edition de cette Ouvrage, j'ai lû une Dissertation d'un Professeur de *Leipsig*, nommé Mr. ADAM RECHENBERG, sous ce titre, *De Ministerio, quod crimen est, Disquisitio Politica* 1674. où l'on soûtient le même principe que je viens d'établir, & on allegue là-dessus plusieurs exemples & plusieurs Autoritez. J'ai vû encore une Dissertation de Mr. THOMASIUS, *De injusto Pontii Pilati judicio*, contre un Jurisconsulte qui avoit voulu justifier *Pilate*, par cette raison entr'autres, que le Gouverneur de la *Judée*, en condamnant JESUS-CHRIST à la mort, n'avoit agi que comme simple Executeur de la Sentence des *Juifs*. La Dissertation de ce Jurisconsulte nommé STELLERUS, qui est intitulée *Pilatus defensus*, parut en 1674. mais elle fut bien-tôt defenduë par autorité publique. Mr. THOMASIUS la refuta l'année suivante, par une autre Dissertation qui est la premiere de celles de *Leipsig*, après laquelle il a fait rimprimer celle de *Stellerus*. Du reste, je remarque que ceux qui écrivent aujourd'hui sur la question traitée dans cette Note, abandonnent presque tous les idées de mon Auteur; quoique d'ailleurs ils suivent assez ses principes. Il est surprenant que feu Mr. HERTIUS ne soit pas revenu d'une telle erreur.

(5) Comme, après la mort de *Cæcilius Classicus*, Proconsul Romain dans la Province de *Betique* en *Espagne*, on recherchoit avec soin ceux qui avoient été les ministres de ses concussions & de ses violences; PLINE *le Jeune*, qui agissoit pour les Habitans de la Province, crut qu'il falloit commencer par prouver que l'on se rend complice des méchancetez qu'on execute par ordre d'un Superieur. *Horum autem antequam crimina ingrederer, necessarium credidi elaborare, ut constaret, ministerium crimen esse.* Lib. III. *Epist.* IX. *num.* 14. Mais, (disoit plus bas notre Auteur) ceux contre qui PLINE parle, n'avoient pas été simples executeurs des crimes de *Classicus*: car ils avoient intenté de fausses accusations à des personnes innocentes, afin que le Proconsul eût un prétexte plausible pour les dépouiller de leurs biens; & ils s'étoient portez pour délateurs en leur propre nom, & non pas au nom ou par ordre de leur Gouverneur. Ils s'excusoient à la verité sur la necessité où étoient réduits des gens de Provinces comme eux, d'obeïr à tous les commandemens de leur Gouverneur, par la crainte des maux que leur attireroit le moindre refus. *Neque enim ita defendebatur, ut negarent, sed ut necessitati veniam precarentur: esse enim se Provinciales, & ad omne Proconsulum imperium metu cogi.* (*Num.* 15.) Mais il y a beaucoup plus d'apparence, que c'étoit pour s'enrichir eux-mêmes qu'ils avoient bien voulu servir d'instrumens à l'iniquité du Proconsul; & quand même il leur auroit fait de grandes menaces, il n'est pas croyable qu'ils courussent risque de perdre la vie inévitablement au moindre refus, sans pouvoir en aucune maniere se dérober à sa fureur. Ainsi ces gens-là étoient dans le même cas que *Publius Suillius*, fameux scélerat, qui s'étoit rendu redoutable du tems de l'Empereur *Claudius*. Comme on l'accusa depuis devant *Néron*, il répondit, que tout ce qu'il avoit fait, il l'avoit fait par ordre du Prince. *Nihil ex his sponte susceptum, sed Principi paruisse defendebat.* Mais *Néron* lui ferma la bouche, en disant qu'il avoit appris par les memoires de son Pere, qu'il n'avoit jamais contraint personne à entreprendre d'accusations. Alors il tâcha de se défendre par les commandemens de *Messaline*; mais inutilement: Car, lui repliqua-t-on, pourquoi étoit-il le seul qui eût prêté sa voix & son éloquence aux fureurs d'une impudique ?

cute simplement l'ordre injuste du Souverain, c'est-à-dire, que l'on prête seulement ses membres & ses forces à l'execution de l'action injuste que le Souverain commande; sans faire d'ailleurs la moindre chose qui puisse y servir d'occasion ou de prétexte, & sans l'excuser en aucune maniere; mais en l'executant purement & simplement comme une action d'autrui, à laquelle on ne veut avoir aucune part en propre. 2. Que l'on n'obéïsse qu'avec beaucoup de répugnance (b), & après avoir fait tout ce qu'il étoit possible pour se dispenser d'un si triste emploi. 3. Enfin, que l'on soit menacé d'une mort certaine, ou de quelque autre mal fort fâcheux, auquel ni les Régles de la Justice, ni les Devoirs de la Charité ne nous obligent en aucune maniere de nous exposer en faveur d'autrui, par un refus d'executer les ordres injustes du Souverain qui est en état de nous faire à l'instant souffrir ce mal; surtout si à notre défaut il ne lui manque pas d'autres moyens d'en procurer l'execution, ensorte que l'Innocent ne puisse guéres échapper à sa cruauté. J'avoue que tous les ordres de quel Homme que ce soit, qui se trouvent contraires aux Loix Divines, n'ont certainement par eux-mêmes aucune force d'obliger, (6) c'est-à-dire, d'imposer à la Conscience la nécessité de s'y soumettre; & qu'ainsi on ne péche point du tout, lorsqu'on refuse de les executer. Mais autre chose est de dire, que l'on est tenu en conscience d'obéïr; & autre chose de dire, qu'on peut le faire innocemment, pour se garantir d'un mal très-fâcheux dont on est menacé. Il y a bien des choses que la nécessité nous donne droit de faire, ausquelles on n'est pas obligé d'ailleurs en conscience. Il faut avouer pourtant, qu'il y a des actions si abominables, que la simple execution en paroît à plusieurs beaucoup plus affreuse que la mort même; comme, par exemple, si on recevoit ordre d'un Tyran de tuer son propre Pere ou sa Mere, ou ses Enfans; de coucher avec sa propre Mere, avec sa Fille, ou avec une Bête. En (c) ces cas-là, un homme qui a un peu de cœur, aimera

(b) Voyez un exemple remarquable dans *Olearius*, *Itiner. Pers.* Lib. V. C. XXXII.

(c) Voyez la résistance généreuse de quelques Prisonniers Romains à ce qu'*Hannibal* exigeoit d'eux, dans *Diod. de Sicile*. Lib. XXVI. *in Excerpt. Peiresc.* pag. 281. & *Laonic. Chalcondyl.* Lib. I. au sujet de deux Peres, à qui *Amurath* ordonnoit de tuer leurs propres Enfans.

On dit donc, qu'il falloit punir les Ministres des cruautez, qui après s'être enrichis de leurs crimes, en rejettoient la faute sur les autres. *Puniendos rerum atrocium Ministros, ubi pretia scelerum adepti, scelera ipsa aliis delegant.* TACIT. *Annal.* Lib. XIII. Cap. XLIII. Au contraire on a loüé avec beaucoup de raison la fermeté de *Julius Gracinus*, qui fut tué par le commandement de *Caligula*, pour n'avoir pas voulu entreprendre l'accusation de *Marcus Silanus*. TACIT. *in Vita Agricol.* & SENEC. *de Benefic.* Lib. II. Cap. XXI. Pour ce qui est de l'action de *Doëg*, rapportée I. *Samuel*, XXII. 18. elle est très-criminelle, selon mes principes: Car on doit toûjours faire tout son possible pour se dispenser de pareilles commissions, ou en refusant ouvertement, comme firent les autres Officiers de *Saül*, ou en tâchant, s'il est possible, d'éluder les ordres injustes d'un Prince par quelque artifice innocent, comme le pratiquerent très-bien les Sages-femmes d'*Egypte*, *Exod.* I. Au lieu que *Doëg*, après avoir faussement accusé les Sacrificateurs d'être d'intelligence avec *David*, pour conspirer contre le Roi, (comme cela paroit assez clairement par le *Pseaume* LII.) se porta sans aucune répugnance, & même avec plaisir, à executer les ordres de *Saül*, qui ne paroît pas lui avoir fait aucunes menaces, s'il refusoit d'obéïr. Enfin, continuoit notre Auteur, je ne crois pas non-plus, que dans les cas dont il s'agit, les prieres d'un Supérieur doivent être prises pour un commandement absolu; ainsi que *Platon* le dit de celles des Tyrans; *Epist.* VII. Τὰς δὲ τῶν τυράννων δεήσεις ἴσμεν, ὅτι μεμιγμέναι ἀνάγκαις εἰσί. Page 329. D. Tome III. *Edit. H. Steph.* Voyez la Dissertation *de Obligatione erga Patriam*, §. 16. *& seqq.*

(6) Mais cela étant, tout ce que notre Auteur dit de la représentation du Prince, au nom duquel on agit, ou ne sert de rien, ou pourra aussi-bien être étendu aux cas dans lesquels le Prince commandera absolument, sans user d'aucunes menaces. L'Officier dira alors avec autant de raison, qu'il n'auroit jamais pensé à tuer celui dont il connoit l'innocence; qu'il a fait tout ce qu'il a pû pour s'en dispenser; qu'il ne s'y porte qu'avec la derniere répugnance: mais qu'enfin son maître veut à quelque prix que ce soit se servir de son bras, & qu'il prend la chose toute sur son compte, &c. Si notre Auteur répond, que le Prince n'a aucun droit de commander en ce cas-là, je lui repliquerai, que selon lui-même il n'en a pas plus dans l'autre; & qu'ainsi jusques-là les choses sont égales. Que si la crainte de la mort, ou d'un autre mal très-fâcheux, met ici quelque difference, il faudra qu'elle ait cette vertu par elle-même, & d'où qu'elle vienne. Ainsi il s'ensuivra encore de là, que quand toute autre personne qui n'a aucune Autorité sur moi, me forcera par de semblables menaces, dont elle sera en état de me faire sentir l'effet à l'instant; je pourrai me tirer d'affaires de la même maniere. Car toutes les conditions que notre Auteur exige, pourront également avoir ici lieu, puisque dès-là que les ordres du Prince n'ont aucune force d'obliger, la qualité de Souverain n'y entre pour rien. Je pourrois faire d'autres remarques pour montrer le peu de liaison des idées de notre Auteur sur cette matiere. Mais en voilà de reste.

mieux mourir, que de se résoudre à prêter son bras ou ses membres à des actions si horribles. Mais je ne crois pas qu'il soit jamais permis à un homme, que l'on veut faire mourir pour un autre sujet, d'accepter la vie qu'on lui offre à condition qu'il en tuera lui-même un autre, qui est innocent ; car ce seroit donner la vie d'autrui pour racheter la sienne, & il y a bien des choses que l'on ne peut pas faire pour un certain prix & comme en échange, quoiqu'elles soient permises d'ailleurs par d'autres raisons & dans d'autres vûës.

Il n'est jamais permis de commettre un Crime pour obeir à son Superieur.

§. VII. DU RESTE, toute personne qui a quelque sentiment de Pieté, ne se persuadera jamais que l'on puisse faire en son propre nom, par ordre d'un Supérieur, la moindre action contraire aux lumieres d'une Conscience éclairée (1). Ainsi ces Juges, à qui *Jézabel* (a) écrivit au nom du Roi *Achab* son Mari, d'aposter deux Faux-témoins qui accusassent de blasphême & de crime de léze-Majesté le pauvre *Naboth*, dont elle vouloit avoir la Vigne, commirent certainement un crime très-énorme en executant cet ordre tyrannique ; car ils ne prononcerent pas la sentence comme venant du Roi & par son ordre, mais en leur propre nom, & comme leur étant dictée par la Justice même, après une exacte connoissance de cause. Les Faux-témoins qui déposerent contre *Naboth*, n'étoient pas moins coupables. Il faut dire la même chose des (2) Délateurs, qui accusent à faux des personnes riches ou puissantes, afin de fournir au Prince un prétexte pour les perdre. *Joab* (b) ne fut pas non-plus, à mon avis, innocent de la mort d'*Urie*, qu'il exposa à l'endroit le plus dangereux de l'armée, pour (3) obeïr aux ordres de *David*. On fait fort bien aussi de ne pas employer son esprit à justifier les crimes de son Souverain, (4) quand même on devroit publier cette Apolo-

(a) *I. Rois*, Chap. XXI.

(b) *II. Sam.* XI. 14, 15, 16.

§. VII. (1) L'Auteur louoit ici l'intrépidité de ces LXX. Juges dont parle JOSEPH, qui aimerent mieux s'exposer à perdre la vie, que de condamner injustement *Zacharie* fils de *Baruch*, un des plus considérables Juifs de ce tems là, que les *Zélateurs* vouloient perdre à quelque prix que ce fût. Mais cet exemple ne convient guéres ici ; car ces *Zélateurs* n'etoient qu'une troupe de Factieux & de Scelerats, qui n'avoient aucune autorité sur les LXX. hommes qu'ils choisirent d'entre le Peuple pour faire le proces à *Zacharie*, & le perdre avec quelque apparence de justice, s'imaginant que ces gens-là seconderoient leur fureur. *De Bell. Jud.* Lib. IV. Cap. VI. §. 4. *divis. Hudson.*

(2) Tel étoit un fameux scélérat Romain, nommé *Marcellus Eprius*, qui disoit pour se justifier : *Qu'il n'étoit pas plus coupable de la mort de* Thrasea, *que le Sénat qui l'avoit condamné* : TACIT. *Hist.* Lib. IV Cap. VIII. (Mais ajoûtoit notre Auteur, cela prouve seulement qu'il avoit eu des complices de son crime.) *Que la cruauté de Néron prenoit cette voye pour perdre les gens avec quelque apparence de justice.* Oui : mais ce qui portoit principalement *Eprius Marcellus* à jouer un si vilain personnage, & à servir de Ministre aux cruautez de l'Empereur, c'étoit le désir d'amasser des richesses & de parvenir aux emplois les plus relevez. *Curtius Montanus* disoit d'un autre qui avoit fait le même métier : » Que *Néron* ne l'avoit pas forcé à cela, & » qu'il n'avoit pas fait cette action pour sauver sa vie » ou son honneur : Que quand il seroit permis de per- » dre les autres pour se conserver, il ne pouvoit al- » léguer cette excuse, &c. *Hac certe*, inquit, *Nero non coegit, nec dignitatem, aut salutem illâ sævitia redemisti. Sane toleremus istorum defensiones, qui perdere alios, quàm periclitari ipsi maluerunt*, TACIT. *ibid.* Cap. XLII. C'étoit donc avec raison que le Sénat, après la mort de *Néron*, vouloit qu'on punit séverement, & selon la coûtume de ses Ancêtres, tous les Delateurs & les autres Ministres de la tyrannie de ce monstre, (*ibid.*) surtout les Délateurs, *ces pestes publiques, que l'on ne sçauroit jamais punir avec trop de rigueur* : DELATORES, *genus hominum publico exitio repertum, & pœnis quidem numquam satis coërcitum.* Annal. Lib. IV. Cap. XXX. *Titus* & *Trajan* firent des châtimens exemplaires de cette sorte de scélérats. Voyez SUETON. *in Tit.* Cap. VIII. & PLIN. *Panegyr.* Cap. XXXIV. XXXV. Tout ceci est de l'Auteur.

(3) *Pison* (comme le remarquoit notre Auteur immédiatement avant cette periode) disoit avoir reçu des ordres secrets de *Néron*, par lesquels cet Empereur lui commandoit de faire mourir d'une maniere ou d'autre *Germanicus*. Mais s'il fut véritablement la cause de la mort de ce Prince, ces ordres secrets ne suffisoient pas pour le disculper, & le Senat n'auroit pas été moins en droit de le punir, puisqu'il n'avoit point déclaré qu'il agissoit au nom de l'Empereur, & qu'il s'étoit chargé au contraire, d'une telle commission avec plaisir, & pour gagner la faveur de celui dont il servoit la passion. Voyez TACIT. Annal. Lib. III. Cap. XVI. Voyez aussi ce que DION CASSIUS rapporte de SALLUSTE, que CESAR envoya pour Gouverneur en *Numidie*, Lib. XLIII.

(4) C'est ainsi (ajoûtoit notre Auteur) que le Jurisconsulte *Papinien* refusa de faire un Discours devant le Peuple & le Sénat, pour excuser le meurtre de *Géta*, que son propre Frere *Antonin Caracalla* avoit fait mourir : & comme l'Empereur le pressoit, il s'en défendit en disant, qu'il n'etoit pas aussi facile de justifier un Parricide, que de le commettre : *Non tam facile excu-*

gie ſous le nom d'autrui. Car il y a quelque choſe de plus qu'une ſimple execution des ordres du Prince, dans la peine qu'on prend de chercher tous les artifices de l'Eloquence & toutes les ſubtilitez de la chicane, pour éblouïr le Lecteur ou l'Auditeur par des raiſons ſpécieuſes. Autre choſe ſeroit, ſi le Souverain ordonnoit ſeulement (5) de prononcer, par exemple, dans le Sénat, un tel Diſcours, composé par lui-même ou par quelque autre, ſous peine de la vie, ſi on refuſoit de le réciter. Mais lorſque l'action du Prince n'eſt pas manifeſtement injuſte, un Sujet, & ſurtout un Miniſtre Public (c), ne doit pas ſe hâter de la condamner; la préſomption étant toujours pour la juſtice des actions du Souverain.

(c) Voyez la faute de Politique que fit le Chancelier *d'Aligre*, au ſujet de l'emprisonnement du Maréchal d'*Ornano*, dans *Gramond*, *Hiſt. Gall.* Lib. XVI. pag. 686. *& ſeq.*

Si un Sujet peut ſans crime porter les armes pour ſon Prince, dans une guerre injuſte?

§. VIII. Les principes que nous venons d'établir ſervent auſſi à decider une autre queſtion que l'on fait ici; ſçavoir, ſi un Sujet peut, ſans crime, porter les armes pour ſon Prince dans une Guerre injuſte? Grotius (a) croit, que quand la Guerre eſt manifeſtement injuſte, un Sujet ne doit jamais ſe rendre le miniſtre des crimes de ſon Prince, mais que dans un doute il faut prendre le parti le plus ſûr, qui eſt de ne point s'enroller. Ce ſentiment a beſoin de quelque modification: autrement on détruiroit l'Autorité du Souverain, & l'on feroit dépendre l'obéïſſance des Sujets, dans une affaire de ſi grande conſéquence, des idées & du jugement de chaque Particulier; outre que, ſous ce beau prétexte, la timidité & la lâcheté feroient naître aiſément des ſcrupules dans la Conſcience de bien des gens (1). A la vérité, ſi ceux qui entrent dans un Conſeil d'Etat, & qui y ont droit de ſuffrage, ne ſont pas tenus de ſe ſoumettre à la délibération des autres contre leur propre ſentiment, ils ne ſauroient légitimement entreprendre une choſe de la juſtice de laquelle ils doutent, moins encore une choſe manifeſtement injuſte. Ce qui a lieu auſſi lorſque l'on donne le choix à quelqu'un d'aller à la Guerre, ou de demeurer chez ſoi. Mais il s'agit de ſçavoir ce que doit faire un Sujet à qui ſon Prince ordonne purement & ſimplement d'obéïr ſans entrer dans aucune diſcuſſion? Parmi tous les Peuples, qui ont quelque ſentiment d'honneur & de probité, on ſuppoſe toûjours, & l'on tâche de faire voir au Public que l'on a un juſte ſujet d'entreprendre la Guerre où l'on veut s'engager; & ceux qui ne s'en mettent point en peine, ne s'embarraſſeront pas non-plus des ſcrupules que les Particuliers peuvent avoir là-deſſus. Toute la difficulté ſe réduit donc principalement à ſçavoir, ſi en telle ou telle circonſtance il eſt avantageux à l'Etat de déclarer la Guerre ſous tel ou tel prétexte? Or il y a lieu de préſumer, que celui qui eſt particulierement chargé du ſoin du Gouvernement, & inſtruit à fond des forces de l'Etat, en connoît mieux qu'aucun Particulier les intérêts & les beſoins. Que ſi ſuppoſant d'ailleurs un juſte ſujet de Guerre, & une occaſion favorable de l'entreprendre ſans jetter l'Etat dans quelque péril, on doute ſeulement que l'injure qu'il a reçuë d'un autre Etat ſoit aſſez conſidérable pour en tirer vengeance par les armes; ce n'eſt pas une raiſon

(a) Liv. II. Chap. XXVI. §. 3, 4.

ſari parricidium poſſe, quam fieri. Spartian. *in Carac.* Cap. VIII. D'autres diſent qu'il ne voulut pas dicter à *Caracalla* une Harangue dont celui-ci vouloit ſe ſervir pour diffamer la memoire de ſon Frere, & que le Juriſconſulte rendit cette raiſon de ſon refus: Qu'accuſer un Innocent mis à mort, c'étoit un ſecond parricide: *Eſſe Parricidium aliud, accuſare innocentem occiſum.* Ibid. Spartien néanmoins s'inſcrit en faux là-deſſus, par la raiſon que *Papinien* étant Préfet du Pretoire, ce n'étoit pas à lui dicter un tel Diſcours. Comme ſi l'Empereur n'avoit pas pû le charger extraordinairement de cette commiſſion! Cet Hiſtorien ajoûte, que la cauſe de la mort de *Papinien*, fut qu'il étoit une des créatures de *Géta*. Voyez le *Papinianus* de Mr. Otto, publié en 1718. Cap. XVI. où il examine tout ceci.

(5) Voyez la *Bibliothèque Choiſie* de Mr. Le Clerc, Tome VI. p. 362, 363.

§. VIII. (1) Voyez la Diſſertation de notre Auteur, *de Obligatione erga Patriam*, §. 19. & ce que j'ai dit ſur l'endroit de Grotius indiqué en marge, §. 4. *Note* 12, 19.

(2) Voyez

son suffisante, pour nous dispenser de l'obéïssance à notre Souverain, & pour nous exposer à son indignation, puisqu'il péche seulement en ce cas-là contre les régles d'une Vertu qui n'impose qu'une Obligation imparfaite, je veux dire, contre les Loix de la Charité. Le plus sûr est donc alors d'obeïr (2), sans s'informer d'autre chose, & de laisser au Souverain le soin de rendre compte à Dieu de sa conduite. Mais cela ne regarde que les propres Sujets du Prince: car pour ce qui est des Etrangers qui s'enrollent de leur pure volonté, ils doivent être entierement assûrez de la justice de la cause du Prince dont ils embrassent le parti; & les personnes sages (3) blâment avec beaucoup de raison la conduite des Gens de guerre, qui vendent leur service à quiconque veut l'acheter, sans se mettre en peine s'il fait la guerre injustement ou non.

CHAPITRE II.

Du POUVOIR *des Souverains sur la* VIE DE LEURS SUJETS, *à l'occasion de la* DE'FENSE DE L'ETAT.

Le Souverain peut exposer la vie de ses Sujets aux dangers de la guerre, & faire observer la Discipline Militaire avec beaucoup de rigueur.

§. I. QUOIQUE les Hommes ayent formé des Societez Civiles à dessein de mettre en sureté tous les biens & les avantages qu'ils possedent, & surtout leur vie, qui en est le fondement; la conservation de l'Etat demande néanmoins, que le *Souverain* ait quelque POUVOIR SUR LA VIE DE SES SUJETS, & cela ou *indirectement*, pour *la* DÉFENSE DE L'ETAT, ou *directement*, pour la *punition des crimes*.

Dans le premier cas, le Souverain, sans se proposer directement la mort de ses Sujets, a droit d'exposer leur vie, soit pour repousser un Ennemi, soit pour maintenir les droits de l'Etat; mais quoiqu'en dise un ancien (1) Philosophe, il ne peut pas en user de même pour exercer simplement ses Sujets au métier des armes. Quelque nécessaires que soient ces exercices, afin qu'en cas de besoin on ait de bons Soldats tout prêts, le sang des Citoyens ne doit pas être versé si légérement, & l'on n'aura que trop d'occasions d'en sacrifier plusieurs, pour sauver les autres quand on sera actuellement en guerre. Alors c'est avec raison que l'on observe une discipline très-rigou-

(2) Voyez ce que j'ai dit des Soldats, dans la Note 4. sur le §. 6. Mr. BUDDEUS prétend neanmoins (*Dissert. de Officiis Imperantium circa conscribendum militem*, parmi ses *Selecta Jur. Nat.*) que dans un simple doute, les Sujets ne sont point tenus d'obéïr à leur Prince, qui les veut faire marcher à la Guerre; quoiqu'il ne detruise pas, ce me semble les raisons alleguées par notre Auteur, & que ses principes même ne paroissent pas ici bien liez, comme je l'ai remarqué depuis sur GROTIUS, *Liv.* II. *Chap.* XXVI. §. 5. Note 2. On fera bien de lire cette Piece, qui contient d'ailleurs de tres-bonnes choses. Au reste, notre Auteur remarquoit ici, que TACITE appelle le *crime du public*, (*facinus publicum*) l'action d'un Fils qui avoit tué son Pere dans la mêlée. *Hist.* Lib. III. Cap. XXV. Voyez DIGEST. Lib. IX. Tit. II. *Ad Leg. Aquil.* Leg. XXXVII. & Tit. IV. *de noxal. action.* Leg. II. §. 1. Le vers d'HOMERE, que notre Auteur citoit aussi, est un peu bien general.

Εἷς οἰωνὸς ἄριστος, ἀμύνεσθαι περὶ πάτρης.

» Le plus favorable de tous les auspices, c'est de » combattre pour sa Patrie. *Iliad.* XII, 243.

(3) Comme le fait un Poëte du bas âge, dans cette description:

Ære dato conducta cohors, & bellica miles
Dona sequens, pretioque suum mutare favorem
Suetus, & accepto pariter cum munere bello
Hunc habuisse, dator pretii quem jusserit, hostem.

GUNTHER. *Ligurin.* Lib. VII. vers. 511, & *seqq.*

L'Auteur citoit encore l'*Utopie* de THOMAS MORUS, Lib. II. page m. 167. Voyez GROTIUS, Liv. II. Chap. XXV. §. 9. & dans ses Annotations sur ST. MATTHIEU, Cap. V. vers. 40.

CHAP. II. §. I. (1) PLATON, *de Legib.* Lib. IX. page 865. A. B. *Edit. H. Steph.* Ces sortes d'exercices perilleux, comme le remarquoit ici notre Auteur, sont aussi en usage dans le *Japon*, au rapport de BERN. VARENIUS, Descript. Japon. *Cap.* XIX. Une Loi des *Athéniens*, citée encore ici, décharge du crime & de la peine du Meurtre, celui qui a tué son homme dans quelque Exercice; parcequ'il l'a fait sans le vouloir, & en ne cherchant qu'à vaincre. Que si, ajoûte-t-elle, celui qui a été tué n'avoit pas assez de forces pour soûtenir le combat, tant pis pour lui: il est seul la

reuse (2) ; la moindre faute, la moindre négligence, étant souvent de la derniere conséquence. Les autres Juges pardonnent quelque chose à la violence des passions qui troublent extrémement l'esprit des Hommes ; mais dans un Conseil de Guerre on n'a pas tant d'indulgence. On punit souvent (a) du dernier supplice un Soldat à qui la crainte d'une mort prochaine a fait abandonner son poste ; quoiqu'en certains (b) endroits on ait jugé plus à propos de noter seulement d'infamie les Lâches & les Poltrons. Il y a eu des Etats où l'on infligeoit des (c) peines très-rigoureuses, & la (d) mort même à ceux qui refusoient (3) de porter les armes pour leur Patrie. Il est certain dumoins, qu'encore que dans la plûpart des Etats on exempte quelques Citoyens de tout service militaire, soit à cause de leur profession, soit par un privilége particulier, sans que d'ailleurs leur âge & leur manque de forces les en rende incapables, cette immunité n'est valable que tant qu'on trouve assez d'autres Citoyens, ou de Troupes étrangeres, pour la défense de l'Etat : car dans une extrême nécessité tout le monde doit marcher à la Guerre, & il vaut mieux alors, sans contredit, suspendre pour quelque temps l'effet des Priviléges, (comme le firent autrefois les *Romains* (e) à l'égard des Vieillards & des Prêtres, dans la Guerre contre les *Gaulois*) que de laisser périr l'Etat par un scrupule vain & hors de saison. Il est même juste, lorsque l'Etat est assez riche pour cela, de donner quelque salaire ou quelque récompense à ceux qui vont s'exposer aux fatigues & aux dangers de la Guerre : (f) car outre que les fonctions militaires les empêchent de vaquer à leurs affaires domestiques, ils contribuent plus, à proportion, au bien de l'Etat, que les autres qui demeurent paisiblement chez eux. On a eu raison aussi de louer un ancien (g) Législateur, de ce qu'il ordonna, par une Loi, que ceux qui auroient été estropiez en portant les armes pour leur Patrie, seroient entretenus aux dépens du Public.

(a) Chez les *Romains* c'etoit de la bastonnade. Voyez *Tit. Liv.* Lib. V. Cap. VI.

(b) Voyez *Justin.* L. XXXII. C. III. num. 16. *Ferdinand. Pinto*, C. X. & les *Essais de Montagne*, Liv. I. Chap. XV.

(c) Voyez *Digest.* Lib. XLIX. Tit. XVI. *De Re Militari*, Leg. IV. §. 10.

(d) Voyez *Leg. Longobard.* Lib. III Tit. XIII. §. 1.

(e) *Appian. de Bell. Civil.* L. II. pag. 523. A. *Edit. H. Steph.* Voyez *Cod.* Lib. X. Tit. XLVIII. *De quibus muner. vel præstation. nemini liceat se excusare*, Leg. III. & *Andr. Mauroc. Hist. Venet.* Lib. IV. pag. 147.

(f) Voyez *Diod. Sic.* Lib. I. C. 73.

(g) *Plutarch. in Solone*, p. 96. C.

§. II. * ON demande, *si un Prisonnier de guerre ayant été relâché par les Ennemis, à condition de ne point servir contr'eux ; l'Etat, dont il est Membre, peut l'y contraindre*, nonobstant la parole donnée ? Il y en a qui prétendent qu'une telle Promesse étant contraire au Devoir d'un bon Citoyen, est entierement nulle par elle-même. Je pourrois répondre à cela, que tout ce que l'on fait contre son Devoir n'est pas pour cela seul invalide : mais j'aime mieux dire, que ce n'est nullement manquer au Devoir d'un bon Citoyen, que de se procurer la liberté en promettant à l'Ennemi de ne pas faire une chose dont il ne tient qu'à lui de nous empêcher ; car si le Prison-

* Si l'on peut se dispenser de servir, lorsque l'on a promis à l'Ennemi de ne point porter les armes contre lui ?

cause de sa mort. DEMOSTHEN. *adv. Aristocrat.* page 416. A.

(2) Voyez GROTIUS, Liv. III. *Chap.* XVII. §. 2. & les *Essais de* MONTAGNE, Liv. III. Chap. XII. page 421, 422. *Edit. de la Haye* 1727.

(3) Notre Auteur rapporte ici une Loi établie à *Lacédémone*, selon laquelle, dit il, ceux qui refusoient d'aller à la Guerre, étoient punis de mort. Il cite là-dessus l'Orateur LYCURGUE : mais celui-ci parle seulement de ceux qui etant enrollez, lâchoient le pie, ou se deroboient au péril de quelque autre maniere, pour conserver leur vie. La Loi, dit-il, les punit par cela même qu'ils craignent le plus : & en leur faisant voir un danger égal de part & d'autre, elle les porte à choisir celui auquel ils seront exposez en combattant de toutes leurs forces contre l'Ennemi. Νόμον γὰρ ἔθεντο περὶ ἁπάντων τῶν μὴ θελόντων ὑπὲρ τῆς πατρίδος κινδυνεύειν, διαῤῥήδην λέγοντα ἀποθνήσκειν· εἰς αὐτὸ τοῦτο τὴν τιμωρίαν κατάξαντες [ou, comme on conjecture, κατατάξαντες] εἰς ὃ μάλιστα φοβούμενοι τυγχάνουσι· καὶ τὴν ἐκ τοῦ πολέμου σωτηρίαν ὑπεύθυνον κινδύνῳ ἐποίησαν .... εἰδότες ὅτι, δυοῖν κινδύνοιν ὑποκειμένοιν, ἀναγκαῖον ἔσται θατέρου μετασχεῖν, πολὺ μᾶλλον αἱρήσονται τὸν πρὸς τοὺς πολεμίους, ἢ τὸν πρὸς τοὺς νόμους καὶ τοὺς πολίτας. Adv. Leocrat. *page* 183, 184. Il est vrai qu'ensuite l'Orateur veut entendre la Loi au cas de ceux qui comme *Léocrate*, s'enfuyent de leur Patrie, quand on l'attaque. Voyez au reste, NICOL. CRAGIUS, *De Republ. Laced.* Lib. III. Tab. XII. Institut. XI. où néanmoins il ne fait aucune mention du passage de LYCURGUE.

nier n'étoit relâché, il auroit beau vouloir servir contre l'Ennemi, il ne le pourroit. Puis donc que l'Etat ne perd rien à cette Convention, il est censé consentir, que le Prisonnier qu'il recouvre tienne exactement sa parole; surtout si le Prisonnier s'est racheté lui-même par ses soins ou par son argent, sans que l'Etat s'en soit mêlé. Mais cela ne doit s'entendre que d'une Guerre Offensive, & non pas d'une Guerre Défensive, où l'Etat pourroit avoir absolument besoin du secours de ce Prisonnier relâché; surtout s'il se trouvoit lui-même en danger de périr. Car d'un côté, il est absurde de dire qu'un homme est Citoyen d'un Etat, & que néanmoins il demeure lié par une Obligation qui le rend inutile à l'Etat dans une extrême nécessité; de l'autre, il n'est pas moins ridicule de s'imaginer que l'on puisse être tenu indispensablement, en vertu d'une simple Convention, de ne pas se défendre contre un injuste Aggresseur, qui tâche de nous faire périr nous & les nôtres. A quoi bon l'Ennemi m'a-t'il donné la liberté, s'il a prétendu m'imposer la dure nécessité de ne repousser jamais ses insultes, & de me laisser tranquillement dépouiller de mes biens, ou de ma vie? (1) Disons donc, que malgré une telle Promesse, le Prisonnier qui a été relâché, peut reprendre les armes pour la défense de l'Etat, lorsque son Souverain le lui ordonne.

Une autre Question approchante de celle-ci, c'est de sçavoir si un Prisonnier est tenu de venir se remettre entre les mains de l'Ennemi, (2) lorsque la condition, sous laquelle il avoit été relâché, ne se trouve point accomplie? On convient que oüi, quand il s'agit des Sujets. Mais à l'égard des Princes on a formé bien des difficultez (a) au sujet du Traité que (3) *François I.* Roi de *France* fit à Madrid, où il étoit Prisonnier. Pour moi, je ne décide rien là-dessus. Je conseille seulement à ceux qui tiennent un Roi prisonnier, de ne pas être trop faciles à le relâcher, avant que les conditions dont on est convenu ayent été actuellement executées.

(a) Voyez *Bussieret*, Hist. de France, Liv. XVI.

Aucun Citoyen ne doit se rendre incapable des fonctions militaires.

§. III. DE ce que nous avons dit ci-dessus, il s'ensuit, que dans la plus profonde paix, personne ne doit ni se mettre (a) lui-même, ni mettre les autres hors d'état d'exercer les fonctions militaires, & que ceux (1) qui le font méritent d'en être rigoureusement punis.

(a) Voyez *Sénéque*, Lib. I. Controv. VII. *init.*

§. II. (1) GROTIUS, qui traite la question, *Liv.* III. *Chap.* XXIII. §. 7. *num.* 1, 4. n'y met pas la restriction que notre Auteur prescrit. Et il faut avouer, qu'à moins que le Prisonnier lui-même ne soit enveloppé dans le danger, sans pouvoir autrement s'en garantir, la permission qu'on lui donne ici, va à éluder la bonne foi du Traité, & à le rendre presque inutile. Car telle etant la nature de la Guerre, que l'on cherche à attaquer autant qu'à se défendre, quand on en trouve l'occasion; l'Ennemi, qui a relâche le Prisonnier sous la condition dont il s'agit, a sans doute pretendu qu'il ne servit pas contre lui dans l'un & dans l'autre cas. Il faut une clause bien expresse, pour restreindre l'engagement aux actes d'hostilité purement offensifs, qu'il seroit même facile de colorer d'un prétexte de défense. Des deux raisons que notre Auteur allégue, l'une tirée du soin de notre propre conservation qui ne permet pas de renoncer à la defense contre un Aggresseur, ne regarde que le Prisonnier même dans les circonstances où nous l'avons supposé. L'autre, prise de ce que le Prisonnier seroit inutile à l'Etat qui l'a recouvre, n'est d'aucune force: parceque la raison pour laquelle notre Auteur admet comme valide la condition de ne point servir, a tout aussi-bien lieu ici, etant certain que si l'Ennemi n'eût pas relâché le Prisonnier, celui-ci n'auroit pas été plus en etat d'aider son Souverain à la défense, qu'à l'attaque. Plus le Prisonnier sera d'un rang ou d'une capacite à pouvoir être fort utile à sa Patrie, & plus la clause dont il s'agit aura de force, selon l'intention manifeste de l'Ennemi qui l'a exigée.

(2) Voyez GROTIUS, *Liv.* III. *Chap.* XXIII. §. 6. & le *Specimen Jurisprud. Historic.* §. 65. parmi les *Selecta Juris Naturæ*, de Mr. BUDDEUS. On trouvera une autre question approchante, décidée dans GROTIUS, Liv. III. Chap. XXXI. §. 10.

(3) Voyez le Traité de Mr. GUNDLING, *De efficientia Metus*, &c. Cap. II. §. 19, *& seqq.* & la Dissertation de Monsieur BOHMER, *De exceptione Metus injusti*, Cap. IV. §. 19, *& seqq.* où l'on trouve les raisons en faveur de *Charles-Quint*, & la refutation de celles de *François I.*

§. III. (1) On en trouve (disoit notre Auteur) plusieurs exemples parmi les anciens *Romains*, tout belliqueux qu'étoit ce Peuple. Il y avoit des gens qui se coupoient le pouce à eux-mêmes, ou à leurs propres Enfans, afin qu'on ne les obligeât pas d'aller a la Guerre. Voyez ce que dit VALERE MAXIME Lib. VI. Cap. III. de *Caius Vettienus*; SUETONE, *in August.* Cap. XXIV. & AMM. MARCELLIN, Lib. XV. Cap. XII. page 125. *Edit. Gron.* Cet abus est sevérement defendu par plusieurs Loix, sur peine de bannissement (*deporta-*

Jusqu'où s'étend l'obligation des Gens de guerre?

§. IV. Ceux qui sont une fois enrollez, doivent tenir ferme dans le poste où leur Général les a placez, quand même ils courroient risque vraisemblablement d'y perdre la vie. La Discipline Militaire ne permet pas même toûjours de (1) faire tirer au sort, pour assigner ces postes dangereux à ceux sur qui il tombera. Il doit être en la disposition du Général de choisir ceux qu'il juge les plus propres à les bien défendre; ou s'il y en a plusieurs également capables, d'y envoyer qui bon lui semble; à moins qu'il ne se présente (a) quelques Volontaires qui demandent d'être préférez. Et un homme de cœur ne se plaindra jamais qu'on le commande dans une occasion (2) si honnorable, où l'on fait voir la haute idée que l'on a de sa bravoure. D'ailleurs comme nous sommes redevables au Gouvernement Civil, & de la conservation continuelle de nôtre vie, & de plusieurs autres avantages que nous n'aurions pas trouvez dans la Liberté Naturelle où chacun n'a que ses forces toutes seules pour se défendre; n'est-il pas juste d'exposer nôtre vie, & de la sacrifier même dans une grande nécessité, qui n'arrive que rarement, pour le salut de l'Etat, & par ordre de ceux qui ont en main l'Autorité Souveraine? Il vaut beaucoup mieux du reste, courir quelque danger commun avec un grand nombre de Citoyens, que d'être seul en butte à toute sorte de périls: car outre que l'on peut se promettre une victoire plus assurée des forces réunies de plusieurs, si l'on vient à mourir dans le combat, on sauve pour l'ordinaire les personnes qui nous sont cheres, & on leur laisse ses biens en leur entier; ce que l'on n'auroit pû espérer dans l'Etat de Nature.

(a) Voyez *Tit. Liv.* Lib. VII. Cap. XXIV. & *Josephe*, Lib. II. Cap. II. num. 11.

Mais il faut remarquer, que quand on place un Soldat dans quelque poste périlleux, on ne le fait pas, ou dumoins on ne doit (b) pas le faire directement à dessein de le perdre; mais seulement afin que combattant de pié ferme il détourne quelque grand mal dont l'Etat est menacé, ou bien il lui procure quelque avantage considérable. Vaincre ou mourir, c'est la Loi de ces sortes de combats. Or il vaut mieux perdre la vie glorieusement, en tâchant de l'ôter à l'Ennemi, que d'être tué tout seul. Ainsi

(b) Comme fit le Roi *David*, *II. Sam.* XI, 15. XII, 9. & comme font souvent ceux qui veulent perdre quelqu un. Voyez *Polyb.* Lib. I. Cap. 9. *Diod. Sic.* Lib. XIV. Cap. 71. & Lib. XIX. C. XLVIII. *Sallust.* Bell. Jugurth. *Cap.* VII. *Quint. Curt.* Lib. VII. Cap. II. *Justin.* Lib. XII. Cap. V. num. 8. *Zonar.* Tome II. *in Mauritio*

rio) ou de quelque autre punition ignominieuse. Voyez Digest. Lib. XLIX. Tit. XVI. *De Re Militari*, Leg. IV. §. 12. & Cod. Theodos. Tit. *de filil militar. apparitorum & veteranor.* Leg. I. *& de Tironibus*, Leg. IV. & X. Il y a une peine plus rigoureuse decernée dans la Loi V. du dernier Titre, où ceux qui se rendent ainsi incapables de servir à la Guerre, sont condamnez au feu: mais il semble que cela n'est que pour les Esclaves, au lieu que les autres Loix regardent les personnes libres. On sçait que parmi les *Romains*, on n'enrolloit des Esclaves que dans la derniere necessité. Cette coûtume s'abolit même dans la suite, comme il paroît par le Code Theodosien; (*ubi suprà*, Leg. XVI.) car la Loi XI. de ce même Titre, qui se trouve aussi dans le *Code Justinien*, Lib. XII. Tit. XLIV. Leg. II. ne se rapporte qu'aux Esclaves d'autrui fugitifs, que l'on donnoit pour siens. Et la Loi VIII. du même Titre du *Code Théodosien*, défend seulement de recevoir aucun Esclave dans les troupes d'élite. Voyez Veget. *De Re Milit.* Lib. I. Cap. VII. *in fin.* Dans le tems même que les Esclaves étoient exemts d'aller à la Guerre, plusieurs Maîtres cachoient des personnes libres, qui pour s'en dispenser s'étoient venues refugier dans les endroits de la campagne où l'on faisoit travailler les Esclaves. Voyez Sueton. *in Tiber.* Cap. VIII. Ce qui fut peut-être la raison pourquoi l'Empereur *Hadrien* abolit entierement ces sortes de prisons, nommées *Ergastula*. Voyez Spartien, Cap. XVIII. avec les Notes de Saumaise. Au reste, (ajoûtoit encore notre Auteur) plusieurs Sçavans ont crû, que le mot de *Poltron* vient de cet ancien usage de se couper les pouces, pour eviter d'aller à la Guerre; mais il vaut mieux suivre l'Etymologie de Menage, qui dans son *Dictionnaire Etymologique*, le fait venir de l'Italien *Poltrone*, comme qui diroit, un homme qui demeure toûjours chez lui dormant sur un bon coussin. Voilà bien des remarques dont notre Auteur auroit pû se passer, & que je n'ai pû me resoudre à laisser dans le Texte. On peut voir encore ici les *Amænitates Juris* de Menage, Cap. III. §. 15, *& seqq.* Edit. Lipf. & la Dissertation de Mr. Sichterman, *de Pœnis militaribus Romanorum*, Cap. IX. Mais surtout Jaques Godefroi, dans son Commentaire sur les Loix du Code Theodosien, que notre Auteur cite.

§. IV. (1) Au lieu (ajoûtoit notre Auteur) que partout ailleurs il faut imposer aux Citoyens, dans une juste proportion, des charges qui ne sauroient être partagées à la fois entre tous; que si cela ne se peut, ou qu'il ne soit pas nécessaire, ils doivent être chargez tour-à-tour, ou se racheter par une autre charge équivalente, ou enfin tirer au sort.

(2) *Quare in castris quoque periculosa fortissimis imperantur? Dux lectissimos mittit, qui nocturnis hostes adgrediantur insidiis, aut explorent iter, aut præsidium loco dejiciant. Nemo eorum, qui exeunt, dicit: Male de me Imperator meruit; sed, Bene judicavit.* Senec. *de Providentia*, Cap. IV. L'Auteur citoit ce passage.

ce n'est pas sans raison que plusieurs déchargent du crime d'Homicide de soi-même, ces Capitaines de Vaisseaux, qui par l'ordre de leurs Supérieurs, ou exprès, ou légitimement présumé du genre de combat, se font sauter en l'air, (c) plûtôt que de tomber entre les mains de l'Ennemi. En effet, supposé que le nombre des Vaisseaux soit égal de part & d'autre, si un de nos Vaisseaux vient à être pris, l'Ennemi en aura deux de plus que nous; au lieu que si un des nôtres périt, il n'en aura qu'un de plus; & si le Vaisseau qui veut prendre le nôtre périt avec lui, les forces demeureront égales. Or il est bien difficile qu'en faisant sauter en l'air un de nos Vaisseaux, il ne s'en trouve un ou plusieurs de ceux de l'Ennemi qui sauteront en même tems, ou qui seront mis hors de combat; car un Vaisseau ne court guéres risque d'être pris, que quand un autre l'accroche. D'ailleurs, on fait par-là d'ordinaire plus de mal à l'Ennemi que l'on ne s'en fait à soi-même; car ceux qui réduisent ainsi un Vaisseau à la derniere extrémité, sont sans contredit les plus forts. Mais on ne doit pas, à mon avis, mettre le feu au Vaisseau, pour empêcher seulement qu'il ne soit coulé à fond; parcequ'en ce cas-là il peut rester quelque espérance de se sauver à la nage.

(c) Et ainsi font ce que dit *Lucain*, Pharf. III., 706, 707. *Non perdere letum Maximæ cura fuit.*

Au (3) reste, ce que nous avons dit, qu'un Soldat, ou un Officier est obligé de tenir ferme dans son poste jusqu'à la derniere extrêmité, doit être entendu avec cette restriction: à moins qu'il n'ait tout lieu de présumer, que le Souverain ne veut pas qu'il conserve son poste aux dépens même de sa vie; ou que sa vie ne soit manifestement de plus grande utilité à l'Etat, que ne seroit ce poste.

§. V. MAIS que dirons-nous des cas où l'Etat est menacé de périr, ou de recevoir quelque grand échec, s'il ne se résout à livrer quelqu'un de ses Citoyens pour appaiser la colere d'un Prince puissant, de qui ce malheureux a tout à craindre? (1) Il faut voir ici par quels motifs on demande ce Citoyen: Car si c'est pour quelque crime qu'il a commis, quoiqu'il puisse peut-être chercher toutes sortes de voyes pour échapper aux poursuites de ceux qui le veulent perdre, il doit toûjours prendre garde de le faire d'une maniere qui n'attire point de mal ni sur l'Etat d'où il sort, ni sur celui où il va se réfugier. Je ne doute pas même que l'Etat ne puisse le chasser, s'il trouve trop inhumain de le livrer positivement.

Si le Souverain peut livrer à quelque autre Puissance un Citoyen innocent.

Que si, pour tirer vengeance d'un Crime public (a), on demande quelques Particuliers qui n'en ont point été les auteurs; comme il n'y a pas de meilleure voye que que le Sort pour décider entre plusieurs personnes égales, quelle doit souffrir le mal qu'aucune ne mérite plus que l'autre, je ne vois pas pourquoi un Citoyen refuseroit de se soumettre à cette décision; à moins qu'il ne (2) se trouvât quelque *Thésée* qui se chargeât volontairement d'aller tuer le *Minotaure*.

(a) Comme fit *Minos*, pour le meurtre de son Fils *Androgée*, *Virg. Æn.* VI, 20. *Ovid.* Metam. VIII, 170. *Hygin.* Fab. XLI. *Plutarch. in Thes.* page 6. *Edit. Wech.*

(1) Cette période est tirée de l'Abregé *des Devoirs de l'Hom. & du Cit.* Liv. II. Chap. XIII. §. 2. J'ai mieux aimé l'insérer ici, que de rapporter ce que dit notre Auteur d'une ancienne Loi des *Chinois*, qui condamnoit un General à perdre la vie, lorsqu'il avoit perdu la bataille, sans qu'il y eût même de sa faute; afin que ceux qui avoient le Commandement des Armées se souvinssent toûjours, qu'il falloit ou vaincre ou mourir. On auroit dû ajoûter en un mot, que cette Loi est visiblement injuste. Il y a plus de raison dans celle des *Carthaginois*, que nous avons rapportée ci-dessus, *Liv.* I. *Chap.* VII §. 4. *Note* 1.

§. V. (1) Voyez la Dissertation de BOECLER, *de Dominio eminente*, page 831. *& seqq.* du I. Volume, qui a paru en 1700.

(2) C'est ainsi que *Sperties* & *Bulis* s'offrirent pour être livrez à *Xerxes*, en punition de ce que les *Lacédemoniens* avoient fait mourir les Ambassadeurs de ce Prince, qui néanmoins eut la generosité de ne pas vouloir user de représailles sur ces Innocens; comme le rapporte HERODOTE, *Liv.* VII. *Cap.* 134. *& seqq.* Notre Auteur, qui le cite plus bas, rapporte aussi ces mots d'une Déclamation de QUINTILIEN, ou celui-là même dont on demandoit la vie, pour avoir tué un Tyran, conseille à son Etat de le livrer, pour racheter par sa mort la tranquillite publique. *Atque ego, etiamsi plurimum esse civium in hac civitate sperarem, bene tamen redimi capite unius civis pacem putarem.* Declam. CCLIII.

Mais, si sans aucun prétexte d'un Crime ni Public, ni Particulier, on demande un Citoyen pour lui ôter la vie, ou pour lui faire souffrir quelque autre mal plus fâcheux que la mort même (b); en ce cas-là il est encore hors de doute, à mon avis, que l'Etat ne doit pas s'exposer lui-même à périr pour défendre son Sujet; car cela ne mettroit pas à couvert l'Innocent, qui d'ailleurs n'a aucun droit de prétendre que l'Etat périsse avec lui pour tâcher de le sauver. Ce pauvre malheureux n'a donc d'autre ressource que dans la fuite, ou dans quelque coup hardi, où il joue de son reste. Que si tous les efforts sont inutiles, & que d'ailleurs il ne lui soit pas permis de se donner la mort à lui-même, pour éviter le supplice cruel & ignominieux qu'on lui prépare; il doit se résoudre à supporter patiemment son infortune, (c) dans laquelle il peut conserver sa conscience pure & nette. Pour ce qui est de l'Etat, après avoir fait tout son possible pour défendre l'Innocent, & pour lui fournir les moyens de s'enfuïr, ou d'échapper par quelque autre voye, sans que tout cela ait de rien servi, & sans qu'il puisse éviter par quelque autre voye le malheur qui le menace, s'il continue à protéger ce Citoyen; il peut alors l'abandonner, c'est-à-dire, ne point empêcher que le Tyran ne s'en saisisse (d). Mais il n'est ni juste, ni nécessaire, qu'il le livre directement à celui qui le demande, ni qu'il le contraigne de s'y aller lui-même remettre (3). Du reste, la vie des Sujets doit être trop chere à l'Etat, pour qu'il la prodigue sans nécessité, afin d'éviter quelque péril incertain, ou de se procurer quelque avantage peu nécessaire; & un Citoyen n'est nullement obligé de répandre son sang (e) pour un tel sujet. Ainsi *Caïphe* appliquoit très-mal une maxime d'ailleurs véritable, lorsqu'il prétendoit (f) qu'il fût permis de faire mourir un Innocent, pour ôter aux *Romains* tout prétexte de craindre quelque soulevement des *Juifs*; d'autant plus qu'il ne manque pas d'autres voyes beaucoup moins rudes pour prévenir de pareils soupçons. Je ne sçai aussi si l'on peut excuser ce que fit (g) *Darius*, lorsque, de concert avec *Zopyre*, il lui laissa avoir l'avantage dans trois sorties, où il sacrifia quelques mille hommes, afin que ce feint transfuge gagnant par-là la confiance des *Babyloniens*, pût lui livrer ensuite la Ville, comme il le fit effectivement.

(b) Voyez dans *Libanius*, Decl. XXVII. l'action d'un Pere, que je ne veux ici ni blâmer, ni justifier; mais qui est plus excusable que celle de *Virginius*, dans *Tit. Live*, Lib. III. Cap. L. Voyez *Boecler* sur *Grotius*, Lib. I. Cap. I. §. 6. p. 59.

(c) Voyez *Digest.* Lib. III. Tit. I. *de postulando*, Leg. I. §. 6.

(d) Voyez *Grotius*, Liv. II. Ch. XXV. §. 3.

(e) Comme firent sans necessité les deux freres *Philenus*, dont parle *Sallust.* in *Bell. Jug.* Cap. 79. *Edit. Cort.* 81. *Edit. Wass.* & *Pomp. Mela*, Lib. I. Cap. VII.

(f) *Jean*, XI, 50.

(g) *Herodot.* Lib. III. Cap. 153, & *seq.*

Des *Otages.*

§. VI. Il est encore souvent nécessaire de donner des (1) Otages, pour sûreté de l'exécution d'un Traité Public; & alors le Souverain peut, de son autorité, contraindre quelques-uns de ses Sujets à se mettre pour cette raison entre les mains de la Puissance avec qui l'on traite, s'il ne se présente personne qui offre d'y aller volontairement. Lorsque l'on a à faire à un Ennemi supérieur en forces, qui demande pour Otages précisément certaines personnes, il ne semble pas qu'elles puissent esquiver légitimement. Mais s'il est indifférent & à l'Etat, & à celui avec qui l'on traite, lesquels Otages on donne entre plusieurs Citoyens du même ordre; en ces cas-là, pour ôter tout sujet de plainte, le meilleur expédient est de les faire tirer au sort. Que si les Otages sont donnez pour un espace de tems considérable, il est juste de les faire reserver par d'autres. D'un autre côté, l'Etat doit indemniser les Otages autant qu'il est possible, des pertes & de la dépense extraordinaire qu'ils

(3) Notre Auteur indique ici l'exemple de *Megaclès*, sur la foi de Marselaer, Legat. *Lib.* I. *Cap.* XXXIII. page 197. *Edit. Amst.* qui, à son ordinaire, ne donne lui-même aucun garant du fait. On le trouve dans Polyænus, *Strateg.* Lib. V. Cap. 15. Ce *Megaclès* de *Messine* ayant été de son propre consentement, livré à *Agathoclès*, mais avec le titre d'Ambassadeur, trouva moyen d'échapper par la noble liberté avec laquelle il parla au Tyran de *Sicile*. Voyez au reste, sur la question dont il s'agit, ce que j'ai dit sur Grotius, *Liv.* II. *Chap.* XXV. §. 3. *Note* 5. & 11.

§. VI. (1) Voyez ce que l'on dira encore plus bas, Chap. VIII. §. 6. & Grotius, Liv. III. Chap. XX. §. 52. & *seqq.* comme aussi la Dissertation de Jean Schilter *De jure Obsidum*, insérée parmi ses *Exercitationes in Pandect.* & celle de Mr. Buddeus, intitulée, *Jurisprud. Histor. Specimen*, §. 54. & *seqq.*

sont, pour être absens de chez eux, & entre les mains d'une Puissance Etrangere.

On peut faire ici une question, sçavoir si c'est proprement la vie des Otages que l'on engage, ou seulement leur liberté ? Il est clair, que donner des Otages, c'est comme si l'on disoit : *Nous mettons entre vos mains ces personnes, comme les Membres de nôtre Etat qui nous sont les plus chers, vous permettant de les traiter comme il vous plaira, si nous ne tenons ce que nous vous avons promis.* Quelquefois même (a) on consent en termes exprez, que les Otages soient punis de mort en ce cas-là. Comme donc l'infraction du Traité fournit un juste sujet de déclarer la Guerre à celui qui l'a violé, il est clair, que dès-lors les Otages peuvent être aussi-bien regardez sur le pié d'Ennemis, que tous les autres Sujets de l'Etat dont ils sont Membres, & qui la plûpart n'ont point contribué personnellement à l'infraction du Traité. Aussi a-t-on vû des exemples d'Otages qui ont été traitez en Ennemis. Plusieurs néanmoins ont trouvé de l'inhumanité à satisfaire, par la punition de ces pauvres malheureux, le ressentiment que l'on a d'une injure dont ils sont entierement innocens (b). Envain quelques-uns disent-ils, que l'intention de ceux qui donnent des Otages, est de consentir qu'ils portent la peine de l'infraction du Traité. Je ne vois pas, pour moi, comment le but naturel & légitime des Peines peut avoir lieu dans la punition d'un Otage innocent, qui à proprement parler, n'a point consenti à la violation du Traité ; mais s'est seulement engagé à ne pas refuser, en ce cas-là, de souffrir quelque chose en la place de ceux qui l'ont donné pour Otage ; ce qui n'emporte en soi aucun Crime personnel. D'ailleurs, les Otages ne laissent pas d'être un gage assez assûré de la bonne foi de celui qui les donne, quoique par le Droit Naturel ils ne soient pas sujets à une Peine proprement dite, pour un Crime auquel ils n'ont aucune part : car il suffit que du moment que le Traité a été enfraint, on puisse user envers eux du droit de la Guerre, & qu'ainsi leur vie dépende de la volonté d'un Ennemi irrité. (1) Malgré tout cela, il vaut mieux dire, à mon avis, que l'Etat n'engage directement que la liberté corporelle des personnes qu'il envoye pour Otages : Car ayant, ou devant du moins avoir une ferme résolution de tenir sa parole, il est censé regarder comme moralement impossible, qu'il arrive un cas où l'autre Puissance, avec qui il traite, ait droit de faire mourir les Otages. Et il n'y a point de doute que l'Etat ne leur fasse du tort, lorsqu'en se rendant coupable d'infidélité, il les expose à la fureur de l'autre Puissance, ou qu'il ne les lui donne qu'afin de l'endormir, & de l'attaquer ensuite avec plus de force & d'avantage.

Mais de quelle maniere doit-on se conduire, lorsque celui à qui l'on a donné les Otages, en abuse pour nous manquer impunément de parole, & pour nous faire des injures atroces, avec menaces de faire mourir les Otages, si l'on se met en devoir de repousser les insultes ? En ce cas-là, si les injures qu'on reçoit sont d'une telle conséquence, qu'il vaille mieux exposer ces Innocens, que de laisser souffrir patiemment tout l'Etat ; on peut, à mon avis, résister au perfide Ennemi. Et en abandonnant ainsi

(a) Comme firent les *Liégeois* en donnant des Otages à *Charles*, Duc de *Bourgogne*. *Phil. de Comines*, Liv. II. Chap. II.

(b) Voyez *Grotius*, Liv. III. Chap. XI. §. 18.

(1) Les Otages n'ont pû donner à l'Ennemi aucun pouvoir sur leur propre vie, dont ils ne sont pas les maîtres. Voyez ci-dessus, *Liv.* II. *Chap.* IV. §. 18. Pour ce qui est de l'Etat, il a bien pouvoir d'exposer au peril la vie de ses Sujets, lorsque le Bien Public le demande : mais il ne peut pas plus, à mon avis, les rendre responsables à ce prix-là de son infidélité, sans qu'ils y ayent eux-mêmes aucune part, qu'il ne peut faire que l'innocent soit criminel. Ainsi il n'engage nullement la vie des Otages ; & quoique, par l'infraction du Traité pour la sureté duquel les Otages avoient été donnez, ceux-ci soient à la merci de l'Ennemi, qui est dégagé de l'obligation de les traiter autrement que les autres du parti contraire qui sont tombez entre ses mains ; il ne s'ensuit pas, qu'il ait droit en conscience de les faire mourir pour ce sujet seul. Il doit même ne pas user envers eux du droit que la Guerre lui donneroit d'ailleurs, de-peur qu'il ne paroisse en prendre pretexte de punir l'Innocent pour le Coupable. En un mot, il suffit que ces Otages soient désormais comme Prisonniers de Guerre.

les Otages, l'Etat ne leur fait pas plus de tort, qu'il n'en fait aux Soldats en les plaçant dans un poste où il leur impose la nécessité de tenir ferme jusqu'à la derniere extrémité; desorte qu'il faut, ou qu'ils meurent, ou qu'ils soient faits prisonniers. Les Otages doivent donc alors regarder comme un simple malheur (c) le cas où ils se trouvent (3) & ne point murmurer contre leur Patrie, qui n'a pû le prévoir ni l'empêcher. Cet inconvénient ne diminue rien d'ailleurs des avantages de la Societé Civile: car de pareils cas n'arrivent que très-rarement; au lieu que dans l'Etat de Nature on est exposé à tout moment à des inconvéniens aussi fâcheux.

(c) Voyez *Ammien Marcellin*, Lib. XXVIII. Cap. II. page 568. *Edit. Gronov.* & Boecler, ad *Grot.* Lib. Cap. I p. 102.

CHAPITRE III.

Du POUVOIR *des Souverains sur la* VIE *& sur les* BIENS *de leurs Sujets, pour la* PUNITION DES CRIMES ET DES DELITS.

Si les Particuliers ont pû conferer sur eux à l'Etat le droit de vie & de mort?

§. I. OUTRE le Pouvoir indirect, dont nous venons de parler, le Souverain a encore un *Pouvoir direct sur le Corps & sur la Vie*, comme aussi *sur les biens* de ses Sujets, pour cause de *Crimes* ou de *Delits*, & c'est ce que l'on appelle proprement DROIT DE VIE ET DE MORT: Pouvoir qui d'ailleurs n'est en rien semblable à celui que DIEU (a) a sur ses Créatures, ni à celui que l'Homme a sur les Bêtes.

(a) Voyez *Pseaume* XC, 3. & suiv.

D'abord il se présente ici une difficulté à résoudre; sçavoir, comment les Particuliers ont pû, par les Conventions qui sont le fondement des Societez Civiles, conférer un tel Pouvoir à l'Etat, ou à ceux qui le gouvernent? Car la PEINE étant un mal que l'on fait souffrir à quelqu'un malgré lui, il est difficile d'expliquer comment on peut se punir soi-même, & par conséquent comment on peut transférer à autrui un Pouvoir que l'on n'a pas. Il ne serviroit de rien d'alléguer ici les *Flagellations* des *Moines*, ou d'autres gens qui se donnent la discipline, ou de leur pur mouvement, ou pour pratiquer quelque Régle de Religion à laquelle ils se sont soumis: car, ou ce ne sont pas des Peines proprement dites, mais seulement des austéritez que l'on s'impose soi-même comme un remede propre à mortifier ses Passions; ou des pénitences que l'on subit pour obéïr à un Prêtre, à qui l'on croit que DIEU a donné pouvoir de les imposer. Et en ce dernier cas, ce n'est pas moins une punition, quoique le Pénitent se fouette lui-même de ses propres mains: car il ne le fait que pour éviter un plus grand mal, qu'il s'attireroit, à ce qu'il s'imagine, s'il refusoit d'obéïr: de même qu'un (1) Criminel marche au lieu du supplice, pour ne pas s'y faire traîner.

Mais

(3) Comme quand *Agathoclès*, assiégeant *Utique*, fit mettre en butte, sur les Machines dont il battoit la Ville, les principaux prisonniers, afin que les Assiegez ne puissent se defendre sans tuer d'abord leurs propres Concitoyens: DIODORE *de Sicile*, *Lib.* XX. *Cap.* 55. l'Empereur *Frideric Barberousse* en usa de même a l'égard des Otages de la Ville de *Crême*, voisine de *Crémone*: GUNTHER *Ligurin*. Lib. X. vers. 207. & *seqq.* Exemples alleguez par notre Auteur.

§. I. (1) Il y a même (*ajoûtoit ici l'Auteur*) des Peuples chez qui le Magistrat ordonne aux Criminels de se tuer eux-mêmes; comme autrefois parmi les *Ethiopiens*, au rapport de DIODORE *de Sicile*, Lib. III. Cap. V. Dans le *Japon* (disoit-il encore plus bas, §. 4.) ceux qui sont condamnez à mort, s'ouvrent le ventre avec un couteau. Et autrefois en *Lithuanie* les Criminels se dressoient eux-mêmes une potence où ils se pendoient. Voyez ci-dessous, Chap. IV. §. 5. *Note* 3. Notre Auteur rapporte encore au §. 4. de ce Chapitre, comme un cas extraordinaire, ce que TITE LIVE dit de *Gracchus*, que pour châtier une partie de ses Soldats, qui avoient refusé de combattre, il leur fit prêter serment *de ne manger ni boire que debout, tant qu'ils serviroient sous lui*. Lib. XXIV. Cap. XVI. Mais en ce cas-là même, disoit-il, c'étoit malgré eux que les lâches Soldats se voyoient réduits à la nécessité de subir cette Peine ignominieuse, plûtôt que de se parjurer.

(2) L'Auteur

Mais il est aisé de lever cette difficulté, qui ne roule que sur une fausse supposition. Il faut donc sçavoir, que comme en matiere de choses Naturelles, un Corps Composé peut avoir des qualitez qui ne se trouvoient dans aucun des Corps Simples, du mélange desquels il est formé : de même un Corps Moral (2) peut avoir, en vertu de l'union même des personnes dont il est composé, certains droits dont aucun des Particuliers n'étoit formellement revêtu, & qu'il n'appartient qu'aux Conducteurs d'exercer. Personne n'osera dire, par exemple, qu'aucun Particulier ait le Pouvoir de se prescrire des Loix à lui-même ; (3) & cependant aussi-tôt que plusieurs ont soumis leur volonté à celle d'un seul, celui-ci acquiert le droit de prescrire désormais des Loix à chacun d'eux. Ainsi, quoiqu'aucun des Membres dont une Societé se forme, ne puisse s'infliger des Peines à lui-même, il suffit, pour donner ce droit au Chef de la Societé, que chacun s'engage à ne pas défendre (b) ceux qu'il aura condamnez, & à lui prêter même main-forte, s'il le faut, pour empêcher que le Criminel n'échappe. Quelques-uns prétendent, que quand un Souverain ôte quelque chose à ses Sujets en forme de punition, fût-ce la vie, il le fait en vertu de leur propre consentement ; parcequ'en se soumettant à lui ils ont promis d'acquiescer à tout ce qu'il voudroit ou qu'il feroit. Mais il vaut mieux dire, que comme il dépend des Sujets de ne donner à leur Souverain aucun juste sujet de les punir de mort, chacun regarde l'usage actuel de ce Pouvoir, par rapport à lui, (4) comme un cas qui n'arrivera jamais. HOBBES (c) soûtient, que le Droit de Vie & de Mort ne vient pas originairement du consentement des Sujets, & qu'il est uniquement fondé sur le droit que chacun avoit, dans l'Etat de Nature, de faire tout ce qu'il jugeoit nécessaire pour sa propre conservation ; desorte que ce droit a été laissé, & non pas conferé, à l'Etat, qui ayant en main de si grandes forces pour le faire valoir, peut s'en servir, comme il le trouve à propos, pour la conservation de tous les Citoyens. Mais le droit de punir est différent du droit de se conserver ; & au lieu que le dernier convient à chacun, l'autre ne s'exerçant que sur des Sujets (5), ne sauroit être conçu dans l'indépendance de l'Etat de Nature.

(b) Voyez *Hobbes, de Cive*, Cap. II. §. 16. & ce que l'Auteur a dit ci-dessus, Liv. III. Chap. VII. §. 5.

(c) *Leviath.* Cap XXVIII. *init.*

Au reste, j'avertis ici, que je ne prétens point parler des *Peines naturelles*, qui accompagnent le Péché par une suite necessaire, ni des *Peines Divines* proprement ainsi dites ; mais uniquement des *Peines Humaines*, qui sont décernées par les Législateurs & les Tribunaux Politiques, dont les régles différent en (d) plusieurs choses de celles de la Justice Divine.

(d) *Plutarque* l'a reconnu en partie, *De sera Numin. vindicta*, p. 549. F.

Les Peines Humaines n'ont point de lieu dans l'Etat de Nature.

§. II. POUR reprendre la matiere dès le commencement, il faut sçavoir, que la plû-

(2) L'Auteur cite ici une Loi du DIGESTE, où il ne s'agit pas des droits qui conviennent aux Societez entieres, quoique les Particuliers, dont elles sont composées, n'en soient pas revêtus ; mais qui prouve seulement, que l'on peut faire acquérir à un autre quelque droit que l'on n'a pas soi-même ; comme par exemple, un Créancier qui vend le gage de son Débiteur, rend l'Acheteur maître du gage, quoiqu'il n'en eût pas lui-même la Proprieté. *Non est novum, ut qui dominium non habeat, alii dominium praebeat. Nam & creditor, pignus vendendo, causam dominii praestat, quam ipse non habuit.* Lib. XLI. Tit. I. *De adquir. rerum dominio.* Leg. XLVI. Ici, au fond, le Créancier n'est que l'occasion du transport de Proprieté ; c'est la volonté, expresse ou tacite, du Proprietaire même, qui produit originairement cet effet. Voyez ci-dessus, *Liv.* V. *Chap.* X. §. 13. *Note* 2.

(3) Les Loix ne font que borner la liberté que chacun avoit de disposer de ses propres actions à sa fantaisie, & sans consulter personne. Or chacun a pû renoncer à ce droit, autant qu'il le jugeoit à propos, & en faveur de qui bon lui sembloit. Ainsi l'objection n'a pas plus de force, que si l'on disoit : Un homme ne peut acheter rien de lui-même ; donc il n'a pû donner à l'Acheteur le droit que celui-ci a comme tel. Ou bien ; Personne ne peut se contraindre lui-même ; donc il ne sauroit donner à un autre, avec qui il traite, le droit de le forcer à tenir sa parole. Voyez des exemples de semblables faux raisonnemens, *Liv.* VI. *Chap.* I. §. 12. *Liv.* VII. *Chap.* III. §. 4.

(4) Mais ne suffit-il pas qu'il puisse arriver ? Notre Auteur cherche à éluder l'obligation des Sujets à souffrir la peine ; de quoi nous traiterons plus bas, §. 4. *Note* 8.

(5) Fausse supposition, que nous détruirons dans la *Note* 3. sur le §. 4.

part des *Péchez*, surtout de ceux que l'on commet contre son Prochain, renferment deux choses, la *violation même de la Loi*, & le *dommage* que l'on cause à autrui ou directement, ou indirectement. Selon le Droit Naturel, tout Homme qui a causé du Dommage par sa faute, de quelque maniere que ce soit, est indispensablement tenu de le réparer ; & s'il l'a causé malicieusement, il doit de-plus donner à la personne lézée des suretez pour l'avenir. Mais la maniere dont on peut demander ces suretez, est différente, selon que l'on vit dans la Liberté Naturelle, ou dans une Societé Civile. Dans l'Etat de Nature, lorsqu'un Homme touché de repentir vient de lui-même offrir la réparation du Dommage qu'il a causé, tout ce que la personne lézée peut exiger de lui, après cela, c'est qu'il lui promette ou simplement, ou avec serment, de ne plus (a) l'offenser à l'avenir. Desorte que, si par une injuste défiance, ou par une animosité infléxible, elle demande, les armes à la main, de plus grandes suretez : l'autre n'étant point tenu, par le Droit Naturel, de les lui donner, il peut légitimement se défendre ; & alors celui qui étoit auparavant l'Offensé, devient à son tour l'Offenseur, & se rend coupable d'avoir violé la paix. Mais lorsqu'on n'a pû obtenir satisfaction que par la force : comme cela marque l'obstination de l'Offenseur dans sa malice, & qu'on ne sauroit désormais, en pareil cas, tirer d'un tel homme aucune satisfaction, à moins que d'être plus fort que lui ; on peut prendre toutes les suretez dont on croit avoir besoin ; le désarmer, par exemple, démolir ses Forteresses, ou s'en emparer, le condamner à une prison perpétuelle, &c. le faire même mourir, si l'on ne trouve pas d'autre expédient plus commode pour se mettre à couvert des mauvais desseins qu'on voit qu'il a de nous perdre. Tout cela se fait par droit de Guerre, & nullement en forme de *Punition* proprement ainsi nommée : (car du reste on donne le nom de *Peines*, dans un sens plus étendu, à toute sorte de maux qui accompagnent le Peché par une suite naturelle ; & par conséquent à ceux que l'on s'attire par quelque injure, dans l'indépendance de l'Etat de Nature) ainsi on ne sauroit dire, à parler juste, que personne soit (1) obligé de donner de telles suretez, puisque, dès-là qu'on est réduit à en venir aux voyes de la Force, cela suppose que l'Offenseur, bien-loin de nous faire satisfaction de son bon gré, s'obstine à soûtenir son injustice par la violence, & qu'ainsi il est à nôtre égard dans des sentimens contraires à la Loi Naturelle, ou dans des dispositions d'Ennemi, qui le mettent avec nous en état de Guerre. Or les maux que l'on cause à quelqu'un par droit de Guerre, n'étant pas proprement des Peines, comme il paroîtra encore mieux par ce que nous dirons dans la suite ; il est évident, que les Peines Humaines proprement ainsi nommées, ne sauroient avoir lieu entre ceux qui vivent dans l'indépendance de l'Etat de Nature ; quoiqu'ils soient sujets, comme nous venons de le dire, aux maux qui suivent le Péché par un effet naturel & ordinaire.

(a) Voyez ci-dessus, Liv. II. Chap. V. §. 3. à la fin.

C'est seulement dans les Societez Civiles que l'on inflige des Peines proprement ainsi nommées.

§. III. Mais, dans les Societez Civiles, outre qu'il est plus aisé d'obtenir la réparation du dommage par la voye de la Justice, que dans l'Etat de Nature par la voye d'une Guerre, où l'on ne trouve d'autre secours que dans ses propres forces ; chaque Citoyen a de-plus, autant que le permet la condition des choses humaines, de bonnes suretez contre les injures & les dommages qu'il pourroit recevoir à l'avenir ; & ces suretez consistent dans les *Peines* dont les Loix menacent ceux qui les violeront, & que les Tribunaux de l'Etat doivent infliger à ceux qui les auront encourues ; Peines, dont la crainte est le moyen le plus efficace pour diriger & pour réprimer la Volonté Humaine, naturellement capable de se déterminer vers l'un ou l'autre des deux côtez opposez.

§. II. (1) L'Auteur suit toûjours une fausse idée de la nature de l'Obligation. Voyez plus bas, §. 4. Note 6.

§. IV. La *Peine* est en general *un mal que l'on fait souffrir à quelqu'un, à cause du mal qu'il a fait* (a) c'est-à-dire, quelque chose de fâcheux à quoi on le condamne malgré lui & avec autorité, en conséquence d'un Crime dont il s'est rendu coupable.

Ce que c'est que la Peine.

(a) Voyez *Grotius*, Liv. II. Chap. XX. §. 1.

Je dis 1. *un mal que l'on fait souffrir*: car quoique souvent on ordonne pour punition de faire certaines choses, comme quand on condamne quelqu'un aux Mines, aux Galéres, à la Brouette, à nettoyer les Ruës, &c. on ne regarde alors l'action que comme un travail gênant & pénible, en quoi celui qui y est contraint souffre véritablement.

J'ai dit 2. Que l'on souffre ce mal *à cause du mal que l'on a fait*, ou d'un Crime que l'on a commis; d'où il paroît, que l'on ne doit pas mettre au nombre des *Peines* proprement ainsi nommées, les incommoditez que l'on souffre par l'effet d'une (b) maladie contagieuse, ou (c) de la perte d'un membre, ou de quelques autres (d) impuretez, comme celles qu'on trouve marquées en grand nombre dans la Loi des anciens *Hébreux*; selon laquelle, par exemple, les Lépreux étoient bannis des compagnies, & privez de tout commerce avec les autres Citoyens; & les personnes, à qui il manquoit quelque membre, (e) exclues de la Dignité Sacerdotale, &c. En tout cela il n'y a pas plus de véritable Punition, que quand les Etrangers, ou les gens du commun Peuple sont exclus de certaines Charges de l'Etat; ou lorsqu'un homme, qui s'est cassé la jambe, souffre de grandes douleurs pendant qu'on la lui raccommode: quoique d'ailleurs on donne quelquefois improprement à ces sortes de choses le nom de *Peine*, à cause de quelque ressemblance; jusques-là que l'on dit même communément de ceux qui sont fort incommodez & fort disgraciez de la Nature, qu'*ils vivent pour leur supplice*. De là il s'ensuit encore, que lorsqu'on met quelqu'un en prison seulement afin qu'il ne s'évade pas, ce n'est point proprement une Peine; personne ne pouvant être justement puni avant que d'avoir été jugé. Il est donc contre la Loi Naturelle, de faire souffrir à un Prisonnier, qui n'est encore ni condamné ni ouï, plus de mal (1) que n'en demande la nécessité de le tenir renfermé; desorte que, si on l'a fait, on doit l'en dédommager, ou diminuer (2) d'autant la rigueur de la Peine à laquelle il a été condamné depuis.

(b) Voyez *Levit.* XIII.

(c) Voyez *Deuter.* XXIII, 1.

(d) Voyez *Levit.* XV.

(e) Voyez *Levit.* XXI, 17. & suiv.

3. J'ai dit, que la Peine est *infligée avec autorité*, ou de la part d'*un* (3) *Supérieur*,

§. IV. (1) *Solent Præsides in carcere continendos damnare, aut ut in vinculis contineantur. Sed id eos facere non oportet: nam hujusmodi pœna interdictæ sunt: carcer enim ad continendos homines, non ad puniendos haberi debet.* Digest. Lib. XLVIII. Tit. XIX. *De Pœnis*, Leg. VIII. §. 9. Notre Auteur indiquoit cette Loi, & celle de la Note suivante. Il est certain, que selon l'ancien Droit Romain, on ne commençoit pas ordinairement par mettre en prison ceux qui étoient accusez de quelque crime. Il falloit pour cela, ou qu'ils eussent avoué le crime, ou qu'on en eût des preuves. Autrement, si l'Accusé étoit de condition libre, & d'ailleurs un peu connu, il suffisoit qu'il donnât de bons Répondans; à moins que ce ne fût un Voleur, un Assassin, ou autres gens semblables, que l'on surprend souvent sur le fait. Voyez Didier Herauld, *De rerum judicatarum auctoritate*, Lib. I. Cap. XII.

(2) Par un Rescript des Empereurs *Honorius* & *Théodose*, il est ordonné que ceux qui ont été condamnez à un bannissement, soient relâchez & tenus quittes de cette peine s'il se trouve que pendant qu'ils ont demeuré en prison, le tems de leur exil s'est écoulé. *Omnes, quos damnationis conditio diversis exsilii destinatos, metas temporis præstituti in carceris implevisse custodia deprehenderis, solutos pœnâ vinculisque laxatos, custodiâ liberari præcipimus, nec formidare miserias ullas exsilii. Sit satis immensorum cruciatuum semel luisse supplicia, ne hi qui diu privati sunt aura communis haustu, & lucis adspectu, intra breve spatium catenarum ponderibus prægravati, etiam exsilii pœnam sustinere iterum compellantur.* Cod. *Lib.* IX. *Tit.* XLVII. *De Pœnis*, Leg. XXIII. Voyez Jacques Godefroi, sur cette Loi tirée du Code Theodosien, Lib. X. Tit. XL. *De Pœnis*, Tomme III. page 121.

(3) L'Auteur abandonne ici Grotius sans nécessité, ce me semble; quoiqu'il soit fort suivi en cela par les Auteurs qui ont écrit depuis sur le Droit Naturel, & même par Mr. Titius, qui releve d'ailleurs bien des choses dans ses *Observations* sur l'Abregé *de Offic. Hom. & Civir.* Je les contredis néanmoins les uns & les autres avec d'autant plus de confiance, qu'outre l'avantage de défendre *Grotius*, je ne ferai que suivre en gros l'opinion de Mr. Locke. Les Loix Naturelles (dit ce grand Philosophe, dans son Second Traité sur le *Gouvernement Civil*, Chap. II. §. 7. & suiv. de l'Original) aussi-bien que toutes les autres Loix que l'on impose aux Hommes ici-bas, seroient entierement inutiles, si dans l'Etat

de Nature, personne n'avoit le Pouvoir de les faire executer, & de punir ceux qui les violent, soit à l'égard d'un Particulier, soit par rapport à tout le Genre Humain, dont la conservation est le but de ces Loix communes à tous les Hommes. On dira peut-être, que dans l'Etat de Nature, il y a non seulement des Maux attachez aux Actions Mauvaises par une suite nécessaire, & que notre Auteur appelle pour cet effet des *Peines Naturelles*; (Voyez ci dessus, Liv. II. Chap. III. §. 21) mais encore des Punitions arbitraires que DIEU exerce, en qualité de Souverain Législateur, & d'Auteur de la Loi Naturelle. Mr. LOCKE n'a pas jugé à propos d'aller au-devant de cette Objection : mais s'il se la fût proposée, il auroit apparemment répondu, que ces deux sortes de Peines ne suffisent ni les unes ni les autres pour réprimer la malice humaine, & pour procurer la tranquillité du Genre Humain; comme il paroit par les plaintes que l'on a faites de tout tems de la prosperité des Méchans, & de la condition malheureuse des Gens-de-bien. De plus, (c'est Mr. BERNARD qui me fournit cette réflexion, *Nouvel. de la Republ. des Lettres*, Juin 1706. page 648. » ni ceux qui souffrent » les Peines, dont il s'agit, ni ceux qui en sont » témoins, ne les regardent pas comme des Peines » infligées pour tels & tels Crimes. Combien y a-t- » il de Maladies causées par la Débauche, que personne n'impute à la veritable cause qui les a pro- » duites ? Cela est encore plus vrai dans les Peines » que Dieu inflige, & dont les Crimes ne sont pas » des causes physiques. Il fait ensorte qu'un Adul- » tere, un Meurtrier, un Usurier périssent par un » Naufrage, ou se cassent quelque Membre par une » chûte; il est bien rare que ni celui à qui ces accidens arrivent, ni ceux qui les voyent arriver, en » devinent la veritable cause morale. Or afin que » la Peine infligée pour un Peché fasse quelque effet, » & sur celui qui la souffre, & sur ceux qui en sont » les témoins, il faut que les uns & les autres soient » bien persuadez que la Peine est infligée à cause de » tel & de tel crime. On ne peut donc s'empêcher de reconnoître, que dans l'Etat de la Nature il doit y avoir quelqu'un ici-bas qui soit en droit de punir les Crimes : & si cela est, (continue Mr. LOCKE) chacun est revêtu de ce Pouvoir par rapport à tout autre, puisque tous les Hommes sont naturellement égaux. Ce Pouvoir n'est pourtant pas absolu & arbitraire. Il n'est jamais permis de se laisser emporter à sa Passion, & de punir excessivement une faute. Tout ce qu'on peut faire en cette occasion, ne doit tendre qu'à procurer la réparation du Dommage, & à empêcher qu'on n'en cause de semblable à l'avenir. Quand quelqu'un viole les Loix de la Nature, il témoigne par-là qu'il foule aux pieds les maximes de la Raison & de l'Equité, qui sont les Regles que DIEU a prescrites aux Actions Humaines, pour la sûreté commune des Hommes; & ainsi il devient dangereux au Genre Humain. Comme donc chacun est en droit de pourvoir à ce qui regarde la conservation de la Societe Humaine, il peut en suivant les lumieres d'une Raison Tranquille, infliger à un tel homme des Peines capables de produire en lui du repentir, & d'empêcher qu'il ne retombe dans la même faute, comme aussi d'intimider les autres par son exemple. Lorsqu'un Homme, par exemple, en tue un autre de propos déliberé, il mérite d'être détruit, comme les Lions, les Tigres, & les autres Bêtes féroces avec lesquels il ne sçauroit y avoir de société, ni de sûreté. *Quiconque me rencontrera, me tuera*; c'est la voix de la Nature que les remords de la Conscience arrachoient à *Caïn*, après qu'il eût tué *Abel*; GENES. Chap. IV. vers. 14. Par la même raison on peut hors de toute Societé Civile, punir la moindre infraction des Loix Naturelles, autant que dans un Etat, si cela est nécessaire pour le but que l'on doit se proposer en infligeant des peines. Les mêmes Loix de la Nature qui defendent le Crime, prescrivent aussi la maniere & le degré de la punition; & ces Loix sont pour le moins aussi intelligibles, & aussi évidentes à quiconque consulte les lumieres de sa raison, que les Loix Positives qui n'ont souvent d'autre fondement que le caprice ou les Passions vicieuses des Législateurs. J'abandonne comme n'étant pas d'ailleurs necessaire, un autre argument dont Mr. LOCKE se sert, tiré de ce que selon la pratique commune, & approuvé de tout le monde, chaque Souverain se croit en droit de punir, même du dernier supplice, les Etrangers qui ont commis quelque Crime sur ses terres. Car on peut répondre ce qui est vrai, que ces Etrangers pendant qu'ils se trouvent dans le païs, ne sont pas à tous égards, exemts de la *jurisdiction de l'Etat*; & qu'ils se soumettent tacitement aux Loix, autant qu'elles leur conviennent & qu'elles leur sont connuës. Voyez ci-dessus, *Livre* III. *Chapitre* VI. §. 2. & *Livre* VII. *Chap.* II. §. 20. Toutes les objections que divers Auteurs proposent, ne donnent aucune atteinte aux raisons alleguées ci-dessus. On dit, que tout crime ne trouble pas la paix du Genre Humain, & par consequent ne l'interesse pas. HERTIUS, Diss. *de Societate, primo juris Nat. princip.* Sect. III. §. 25. TREUER. *in Offic. Hom. & Civ.* Lib. II. Cap. XIII. §. 5. Mais nous ne prétendons pas non-plus, que dans l'Etat de Nature, chacun puisse punir actuellement toute sorte de Crimes. Si cela a lieu par rapport aux Peines que le Souverain décerne ou inflige, dans une Societé Civile, comme on en convient de part & d'autre, à plus forte raison celui qui veut punir son Egal, dans l'indépendance de l'Etat de Nature, doit-il prendre garde de ne pas user de son droit d'une maniere d'où il revienne plus de mal que de bien. Il faut laisser (dit-on encore) à celui qui a été offensé, le soin de venger l'injure qui le regarde, ou attendre qu'il nous prie de l'assister. HERTIUS, *ubi supr.* BOHM. *Jur. Publ. Prud.* Part. Spec. Lib. II. Cap. VIII. §. 1. Mais l'Offensé ne peut pas toûjours venger l'injure par lui-même, ou par quelque autre dont il soit en état d'implorer l'assistance. Tel est du moins le cas d'un homme qu'on a tué. De-plus, pourquoi a-t-on droit d'assister les autres, encore même qu'on ne soit pas interessé à l'injure ? N'est ce pas parceque l'interêt de la Societé Humaine le demande ? Or le même intérêt se trouve ici, lorsque l'Offensé ou ne peut pas implorer notre secours, ou negligé par indolence, ou pour quelque autre raison, de penser aux moyens de venger l'injure. L'impunité fait toûjours le même effet. Et Mr. BOHMER qui a voulu refuter Mr. LOCKE, admet la chose ensuite sous un autre nom; ce n'est pas, dit-il, une *peine*, mais une *vengeance* (vindicta) *ubi supr.* §. 2. On objecte encore l'égalité des Hommes dans l'Etat de Nature, laquelle, dit-on, ne permet pas qu'on s'érige en Juge des actions d'autrui. Et surtout on étale les troubles, les désordres, les Guerres, qui naitroient du droit que chacun auroit de punir tout autre. Mais cela prouve seulement, qu'il n'y a rien dont les Hommes n'abusent. Et d'ailleurs, on ne prend pas garde que les mêmes inconvéniens, les mêmes difficultez retombent sur le droit incontestable que chacun a de se faire justice à soi-même. L'usage de ce droit est encore plus dangereux, parcequ'on est plus sujet à se faire illusion, & à passer les justes bornes, dans une

pour la distinguer des maux que l'on souffre à la (4) Guerre, ou dans un Combat, ou par l'effet d'une pure violence, ou d'une autre injure. De là vient aussi que l'on n'est pas flétri simplement pour avoir l'oreille coupée, ou pour recevoir des coups (5) de bâton; mais parceque l'on a mérité un tel traitement. Par la même raison, les suites naturelles du Péché ne tiennent pas lieu de Peines devant le Tribunal Humain; & lorsque quelqu'un, par exemple, a ruïné sa santé ou dissipé son bien par la débauche, ou qu'il s'est rendu odieux à tout le monde par sa mauvaise conduite, ou qu'en voulant insulter quelque Particulier il a été bien battu; il n'est pas pour cela exempt des Peines portées par les Loix.

4. J'ai dit enfin, que la Peine est *un mal que l'on (6) souffre malgré soi*; car

affaire où l'on est particulierement intéressé, que dans celles où l'on n'a aucun intérêt, ou seulement un interêt commun & eloigné. Je laisse là d'autres petites objections qui ne valent pas la peine d'être rapportees. Et avec quelque confiance que la plûpart des Ecrivains Modernes rejettent comme terrassée, l'opinion des deux Grands Hommes que je defens, j'ose dire, qu'elle se soûtiendra dans l'esprit de tous ceux qui ne se laisseront pas éblouïr aux préjugez. Il n'est pas moins nécessaire pour le bien de la Societé Humaine dans l'Etat de Nature, que pour le bien des Societez Civiles, que les Méchans soient punis, quand même la personne directement offensée ne voudroit pas ou ne ne pourroit pas leur faire souffrir quelque mal par elle-même ou avec le secours de ses Amis. On peut certainement, on le doit aussi, s'intéresser au bien de tous les Hommes sans exception, & prévenir, autant qu'il est possible, les maux ausquels ils pourroient être exposez: & si cela est, on peut aussi réprimer ou intimider par des châtimens convenables, la malice de ceux qui du moins par le mauvais exemple qu'ils donnent, & par l'esperance de l'impunité, seront cause vraisemblablement que d'autres seront insultez, au mépris des Loix de la Nature & de la Societé Humaine. Il est vrai que dans l'Etat de Nature, ces sortes de *Punitions ne s'*infligent pas avec autorité, & c'est la source de l'illusion de ceux qui ne veulent point entendre parler du droit de punir hors des Societez Civiles. Mais la chose n'en est pas moins réelle, ni moins bien fondée. Et Monsieur Gundling qui prétend, que c'est jouer sur les mots (*vocabulo ludere*) que de dire qu'un Egal punit son Egal, (*Jus Nat.* Cap. XXXVI. §. 21.) fait lui-même, comme les autres qui sont de son sentiment, une pure pétition de principe. Comme par une suite nécessaire de la constitution des Societez Civiles, les Punitions n'y sont infligées que par un Superieur, on s'est accoutumé à regarder cette circonstance comme essentielle aux Peines, & à le poser en fait, sans le prouver, comme si c'étoit une notion commune qui portât sa preuve avec elle. Pour revenir à Mr. Locke, il remarque encore, qu'outre le droit commun à tous les Hommes dans l'Etat de Nature, de punir la violation des Loix Naturelles, celui qui est directement offensé, ou qui reçoit immédiatement du dommage par un Crime, a un droit tout particulier *d'exiger la réparation du tort qu'on lui fait.* Que si quelque autre personne trouve ses plaintes & ses prétensions bien fondées, elle peut se joindre à lui, pour lui aider à tirer satisfaction de l'Offenseur. Voyez Grotius, Liv. II. Chap. XX. §. 40. num. 1. De ces deux sortes de droits, le premier, je veux dire celui de punir la violation des Loix, passe entierement au Magistrat entre les mains de qui chacun s'en démet, lorsqu'il entre dans une Societe Civile; desorte que toutes les fois que le Bien Public le demande ou le permet, le Magistrat peut de sa pure autorite faire grace à un Coupable. Mais il n'en est pas de même du droit d'exiger la satisfaction d'une injure, & la réparation du Dommage. Le Magistrat ne sçauroit en dispenser l'Offenseur, & la personne lezee conserve toûjours son droit, ensorte qu'on lui fait du tort, si on empêche qu'elle n'obtienne la reparation qui lui est duë. Je finis cette longue Note en remarquant, que Mr. Carmichael, Professeur à *Glasgovv*, a suivi dans ses Notes sur l'Abregé *De Officio Hom. & Civis*, l'opinion de Grotius & de Mr. Locke, sans se laisser entrainer à l'autorité de notre Auteur commun. Il ne faut pas oublier non-plus feu Mr. Noodt, qui s'est déclaré là-dessus en passant dans sa Harangue *Du Pouvoir des Souverains*; comme je l'ai remarqué dans ma Traduction de ce Discours, *page* 29. de la 3. Edit. dans le *Recueil des Discours* imprime en 1731.

(4) C'est en vain (disoit notre Auteur) que Selden (*de J. N. & G. secund. Hebr.* Lib. IV. Cap. II. page 495. *Edit. Argentor.*) prétend, que le carnage fait dans une Guerre juste est une espece de Punition. Cela ne peut être admis qu'en ce sens, que la *Guerre* & les malheurs qui l'accompagnent, tiennent lieu de peines Naturelles, par rapport à l'Auteur des injures dont on est oblige de poursuivre la réparation par cette voye; & qu'un honnête homme, qui est reduit à la nécessité de faire la guerre, doit, autant qu'il le peut, modérer les maux qu'il cause à son Ennemi; de telle façon qu'ils ne passent pas les justes bornes des Peines que les Tribunaux Humains infligent ordinairement. Fort bien, pour ce qui est des Guerres où l'on ne se propose que la juste défense de soi même & de ses droits. Mais s'il y a des Guerres légitimement entreprises en vuë de punir ceux contre qui on prend les armes, les actes l'hostilite exercez avec succes, seront certainement des actes de punition par rapport aux Coupables. Ainsi notre Auteur suppose ici ce qui est en question. Il rapporte ensuite une autre difference, que Tacite a remarquée, c'est que la Paix discerne le mérite, au lieu que la Guerre confond le Criminel & l'innocent. *Nam in pace caussas & merita spectari, ubi bellum ingruat innocentes ac noxios juxta cadere.* Annal. Lib. I. Cap. XLVIII. où *Cecina* parle.

(5) *Ictus fustium infamiam non importat, sed causa propter quam id pati meruit: si ea fuit, quæ infamiam damnato irrogat. in ceteris quoque generibus pœnarum eadem forma statuta est.* Digest. Lib. III. Tit. II. *De his qui notantur infamia*, Leg. XXII.

(6) Ὅτι τὶς ἄκων ἐστὶν, ἐκεῖνο φυλακὴ αὐτῷ ἐστι.

le but des Peines, parmi les Hommes, est de les détourner du Crime par la crainte des suites fâcheuses qu'il leur attireroit. Or elles ne produiroient pas cet effet, si le mal étoit tel qu'on pût le souffrir aisément & sans répugnance. C'est sur ce fondement qu'un ancien Déclamateur (7) veut qu'on ne laisse pas aux Criminels le choix de la Peine; choix qui néanmoins ne sert souvent qu'à adoucir un peu la rigueur des souffrances, ou à éviter un certain genre de supplice, sans que d'ailleurs la Punition en elle-même soit moins pour cela infligée au Criminel contre son gré, que quand il (f) marche lui-même au lieu du supplice. De là il s'ensuit, qu'on ne peut pas dire proprement, que personne soit (8) *obligé* de subir la Peine, ou que la Peine

(f) Voyez ci-dessus, §. 1. Note 1.

ARRIAN. Dissert. Epictet. Lib. I. Cap. XII. *Non erat, inquit, mihi pœna, in carcere esse; mea voluntate illò perveneram.* SENEC. *Controv.* Lib. IV. Cont. XXIV. page 234. *Edit. Gron.* Voyez aussi CHARRON, *de la Sagesse*, Livre I. Chapitre VI. §. 8. *Edit. de Bourd.* & Chap. XXXIX. §. 9. *Edit. de Rouen.* Toutes Citations de l'Auteur. Les deux passages, l'un Grec, l'autre Latin, signifient, qu'un lieu où l'on est enfermé volontairement n'est pas une Prison.

(7) Il dit, que c'est ouvrir la porte à la licence; un mal, auquel on s'est attendu & préparé par une patience anticipée, n'étant plus un mal. Cela est un peu outré. Autre chose est de dire, que le mal n'est pas si grand & si difficile à souffrir; autre chose de dire, qu'il change entierement de nature. *Hoc tantum ab adfectibus vestris, omnium mortalium nomine peto, ne cui nocenti pœna præstetur arbitrium. Infinitam, Judices, sceleribus aperitis audaciam, si pœnam licet eligere condemnato: nec jam ullam mortalium innocentiam trepidatione contineas, si patitur deprehensus quisque quod maluit. Levat omnes cruciatus, omnem dolorem, præparata mentem composuisse patientiâ. Fallitur quisquis humana tormenta solâ nominum atrocitate metitur; nulla pœna est, nisi invito. Non habemus ullum, nisi ab impatientia, dolorem, & ut aliquid crudele, sævum sit, metus facit. Supplicium quisquam vocat, ad quod prosilitur? quod exposcitur? quod circa se non habet moras? illo per fidem, illo trahire damnatos, qua non sequantur.* QUINTILIAN. Declam. XI. Cap. VIII. page 228. *Edit. Burm.*

(8) Tout ce que notre Auteur dit ici, & plus bas, ne peut être admis qu'en ce sens, qu'on n'est pas obligé d'aller se dénoncer soi-même en Justice; car cela n'est pas nécessaire pour le but que l'on se propose dans l'établissement des Peines. Mais il nie mal-à-propos, qu'il y ait absolument aucune Obligation, par rapport à la Peine, dans celui qui a commis un Crime punissable par les Loix. Il est certain que le Souverain a droit de punir les Criminels. Or on ne sauroit concevoir un droit attaché à une personne, sans supposer en même tems quelque Obligation dans celui par rapport à qui elle peut exercer ce droit légitimement. Notre Auteur distingue ailleurs (Liv. III. Chap. V. §. 1.) entre ce que l'on a *droit d'exiger d'un autre*, & ce que l'on a *droit de faire par rapport à lui*. Le premier droit impose toûjours selon lui, une véritable Obligation à celui de qui l'on peut exiger qu'il nous donne quelque chose, ou qu'il fasse quelque chose en notre faveur; mais l'autre ne suppose pas toûjours une Obligation qui y réponde. Pour moi, je ne vois pas en vertu dequoi le dernier droit n'emporte pas une Obligation, aussi-bien que le premier. Si je puis légitimement faire une chose par rapport à quelqu'un, il faut, ce me semble, qu'il soit tenu du moins de le souffrir, ou de ne pas me résister, lorsque j'use de mon droit; autrement ce droit seroit fort inutile. Et il ne suffit nullement de dire, qu'on ne fait aucun tort au Criminel, de lui infliger la peine, desorte qu'il ne sauroit s'en plaindre. Deja il est certain, que lorsqu'il s'agit d'une simple Peine pécuniaire à laquelle on a été légitimement condamné, il faut la payer sans attendre que le Magistrat nous y force: on y est obligé non seulement par les maximes de la Prudence, puisqu'il ne serviroit de rien de refuser ce à quoi on peut être contraint, & de maniere qu'il en coûte davantage; mais encore par les régles de la Justice, qui veulent que l'on répare le dommage, & que l'on obéïsse à un Juge légitime. La plus grande difficulté qu'il y a ici, regarde donc les peines afflictives, & surtout celles qui tendent au dernier supplice. Or ici j'avouë que le Bien Public, & les droits de celui qui a en main la puissance du Glaive, ne demandent point absolument qu'une personne qui a commis quelque Crime, aille de gayeté de cœur s'exposer elle-même à la peine; ni qu'elle ne tâche pas de se sauver, si elle le peut sans faire du mal à personne. Mais il est juste sans contredit, que quand le Criminel a été pris, & condamné dans les formes après une mûre connoissance de cause, s'il ne trouve pas moyen de s'évader en forçant la prison, ou par artifice, il subisse la Peine sans murmurer, & sans avoir recours à aucune voye de fait pour s'opposer au Magistrat dans l'exercice de son droit. Il ne peut pas non-plus se défendre, ni contre les Gardes qui viennent pour le prendre, ni contre ceux qui voudroient l'empêcher de se sauver, comme il auroit droit de le faire contre un injuste Aggresseur, ou contre les Ministres même de la Justice, supposé qu'étant convaincu de son innocence, il vît qu'on travaille manifestement à le perdre, & qu'il ne sauroit éviter d'être injustement condamné, si une fois il tombe entre les mains des Juges passionnez ou prévenus contre lui. La raison que notre Auteur allégue, pour décharger les Criminels de toute Obligation à l'égard de la Peine, n'est rien moins que solide; & si elle avoit lieu, elle prouveroit tout aussi-bien, que le Criminel n'est pas non-plus tenu de payer l'amende, ni même de réparer le Dommage, puisque la plûpart des gens ont beaucoup de peine à s'y résoudre, & qu'il faut avoir recours aux voyes de la force pour les y contraindre. Il faudroit conclure de là, contre ce que notre Auteur lui-même soûtient, qu'un Soldat n'est pas tenu d'aller ou de demeurer ferme dans un poste, où selon toutes les apparences il ne peut guéres manquer de périr. Voyez le Chap. précédent §. 4. & Liv. III. Chap. VII. §. 5. Mr. GUNDLING (dans son *Jus Nat.* Cap. XXXVI. §. 44.) me répond ici, que le Soldat a espérance de sauver sa vie, en se défendant bien: au lieu qu'un Criminel qu'on mene au supplice, est perdu sans ressource.

soit une espece de Dette dont le Coupable est tenu de s'acquitter. Car l'Obligation ne regarde, à proprement parler, que les choses ausquelles on doit se porter volontiers & de son pur mouvement; au lieu que l'idée de la Peine suppose toûjours une répugnance dans celui qui la subit. Ainsi, lorsque deux hommes, par exemple, travaillent aux fortifications, dont l'un est un Païsan qui fait sa corvée, & l'autre un Malfaiteur condamné à ce service; le travail qu'ils font est une Peine pour le dernier, mais non pas pour l'autre; parceque le Païsan y étant obligé en vertu des engagemens où il est envers son Seigneur, est censé travailler volontairement, au lieu que le Malfaiteur y est condamné malgré lui. Ce n'est pas non-plus une Peine proprement dite, lorsqu'un Répondant est contraint de payer l'amende, puisqu'il s'y étoit lui-même engagé volontairement, & que c'est-là le fondement immédiat du dommage qu'il souffre, le délit de celui pour qui il a cautionné n'en étant que l'occasion.

De ce que nous avons dit, qu'il n'y a point proprement d'Obligation qui impose une nécessité indispensable de subir la Peine que l'on a méritée, il s'ensuit, qu'après avoir réparé le Dommage qu'on avoit causé, on n'est point tenu d'aller se dénoncer soi-même en Justice pour y être condamné aux Peines portées par les Loix; & qu'on peut aussi, sans violer aucune Obligation, nier (9) son Crime, se cacher ou prendre la fuite pour éviter d'être puni. Un Commentateur de Grotius s'exprime ici d'une maniere assez embroüillée: (g) *La peine*, dit-il, *est parmi les Hommes, une juste suite du Crime, par le Droit Naturel, & entant que c'est un Droit, & entant que c'est un Droit Naturel. Si c'est un Droit, il produit une Obligation. Or il n'y auroit point d'Obligation, & on n'en pourroit point concevoir, si la Peine ne répondoit à la violation de quelque droit.* Il est certain qu'il y a des Peines préparées pour ceux qui violent la Loi Naturelle, toute Loi étant nécessairement accompagnée de quelque Peine & qu'il ne (h) répugne pas à la Nature, que celui qui a fait du mal, en souffre. Mais ce seroit une conséquence bien peu juste, que de raisonner ainsi: Tout

(g) *Boëcler*, p. 9.

(h) Voyez *Grotius*, Liv. II. Chap. XX. §. 2. num 4.

Mais 1. Ce que j'ai dit, montre clairement, qu'il faut supposer ici un cas où le Criminel soit en etat de résister avec quelque espérance de succès. Un Criminel qu'on mene au supplice, n'a point d'armes, dont il puisse se servir, contre le Bourreau, ou les Archers qui l'accompagnent. Il s'agit donc d'un homme armé, que l'on veut arrêter, ou qui s'est sauvé, & que le Geolier, ou autres Ministres de la Justice tâchent de reprendre. Je demande si ce Criminel n'a pas autant d'espérance de sauver sa vie, en se défendant à toute outrance contre des gens qui font leur devoir, que le Soldat en a en se battant contre l'ennemi. 2. On suppose ici le faux principe d'Hobbes, que notre Auteur a refuté ci-dessus, *Liv.* III. *Chap.* VII. §. 5. je veux dire, que par une *nécessité* physique & insurmontable, les Hommes ne peuvent pas se résoudre à souffrir sans résistance la mort, ou quelque autre mal fâcheux, & qu'ainsi ils ne sauroient s'y engager. Voyez ce que j'ai dit sur cet endroit, *Note* 1. & 3 & *Liv.* I. *Chap.* V. §. 9. *Note* 5. Mais pour couper court, 3. Posons un homme qui en a tué un autre volontairement. On vient pour se saisir de lui, & il ne peut éviter d'être pris s'il ne jouë de son reste. Il tuë un ou plusieurs Archers. Ce second meurtre est-il innocent, ou ne l'est-il pas? On n'oseroit dire qu'il le soit: car celui contre qui le Meurtrier s'est defendu, n'étoit pas un Aggresseur injuste. Il faisoit son devoir, & le Magistrat, par les ordres de qui il agissoit, avoit droit & par rapport à lui, & par rapport au Criminel, d'ordonner qu'on l'arrêtât. Que si le Meurtre du Ministre de la Justice est un veritable Homicide, pourquoi ne veut-on pas que l'injustice vienne de ce que le Meurtrier s'etoit engagé, comme Sujet de l'Etat, de ne pas résister jusqu'a ce point, aux personnes revêtuës d'Autorité Publique, lorsqu'elles useroient du droit de punir le premier Meurtre selon les Loix? Je pourrois ajoûter bien d'autres réflexions: Mais ce que j'ai dit est plus que suffisant. Pour ce que Mr. Gundling dit, qu'il peut y avoir un *droit*, sans aucune *obligation* qui y reponde; & l'exemple qu'il en allégue après Mr. Thomasius, qui avoit lui-même été autrefois de sentiment contraire; j'y avois déja répondu dès la seconde Edition, sur *Liv* III. *Chap.* V. §. 1. *Note* 1. Je puis aussi leur opposer Mr. Hertius, qui s'est déclaré ici contre notre Auteur, & Mr. Titius, *Obs. in Puffendorf.* 640. & Mr. Carmichael dans ses Notes sur le même endroit de l'Abregé *De Offic. Hom. & Civ.* II. 13. 4.

(9) Un ancien Déclamateur soûtient, qu'il faut être fou pour cela: *Imò ea natura est omnis confessionis, ut possit videri demens, qui de se confitetur.* Quintilian. Declam. CCCXIV. *Neque enim est quisquam tam perditus, tam inutilis sibi, ut non ista [scelera] committat proposito negandi.* Idem. *Declam.* CCCXXVIII. Citation de l'Auteur. Voyez ci-dessus Liv. IV. Chap. 1. §. 20.

Droit produit une Obligation ; donc celui qui a violé la Loi, est obligé devant le Tribunal Humain de s'offrir lui-même à la Peine. HOBBES (i) dit avec raison, que *la seconde partie d'une Loi, ou celle qui contient la Sanction pénale, n'est qu'un ordre adressé aux Ministres Publics.* En effet, il n'y a point de Loi qui ordonne ni directement ni indirectement aux Voleurs, par exemple, de venir d'eux-mêmes se faire pendre ; mais le sens de la Loi se réduit à ceci : *Les Magistrats doivent avoir soin de faire pendre ceux qui sont convaincus de Larcin.* Quand (k) SOCRATE dit à *Criton*, qui vouloit lui persuader de se sauver de prison, *Que par-là il violeroit les Loix de sa Patrie ; que l'on doit se soumettre au jugement de l'Etat ; qu'il n'est pas permis de rendre à la Patrie mal pour mal, injure pour injure, & qu'il faut se contenter de lui faire de très-humbles représentations de ses injustices* ; ce ne sont-là que de beaux discours & des sentimens magnanimes, qui conviennent peut-être à un homme (10) innocent & d'un courage extraordinaire, en certains cas ; mais qui ne sont point contraires à nos principes. D'où il s'ensuit encore, qu'en matiere de causes criminelles il est injuste de déferer le Serment (11) au Défendeur, comme faisoient autrefois les Juges de l'*Aréopage* (12). C'estpourquoi HOBBES soutient, (l) que *ce que dit un Criminel, pendant qu'on lui donne la question, (13) n'est pas une véritable déposition*

on

(i) *De Cive*, Cap. XIV. §. 7.

(k) *Plato*, *in Critone*, page 37. & *seqq.* Edit. Wech. (page 50, & *seqq.* Edit. H. Steph.)

(l) *De Cive*, Cap. II. §. 19. Voyez la coûtume des *Indiens* rapportée par *Ctesias*, de faire boire de l'eau d'une certaine Fontaine, pour découvrir si l'Accusé est coupable, *Excerpt. Phot.* p. 147.

(10) Voyez les *Silva Philologica* de Mr. LE CLERC. Cap. III. §. 8.

(11) *Juramentum calumnia.* Voyez ci-dessus, *Liv.* IV. *Chap.* II. §. 22. *Note* 2, 3, 4.

(12) Notre Auteur cite ici DEMOSTHENE, *advers. Aristocrat.* (page 438. B.) Mais c'étoit l'*Accusateur*, & non l'accusé, qui mettant la main sur des chairs consacrées de Sanglier, de Taureau, & de Belier, faisoit des imprécations horribles contre lui-même, contre sa famille & toute sa race.

(13) Notre Auteur renvoyoit ici à un passage de MONTAGNE, que je vais citer tout du long » C'est » une dangereuse invention que celle des gehennes, » & semble que ce soit plustot un essay de patience » que de verité. Et celuy qui les peut souffrir, cache » la verité, & celuy qui ne les peut souffrir. Car pour» quoy la douleur me fera-elle plustot confesser ce » qui en est, qu'elle ne me forcera de dire ce qui » n'est pas ? Et au rebours, si celuy qui n'a pas faict » ce dequoy on l'accuse, est assez patient pour suppor» ter ces tourments, pourquoy ne le sera celuy qui » l'a faict, un si beau guerdon, que de la vie, lui » estant proposé ? Je pense que le fondement de cette » invention, vient de la consideration de l'effort de la » conscience. Car au coulpable il semble qu'elle aide » à la torture pour lui faire confesser sa faute, & » qu'elle l'affoiblisse ; & de l'autre part qu'elle forti» fie l'innocent contre la torture. Pour dire vray, c'est » un moyen plein d'incertitude, & de danger. Que » ne diroit-on, que ne feroit-on pour fuyr à si » griefves douleurs ?

Etiam innocentes cogit mentiri dolor.
[PUBL. SYR. *vers.* 191.]

» D'où il advient, que celuy que le Juge a gehenné » pour ne le faire mourir innocent, il le face mourir » & innocent, & gehenné. Mille & mille en ont » chargé leur teste de fausses confessions. Entre les» quels je loge *Philotas*, considerant les circonstances » du procez qu'*Alexandre* luy fit & le progrez de sa » gehenne. Mais tant y a que c'est (dit-on) le moins » mal que l'humaine foiblesse aye peu inventer : bien » inhumainement pourtant & bien inutilement, à » mon advis. Plusieurs Nations, moins barbares en » cela que la *Grecque*, & la *Romaine*, qui les appellent » ainsi, estiment horrible & cruel de tourmenter & » desrompre un homme, de la faute duquel vous » estes encore en doubte. Que peut-il mais de vostre » ignorance ? Estes-vous pas injustes, qui pour ne le » tuer sans occasion, luy faire pis que le tuer ? Qu'il » soit ainsi, voyez combien de fois il ayme mieux » mourir sans raison, que de passer par ceste infor» mation plus penible que le supplice, & qui sou» vent, par son aspreté, devance le supplice, & l'exe» cute. *Essais*, Liv. II. Chap. V. Voyez CHARRON *de la Sagesse*, Liv. I. Chap. IV. (XXXVII.) §. 6. GROTIUS dit qu'il y a une infinité d'exemples de gens qu'on a fait mourir injustement, sur une confession attachée par la Torture. Il ajoûte, qu'il ne s'étonne point qu'il y ait eu des personnes graves qui ont crû que les *Chrétiens* ne doivent point se servir des tourmens, pour faire confesser les crimes, puisqu'il est certain qu'il n'y a rien de semblable dans les Loix de *Moïse* ; qu'en *Angleterre* on vit en aussi grande sûreté qu'ailleurs, quoique la question n'y soit point en usage, & que pendant que *Rome* conserva sa liberté, les Citoyens ne pouvoient être mis à la torture, I. *Part. Epist.* 193. Quoiqu'il en soit, il est certain du moins qu'on ne doit user que rarement & avec beaucoup de circonspection, de ce violent remede ; ni ajoûter toûjours foi à ce que dit le patient. Les Jurisconsultes Romains l'ont reconnu, comme il paroît par la Loi suivante. *Quæstioni fidem non semper, nec tamen numquam habendam Constitutionibus declaratur : etenim res est fragilis & periculosa, & quæ veritatem fallat. Nam plerique patientiâ sive duritiâ tormentorum ita tormenta contemnunt, ut exprimi eis veritas nullo modo possit : alii tantâ sunt impatientiâ, ut in quovis mentiri, quàm pati tormenta velint : ita fit, ut etiam vario modo fateantur, ut non tantum se, verùm etiam alios comminentur.* DIGEST. Lib. XLVIII. Tit. XVIII. *De quæstionibus*, Leg. I. §. 23. où, pour le dire en passant, les dernieres paroles sont fort corrompues. On peut voir diverses manieres de les corriger dans les *Observationes Nic. Catharini*, Tome I. *Thesaur. Jur.* page 497. Ajoûtons encore ici cette réfle-

gion

ou une preuve de fait; mais seulement un moyen de découvrir la vérité: desorte que, soit que le Patient fasse une réponse vraye ou fausse à ce qu'on lui demande, soit qu'il ne réponde rien du tout, il a droit d'en user ainsi.

Mais il faut bien remarquer, que toute Loi ayant deux parties, l'une qui détermine ce qu'il faut faire ou ne pas faire, l'autre qui menace de quelque Peine ceux qui y contreviendront, quoique ces deux parties soient ordinairement conçues en termes absolus, de cette maniere, *Vous ne ferez point telle ou telle chose, & si vous le faites, vous subirez telle ou telle Peine;* il y a pourtant quelques Loix, où la derniere partie est comme une exception conditionnelle de la premiere, & se réduit à ceci, *Vous ne ferez point telle ou telle chose, à moins que vous n'aimiez mieux payer l'amende.* Dans ces sortes de Loix, la clause qui semble être une *Sanction pénale*, ne renferme au fond qu'une espece d'impôt établi sur certaines choses, que l'on laisse la liberté aux Sujets de faire ou de ne pas faire, pourvû que quand ils les feront, ils payent la somme fixée par la Loi. Cela a lieu surtout dans les *Loix Somptueires*, dont le but est souvent d'obtenir de deux choses l'une, ou de porter les Citoyens à la Frugalité & à l'Epargne, ou de grossir le Trésor public. Pour les autres Loix, les Peines dont elles menacent les contrevenans, sont ordinairement établies en vûë de détourner les Citoyens des Crimes qu'elles défendent, & on ne peut pas même légitimement donner, pour de l'argent, la permission de violer celles qui regardent des choses que le Droit Naturel prescrit. Il faut donc bien ignorer la nature des Peines, pour faire comme ce Jeune Homme insolent, qui après avoir demandé à un Juge quelle amende on payoit pour avoir donné un soufflet, (14) déposa une pareille somme, & donna ensuite un soufflet au Juge même: Car les amendes ausquelles les Loix condamnent ceux qui ont fait quelque injure à autrui, n'emportent pas une permission d'insulter qui on veut, en payant la somme marquée. Il n'y a que les Loix où la prohibition est clairement conditionnelle, qui laissent la liberté de faire ce qu'elles défendent, moyennant que l'on paye l'amende, ou que l'on soit prêt à la payer; qui est tout ce à quoi l'on est tenu alors. Mais il n'en est pas de même de celles où la défense est absolue. Ajoûtons encore ici, que les Loix ne doivent jamais être *purement Pénales*,

xion de Mr. LE CLERC dans l'Extrait d'un Livre, où l'on soûtenoit, que la nécessité inévitable de se servir de la voye de la Torture, pour la conservation de la Societé Civile, l'a rendue légitime, comme la Guerre & les autres remedes violens que l'on employe contre les ennemis de la tranquillité publique. » Cette » raison, dit-il, peut avoir lieu, lorsque l'on est per» suadé qu'il y a plusieurs personnes, qui sont com» plices d'un crime, & qu'il est nécessaire de les sça» voir pour s'en garentir: mais assurément là où l'on » employe la torture seulement parcequ'il faut, selon » les formalitez, qu'un Criminel confesse son crime » avant que d'être puni, c'est une cruauté inutile; » puisque s'il y a des preuves suffisantes, il n'en faut » pas chercher davantage, & qu'un Coupable qui » sçait qu'on ne le fera pas moins mourir, quoiqu'il » ne confesse pas, que s'il confesse, ne se fait pas » torturer pour avouer la verité, lorsqu'il voit que » ses Juges sont convaincus de son crime. Au con» traire, lorsqu'il sçait qu'en souffrant constamment » la torture sans confesser, on ne lui fera rien, quel» ques présomptions que l'on ait contre lui; l'envie » d'eviter le supplice qu'il merite, le fait souvent ré» soudre a subir cette dure epreuve, pour essayer s'il » la pourra souffrir, & le rend plus opiniâtre & plus » endurci. On a connu des *Juifs*, qui ont ainsi éludé » l'Inquisition d'*Espagne*, en soûtenant au milieu des » tourmens, qu'ils étoient véritablement Chrétiens. BIBLIOT. UNIVERS. Tome XVII. page 414. Voyez l'exemple d' *Isaac Orobio*, dont on parle dans le VII. Tome du même Journal, page 289. & suiv. & le *Diction. Histor. & Critique* de Mr. BAYLE, Tome II. à l'Article *Grevius*, page 610. lett. C. de la 4. Edit. comme aussi une Dissertation curieuse de Mr. THOMASIUS, *De Tortura ex foris Christianorum proscribenda*, imprimée à *Hall* en 1705.

(14) AULU-GELLE rapporte quelque chose de semblable, au sujet d'un certain *Lucius Veratius*, Noct. Attic. *Lib.* XX. *Cap.* I. Mais ce n'est pas tout-à-fait le même conte, comme le prétend Mr. HERTIUS. Ce sot malin se divertissoit à donner des soufflets aux personnes de condition libre qu'il rencontroit; & comme les Loix des XII. TABLES imposoient pour cette injure, une amende de vingt-cinq Sols, (*quinque & viginti asses*) il avoit toûjours avec lui un Esclave, qui lui portoit une bourse pleine de monnoye, pour compter aussi tôt l'argent, quand il venoit de donner quelques soufflets.

c'est-à-dire, faites uniquement en vûë de tirer de l'argent de ceux qui agiront contre leurs défenses. Il y en a qui entendent par *Loix purement pénales*, celles qui sans rien ordonner ni défendre expressément, imposent simplement une certaine Peine à ceux qui feront telle ou telle chose. (m) On en allégue pour exemple une Loi, qui porteroit, que *si un Citoyen étant élu Maire, refuse cette Charge, il payera cent Ecus au profit de la Ville.* Mais ce Réglement, comme tous les autres semblables, suppose, à mon avis, une défense tacite *de refuser ses soins à l'Etat, lorsqu'on a été duëment élu à quelque Emploi Public*; ensorte que le reste n'est que la Clause Pénale (15).

(m) Voyez *Rob. Sanderson, de Oblig. Conscient. Prælect.* VIII. §. 33. *& seqq.*

A quelle sorte de Justice on doit rapporter l'imposition des Peines?

§. V. COMME on donne le titre de *juste Juge* à celui qui décerne une Peine convenable, & qu'il est dit *administrer la Justice*; les Philosophes agitent ici une question; sçavoir à quelle sorte de Justice on doit rapporter l'imposition des Peines, si c'est à la *Justice Permutative*, ou à la *Distributive*, ou comme parle GROTIUS, (a) à l'*Explétrice*, ou à l'*Attributive*?

(a) Voyez ci-dessus, Liv. I. Chap. VII. §. 11.

Ceux qui tiennent pour la *Justice Distributive*, se fondent sur cette raison, que dans la distribution des Peines, de même que dans celle des Récompenses & des Avantages, on rend à chacun selon ce qu'il a mérité; & que c'est l'Etat, ou le Chef, qui inflige des Peines aux Particuliers, ou aux Membres d'une Societé: car c'est sur ces sortes de choses que roule, selon eux, la Justice Distributive. GROTIUS (b) dit là-dessus, *qu'il est faux que la Justice Attributive (ou Distributive) ait lieu toutes les fois qu'il s'agit de réduire les choses à l'égalité entre plus de deux termes*; c'est-à-dire, de partager quelque chose entre plusieurs personnes, en gardant une juste proportion. En effet, dans un Contrat de Societé, le gain se partage entre plusieurs Associez, à proportion de ce que chacun a contribué au fonds commun: mais cependant la portion, qui revient à chacun, lui est dûë d'une toute autre maniere que ne le sont les Peines, ou les Récompenses, à ceux qui les ont méritées. Il est clair, que les Peines ne sont pas dûës en vertu d'une Convention; car il n'y a personne qui en entrant dans une Societé Civile, (1) stipule qu'on le punira, s'il vient à commettre quelque Crime. Ainsi l'imposition des Peines ne se rapporte pas à la Justice Distributive, dans le sens auquel nous l'avons entendue ci-dessus. *D'ailleurs* (ajoute GROTIUS) *si l'on punit les uns plus rigoureusement, & les autres moins, selon qu'ils sont plus ou moins coupables; cela n'arrive que par accident, & non pas par un effet de ce que l'on a principalement en vûë: car ce que l'on se propose premierement & directement, c'est que la Peine soit proportionnée au Crime.* En effet, quand il s'agit de punir un Crime, il n'est pas nécessaire de le comparer avec un autre: mais on considére chaque Crime séparément & en lui-même, pour décerner une Peine plus ou moins rigoureuse, selon que le demande l'utilité publique; quoique pour l'ordinaire les Crimes se trouvent punis plus ou moins rigoureusement les uns que les autres, selon qu'ils sont plus ou moins énormes, considérez en eux-mêmes.

(b) Liv. II. Chap. XX. §. 2. num. 2.

Parmi ceux qui rapportent les Peines à la *Justice Permutative*, ou *Explétrice*, il

(15) Il semble pourtant, que dans cet exemple & autres semblables, le but de la Loi n'est pas tant d'imposer, du moins en conscience, l'obligation de ne pas faire ce qu'elle défend, que d'empêcher par la crainte de payer l'amende, que ceux qui auront été élus, ne refusent l'Emploi. Surtout s'il ne manque pas de gens, & de gens aussi capables qui l'accepteront, au défaut du premier nommé. Ainsi, ou il n'y a point de mal à refuser, ou s'il y en a, il vient de quelque autre raison que de l'autorité de la Loi, comme de l'obligation generale où chacun est de rendre à sa Patrie les services dont il est capable, lorsqu'il en a occasion, & qu'il peut le faire sans s'incommoder, considérablement, ou sans quelque autre inconvénient.

§. V. (1) Cela est vrai; mais puisque l'on confere au Souverain le droit de vie & de mort, ou le droit du Glaive, on s'engage aussi à ne pas lui resister lorsqu'il fera usage de ce droit, fût-ce en notre personne. Voyez la Note 8. sur le §. precedent.

y en a, qui *envisagent la Puniton sous l'idée d'un acte par lequel on rend au Criminel quelque chose qui lui appartient, de même qu'on le fait dans un Contrat. Mais c'est une erreur, qui vient de ce qu'on dit en langage commun: Que la Peine* est dûë *à celui qui a commis quelque Crime: Expression très-impropre: car celui à qui une chose est véritablement dûë, a un droit par rapport au Débiteur;* c'est-à-dire, qu'il peut exiger du Débiteur ce qu'il lui doit. Or, dira-t-on qu'un Coupable a droit d'exiger que le Magistrat le punisse? *La vérité est, que quand on dit que la Peine est dûë à quelqu'un, cela signifie seulement, qu'il mérite d'être puni*, ou que le Magistrat peut lui infliger légitimement la Peine portée par les Loix. GROTIUS (c) reconnoît néanmoins après cela, que *dans la Punition on exerce principalement & directement la Justice Explétrice*, mais par une autre raison; c'est que *pour punir légitimement, il faut avoir droit de punir. Or ce droit vient de l'acte même de celui qui a commis le Crime.* Mais ce Grand Homme s'est laissé tromper ici par l'équivoque du terme de *Droit:* Car il y a bien de la différence entre dire, que l'on a *droit de faire une chose;* & dire, qu'on a *droit de recevoir d'autrui telle ou telle chose.* Le sens de la premiere expression est, que l'on peut légitimement faire une certaine action, sans qu'il soit permis à personne de nous en empêcher. L'autre signifie, que l'on a droit de recevoir une chose d'un autre, ensorte que de son côté il est tenu de nous la donner. Or, quand on parle de ce qui regarde la Justice Explétrice, le mot de *Droit* ne se prend que dans le dernier sens, & il marque une Qualité attachée uniquement à celui qui doit recevoir, & non pas à celui qui doit donner. Lors, par exemple, que je paye à un Ouvrier son salaire, je fais un acte de Justice Explétrice, non parceque j'ai droit de lui donner ce que je lui ai promis; mais parcequ'il est en droit de l'exiger de moi. Je puis fort bien dire, que j'ai droit de commander à mon Valet qu'il me déchausse: cependant lorsque je le lui ordonne, je n'exerce nullement un acte de Justice Explétrice. Ainsi de ce que la Peine ne peut être légitimement infligée que par celui qui a droit de l'imposer, il ne s'ensuit pas que la Punition se rapporte à la Justice Explétrice. *Il y a ici* (ajoute GROTIUS) *une autre chose qui approche de la nature des Contrats: c'est que comme un Vendeur est censé s'être engagé à tout ce qui est essentiel à la Vente, encore même qu'il n'ait rien spécifié: de même celui qui a commis quelque Crime, est censé s'être volontairement soumis à la Peine; parceque tout Crime un peu grave étant manifestement punissable de sa nature, celui qui veut directement le commettre, veut aussi par une conséquence nécessaire, encourir la Peine qui y est attachée.... D'où vient que dans l'Ecriture Sainte,* (d) *le Péché est souvent appellé une Dette.... C'est ainsi que les Empereurs* SÉVÉRE *&* ANTONIN *disent à quelqu'un, dans un Rescript:* Vous (2) vous êtes vous-même soumis à cette Peine. *Le Jurisconsulte* MARCIEN *pose aussi pour maxime, que* du moment qu'on a formé le dessein de commettre une mauvaise action, (3) on est en quelque sorte puni par sa propre volonté; *c'est-à-dire, qu'on encourt volontairement la Peine. Et* TACITE (4) *dit qu'il fut résolu dans le Sénat, qu'une Femme libre, qui auroit eu commerce avec un Esclave d'autrui* (à l'insçu du Maître)

(c) *Ubi suprà*, num. 5.

(d) Par exemple, dans l'Oraison Dominicale, où il y a ὀφειλήματα. Voyez *Grotius*, ubi suprà, *Note* 6.

(2) *Imperatores* SEVERUS *&* ANTONIUS [Asclepiadi] *ita rescripserunt: Tu, qui defensione omissâ redimere sententiam maluisti, cùm tibi crimen objiceretur, non immeritò quingentos solidos inferre Fisco jussus es: omissâ enim ipsius causâ inquisitione, ipse te huic pœnæ subdidisti.* DIGEST. Lib. XLIX. Tit. XIV *de Jure Fisci*, Leg XXXIV.

(3) *Nam ex quo sceleratissimum quis consilium cepit, exinde quodammodo* SUA MENTE *punitus est.* COD. Lib. IX. Tit. VIII. *Ad Leg. Jul. Majestatis*, Leg. VIII. *princ.*

(4) *Inter quæ refertur ad Patres de pœna fœminarum, quæ servis conjungerentur: statuiturque ut* ignaro Domino ad id prolapsa, in servitutem sui consensisset. *Annal.* Lib. XII. Cap. LIII. Il faut lire: *in servitute, sin consensisset*, &c. Voyez sur l'endroit de GROTIUS, dont il s'agit, *Note* 10.

seroit censée avoir consenti à son Esclavage, *parceque c'étoit ainsi qu'on punissoit celles qui s'abandonnoient à une telle passion.* Je répons, qu'à la vérité quiconque sçachant qu'il y a une Peine attachée à certaines actions, les commet volontairement, ne sauroit se plaindre qu'on lui fasse aucun tort, ou qu'on le traite avec inhumanité, en lui infligeant cette Peine; & c'est à quoi se réduit le sens de la plûpart des passages citez par GROTIUS, dans lesquels l'expression est figurée. Mais on ne peut pas dire pour cela, que personne consente directement à sa punition, ou qu'il soit engagé lui-même volontairement à subir la Peine: car tout homme qui s'abandonne à un Crime se flatte de n'être pas découvert, (e) ou dumoins d'échapper à la Justice par quelque autre voye. Envain un (f) Jurisconsulte Espagnol prétend-il prouver ce consentement par la nature même des Loix Pénales, qui comme les autres Loix, sont, selon lui, une espece de Convention des Citoyens, ou dumoins par la nature du Pouvoir Législatif, qui vient originairement d'une Convention entre le Souverain & les Sujets. Nous avons fait voir (g) ailleurs, que les Loix ne sont pas des Conventions, (5) & il n'y a point d'absurdité à concevoir, qu'un Pouvoir établi par nôtre propre consentement exerce ensuite sur nous certains actes, malgré nous-mêmes, & sans que nous puissions nous en plaindre. Lorsque l'on compare le Péché à une *Dette*, ce n'est pas pour donner à entendre, que celui qui a commis un Crime, est tenu, en vertu de son propre consentement, d'aller de lui-même subir la Peine; mais parceque le Législateur n'est pas moins en droit de punir les infracteurs de ses Loix, qu'un Créancier d'exiger ce qu'il a prêté à son Débiteur; le Corps & les Biens d'un Criminel étant, s'il faut ainsi dire, hypothéquez au Magistrat pour la satisfaction à la Justice, tout de même que les biens d'un Débiteur répondent de la Dette à son Créancier. Je sçai bien que dans les INSTITUTES, on distingue deux sortes d'*Obligations;* les unes *qui viennent du consentement*, (6) les autres *qui naissent du Délit*. Mais le *Délit* ne produit par lui-même d'autre Obligation proprement ainsi nommée, que celle qui impose la nécessité de réparer le Dommage. Et cette Obligation n'est pas proprement fondée sur ce que l'auteur du Dommage s'est soumis à la Peine, mais sur l'établissement de la Propriété, en conséquence duquel le Droit Naturel prescrit la Restitution. Pour la division d'ARISTOTE, qui distingue (h) entre *Contrats Volontaires*, (7) & *Contrats Involontaires*, voici comment il faut l'expliquer; c'est que le Dommage causé par un Délit doit être réparé par quelque chose d'équivalent, tout de même que dans les Contrats Onéreux, on doit donner autant que l'on a reçu. Et la raison pourquoi on fonde sur un *Contrat Involontaire*, l'Obligation de réparer le Dommage, c'est qu'au lieu qu'un homme, par exemple, qui emprunte de l'argent, le reçoit du consentement de celui qui le lui prête; un Voleur, qui est tenu de restituer ce qu'il a pris,

(e) Voyez *Thucydid.* Lib. III. Cap. XLV. au commenc. *Edit. Amst.*

(f) *Vasquius*, Controv. illustr. Lib. I. C. XXVIII. num. 12, 13.

(g) Liv. I. Chap. VI. §. 2.

(h) Voyez ci-dessus, Liv. I. Chap. VII. §. 12.

(5) Quoiqu'une Loi, comme telle, ne soit pas une Convention, il ne s'ensuit point de là, que l'obligation d'y obeïr ne soit pas fondée sur la Convention generale par laquelle les Sujets se sont soumis au Pouvoir Législatif de l'Etat. C'est à cela certainement qu'il en faut venir. Et ainsi on peut fort bien dire, que quelque repugnance que les Hommes ayent à souffrir la Peine, de quelque espérance qu'ils se flattent de l'éviter; comme ils pechent toûjours volontairement, & qu'ils sçavent qu'il y a des Loix en vertu desquelles ils peuvent être punis par un effet de leur propre consentement; ils sont censez avec raison, s'être eux-mêmes soumis à la Peine, dans chaque Crime qu'ils commettent. De sorte que non seulement on ne leur fait aucun tort en la leur infligeant, mais encore leur propre consentement est le fondement immédiat de l'Obligation où ils sont de la subir, quand ils ne peuvent y échapper sans blesser le droit du Magistrat, de la maniere que nous l'avons établi ci-dessus, §. 4. *Note* 8.

(6) *Aut enim* [*Obligationes*] *ex contractu sunt, aut quasi ex contractu: aut ex maleficio, aut quasi ex maleficio.* Instit. Lib. III. Tit. XIV. *De Obligation.* §. 2.

(7) Voyez ce que j'ai dit sur GROTIUS, *Liv.* I. *Chap.* I. §. 8. *Note* 2.

ou la valeur, entre dans cet engagement par l'effet d'une action, à laquelle il ne s'est pas déterminé du consentement de celui à qui il doit restituer : car certainement on aimeroit mieux n'avoir pas été volé, que d'être réduit à poursuivre en Justice le Voleur, surtout si l'on n'a action contre lui qu'en simple (8) restitution de la chose dérobée ou enlevée. Au reste, comme régulierement tout Droit suppose en autrui une Obligation qui y réponde, & que la personne lézée par un Crime a droit d'exiger la réparation du Dommage; l'Offenseur est par conséquent tenu de le réparer : & à cet égard la condamnation du Délinquant se rapporte à la *Justice Explétrice.* Mais entant que le Crime est une action contraire à la Loi, celui qui l'a commis n'est point obligé d'aller s'offrir lui-même à la Peine, quoique le Souverain ait plein droit de le punir, selon la gravité du fait ; & à cet égard la Punition ne se rapporte point à la *Justice Explétrice.* Cela étant, il faut conclure, (9) que l'Imposition des Peines est dirigée par une sorte de Justice toute particuliere ; à moins qu'on n'aime mieux dire, que la distribution des Peines, aussi-bien que celle des Récompenses, qui n'avoient pas été réglées d'abord par une Convention particuliere, sont des fonctions de la Prudence du Gouvernement, & qu'ainsi elles appartiennent à la *Justice Universelle.*

§. VI. QUOIQU'IL en soit, bien que tous les Hommes soient naturellement égaux, & que la Sagesse du Créateur ait disposé de telle sorte la nature des choses & la constitution des affaires humaines, que les Actions Mauvaises attirent quelque mal à leur Auteur par une suite nécessaire : l'usage des Peines, tant afflictives que pécuniaires, décernées par les Tribunaux Humains contre ceux même qui violent des Loix purement Positives, bien-loin de renfermer en lui-même quelque chose de contraire à l'Equité, est très-nécessaire à la Societé Humaine. Car la conservation du Genre Humain ayant demandé que l'on abolît l'égalité & l'indépendance de l'Etat de Nature, par l'établissement de la Souveraineté ; ce Pouvoir seroit fort inutile, s'il n'étoit revêtu du droit, armé des forces nécessaires pour intimider les Méchans par la crainte de quelque mal, & pour le leur faire souffrir actuellement. D'ailleurs, comme on a soin de publier & de notifier à tout le monde ce que chacun doit faire ou ne pas faire, & les Peines qui attendent les contrevenans ; personne ne sauroit s'en prendre qu'à lui-même, lorsqu'en violant la Loi de sa pure volonté, il se rend sujet à la Peine. Voyons maintenant à qui il appartient d'établir & d'infliger des Peines.

Il n'est pas injuste qu'un Homme en punisse un autre qui l'a mérité.

§. VII. SELON GROTIUS (a) *la Raison nous enseigne à la vérité, qu'un Crime ou un Délit peut être puni ; mais elle ne nous dit point qui doit le punir. Elle nous fait entendre seulement d'une maniere assez claire, qu'il est très-conforme à la Nature que ce soit un Supérieur qui punisse ; & non pas qu'il y ait à cela de nécessité absoluë, à moins que l'on ne prenne le mot* de Superieur *en un sens qui se réduise à dire, Que du moment qu'un Homme a commis quelque mauvaise action, il est censé s'être mis par-là au-dessous de toute autre personne de même nature, & dégradé en quelque façon du rang de Créature Humaine, pour être comme réduit à la condition des Bêtes qui sont soumises à l'empire des Hommes : pensée qui a été avancée par quelques Théologiens. . . . . D'où il s'ensuit, que du moins on ne peut pas prétendre avoir droit de punir quelqu'un, quand on est aussi coupable que lui. Et c'est à quoi se rapportent*

A qui est-ce qu'il appartient d'infliger des Peines?

(a) Liv. II. Chap. XX. §. 3.

(8) On a action pour restitution du quadruple, selon le Droit Romain. Voyez ci-dessus, *Liv.* III. Chap. I. §. 3. *Note* 2, 3.

(9) Toute cette dispute est fort inutile, aussi bien que la division de la *Justice*, qui y donne lieu. Voyez mes Notes sur GROTIUS, *Liv.* I. Chap. I. §. 8. & *Liv.* II. *Chap.* XX. §. 2. *Note* 5.

(b) Jean, VIII, 7. *les paroles suivantes de* JESUS-CHRIST : Que (b) celui de vous qui n'est pas coupable *(c'est-à-dire, d'un péché semblable)* jette la premiere pierre [contre cette femme surprise en adultere] : *car les* Juifs *de ce tems-là étoient si corrompus, que ceux qui* (c) Romains, II, 22. *vouloient passer pour les plus saints,* (c) *s'abandonnoient sans scrupule à l'Adultere & autres semblables Crimes.* Mais, pour moi, je suis persuadé que le Pouvoir de punir est une partie du droit de commander, & qu'ainsi (1) il n'appartient qu'aux Supérieurs d'infliger des Peines proprement ainsi nommées. Car, quoique la malice des Hommes rende l'usage des Peines nécessaire pour le maintien de la Societé Humaine en general, & que chacun doive contribuer de tout son possible au bien du Genre Humain ; il ne s'ensuit pas de là, que chacun doive exercer tous les actes qui tendent à cette fin, & il en faut excepter ceux qui ne peuvent être utilement exercez que par des personnes qui ont certaines conditions requises (2) : de même que chacun ne peut ni ne doit s'attribuer la Souveraineté sur tous les autres, quoique l'établissement de ce Pouvoir soit nécessaire pour le bien de la Societé Humaine. De-plus, tout le mal que l'on fait souffrir à quelqu'un en vûë d'un Crime qu'il a commis, n'est pas une Peine proprement ainsi dite ; mais seulement celui dont on avoit menacé par avance (3), & que l'on fait souffrir au Criminel en conséquence & en vertu d'une Sentence juridique. Ainsi il ne faut pas mettre au nombre des Peines, les maux que l'on cause à un Ennemi par droit de Guerre, quoiqu'ils tendent à nous procurer des suretez pour l'avenir contre les insultes de l'Offenseur. Car à la Guerre chacun prend telles suretez qu'il juge à propos, & se sert pour cela de ses propres forces ; au lieu que l'usage des Peines est de pourvoir à la sureté de la personne lézée par une Sentence du Souverain, & par sa puissante protection. Il n'y a directement que la personne offensée qui ait intérêt d'abbattre son Ennemi, & de le mettre, par la force des Armes, dans l'impuissance de lui nuire désormais : (4) au lieu que tout l'Etat est intéressé à la punition des Coupables. Il est libre à la personne offensée de poursuivre, ou non, par les Armes, la réparation des injures qu'elle a reçuës de son Ennemi : au lieu qu'il dépend absolument du Souverain d'infliger la Peine, ensorte qu'il peut la faire subir au Criminel, (5) quand même la personne lézée intercéderoit pour lui. Enfin les Peines sont ordinairement réglées avant l'exécution du Crime : au lieu qu'à la Guerre on prend des suretez, selon que le deman-

§. VII. (1) Mais voyez ce que l'on a dit dans la Note 3. sur le §. 4. Toutes les raisons que notre Auteur allégue ici, ne prouvent rien qu'en supposant la definition qu'il donne du mot de *Peine*.

(2) C'est-là la question, si tout autre qu'un Supérieur ne peut pas utilement mettre en usage le droit de punir, & s'il a seul ce droit. La comparaison tirée de ce que chacun ne peut pas *prétendre* à la Souveraineté, est tout-à-fait hors d'œuvre. La Souveraineté, bien-loin d'être d'aucune nécessité entre ceux qui vivent dans l'indépendance de l'Etat de Nature, répugne directement au caractere essentiel de cet Etat. Au lieu que, de l'aveu de notre Auteur, l'usage des Peines est nécessaire pour le maintien de la Societé Humaine, & par conséquent entre ceux mêmes qui vivent hors de toute Societé Civile. Ainsi chacun y doit avoir droit de punir, puisque chacun est égal aux autres. Et par conséquent, il n'est pas de l'essence de la Peine, que *ce soit un Supérieur qui l'inflige* ; supposition gratuite, que font tous ceux qui sont entrez dans les idées de notre Auteur.

(3) Si chacun, dans l'Etat de Nature, a droit de punir, quiconque viole malicieusement les régles de la Loi Naturelle, peut s'attendre que quelqu'un usera de son droit contre lui. Pour ce qui est de la Sentence, il y en aura ici une : car on ne doit jamais punir sans meure délibération & connoissance de cause. Que si cette Sentence ne se donne pas & ne s'execute pas par autorité d'un Supérieur, elle n'est insuffisante qu'en supposant ce qui est en question.

(4) Il est faux qu'entre ceux qui vivent dans l'indépendance de l'Etat de Nature, il n'y ait que la personne même offensée, à qui il importe de réprimer l'Offenseur. Les autres ont ici d'autant plus à craindre l'effet de l'impunité, qu'il n'y a pas de moyen aussi prompt & aussi efficace, que dans une Societé Civile, pour empêcher qu'il ne fasse aux autres ce qu'il a déja fait, s'il n'a à craindre que celui qui en souffre, & qui peut être souvent hors d'état de tirer satisfaction de l'injure.

(5) Cela peut avoir lieu aussi entre ceux qui vivent dans l'indépendance de l'Etat de Nature, supposé que les autres croyent qu'il est de leur intérêt de ne pas laisser le Crime impuni. Car chacun peut bien renoncer à son droit, mais non pas ôter aux autres le leur.

de l'état de l'Ennemi, & le nôtre. J'avoue que la Nature n'assigne pas à *Cesar*, plûtôt qu'à *Louis*, l'emploi de punir; de même qu'elle ne donne pas la Couronne à *Cesar*, ou à *Louis*, plûtôt qu'à tout autre. Mais cela n'empêche pas que la Raison ne nous enseigne assez clairement, que la Peine étant l'execution d'une Sentence juridique, doit être infligée par un Supérieur considéré comme tel; c'est-à-dire, entant qu'il a autorité sur le Coupable. Et il n'est pas nécessaire d'admettre ici l'explication subtile que GROTIUS donne au terme de *Supérieur*; car il est faux que tout Péché deshonore si fort une personne, qu'il l'abbaisse à la condition des Bêtes. De cela seul qu'un Homme a commis quelque Crime, il ne s'ensuit pas non-plus que tout autre Homme ait droit de l'en punir. Celui qui est offensé ou lézé par ce Crime, peut bien toûjours, dans l'Etat de Nature, exiger lui-même la réparation du Dommage, & prendre ses sûretez pour l'avenir par la voye des armes, & par droit de Guerre. Mais pour ce qui est des autres, à moins qu'ils ne soient particulierement chargez du soin de défendre l'Offensé, ou qu'ils ne soient engagez par quelque Alliance, ils ne peuvent pas plus s'attribuer le droit de (d) punir l'Offenseur, qu'un Magistrat n'a pouvoir de connoître des démêlez de ceux qui ne relevent pas de sa Jurisdiction. On allegue un mot de DEMOCRITE, qui porte, que *naturellement celui qui a plus de mérite commande à celui qui en a moins.* Mais cela signifie seulement que quand plusieurs se joignent ensemble pour conférer à quelqu'un d'un commun accord une Autorité à laquelle personne n'a pas plus droit que tout autre, la Raison veut qu'ils choisissent celui qui a le plus de mérite, & qui est le plus capable de bien gouverner; sans que pourtant cet homme puisse prétendre leur commander, avant qu'ils se soient volontairement soumis à lui. Pour ce que dit GROTIUS, qu'on *ne peut pas punir quelqu'un quand on est aussi coupable que lui*; cette maxime ne convient pas proprement à ceux qui sont revêtus de l'Autorité Publique: mais à ceux qui sans aucune vocation, & par pure ostentation d'une fausse probité, se portent, de leur autorité particuliere, à censurer ou à accuser des gens qui ne sont pas plus coupables qu'eux. J'avoue que rien n'est plus indigne, ni plus propre à diminuer le respect des Loix & du Magistrat, que de voir ceux qui administrent la Justice, entachez (6) de mêmes Vices qu'ils punissent dans les autres, comme s'ils ne défendoient le Crime que pour se reserver le droit d'en goûter seuls les douceurs. (7) Mais il ne s'ensuit pas de là, que l'Empereur *Néron*, par exemple, qui avoit fait mourir sa Mere, n'eût plus droit, après cela, de condamner au dernier supplice ceux de ses Sujets qui se rendoient coupables de Parri-

(d) Voyez *Exod.* II, 14.

(6) *Nostine hos, qui omnium libidinum servi sic aliorum vitiis irascuntur, quasi invideant; & gravissimè puniunt, quos maximè imitantur? Quum eos etiam, qui non indigent clementiâ ullius, nihil magis quàm lenitas deceat.* PLINE Epistol. *Liv.* VIII. *Epist.* XXII. Voyez PLATON, (*in Minoë* page 320. B. *Edit. H. Steph.* page 568. D. *Edit Wech.*) & dans le Droit Canon, GRATIAN. Caus. III. Quæst. VII. C. III. IV. *& seqq.* A plus forte raison (ajoûtoit l'Auteur) les Délateurs, & ceux qui censurent les actions d'autrui, doivent-ils bien prendre garde de ne s'attirer pas un reproche semblable à celui d'un ancien Satyrique:

Loripedem rectus derideat, Æthiopem albus.
Quis tulerit Gracchos de seditione querentes?
Quis cœlum terris non misceat, & mare cœlo,
Si fur displiceat Verri, homicida Miloni?
Clodius accuset mœchos, Catilina Cethegum?
In tabulam Sulla si dicant discipuli tres?

C'est-à-dire, selon la version du P. TARTERON: » Un » homme, qui est bien sur ses jambes, peut se moc» quer d'un boiteux, & un homme qui a un beau vi» sage & bien blanc, peut se railler d'un Ethiopien. » Mais qui pourroit supporter les plaintes des *Gracques* » contre les séditieux? Et qui ne se recrieroit avec » indignation, si *Verrès* s'avisoit de vouloir blâmer » un Voleur; *Milon*, un Meurtrier; *Catilina*, un *Ce» thégus*; si enfin *Auguste*, *Antoine* & *Lepide* se déchaî» noient contre les proscriptions? JUVENAL, Sat. II. vers. 22. *& seqq.* Voyez aussi *vers.* 38, 39, 40. & PLAUT. *Truc.* Act. I. Scen. II. vers. 58. CICER. *Tusc. Quæst.* Lib. III. Cap. XXX. SENEC. *Controv.* Lib. II. Contr. XIV. OVID *Fast.* Lib. VI. vers. 647, 648. Toutes citations de l'Auteur.

(7) Voyez ce que j'ai dit sur GROTIUS, *Liv.* II. *Chap.* XX. §. 3. *Note* 3.

(e) Voyer. Tome II.

cide. Autre chose est, lorsque (e) *Domitien* punissoit comme coupables (8) d'Adultere, les Femmes qu'il avoit lui-même débauchées.

(f) Leviath. Cap. XXVIII.

Hobbes (f) est de même sentiment que nous à l'égard de l'Auteur de la Peine, qu'il soûtient être toûjours infligée par un Superieur, consideré comme tel. Mais du reste sa définition est incomplette, puisqu'elle convient seulement aux Peines infligées par les Souverains, & qu'elle ne fait mention que d'une seule fin : *La Peine*, dit-il, *est un mal que l'on fait souffrir, par autorité publique, à ceux qui ont violé la Loi, afin de porter les Sujets à l'obéïssance par la crainte d'un pareil Châtiment.* Il a pourtant raison d'en inferer, qu'on ne doit pas mettre au rang des Peines proprement ainsi nommées. 1. *Les injures & les vengeances particulieres.* 2. *Le peu de soin qu'a un Souverain d'avancer quelqu'un de ses Sujets.* 3. *Les maux que l'on fait souffrir par autorité publique, mais sans une condamnation précédente dans les formes.* 4. *Ceux que l'on souffre de la part d'un Usurpateur.* 5. *Ceux que le Souverain légitime fait souffrir, sans se proposer* (9) *de rendre par-là les Sujets plus obéïssans.* Tout cela, selon nôtre Auteur, ne peut être regardé que comme autant d'actes d'hostilité. Surquoi il faut ramarquer pourtant, que ces sortes de mauvais traitemens ne mettent pas toûjours celui qui les reçoit, en état de Guerre avec celui qui en est l'auteur, & qu'ainsi il n'est pas toûjours en droit de lui rendre la pareille. Hobbes exclut aussi du nombre des Peines. 6. *Les maux qui suivent naturellement certaines Actions ; comme, par exemple, lorsqu'en attaquant quelqu'un on vient à être tué, ou blessé ; ou lorsqu'on s'attire une maladie par quelque Action illicite, quoique cela puisse être regardé comme une punition divine.* 7. *Lorsque le mal que l'on fait souffrir, est moindre que l'avantage qui résulte naturellement du Crime ; car en ce cas-là c'est une espece de trafic dans lequel on achete par quelque légére incommodité le profit que l'on retire d'une mauvaise action.* 8. *Quand on impose une plus grande Peine que celle qui est portée par la Loi ; car alors le surplus est un acte d'hostilité.* 9. *Lorsque l'on punit une Action qui n'est encore défendue par aucune Loi.* 10. *Lorsqu'on punit le Chef de l'Etat.* 11. *Lorsque l'on fait souffrir quelque mal à un Ennemi déclaré.* Mais pour ce que le même Auteur ajoûte, que *si un Sujet devient Ennemi déclaré, il souffre après cela, non-plus comme Sujet, mais comme Ennemi ; & qu'ainsi les Criminels de Léze-Majesté peuvent être punis selon que le Souverain le juge à propos, en qualité d'Ennemis :* C'est une maxime qui ne sauroit être admise ; car, encore qu'un Sujet rebelle entre dans des sentimens d'Ennemi contre son Souverain, & qu'il faille quelquefois le vaincre en bataille rangée, pour pouvoir lui faire son procès ; la Peine qu'il souffre lui est toûjours infligée par son Supérieur, de même qu'un Maître qui poursuit son Esclave fugitif, le fait sans contredit en vertu du Pouvoir qu'il a sur lui, & non pas par droit de Guerre. Ajoûtez à cela, que les actes d'hostilité n'emportent rien de honteux pour celui envers qui on les exerce ; au lieu que les Peines infligées à un Sujet rebelle, sont accompagnées d'une grande flétrissure.

Les Hommes ne doivent punir qu'en vûe de quelque utilité.

§. VIII. Aprés avoir expliqué la nature des *Peines* en general, il faut maintenant examiner,

(8) C'est ainsi que *Médée* dit à *Jason*, dans les vers suivans d'une Tragédie de Seneque, que notre Auteur citoit ici :

Tua illa, tua sunt illa [scelera] *cui prodest scelus,*
Is fecit. —— —— —— ——
Tibi innocens sit, quisquis est pro te nocens.
Med. vers. 500. *& seqq.*

(9) Nôtre Auteur, à la fin du paragraphe suivant, remarquoit, que pourvû que d'ailleurs la Punition s'inflige conformément aux Loix de l'Etat, il n'importe que le Souverain se soit proposé, ou non, le véritable but des Peines : desorte qu'on ne peut point appeller cela un *acte d'hostilité*, comme fait Hobbes.

§. VIII

examiner, quel (a) *but* les Hommes doivent se proposer en les infligeant, lorsque le Dommage a été réparé, ou qu'il est irréparable de sa nature. Que celui (1) qui a fait du mal, en souffre, il n'y a rien là d'injuste, à ne regarder que l'action en elle-même. Cependant les Hommes ne doivent jamais punir, à moins qu'il n'en revienne quelque utilité. *Personne* (disoit (2) PLATON) *ne punit un Méchant seulement parcequ'il a été méchant, à moins que ce ne soit quelque bête feroce qui châtie pour assouvir sa cruauté. Mais celui qui châtie avec raison, il châtie non pour les fautes passées, (car il n'est pas possible d'empêcher que ce qui a été fait, n'ait été fait) mais pour les fautes à venir, afin que le Coupable n'y retombe pas lui-même, & que les autres profitent de sa punition.* J'avoue que quand on punit, il faut nécessairement avoir égard au passé, ou au mal qui a été commis, sans quoi on ne sauroit concevoir de véritable Peine: mais on doit aussi en même tems prendre garde de ne pas faire souffrir sans nécessité un Homme, coupable à la vérité; mais toûjours uni avec nous par les liens de l'Humanité commune, pour une action qui ne sçauroit plus être redressée. HOBBES (b) met avec raison au nombre des Loix Naturelles une maxime toute semblable à celle de PLATON, & il la fonde sur deux raisons: *La premiere, que par la Loi Naturelle chacun est tenu de pardonner les injures, moyennant qu'il ait de bonnes suretez pour l'avenir: L'autre, que la Vengeance dans laquelle on ne regarde que le passé, n'est autre* (c) *chose qu'un vain triomphe & une fausse gloire, qui ne se propose aucun but, & qui par conséquent est contraire à la Raison.* Un Juge même, qui est indispensablement obligé de punir, ne doit (3) pas se plaire au supplice des Criminels qu'il condamne: ce seroit là une joye maligne & entierement inhumaine.

(a) Voyez *Grotius* Liv. II. Chap. XX. §. 4, 5. & *Bacon*, *Serm. fid.* Cap. IV.

(b) *De Cive*, Cap. III. §. 11.

(c) Ce que dit *Attila* sur la douceur de la Vengeance, (*apud Jornand. de reb. Get.* C. XXXIX.) est digne de ce Prince barbare. Voyez *Bacon*, *Serm. fidel.* Cap. IV.

Premier but des Peines. *Corriger le Coupable.*

§. IX. LE véritable but des Peines est en général, de prévenir les maux & les injures que les Hommes ont à craindre les uns des autres. Pour cet effet, il faut ou que celui qui a commis le Crime (1) se corrige; ou que les autres soient détournez par son exemple d'en commettre de pareils; ou que le Coupable soit mis hors d'état de nuire désormais à qui que ce soit. GROTIUS (a) exprime la chose un peu autrement: *Dans la Punition*, dit-il, *on a en vûë ou le bien du Coupable même, ou l'avantage de celui qui avoit intérêt que le Crime ne fût pas commis, ou l'utilité de tous généralement.*

(a) Liv. II. Chap. XX. §. 6. num. 2.

§. VIII. (1) Ῥέζοντά τι, καὶ παθεῖν ἔοικεν.
PINDAR. Nem. Od. IV. vers. 52.
Voyez EURIPID. Hecub. vers. 1250, 1251. Citations de l'Auteur.

(2) Οὐδεὶς γὰρ κολάζει τοὺς ἀδικοῦντας, πρὸς τοῦτο τὸν νοῦν ἔχων, καὶ τούτου ἕνεκα ὅτι ἠδίκησεν, ὅστις μὴ ὥσπερ θηρίον ἀλογίστως τιμωρεῖται. ὁ δὲ μετὰ λόγου ἐπιχειρῶν κολάζειν, οὐ τοῦ παρεληλυθότος ἕνεκα ἀδικήματος τιμωρεῖται (οὐ γὰρ ἂν τόγε πραχθὲν ἀγένητον θείη) ἀλλὰ τοῦ μέλλοντος χάριν, ἵνα μὴ αὖθις ἀδικήσῃ μήτε αὐτὸς οὗτος, μήτε ἄλλος ὁ τοῦτον ἰδὼν κολασθέντα. PLATO *in Protagor.* pag. 226. A. B. *Edit. Wech.* (pag. 324. B. *Edit. H. Steph.*) J'ai suivi la Version de Mr. DACIER. Voyez celle que le Philosophe SENEQUE a donnée, il y a long tems, en sa Langue. *Non, ut* PLATO *ait, Nemo prudens punit, quia peccatum est, sed ne peccetur. Revocari enim præterita non possunt; futura prohibentur.* De Ira, *Lib.* I. Cap. XVI. pag. 21. *Edit. Gronov.* Voyez aussi le *Gorgias*, vers la fin, pag. 357. E. (pag. 525. *Edit. H. Steph.*)

(3) *Qui fruitur pœnâ, ferus est, Legumque videtur*
Vindictam præstare sibi: cum viscera felle
Canduerint; ardet stimulis, ferturque nocendi
Prodigus, ignarus causæ. Diis proximus ille est,
Quem Ratio, non Ira movet: qui, facta rependens,
Consilio punire potest. ——— ——— ———

CLAUDIAN. *De Consulatu Mallii*, vers. 224 & *seqq.* Voyez SENEC. *de Ira*, Lib. I. Cap. VI. SUETON. August. Cap. XXXII. VALER. MAX. Lib. II. Cap. IX. §. 3. VULCAT. GALLICAN. *in Avid. Cass.* Cap. XII. & DIGEST. Lib. XVIII. Tit. VII. *De servis export.* &c. Leg. VII. *in fin.* Toutes citations de l'Auteur.

§. IX. (1) *In quibus* [alienis injuriis] *vindicandis hæc tria lex secuta est, quæ Princeps quoque sequi debet: aut ut eum, quem punit, emendet; aut ut pœna ejus ceteros meliores reddat; aut ut sublatis malis ceteri securiores vivant.* SENEC. *de Clement.* Lib. I. Cap. XXII. L'Auteur citoit ce passage.

Les Peines qui se rapportent à la premiere de ces vûes, tendent à *corriger le Coupable*, (2) & à lui faire perdre l'envie de retomber dans le Crime, en usant envers lui d'un remede qui guérisse le mal (3) par son contraire (b). Car comme toutes sortes d'Actions, surtout celles que l'on fait de propos déliberé, & ausquelles on revient souvent, forment un certain panchant à en produire d'autres semblables, lequel croît de plus en plus, jusqu'à ce qu'il tourne en habitude; il faut éloigner, le plus tôt qu'il est possible, tout ce qui sert d'attrait au Vice; & c'est de quoi on ne sauroit mieux venir à bout, qu'en ôtant la douceur du Crime par l'amertume de la Douleur.

(b) *Idem*, ibid. §. 7. *num.* 1.

Si chacun peut exercer dans cette vûe quelque espece de châtiment envers tout autre?

§. X. GROTIUS (a) prétend, qu'*il est naturellement permis à toute personne qui a du Bon-Sens, & qui n'est point entachée des* (b) *mêmes Vices, ou d'autres aussi honteux, d'exercer la Punition qui tend à ce premier but, comme il paroît par le droit que chacun a de reprendre ceux qui commettent quelque faute. Pour ce qui est des Coups*, ajoûte-t-il, *& des autres choses qui renferment quelque contrainte; s'il est permis à l'un, & non pas à l'autre, d'user de tels moyens, cette différence ne vient point de la Nature, (car tout ce que la Raison nous enseigne ici, c'est que les Peres & Meres, à cause de l'étroite liaison qu'ils ont avec leurs Enfans, sont particulierement en droit de les châtier); mais elle est fondée sur les Loix, qui pour éviter les querelles, ont restreint cette parenté generale de tous les Hommes, aux plus proches Parens, de qui l'on est le plus tendrement aimé.* Mais j'ai déja dit, que toute Peine proprement ainsi nommée, quel qu'en soit le but, ne peut être infligée que par une personne (1) qui a autorité sur le Coupable. Les corrections, dont parle GROTIUS, sont plûtôt des avis & des avertissemens charitables, que des châtimens; & les réprimandes un peu fortes dont on use envers un Egal, ne sont guéres permises qu'entre (2) amis: car si l'on s'ingere de les employer envers un Inconnu, on s'attire aussi-tôt quelque réponse semblable à celle du Vieillard d'une Comédie: (3) *Avez-vous si peu d'affaires chez vous, qu'il vous reste du tems*

(a) *Ubi suprà*, §. 7. num. 2.

(b) Voyez *Isocrat. de Permut.* pag. 313. A. *Edit. H. Steph. Tacit.* Hist. Lib. II. Cap. X. *in fin. Lactant. Inst. Div.* Lib. IV. Cap. XXIII *num.* 5. *Arnob. adv. Gent* Lib. I. p 21. *Edit. Lugd. Bat.*

(2) C'est en partie par le défaut de cette fin, qu'on ne peut pas punir un Furieux, encore même qu'il ait commis le Crime pendant qu'il étoit dans son bon sens. Voyez ici la Note de Mr. HERTIUS, & JAQUES LECT, *Ad Aemil. Macr. De public. Judiciis*, pag. 93, 94. Tome I. *Thesaur. Jur.* ANTOINE MATTHEUS, *De Criminalib.* Prolegom. Cap. II. §. 7. *& seqq.* Mr. THOMASIUS, *in* STRAUCH. *Dissertat.* XXIX. Thes. VII. pag. 765, 766.

(3) Μηνύουσι δὲ αἱ κολάσεις γινόμεναι διὰ τούτων [λυπῶν]. ἰατρεῖαι γάρ τινές εἰσιν· αἱ δὲ ἰατρεῖαι διὰ ἐναντίων πεφύκασι γίνεσθαι. ARISTOT. Ethic. Nicom. Lib. II. Cap. II. pag. 20. A. *Edit. Paris. Quid ergo? non aliquando castigatio necessaria est? Quidni? sed hac sincera, cum ratione; non enim nocet, sed medetur specie nocendi. Quemadmodum quædam hastilia detorta, ut corrigamus, adurimus, & adactis cuneis, non ut frangamus, sed ut explicemus, elidimus: sic ingenia vitio prava, dolore corporis animique corrigimus.* SENEC. *de Ira*, Lib. I. Cap. V. Voyez PLATON, *in Gorgia*, pag 477. *& seqq. Edit. H. Steph. de Legib.* Lib. IX. vers le commencement, *pag* 854. D. & *in Critia*, init. *pag.* 106. B. & ALCINOUS, *de Doctrina Platon.* Cap. XXXI. TACIT. Annal. Lib. III. Cap. LIV. APULEIUS, *de habitud. doctrin. Platon. Philosoph.* p. 615. *Edit. in usum Delphin.* pag. 21. *Edit. Elmenhorst.* Il n'est pourtant pas necessaire (ajoûtoit nôtre Auteur, de qui sont toutes ces citations) de dire avec PLATON, *que lorsqu'on a commis quelque injustice, ou que quelque personne, qui nous est chere, s'en est renduë coupable, on doit courir incessamment au Juge, comme au Medecin, pour subir la Peine, de-peur que le mal ne s'enracine:* (Gorg. *pag.* 480. A. B. Tome I.) car un homme qui est dans cette disposition, peut se corriger lui même, sans avoir besoin des corrections de la *Justice*.

§. X. (1) Mais voyez ce que l'on a dit pour prouver le contraire, dans la Note 3. sur le §. 4.

(2) *Consilia, sermones, cohortationes, consolationes, interdum etiam objurgationes in amicitiis vigent maximè.* CICER. de Offic. Lib. I. Cap. XVII. Dans un endroit de TERENCE, qui étoit encore cité ici, *Chrémès* voulant representer à *Menedeme* le tort qu'il se faisoit de vivre de la maniere dont il vivoit, commence par lui dire: *Vôtre vertu, ou le Voisinage, qui, selon moi, tient le premier rang après l'Amitié, m'oblige à prendre la liberté de vous dire en Ami*, &c.

Tamen vel virtus tua me, vel vicinitas,
Quod ego propinqua parte amicitiæ puto;
Facit ut audacter moneam, & familiariter,
Quod mihi videre præter ætatem tuam
Facere, & præterquam res adhortatur tua.
Heautontim. Act. I. Scen. I. v. 4. *& seqq.*

Voyez Q. CURT. Lib. III. Cap. XII. num. 16. HOMER. Iliad. Lib. XI. vers. 792. Toutes citations de l'Auteur.

(3) *Chreme, tantumne ab re tua est otii tibi,*
Aliena ut cures, eaque nihil quæ ad te attinent?
TERENT. Heautont. Act. I. Scen. I. vers. 23, 24.

J'ai suivi la Version de Mad. DACIER.

pour vous mêler de celles des autres, & de ce qui ne vous regarde en aucune façon? Outre que c'est une des choses où il faut apporter le plus de circonspection & de ménagemens (c), de-peur qu'en appliquant mal-à-propos le remede, on ne s'attire du chagrin, sans produire autre chose que d'irriter le mal, & d'augmenter la Passion. A l'égard des Peres & des Meres, ils ont droit de châtier leurs Enfans, pour deux raisons: l'une, parcequ'ils ne sçauroient bien s'acquitter du soin de leur Education, dont ils sont chargez par la Nature même, s'il ne leur étoit permis d'user envers eux d'une discipline un peu sévére, selon leur âge & leur portée: l'autre, parceque dans l'indépendance de l'Etat de Nature, les Enfans sont soumis à l'Autorité Paternelle, qui quoique considérablement bornée dans plusieurs Societez Civiles, a été laissée presque par-tout assez étendue pour autoriser les Peres & les Meres à châtier, comme ils le jugent à propos (d), les fautes de leurs Enfans, qui viennent plûtôt de l'imprudence & du feu de la Jeunesse, que d'un fond de malice, & qui troublent plus la paix des Familles que celle de l'Etat. On accorde à-peu-près le même Pouvoir à ceux qui ont la direction (e) de la Jeunesse en la place des Peres & des Meres, comme aux Tuteurs, aux Précepteurs, aux Maîtres, (4) qui ne pourroient guéres bien s'acquitter de leur Emploi, sans user de quelque correction moderée. Grotius dit, au reste, que cette sorte de Punition ne peut pas s'étendre jusques à ôter la vie: Et en effet, il est absurde de vouloir réduire quelqu'un pour le corriger, à un état où il ne sçauroit donner aucune marque de son changement. Quelques-uns soûtiennent néanmoins, que quand on est devenu incorrigible, il vaudroit (5) mieux être mort, parcequ'on ne fait que croître de jour en jour en méchanceté; d'autant plus qu'ordinairement de telles gens causent beaucoup de chagrin & beaucoup de mal aux autres. Mais la Charité ne permet pas de désesperer, sans de très-grandes raisons, de l'amendement des Pécheurs.

(c) Voyez ce que *Tacite* rapporte de *Musonius Rufus*, Hist. Lib. III. Cap. LXXXI.

(d) Voyez *Digest.* Lib. XLVII. Tit. X. *De injuriis*, &c. Leg. VII. §. 3. & *Libanius*, Decl. XX.

(e) Voyez *Senec. de Ira*, Lib. II. Cap. XXVII. *Cod.* Lib. IX. Tit. XV. *De emendatione propinquorum*: *Plat. de Leg.* Lib. VII. pag. 893. A. *Edit. Wech.* (808. E. Tome II. *Edit. H. Steph.*) *Xenoph. de Rep. Laced.* Cap. VI. §. 2. *Edit. Oxon.* Car ce que dit le même Auteur, *de exped. Cyr.* Lib. V. Cap. VIII. §. 8. n'est que pour se purger du reproche d'avoir agi avec une severité insolente: & chacun ne peut pas faire ce qui est permis à un Général.

Au reste, cette sorte de Punition tourne non seulement à l'avantage du Coupable; mais encore à l'utilité des autres. Car si celui qui a été puni se corrige, on a lieu de se croire désormais assez à couvert de ses insultes: & si étant devenu incorrigible, on le fait mourir, personne n'a plus rien à craindre de sa part. Quand je dis qu'*on le fait mourir, lorsqu'il est devenu incorrigible*, je ne prétends pas pour cela avec (6) Platon, qu'on ne doive punir de mort que ceux qui ont contracté une si forte habitude de quelque Vice. Cela peut être observé à l'égard des Crimes légers: mais on ne sçauroit l'appliquer aux Crimes atroces. Car un homme n'étant déclaré incorrigible qu'après plusieurs rechûtes dans le même Crime, il ne seroit pas sans contredit avantageux à l'Etat, d'attendre que des Crimes énormes eussent été commis plusieurs fois par une personne.

§. XI. L'Avantage de la *personne lézée*, qui est la seconde chose que l'on

Second but des Peines. Pourvoir à la sûreté de la personne lézée.

(4) Voyez le Traité de Mr. Noodt, *Ad Legem Aquiliam*, Cap. VI où il allegue & explique judicieusement, à son ordinaire, plusieurs décisions des Jurisconsultes Romains sur cette matiere.

(5) Οὐκ ἄμεινόν ἐστι ζῆν τῷ μοχθηρῷ ἀνθρώπῳ· κακῶς γὰρ ἀνάγκη ἐστὶ ζῆν. Plat. in Gorgia, 349. B. *Edit. Wech.* (512. B. Tome I. *Edit. H. Steph.*) *Tibi insanabilis animus est, & sceleribus scelera contexenti.... id quod unum bonum tibi superest, repraesentabimus, mortem.* Senec. *de Ira*, Lib. I. Cap. XVI. Voyez aussi *De Benefic.* Lib. VII. Cap. XX. Tacit. Annal. Lib. XV. Cap. LXVIII. num. 1. Sueton. *in Neron.* Cap. XXXVII. Jamblich. *in Protrept.* Cap. II. Rosar. Persic. Cap. I. Toutes citations de l'Auteur.

(6) Οὕτω μὲν δὴ τῶν τοιούτων [ὅσους ἂν ἀνιάτως εἰς ταῦτα ἔχοντας αἴσθηται νομοθέτης] πέρι νομοθέτῃ κολάσεων τῶν ἁμαρτημάτων θάνατον ἀνάγκη νέμειν, ἄλλως δ᾽ οὐδαμῶς. De Legib. Lib. IX. pag. 928. D. *Edit. Wechel.* (p. 862, 863. Tome II. *Edit. H. Steph.*)

doit se proposer dans la Punition des Crimes, consiste a *n'être plus exposé désormais à de pareilles insultes*, ni de la part de celui que l'on punit, ni de la part d'aucun autre (a). On pourvoit à sa sûreté au premier égard, ou en faisant mourir le Coupable; ou en le mettant dans l'impuissance d'executer ses mauvais desseins, comme par exemple, si on l'enferme dans une Prison, si on lui ôte les Armes, & tous les autres Instrumens dont il pourroit se servir pour faire du mal; si on l'envoye dans quelque lieu éloigné, &c. ou enfin en lui apprenant à devenir sage par l'expérience du mal qu'on lui fait souffrir; ce qui a du rapport avec la correction dont nous venons de parler. Et il est si naturel de punir dans cette vûë, que lors même que, par un emportement de colere & une ardeur de vengeance, on a bien étrillé une personne de qui l'on avoit reçu quelque injure, on ajoûte enfin: *Reviens-y une autre fois.* Le moyen de mettre ensuite à couvert la personne lézée des insultes semblables que d'autres pourroient lui faire, c'est de punir le Coupable publiquement, & d'une maniere qui serve d'exemple. De là vient qu'on fait justice ordinairement, non dans la Prison; mais dans les Places publiques & les lieux les plus fréquentez, & avec un terrible appareil, accompagné de tout ce qui est capable d'intimider la Populace.

(a) Voyez *Grotius*, Liv. II. Chap. XX. §. 8.

Quoique les Punitions faites dans cette vûë n'appartiennent qu'au Souverain, il y a des Etats où les Législateurs, pour s'accommoder au naturel féroce & intraitable des Peuples, ont donné quelque chose à ce désir déréglé de Vengeance, qui porte les Hommes à vouloir se faire justice eux-mêmes des offenses qu'ils reçoivent. On trouve même quelque chose de semblable dans la permission qu'une des Loix Divines de *Moïse* accorde (1) au *Vengeur* (b) *du sang*; à moins qu'on n'aime mieux dire, que c'étoit un reste des privileges de l'Etat de Nature (c).

(b) Voyez *Nombr.* XXXV. *Deut.* XIX. *Selden. de J. N. & G. sec. Hebr.* L. IV. C. II. & *Grotius sur Exod.* XXI, 12.

(c) Voyez *Rochefort*, Descr. des Antilles, Part. II. Chap. XIX.

Troisiéme but des Peines. *La sûreté & l'utilité publique.*

§. XII. Enfin, (a) *la sûreté & l'utilité publique*, qui est le troisiéme & dernier but des Peines que l'on inflige (1), demande, ou que le Coupable lui-même soit puni d'une maniere qui empêche qu'il ne fasse plus de mal à personne, & c'est à quoi l'on remédie par les mêmes (b) moyens dont nous avons dit que l'on se sert pour mettre en sûreté la personne lézée; ou que les autres soient détournez de se porter à de pareilles actions envers qui que ce soit, par l'espérance de l'impunité, & à cela

(a) Voyez *Grotius*, *ubi suprà*, §. 9.

(b) Voyez *Guntherus*, *Ligurin*, Lib. I. vers. 527. & *seqq.*

§. XI. (1) Voyez ci-dessus, *Liv.* III. *Chap.* I. §. 7. à la fin. Quelques-uns (disoit ici nôtre Auteur) concluent des paroles de *Théoclimene* à *Télemaque*, dans l'*Odyssée*, Lib. XV. vers. 272, & *seqq.* qu'il y avoit une semblable permission parmi les anciens *Grecs*. Il semble du moins que l'on ne puisse gueres expliquer autrement ce que l'on trouve dans Euripide, *in Orest.* vers. 512. & *seqq.* d'où il paroit que cette ancienne coûtume fut abolie à cause des suites fâcheuses de la Vengeance particuliere, qui étant permise alloit à l'infini; raison qui ne convient pas aux Peines infligées par le Magistrat. Les plus proches parens de celui qui avoit été tué, dispensoient quelquefois le Meurtrier de sortir du Pays, moyennant une certaine somme d'argent qu'il leur payoit en forme d'amende. Voyez Homer. Iliad. IX, 628. & *seqq.* Apollon. *Rhod.* Argon. Lib. I. vers. 90. & *seqq.* Aujourd'hui même, en *Mauritanie*, les parens peuvent non seulement transiger avec l'Homicide; mais encore le tuer, sans autre forme de proces, tant que le Magistrat ne l'a pas fait prendre; la Vengeance ne passant pas chez eux pour un Péché. Voyez encore Denys *d'Halicarn.* Lib. I. Cap. LXXXI. pag. 68. *Edit. Sylb.* & Tacit. *de Morib. German.* Cap. XXI. Tout ceci est de l'Auteur.

§. XII. (1) Οὐχ ἕνεκα τοῦ κακουργῆσαι διδοὺς τὴν δίκην (οὐ γὰρ τὸ γεγονὸς ἀγένητον ἔσται ποτέ) τοῦ δ' εἰς τὸν αὖθις ἕνεκα χρόνου ἢ τὸ παράπαν μισῆσαι τὴν ἀδικίαν αὐτόν τε καὶ τοὺς ἰδόντας αὐτὸν δικαιούμενον, ἢ λωφῆσαι μέρη πολλὰ τῆς τοιαύτης ξυμφορᾶς. Plato, de Legib. *Lib.* XI. pag. 934. A. *Edit. H. Steph. Hic* [*Legem praeses, Civitatisque rector*] *damnatum, cum dedecore & traductione, vitâ exigit: non quia delectetur ullius pœna* (*procul est enim à Sapiente tam inhumana feritas*) *sed ut documentum omnium fiat; & qui vivi noluerunt prodesse, morte certè eorum Respublica utatur.* Senec. *de Ira*, Lib. I. Cap. VI. Voyez T. Live, Lib. I. Cap. XXVII. & XXXIII. Lucian. in Phalarid. I. pag. 735. *in fin.* Edit. Amsterd. Tome I. Agathias, Lib. IV. *princ.* Cod. Lib. IX. Tit. XX. *Ad Leg. Fabiam, de Plagiariis*, Leg. VII. & Tit. XXVII. *Ad Leg. Jul. repetundarum*, Leg. I. Toutes citations de l'Auteur.

servent les (c) punitions exemplaires, que l'on fait à la vûë de tout le monde. On peut rapporter encore ici un autre usage des Peines, qui consiste à maintenir ou à rétablir l'Autorité du Gouvernement Civil, laquelle reçoit de grandes atteintes par la violation des Loix, surtout lorsque les Crimes sont énormes, ou commis par pure malice; car il est de l'intérêt public, que cette Autorité subsiste dans toute sa force, & rien n'est plus propre à reprimer les Méchans.

Voilà toutes les fins que l'on peut se proposer légitimement dans la Punition des Crimes. Il ne paroît pas nécessaire d'y ajoûter, comme font (d) quelques-uns, celle qui consiste simplement à *satisfaire a la Justice*, ou à *expier le Crime*, c'est-à-dire, à redresser pour ainsi dire, l'obliquité que l'on conçoit dans une Action qui s'écarte de la Régle ou de la Loi. Les passages de l'Ecriture Sainte, que l'on allegue là-dessus ou ne regardent que le Tribunal Divin, ou se rapportent seulement aux Loix particulieres & aux Cérémonies des Juifs.

(c) Voyez *Senec. de Ira*, Lib. III. C. XIX. *Quintil.* Decl. CCLXXIV. *in fin.* Les *Lacedemoniens* pourtant faisoient mourir de nuit les Criminels, *Herodot.* Lib. IV. Cap. 146. peut-être parcequ'ils croyoient que l'horreur des ténebres servoit à rendre le supplice plus affreux. Voyez *Valer. Maxim.* Lib. II. Cap. IX. §. 3.

(d) Voyez *Selden. de J. N. G. sec. Heb.* Lib. I. C. IV.

§. XIII. * GROTIUS (a) soûtient que les Punitions qui tendent à faire un exemple, peuvent quelquefois être exercées par d'autres que les Souverains: Mais voici, à mon avis, ce qu'il faut remarquer sur les cas où il prétend que cet exception a lieu.

* En quel cas & en quel sens les simples particuliers peuvent exercer des actes de Punition?

Lorsque l'on tire quelque vengeance des Crimes commis *en des lieux & par des personnes qui ne relevent pas d'un certain Tribunal*, tels que sont les Corsaires; cela se fait par le droit de la (1) Guerre, qui est différent du Pouvoir d'infliger des Peines. Car les Corsaires & les Brigands étant des Ennemis déclarez du Genre Humain, chacun peut de son chef, les traiter sur ce pié-là: Quoique, comme GROTIUS (b) le remarque lui-même, il vaille mieux suivre *la coûtume loüable de certains Pays, où ceux qui se mettent en mer pour ce sujet, prennent une Commission de l'Etat qui les autorise à poursuivre les Pyrates qu'ils rencontreront; afin que dans l'occasion ils agissent contr'eux par autorité publique, & non de leur autorité privée.*

(a) Liv. II. Chap. XX. §. 9. num. 5. 6.

(b) *Ubi suprà*, §. 14.

La Loi du DEUTERONOME (c) qui porte que, (2) si quelqu'un abandonne le culte du Dieu d'*Israël*, ou veut engager les autres à l'Idolâtrie, chacun doit le lapider sans aucun égard aux liaisons du sang de l'alliance ou de l'amitié; cette Loi, dis-je, ne semble pas donner droit aux Particuliers de tuer, de leur pure autorité, quiconque se rendroit coupable d'un tel Crime; mais seulement de le dénoncer aux Juges, & de se joindre ensuite à la multitude qui le lapideroit en vertu de la Sentence prononcée contre lui. Mais supposons que la maniere dont GROTIUS entend les paroles de *Moïse*, soit le véritable sens; en ce cas-là un simple Particulier, qui, sans autre forme de procès, auroit tué le Juif apostat, n'auroit agi que comme Ministre de la Puissance Souveraine, puisqu'il auroit été autorisé par une permission expresse de la Loi. Pour l'action de (d) *Phinées*, il faut remarquer qu'elle est fondée sur une ordonnance & une approbation expresse de DIEU. Car, s'il étoit toûjours permis à chacun d'imiter un tel exemple, (3) cela troubleroit extrêmement la Societé Civile, & fourniroit occasion de satisfaire des Passions furieuses, sous ce prétexte plausible.

(c) Chap. XIII. vers. 8, 9.

(d) *Nombr.* XXV. 7. Voyez là-dessus *Selden. de J. N. & Gent.* &c. Lib. IV. Cap. IV.

§. XIII. (1) Rien n'empêche qu'on ne le fasse par droit de Punition. Voyez ce que j'ai dit dans la Note 3. sur le §. 4.

(2) Voyez sur GROTIUS, au même endroit, *Notes* 14, 15, 16.

(3) *Non est singulis concedendum quod per Magistratum publicè possit fieri, ne occasio sit majoris tumultûs faciendi.* DIG. Lib. L. Tit. XVII. Leg. CLXXVI. Voyez, au reste, sur cette matiere, une Dissertation de Mr. BUDDEUS, *de Jure Zelotarum in Gente Hebræa*, imprimée à *Hall*, en 1694. & rimprimée en 1699. avec des additions.

A l'égard du droit de vie & de mort que les Peres de Famille ont conservé dans certains Etats, sur leurs Enfans, sur leurs Esclaves, quoiqu'il ne tire pas son origine de l'établissement des Societez Civiles, on peut le regarder comme une partie du Gouvernement, que les Peres de famille exercent par autorité publique. Car rien n'empêche qu'il n'y ait quelque Magistrat inférieur, qui ait le pouvoir en certains cas, de punir les Criminels sans une condamnation dans les formes, pourvû qu'il n'abuse pas d'un privilege de si grande conséquence. C'est ainsi que, quand on a mis à prix la tête de quelqu'un, celui qui le tuë est censé l'avoir fait par autorité publique. Car, quoique la publication par laquelle on livre ainsi la vie d'un homme n'emporte pas toujours un ordre positif de le tuer; elle sert du moins à justifier celui qui l'a fait, comme ayant agi en vertu de la permission du Souverain.

Il faut dire la même chose des Loix (e) faites en certains tems & en certains lieux; par lesquelles on permettoit à chaque Particulier de tuer le premier à qui ils verroient commettre certaines choses. (4) Car, pourvû que le fait fût évident, comme on le supposoit, la Loi tenoit lieu de Sentence anticipée, qui condamnoit le Coupable, & autorisoit l'action de celui qui l'avoit tué, comme (f) n'ayant été que simple Executeur des ordres du Magistrat. En ce cas-là même, si la Loi étoit fondée sur de bonnes raisons, & qu'on n'eût pas agi par un ressentiment ou un intérêt particulier; mais seulement en vuë de rendre service à l'Etat, on n'avoit rien à se reprocher en conscience, & devant le Tribunal de DIEU: Surtout lorsqu'un danger pressant avoit obligé le Législateur à permettre ou ordonner aux Particuliers cette espece de Punition. Mais il n'en est pas de même des cas où les Loix, pour donner quelque chose à un juste ressentiment & à la peine qu'il y a de se retenir dans une cruelle offense, accordent seulement l'impunité sans ôter le vice même de l'action, comme quand elles permettent à un Mari de tuer sa Femme avec le Galant qu'il trouve en flagrant délit (5): Car, sans les égards qu'on a pour l'état où se trouve un Mari convaincu par ses propres yeux de l'infidélité de sa Femme, il vaudroit mieux que le Magistrat punît lui-même ce sanglant outrage, & le retardement de la punition ne porteroit aucun préjudice à l'Etat.

(e) Voyez *Aristid.* Orat. I. page 220. Edit. Wech. *Tit. Liv.* Lib. III. C. LV. *Diod. Sic.* Lib. V. C. XLVI. *Cod.* Lib. III. Tit. XXVII. *Quando liceat unicuique sine Judice se vindicare, vel publicam devotionem,* Leg. I. *Grotius sur Eschyl.* IX, 10.

(f) Voyez *Grotius*, Liv. II. Chap. XX. § 17.

§. XIV. LE but même des Peines, & la condition de la Nature Humaine, font voir qu'il peut y avoir des actes vicieux en eux-mêmes, qu'il seroit néanmoins inutile de punir dans le Tribunal Humain. Tels sont 1. Les (a) *actes purement internes*, ou les (1) simples pensées, par exemple, l'idée agréable que l'on se fait d'un Péché, l'envie qu'on a de le commettre, le dessein qu'on en forme, sans en venir à l'execution: tout cela n'est pas sujet à la Peine devant les Hommes, quand même il arriveroit ensuite que les autres en eussent connoissance, comme si on l'avouoit soi-même. En effet, ces mouvemens intérieurs ne faisant du mal à personne, il n'y a personne aussi qui ait

On ne peut pas punir dans les Tribunaux Humains toute sorte de Pechez.

(a) Voyez *Grotius*, Liv. II. Chap. XX. §. 18. & *de imperio Summarum Potestatum circa sacra*. Cap. III. §. 1. La calomnie, dont on trouve un exemple dans *Amm. Marcellin*, Lib. XV. Cap. III. Edit. Vales. est d'autant plus detestable, qu'elle regarde les choses ausquelles on pense en songe.

(4) Conferez ici GROTIUS, *Liv.* I. *Chap.* IV. §. 17.

(5) L'Auteur choit ici, XENOPH. Cyrop Lib. III. Cap. I. §. 22. VAL. MAX. Lib. VI. Cap. I. §. 13. SENEC. Lib. I. Contr. IV. L. IV. Contr. XXIV. GRATIAN. Can. 33. *quicunque*. Caus. XXIII. Quæst. VIII. GROTIUS, in *Sparsi. flor. ad Jus Justinian.* ad DIGEST. Lib. XLVIII. Tit. V. *Ad Leg. Jul. de Adulteriis*, Leg. XXII. §. 4. BOECLER sur GROTIUS, Lib. II. Cap. I. §. 14. ANT. MATTHÆUS, *de Criminibus*, ad Lib. XLVIII. *Digest.* Tit. III. Cap. 2.

§. XIV. (1) *Cogitationis pœnam nemo patitur*. DIGEST. Lib. XLVIII. Tit. XIX. *De Pœnis*, Leg. XVIII. Nôtre Auteur cite cette Loi, apres bien d'autres. Mais voyez les *Observationes Jur. Civil.* de Mr. *Bynckershoek*, Lib. III. Cap. X. & que j'ai dit sur GROTIUS, *Liv.* II. *Chap.* XX. §. 18 *Note* 1. MEURSIUS, cité par Mr. HERTIUS, rapporte, que *Christiern* II. Roi de *Dannemark*, fit mourir *Torbern-Oxe*, Gouverneur de la Citadelle de *Coppenhague*, parcequ'il avoit avoüé avoir souhaité de coucher avec une Maitresse de ce Prince, nommée *Duveke* (ou la *Pigeonne*, en Flamand) quoique le Senat ne jugeât pas ce désir punissable selon les Loix. *Hist. Dan.* in ann. 1516.

intérêt qu'on les punisse, quoique d'ailleurs ils soient par eux-mêmes (b) de véritables Péchez, comme plusieurs (c) Payens l'ont reconnu. Autre chose est, quand les actes intérieurs précédent ou accompagnent les extérieurs; car alors on a égard aux actes intérieurs, comme contribuant beaucoup à qualifier les Actions extérieures, & à les rendre plus ou moins criminelles. C'est ainsi que l'on punit les Crimes (2) qui ne sont encore que commencez.

(b) Devant le Tribunal Divin. Voyez *Philon*, Lib. *quod deterior potiori insidietur*, pag. 173. A. Edit. Paris. & *Bodin. de Rep.* Lib. IV. Cap. VII. p. 734.

(c) Voyez *Grotius*, sur *Matth.* V. 28.

2. Il seroit trop rigoureux de punir *les fautes les plus légéres*, (d) que la fragilité de nôtre nature ne nous permet pas d'éviter entierement, quelque attention & quelque application que l'on ait à son Devoir. *Il n'y a pas moyen*, (3) disoit un Empereur, *de gouverner des Chevaux, des Bœufs, des Mulets, & moins encore des Hommes, si on ne leur laisse quelquefois* (4) *satisfaire leurs desirs : de même que les Médecins permettent à leurs Malades quelques petites choses, pour les rendre obéïssans dans celles qui sont de grande importance.*

(d) Voyez *Grotius*, Liv. II. Chap. XX. §. 19. & ce que l'on a remarqué ci-dessus, Liv. I. Chap. V. §. 8. à la fin.

GROTIUS (e) ajoûte à cela *les Péchez qui ne regardent ni directement ni indirectement la Societé Humaine, ou à la punition desquels aucun Homme n'a intérêt. Car,* dit-il, *puisqu'il ne reviendroit aucune utilité aux Hommes de la punition de ces sortes de Péchez, il faut en laisser la vengeance à* DIEU, *qui a une Intelligence infinie pour les connoître ; une souveraine Equité, pour en juger ; & une Puissance sans bornes, pour les punir.* Mais je doute, si à la reserve des simples pensées il y a quelque Péché qui ne tende ni directement, ni indirectement au préjudice de la Societé Humaine.

(e) *Ubi supra*, §. 20. num. 1.

3. Il vaut mieux dire que les Loix Civiles ne donnent aucune action en Justice pour certaines choses vicieuses en elles-mêmes, & ne les punissent pas, *pour le repos de l'Etat, ou pour quelque autre raison* ; comme afin que la pratique des choses opposées soit plus glorieuse & plus louable, par l'entiere liberté avec laquelle on s'y porte ; ou afin que les Juges n'ayent pas la tête rompue d'une infinité de procez, ou pour des affaires de peu de conséquence ; ou parceque la chose est d'une très-difficile discussion ; ou à cause que le mal est (f) si fort enraciné, qu'on ne sauroit entreprendre d'y remédier sans troubler l'Etat.

(f) Voyez la Lettre de *Tibere*, dans *Tacite*, Ann. III, 53. & *Senec. de Clement.* Lib. I. Cap. XXII.

4. Enfin, il faut nécessairement laisser impunis les *Vices communs, qui sont une suite de la corruption générale des Hommes*, comme l'Avarice, l'Ambition, l'Inhumanité, l'Ingratitude, l'Hypocrisie, l'Envie, la Médisance, l'Orgueil, la Colere, les

(2) *In maleficiis voluntas spectatur, non exitus.* DIGEST. Lib. XLVIII. Tit. VIII. *Ad Leg. Corn. de Sicariis & Veneficiis*, Leg. XVI. L'Auteur renvoyoit ici à ce que dit GROTIUS sur cette Loi, dans ses *Florum sparsiones in Jus Justin.* page 204, 205. *Edit. Amstel.* On peut ajoûter ces paroles de SENEQUE : *Scelera quoque, quamvis citra exitum subsederunt, puniuntur.* Lib. IV. Controv. VII. Voyez encore ici Mr. de BYNKERSHOEK, Observ. III. 10.

(3) Οὐ γάρ ἐστιν, οὔτε ἵππων οὔτε βοῶν ἄρχειν, οὔτε ἡμιόνων, ἥκιστα δὲ ἀνθρώπων, μή τι καὶ τῶν κεχαρισμένων αὐτοῖς συγχωροῦντα· ὥσπερ ἐστὶν ὅτι τοῖς ἀσθενοῦσιν οἱ ἰατροὶ μικρὰ ὑφιᾶσιν, ἵν' ἐν τοῖς μείζοσιν ἔχωσιν αὐτοὺς πειθομένους. JULIAN. *in Cæsarib. de Probo*, page 314. C. *Edit. Spanhem.* Voyez THEMISTIUS, Orat. IX. *ad Valentinian. junior. adhortatoria*, page 123. D. *Edit. Harduin.* HIERON. OSORIUS, Lib. X. ROB. SANDERSON, *de Juram. Obligat.* Prælect. III. §. 18. Toutes citations de l'Auteur. Joignez y un passage d'ARISTIDE, que feu Mr. le Baron DE SPANHEIM cite, dans ses Notes sur celui de JULIEN, *page* 55. *des Preuves*, *Edit. d'Amst.* 1728.

(4) Cela me fait souvenir d'une pensée de Mylord *Shaftsbury* qui se trouve dans un Memoire imparfait de Mr. LOCKE, (*Bibliotheque Choisie* de Mr. LE CLERC, Tome VII. page 162.) „ Il y a dans chaque personne, „ *disoit ce Seigneur*, deux hommes, l'un Sage, & l'autre Fou ; & il faut leur accorder la liberté de suivre „ leur genie, chacun à son tour. Que si vous pretendez, que le Sage, le Grave & le Serieux ait toujours „ le timon, le Fou deviendra si inquiet & si incommode, qu'il mettra le Sage en desordre, & le rendra incapable de rien faire. Il faut donc que le Fou „ ait aussi à son tour la liberté de suivre ses caprices, „ de jouer, & folâtrer pour ainsi dire, à sa fantaisie, „ si vous voulez que vos affaires aillent leur train „ & sans peine.

Animositez, & autres semblables Passions dont les effets sont si (5) ordinaires, qu'un Souverain seroit réduit à régner dans un Désert, s'il vouloit punir rigoureusement tous ceux qui y sont sujets, encore qu'elles ne les portent point à des excez énormes & éclattans. Il n'y a que les motifs de la Religion Chrétienne, qui puissent efficacement détourner ou guérir les Hommes de ces sortes de Vices, & ce sont aussi ceux-là que Nôtre Seigneur Jesus-Christ travaille surtout à déraciner par la sainteté de ses Préceptes.

Si l'on peut quelquefois faire grace ?

(a) Voyez *Grotius, ubi suprà*, §. 21, 23.

§. XV. On n'est pas même toûjours obligé de punir sans rémission (a) les Péchez qui d'ailleurs sont punissables par eux-mêmes devant le Tribunal Humain. Les Stoïciens, qui soûtenoient le contraire, n'ont allégué que de très-foibles raisons. *Un homme sage*, disoient-ils, (1) *ne pardonne jamais à personne : car qui pardonne, doit supposer en même temps que celui qui a péché n'est point coupable ; or quiconque péche, le fait par malice.* Il semble que le sens de ce raisonnement se réduise à ce Dilemme : *Celui qui a péché, ou est coupable, ou ne l'est pas. S'il n'est point coupable, il n'a pas commis un véritable Péché, puisque tout Péché se commet par malice ; & par conséquent il n'a nul besoin de pardon. S'il est coupable, on ne peut pas lui faire grace, puisqu'on ne pardonne que les (2) fautes involontaires.* Mais qui ne voit que c'est-là une manifeste pétition de principe ? *Un homme de bien*, ajoûtent-ils, *n'est point clément ; car la Clémence consiste à ne pas punir un Coupable selon qu'il le mérite ;* or on doit indispensablement rendre à chacun ce qu'il mérite. Mais la maxime, *qu'il faut nécessairement rendre à chacun ce qu'il mérite*, n'a lieu qu'en matiere de Biens ; car, quand il s'agit d'un Mal, qui ne tend pas à l'avantage de celui-là même qui le souffre, on peut certainement le lui épargner, sans commettre aucune injustice. *La Clémence*, disent-ils encore, *suppose que l'on trouve trop rigoureuses les peines portées par les Loix, ou que l'on accuse le Législateur d'établir des peines contre ceux qui ne le méritent pas.* Mais rien n'empêche qu'on ne relâche quelquefois légitimement la Peine portée par la Loi, toute juste qu'elle est. Car les Loix réglent en général de quelle maniere chaque Crime doit être puni, sans considérer les circonstances particulieres & extraordinaires des temps, des personnes, de la situation des affaires de l'Etat. Or on ne fait grace que pour certaines raisons, qui n'ont pas toûjours lieu, ni à l'égard de tous ceux qui peuvent commettre le même Crime. Seneque se sert d'une autre preuve, qui n'est pas plus solide : (3) *Faire grace*, dit-il, *c'est remettre la Peine qui étoit*

(5) C'est en ce sens qu'il faut entendre les paroles suivantes d'un ancien Philosophe : *Nam si puniendus est cuicunque pravum maleficumque ingenium est, pœna neminem excipiet.* Senec. *de Ira*, Lib. II. Cap. XXXI. *in fin.*

§. XV. (1) Φασὶ μηδὲ συγγνώμην ἔχειν μηδενὶ τὸν νοῦν ἔχοντα. Τοῦ γὰρ αὐτοῦ συγγνώμην ἔχειν, καὶ νομίζειν τὸν ἡμαρτηκότα μὴ παρ' αὐτὸν ἡμαρτηκέναι· πάντων ἡμαρτανόντων παρὰ τὴν ἰδίαν κακίαν. Διὸ καὶ δεόντως λέγεσθαι, τὸ μηδὲ συγγνώμην ἔχειν τοῖς ἁμαρτάνουσιν. Οὐκ ἐπιεικῆ δέ φασιν εἶναι τὸν ἀγαθὸν ἄνδρα· τὸν γὰρ ἐπιεικῆ παραιτητικὸν εἶναι τῆς κατ' ἀξίαν κολάσεως, καὶ τοῦ αὐτοῦ εἶναι, ἐπιεικῆ τε εἶναι, καὶ ὑπολαμβάνειν τὰς ἐκ τοῦ νόμου τεταγμένας κολάσεις τοῖς ἀδικοῦσι σκληροτέρας εἶναι, καὶ τὸ ἡγεῖσθαι παρὰ τὴν ἀξίαν ἀπονέμειν τὰς κολάσεις τὸν νομοθέτην. Apud. Stob. Serm. XLIV. page 311. *Edit. Genev.*

(2) L'Auteur dit le contraire dans toutes les Editions, sans en excepter celle de 1706. dont Mr. Hertius a eu soin : *quod illa utique conveniat delictis spontaneis.* Mais on voit bien que le raisonnement demandoit *non spontaneis*, comme je l'ai exprimé.

(3) *Venia est pœna meritæ* (ou, comme il dit plus bas, *debitæ*) *remissio. . . . . Sapiens autem nihil facit quod non debet.* De Clement. *Lib.* II. Cap. VII. Voyez Cicer. *Orat. pro Murena*, Cap. XXIX. Mais tout cela, (comme le disoit notre Auteur, à la fin du §. suivant) n'étoit qu'une dispute de mots, indigne d'un Philosophe. Le Sage, selon les Stoïciens, ne *pardonnoit* pas, mais *épargnoit*. La belle subtilité ! Ecoutons Seneque lui-même : *Parcit enim Sapiens, consulit & corrigit. Idem facit, quod si ignosceret, nec ignoscit. . . . . De verbo*

étoit dûe ; or le Sage fait toûjours ce qu'il doit faire. Mais il y a ici un jeu de mots. Car si le sens de cette maxime, la *Peine est dûë au Coupable*, se réduit à ceci, que l'on ne fait point de tort à un Coupable, & qu'il n'a pas sujet de se plaindre lorsqu'on le punit ; il ne s'ensuit point de là, qu'en lui faisant grace, on manque à son Devoir, puisqu'il y a bien des choses que l'on peut faire légitimement sans y être toûjours indispensablement obligé. D'ailleurs, comme d'un côté, quand on dit que la Peine est *dûë* au Coupable, cela ne suppose en lui aucun *droit* qui impose au Souverain l'*Obligation* de le punir ; (car personne ne se plaint qu'on lui ait fait grace, à moins qu'il ne s'agisse de simples corrections, qui étant négligées par l'indulgence de ceux qui ont la direction de Enfans, laissent former en eux de mauvaises habitudes, d'où lorsqu'ils sont hommes faits il naît souvent des Crimes dignes d'une véritable Punition) on ne peut pas dire non-plus, d'autre côté, que le Coupable doive subir la Peine ; c'est-à-dire, qu'il soit indispensablement tenu (4) de s'y soumettre ; comme nous l'avons fait voir ci-dessus. Que si l'on veut dire, que *la Peine est dûë par le Sage* ; c'est-à-dire, qu'il est *obligé* de punir ; je répons à cela, premierement, que personne ne peut être tenu de punir, si ce n'est les Ministres des Loix, ou Publics, ou Particuliers. De-plus, l'Obligation où sont les Souverains à cet égard ne regarde pas les Coupables, mais tout l'Etat, ou toute la Societé, dont ils doivent procurer la conservation & l'avantage par divers moyens, du nombre desquels est la punition des Méchans. Lorsqu'ils ont pour eux trop d'indulgence, ils ne font par-là aucun tort à ceux qu'ils épargnent, ils violent seulement les engagemens où ils sont eux-mêmes envers le Corps de l'Etat. Mais le bien de l'Etat permet, & demande même, que l'on fasse grace quelquefois, (5) pourvû que ce soit à propos.

§. XVI. GROTIUS (a) dit, que le Pardon aussi-bien que la Peine, peut avoir lieu

Comment on peut pardonner avant qu'il y ait des Loix Pénales ?

(a) *Liv. II. Chap. XX.* §. 21, 22.

verbs (ut mea fert opinio) controversia est, de re quidem convenit. Ubi suprà. Au reste voyez Mr. BUDDEUS, dans sa Dissert. intitulée *Jurisprud. Historico Specimen*, §. 60. *& seqq.* parmi les *Selecta Juris N. & G.*

(4) Non pas de s'y offrir de lui-même, ou de ne point chercher à l'éviter autant qu'il le peut innocemment ; mais de ne pas résister au Magistrat, comme nous l'avons fait voir contre notre Auteur, sur le §. 4. *Note* 8. Cela ne fait rien néanmoins pour les *Stoïciens*. Il suffit qu'il n'y ait pas, de la part du Magistrat, une obligation indispensable de punir ceux qui ont mérité la Peine.

(5) C'est ce qui donna lieu à établir des *Asyles*, ou de certains lieux dans lesquels ceux qui avoient commis quelque action punissable par les Loix, trouvoient un refuge contre leur execution. L'usage en est très-ancien, comme il paroit par la Loi même de MOÏSE ; & leur protection ne fut d'abord que pour des personnes ou entierement innocentes, ou dans le fait desquelles il y avoit plus de malheur que de faute. Voyez GROTIUS, *Liv. II. Chap.* XXI. §. 5. & Mr. LE CLERC, sur NOMBRES, XXXVIII. Mais la chose degenera en abus chez plusieurs Peuples, où les plus grands Scelerats furent ainsi à l'abri de la Peine, au grand préjudice de l'Etat. Voyez l'HISTOIRE DE L'ACADEMIE DES INSCRIPTIONS, &c. Tome V. *Edit. de la Haye*, page 52. & suiv. Parmi les *Chrétiens* même, la Religion a servi de prétexte à encherir ici quelquefois sur les Payens. La coûtume ayant, dès le régne de CONSTANTIN, fait regarder les Eglises comme des lieux de Réfuge, THEODOSE & ses Successeurs furent obligez de restreindre ce privilege, qu'on avoit étendu à des gens indignes de protection, comme les Debiteurs même du Public, les Esclaves fugitifs. Mais ni ces Loix, ni celles que JUSTINIEN fit là-dessus long-tems après, ne furent pas des barrieres assez fortes pour empêcher que les Ecclésiastiques ne fissent servir l'avancement de cet abus au dessein d'établir leur propre domination, & d'attenter sur les droits du Magistrat. Les Conciles ouvrirent l'asyle à toute sorte de Criminels, & le leur assurerent par les foudres de l'Excommunication qu'ils lançoient contre ceux qui oseroient les en tirer. Les Papes ne manquerent pas de pousser aussi loin qu'ils purent cette impie & detestable immunité des Lieux, que la sainteté même qu'on leur attribuë, & dont on fait le fondement du Réfuge des Criminels, devroit plus que tous autres, faire regarder comme souillez par une telle protection. A peine le Droit Canonique la refuse-t-il à des Voleurs de grand chemin, aux Bandits qui font de nuit des courses à la campagne, & autres Voleurs publics. Voyez JACQUES GODEFROI sur le CODE THEODOSIEN, Lib. IX. Tit. XLIV. & XLV. Tome III. page 354. & seqq. Mr. BUDDEUS *Jurispr. Hist. Specim.* §. 15. *& seqq.* Mr. THOMASIUS, *Note in* LANCELOT. Lib. II. Tit. XX. page 1018. *& seqq.* Mr. HERTIUS, Diss. *De Superiorit. Territor.* §. 11. Une autre chose, qui aujourd'hui encore entretient l'abus des Asyles, ce sont les priviléges que les Ambassadeurs s'attribuent. Voyez Mr. THOMASIUS, Dissert. *De Jure Asyli, Legatorum ædibus compet.* & le Traité de Mr de BYNKERSHOEK *du Juge compétent des Ambassadeurs*, Chap XXI.

ou avant qu'il y ait des Loix Pénales, ou depuis qu'elles sont établies. Pour ce qui est du premier tems, la chose mérite d'être bien expliquée; car selon la maxime commune, où il n'y a point de Loi, il n'y a non-plus ni Crimes, ni Peines, ni Pardon; & par *Loix pénales* on n'entend pas seulement celles qui sont accompagnées de menaces expresses d'une certaine punition; mais encore celles qui laissent à la prudence du Juge le soin de déterminer la nature & le degré de la Peine. Il faut donc sçavoir, que dans les Etats où il n'y a point de Loix écrites, les Loix Naturelles tiennent lieu de Loix Civiles, selon lesquelles on administre la Justice, & dont les Juges punissent la violation par des Peines arbitraires. Dans les Etats mêmes où il y a des Loix écrites, comme il est impossible que les Législateurs expriment tous les cas (b) que la malice humaine peut faire naître, les maximes de la Raison & de la Loi Naturelle, sont un perpétuel suplément des Loix Civiles; & lorsque la Peine n'est pas expressément marquée dans la Loi, c'est au Juge à la décerner comme il le juge à propos. Voilà de quelle maniere on peut punir, avant qu'il y ait des Loix Pénales; & c'est ainsi qu'il faut expliquer les paroles suivantes de Ciceron. (1) *Aucune Loi*, dit-il, *n'a son effet pour le passé, à moins qu'elle ne regarde une chose mauvaise & infâme par elle-même, & dont on devroit par conséquent s'abstenir avec beaucoup de soin, quand même elle ne seroit pas défendue par la Loi.* Cependant quoique dans un Etat où l'on ne voit point de Loix écrites, le Souverain ait le pouvoir de punir les Méchans; il n'est pas pour cela dans une Obligation indispensable de punir tous ceux qui ont commis quelque Crime. Cela dépend de la liaison qu'il y a entre la Peine, & les fins pour lesquelles elle a été établie. Si donc, en certaines occasions, ces fins ne sont pas moralement nécessaires (c), comme quand il ne paroît pas à propos de publier un certain Crime; où s'il se présente de l'autre côté des fins qui ne sont pas moins avantageuses ou nécessaires, je veux dire, si en faisant grace on peut procurer autant ou même plus d'utilité; enfin, s'il y a quelque autre voye plus commode d'obtenir ce que l'on se propose dans la Punition des Crimes: rien n'oblige alors précisément à punir. Pour donner un exemple du premier cas, lorsqu'un Péché (d) n'est connu que de très-peu de gens, il n'est pas nécessaire, & quelquefois même il seroit dangereux de le publier en le punissant: Car plusieurs s'abstiennent de faire du mal, plûtôt par l'ignorance (2) du Vice, que par la connoissance & l'amour de la Vertu; desorte que la punition d'un Crime dont ils n'avoient point ouï parler, bien-loin de les détourner d'en commettre de semblables, les y porteroit au contraire par un effet de cette curiosité insensée que l'on a pour tout ce qui est nouveau, & du panchant que l'on sent à faire ce qui est défendu. C'est la raison pourquoi (3) SOLON n'avoit point fait de Loi contre le

(b) Voyez *Lycurg.* Orat. *contra Leocrat.* pag. 108. *Edit. Wech.*

(c) Voyez le Droit Canon, Caus. XXIII. Quæst. IV. Cap. XIX. XXIV.

(d) Voyez le conseil de *Mécénas* à *Auguste*, touchant les Punitions, dans *Dion Cassius*, Lib. LII. pag. 556. *Edit. H. Steph.* *Busbeq.* Epist. III. pag. 186. *Edit. Elzev.* au sujet des *Turcs*.

§. XVI. (1) *Neque in ulla* [Lege] *præteritum tempus reprehenditur, nisi ejus rei, quæ suâ sponte scelerata ac nefaria est, ut etiam si Lex non esset, magnopere vitanda fuerit.* Orat. *in Verr.* Lib. I. Cap. XLII.

(2) C'est ce que JUSTIN dit des *Scythes*, par opposition aux *Grecs*, dans un passage que notre Auteur à deja cité ailleurs, Liv. II. Chap. III. §. 7. *Note* 5.

(3) Ce n'est pas la raison que *Solon* en alléguoit lui-même: car il repondit seulement, qu'il ne croyoit pas que personne fût capable de commettre un si horrible crime. Ἐρωτηθεὶς διὰ τί κατὰ πατροκτόνου νόμον οὐκ ἔθηκε; διὰ τὸ ἀπελπίσαι. DIOG. LAERT. Lib. I. §. 59. *Edit. Amst.* Mais CICERON, dont notre Auteur employe les propres termes, sans le citer, dit que l'on a regardé ce silence du Législateur, comme un grand trait de prudence, en ce qu'il ne defendit pas une chose dont on n'avoit point encore vû d'exemple, de-peur que, s'il en parloit, il ne semblât avoir dessein d'en faire prendre envie, plûtôt que d'en detourner ceux à qui il donnoit des Loix. *Is cùm interrogaretur, cur nullum supplicium constituisset in eum qui parentem necasset, respondit, se id neminem facturum putasse. Sapienter fecisse dicitur, cùm de eo nihil sanxerit, quod antea commissum non erat, ne non tam prohibere quam admonere videatur.* Orat. *pro Sext. Rosc. Amerin.* Cap. XXV. SENEQUE remarque la même chose, pour confirmer ce qu'il dit judicieusement, que souvent les punitions trop frequentes ne font que rendre le Crime plus commun, & qu'il est dangereux de publier

Parricide, *de-peur*, disoit-il, *qu'il ne semblât vouloir donner envie de commettre ce crime, plûtôt que de le défendre.* Pour le second cas, on peut supposer un homme qui demande grace en faveur de ses services, ou de ceux de ses Parens ou de ses Ancêtres, qui méritent récompense (e): Car il est quelquefois aussi utile, ou même plus avantageux à l'Etat, de recompenser certaines belles actions, que de punir certains Crimes. Et une Injure est effacée par un Bienfait reçu non seulement (4) depuis; mais encore (5) auparavant. Le dernier cas arrive, lors par exemple, que le Coupable (6) s'est corrigé sur une simple réprimande, ou qu'il a fait satisfaction de bouche, & donné des sûretez réelles pour l'avenir à la personne offensée; sans que d'ailleurs le Crime soit d'un exemple contagieux. D'où il paroît, pour le dire ici en passant, jusques où sont valables les (7) Transactions faites avec un Accusateur, ou avec la personne lézée, au sujet d'un Crime punissable par les Loix. Car ordinairement il est permis à l'Accusateur, ou à la personne lézée, de décharger de la Peine, pour ce qui regarde leur intérêt particulier, sans préjudice néanmoins de l'intérêt public. Ainsi les Conventions des Particuliers peuvent bien rendre la Punition non-nécessaire par raport à la seconde des Peines; mais non pas par rapport à la troisiéme. On peut rapporter encore ici (8) les *Péchez de Jeunesse*, comme on parle, que les personnes équitables pardonnent

(e) Voyez *Procop.* Hist. Vandal. Lib. II. Cap. XVI. dans la Harangue de *Germain.*

le grand nombre des Méchans qu'il y a dans l'Etat. *Praeterea vide[illegible] ea saepe committi, quae saepe vindicantur. . . . Summ[illegible] . . prudentiâ altissimi viri & rerum naturae peritissimi maluerunt, velut incredibile scelus, & ultra audaciam positum praeterire, quàm, dum vindicant, ostendere posse fieri. Itaque parricidae cum Lege coeperunt, & illis facinus poena monstravit. . . . Periculosum est, mihi crede, ostendere Civitati, quanto plures mali sint.* Le Philosophe en allegue à son disciple un exemple domestique. » Votre Pere, lui dit-il, a fait punir plus » de parricides en l'espace de cinq ans, qu'on n'en » avoit puni dans tous les siécles passez. *Pater tuus plures intra quinquennium culleo insuit quàm omnibus saeculis insutos accepimus.* De Clement. *Lib. I. Cap.* XXIII. L'Auteur indiquoit ce passage. Il en citoit un autre d'APULE'E, qui a un sens bien different du sujet dont il s'agit. C'est ce que le Philosophe Africain fait dire à une Bellemere, qui devenuë amoureuse du Fils de son Mari, lui découvrit sa passion pour l'engager à la satisfaire: *Nam quod nemo novit, paene non fit.* » Ce » que personne ne sçait, est presque comme non fait. *Metam.* Lib. X. page 211. *Edit. Pric.* Mauvaise maxime, qui fait regarder comme innocent, un Crime commis en secret.

(4) Les termes dont l'Auteur se sert, font voir qu'il a en vûë un passage de SENEQUE, rapporté par GROTIUS, §. 22. *num.* 3. Mais comme ce grand Homme l'a cité apparemment de memoire, (car il ne marque pas seulement le Traité où il se trouve) il change & renverse entierement la pensée du Philosophe Stoïcien, en écrivant *injuriam*, au lieu d'*injuria*; & je suis surpris que cette inadvertence n'ait pas été relevée par GRONOVIUS, qui avant que de faire des Notes sur le Livre de GROTIUS, *Du Droit de la Guerre & de la Paix*, avoit donné une Edition de *Seneque.* Le Philosophe traite cette question, si l'on est obligé à quelque reconnoissance envers une personne, qui après nous avoir rendu service, nous a depuis fait une injure? Et il conclut que l'Injure efface le Bienfait. *Quemodo si quis scriptis nostris alios supernè imprimat versus, priores litteras non tollit, sed abscondit: sic beneficium* SUPERVENIENS INJURIA *apparere non patitur.* De Benefic. *Lib.* VI. *Cap.* VI. *in fine.* GROTIUS au contraire lui fait dire, que les Bienfaits effacent l'Injure. Pour illustrer cette derniere maxime, il auroit mieux valu alleguer un passage de CICERON, auquel *Gronovius* renvoye, & où ce grand Orateur dit, que quand même *César* se seroit laissé aller à quelque chose de contraire aux Loix, on devroit l'oublier en considétion des belles choses qu'il avoit faites depuis. *Si jam violentior aliquâ in re* C. Caesar *fuisset, si eum magnitudo contentionis, studium gloriae, praestans animus, excellens nobilitas aliquo impulisset. . . . maximus rebus, quas postea gessit, obliterandum.* Orat. *in Vatin.* Cap. VI. Ajoûtons cette Loi du DIGESTE, qui veut que l'on fasse grace à un Transfuge, qui a pris depuis un nombre considérable de Brigands, ou découvert plusieurs autres Transfuges. *Qui transfugit, & postea multos latrones adprehendit, & transfugas demonstravit, posse ei parci* D. HADRIANUS *rescripsit.* Lib. XLIX. Tit. XVI. *De re militari.* Leg. V. §. 8.

(5) Voyez le passage de CICERON, que l'on citera sur le paragraphe suivant, *Note* 2.

(6) *Quisquis vacuus irâ, meritam cuique poenam injungit. Dimittit saepe eum, cujus peccatum deprehendit, si poenitentiâ facti spem bonam pollicetur, si intelligit, non ex alto venire nequitiam, sed summo quod aiunt, animo inhaerere. Dabit impunitatem, nec accipientibus nocituram, nec dantibus.* SENEC. *de Ira*, Lib. I. Cap. XVI. page 20. *Edit. Gron.* L'Auteur citoit encore ici ARRIEN, *de expedit. Alexand.* Lib. VII. Cap. XXIX. *Edit. Gron.* & ARISTOT. *Rhetoric.* Lib. II. Cap. III.

(7) Voyez ci-dessus, *Liv.* I. *Chap.* IX. §. 3. & le *Diocletianus & Maximianus* de Mr. NOODT. Notre Auteur citoit ici un passage de *Tacite*, que l'on a déja vû ci-dessus, Liv. IV. Chap. II. §. 9. *Note* 4. C'est d'ailleurs une régle generale, que les Conventions des Particuliers n'ont aucune force, lorsqu'elles sont contraires aux Loix. *Privatorum conventio Juri publico non derogat.* DIGEST. Lib. L. Tit. XVII. *De divers. Reg. Juris*, Leg. XLV. §. 1. Voyez aussi la Loi XXVII. & le Commentaire de JACQUES GODEFROI, sur ces Loix.

(8) *Defensor culpae dicet mihi: fecimus & nos*
Haec juvenes. Esto; desisti nempe, nec ultra

(f) Voyez *Grotius* Liv. II. Chap. XX. §. 22. num. 5.

aisément à ceux qui s'en corrigent, lorsque le feu de l'âge est passé. En tous ces cas, la (f) Clémence veut que l'on panche plus à faire grace qu'à punir. Car toute Punition, surtout si elle est un peu rigoureuse, renfermant quelque chose qui paroît contraire en lui-même, sinon à la Justice, du moins à l'Humanité & à la Charité; la Raison permet aisément de s'en abstenir, comme elle veut d'ailleurs qu'on s'y porte (9) lentement, & avec mûre délibération. Mais aussi lorsque le Coupable est incorrigible, & l'exemple contagieux, une Charité plus grande & plus juste demande nécessairement qu'on punisse, & c'est une cruauté que de pardonner au criminel, (10) dont l'impunité tourne au préjudice & à la ruïne d'un grand nombre d'Innocens.

En quel cas on peut pardonner les crimes commis contre une Loi Penale?

(a) Voyez *Grotius*, *ubi supra*, §. 24.

(b) Voyez *Annal.* Lib. VII pag. 210. *Edit. Lugd. Bat.* Voyez ci-dessus, Liv. I. Chap. VI. §. 17.

§. XVII. Il paroit plus de difficulté à dire comment on peut pardonner (a), lorsqu'il y a des Loix Pénales expresses, je veux dire, dans lesquelles la Peine est formellement déterminée par la Loi, & cela non pas tant parcequ'il semble très-juste que le Législateur agisse lui-même conformément à ses Loix, que parceque les Loix perdent beaucoup de leur autorité, lorsqu'on en suspend l'execution sans de très-fortes raisons: outre que le Magistrat (b) invite lui-même, pour ainsi dire, au Crime, lorsque l'on a autant ou plus de sujet de se promettre l'impunité, que d'appréhender la Peine. Encore donc que toutes les Loix Humaines dépendent de la volonté du Législateur, & dans leur durée; on ne doit ni les abolir, ni les changer, ni en suspendre l'execution, sans des raisons considérables; autrement on péche contre les régles de la Prudence du Gouvernement. Il paroît même plus dangereux de laisser impunément violer une Loi à certaines personnes, que de l'abolir tout-à-fait; puisque, dans le premier cas, on donne occasion à de grandes plaintes, & l'on se fait soupçonner d'une injuste acception de personnes. Cependant, comme le Souverain peut entierement abolir une Loi, pour de justes causes; à plus forte raison peut-il suspendre simplement les effets de la Loi à l'égard de certaines personnes, & dans certaines circonstances où il y a quelque chose qui le demande. Je dis, *le Souverain*; car pour ce qui est des Magistrats subalternes (1), ils doivent juger invariablement selon les Loix.

Fovisti errorem. Breve sit, quod turpiter audes.
Quæ tam cum primâ resecentur crimina barbâ.
Indulge veniam pueris. ——— ———

C'est-à-dire, selon la Version du P. TARTERON: „Quelque vieux barbon me dira, pour excuser *Damasipe*, : En avons-nous moins fait étant jeunes? „D'accord; mais cela n'a pas duré, & vous êtes devenu sage. Les honteux emportemens de la débauche ne sauroient être trop courts. Quand on a „vingt ans passez, plus de libertinage. Je le pardonnerois à de jeunes etourdis. JUVENAL, *Satyr.* VIII. 163. *& seqq.* L'Auteur citoit une partie de ce passage.

(9) *Nulla umquam de morte hominis cunctatio longa est.* „Quand il s'agit de la mort d'un Homme, on ne „sauroit trop differer. JUVENAL. Satyr. VI. 220. L'Auteur citoit encore PLUTARCH. Quæst. Rom. LXXXII. page 283 Tome II. *Edit. Wech.*

(10) *Cuncta prius tentata: sed immedicabile vulnus*
Ense recidendum, ne pars sincera trahatur.

OVID. *Metamorph.* Lib. I. vers. 190, 191. L'Empereur JULIEN exprime ainsi le mauvais effet d'une trop grande indulgence: Εὖ γάρ ἴσε ὅτι ἡ πρὸς τὰς τοιέτες [ϛαφύρζυς καὶ κλέπλας] πρᾳότης αὔξει καὶ τρέφει τὴν ἐν τοῖς ἀνθρώποις κακίαν. *Misopogon. in fin.* page 371. *Edit. Spanhem.* Et un Poëte Allemand:

———*Plus sæpè nocet patientia Regis,*
Quàm rigor: ille nocet paucis, hæc incitat omnes,
Dum se ferre suos sperant impunè reatus.

GUNTHER. Ligurin. Lib. I. v. 478. *& seqq.* L'Auteur citoit encore TACIT. Annal. Lib. III. Cap. L. APPIAN. ALEXANDR. in *Mithridat. Bell.* page 250. A. *Edit. H. Steph.* SADUS, *Resar. Persic.* Cap. VIII. JACOB. *Rex. Angl. Donum Regium*, Lib. II. page 143. *Edit. Londin.* 1619.

§. XVII. (1) C'est la remarque d'un ancien Orateur: Γινώσκων [ὁ τῦ νόμυ κύριος] ὅτι ἄλλη μὲν δικαςῦ, ἄλλη δὲ βασιλέως ἀρετή· καὶ τῷ μὲν προσήκει ἕπεσθαι τοῖς νόμοις, τῷ δὲ ἐπανορθῦν καὶ τὰς νόμυς, καὶ τὸ ἀπηνὲς αὐτῶν καὶ ἀμείλικλον παραδεικνύναι, ἅτε νόμῳ ἐμψύχῳ ὄντι καὶ ὐκ ἐν γράμμασιν ἀμεταθέτοις καὶ ἀσαλεύτοις. THEMISTIUS, *Orat.* XIX. *De Humanitate Theodosii*, (V. Petav.) page 227, 228. *Edit. Harduin Paris.* L'Auteur citoit encore ici LYSIAS, II. in *Alcibiad.* Orat. XIII. Cap. III. page 259. *Edit. Wech.* & DIGEST Lib. XL. Tit. IX. *Qui & à quibus manumissi liberi non fiunt*, &c. Leg. XII. §. 1. & Lib. XLIX. Tit. VIII. *Quæ sen-*

GROTIUS (c) distingue deux sortes de raisons qui autorisent à exempter quelqu'un de la Peine que la Loi exige; les unes qu'il appelle *intérieures*; les autres, *extérieures*. Les *raisons intérieures* consistent, selon lui, en ce que la Peine seroit trop rigoureuse par rapport au fait dont il s'agit, quoique d'ailleurs en elle-même elle n'eût rien d'injuste, puisqu'elle est formellement & légitimement ordonnée par la Loi. Mais, à mon avis, si la Peine est trop rigoureuse, à prendre la Loi dans toute son étenduë, il vaut mieux alors corriger la Loi même, que de faire grace à quelque peu de gens, pendant que les autres sont sujets à une punition dure & injuste. Que si, dans une certaine action, (2) il se trouve des circonstances particulieres qui la rendent moins atroce que la Loi ne la supposoit; l'Equité seule oblige les Juges, non à remettre entierement la Peine; mais à l'adoucir, sans que par-là on fasse rien contre l'esprit de la Loi. Il vaut donc mieux dire, qu'il n'y a proprement que des *raisons extérieures* qui engagent à pardonner; comme sont, par exemple (3), les (4) services passez (d) Coupable, ou de quelqu'un de sa Famille; (5) une rare industrie, des qualitez extraordinaires, ou quelque autre chose qui le rend particulierement recommandable; une grande espérance qu'il donne d'effacer son Crime par de belles actions; l'intercession (e) puissante de quelques personnes de crédit. L'Empereur *Hadrien* diminuoit la Peine des Criminels, à proportion du nombre (f) d'Enfans qu'ils avoient. Il y en

(c) *Ubi suprà*, §. 25, 26.

(d) Voyez *Diod. Sicul.* Lib. XX. Cap. XI.

(e) Voyez *T. Live*, Lib. VIII. Cap. XXXV.

(f) *Xiphilin.* Epit. *Dion. Vit. Hadr.* in fin.

tentia sine appellatione rescindantur, Leg. I. §. 2. Voyez ce que j'ai dit sur GROTIUS, *ubi suprà* §. 23. *Note* 1.

(2) C'est de cela seul que GROTIUS veut parler. Voyez ce que j'ai dit sur l'endroit même, §. 25. *Note* 1.

(3) CICERON renferme la plûpart des raisons dont on parle ici, dans les paroles suivantes que nôtre Auteur citoit, & où l'Orateur donne des préceptes à un Défendeur, qui étant convaincu du crime dont on l'accuse, en demande le pardon. *Oportebit igitur eum, qui sibi ut ignoscatur postulabit, commemorare, si qua sua poterit, beneficia, & si poterit, ostendere ea majora esse, quam hæc quæ deliquerit, ut plus ab eo boni quàm mali, profectum esse videatur: deinde majorum suorum beneficia, si qua exstabunt, proferre. Deinde ostendere, non odio, neque crudelitate fecisse quod fecerit, sed aut stultitiâ aut impulsu alicujus, aut honestâ aliquâ, aut probabili causâ: postea polliceri & confirmare, se & hoc peccato doctum, & beneficiis eorum, qui sibi ignoverint, confirmatum omni tempore à tali ratione abfuturum: deinde spem ostendere, aliquo se in loco, magno iis qui sibi concesserint, usui futurum.* De Invent. *Lib.* II. Cap. XXXV. Voyez ci-dessus, Liv. IV. Chap. I. à la fin, ce que l'on dit encore après CICERON, de la maniere dont *Marc Antoine* fit obtenir grace à *Marc Aquillius*. Je vois que QUINTILIEN dit à-peu-près la même chose sur les raisons pour lesquelles on peut demander grace, *Instit. Orat.* Lib. VII. Cap. IV. p. 628. *Edit. Burm.* Nôtre Auteur remarquoit, qu'autrefois, en *Angleterre*, ceux qui étoient convaincus de quelque crime que ce fût, à la réserve du crime de Léze-Majesté, n'étoient condamnez qu'à une prison perpétuelle, *pourvû qu'ils sussent lire*. POLYD. VIRG. *Hist. Angl.* Lib. XXVI. Il rapporte ensuite l'exemple de l'Orateur *Hypéride*. (Il dit par mégarde *Lysias*) qui défendant la Courtisane *Phryné*, accusée en Justice d'un Crime Capital, lui découvrit la gorge, pour toucher les Juges par la vûë de cet objet. Voyez ATHEN. Lib. XIII. Cap. VI. pag. 590. *Edit. Casaub.* QUINTILIAN. *Instit. Orat.* Lib. II. Cap. XV. Mais est-ce là une raison pour exempter de la sévérité des Loix? J'aimerois presque autant qu'on approuvât la grave réflexion du P. MAIMBOURG, qui disoit un jour en Chaire: *Ce sera grand dommage que des Dames si belles & si bien faites soient damnées.* Défense de la Traduct. de Mons, V. Partie.

(4) Voyez ce que Mr. BUDDEUS dit, à l'occasion de *Manlius*, dans son *Specimen. Jurispr. Histor.* §. 50. & *seqq.* Il paroitra de là, que l'on a dit trop généralement, dans une Déclamation de QUINTILIEN, Qu'il n'est point de Crime qu'on ne puisse pardonner en faveur du mérite: *Qualecumque crimen donari meritis, donari virtuti.* Declam. CCCX. *in fine.*

(5) *Ad bestias damnatos, favore populi Præses dimittere non debet: sed si ejus roboris vel artificii sint, ut digne Populo Romano exhiberi possint, Principem consulere debet.* DIG. Lib. XLVIII. Tit. XIX. *De Pœnis*, Leg. XXXI. On allégue ici ordinairement cette Loi: mais elle ne prouve rien. Car outre qu'il s'agit d'un Magistrat, qui ne peut faire grace de sa pure autorité, & non pas du Souverain: elle signifie seulement, qu'un Gouverneur de Province ne doit pas, sans avoir consulté l'Empereur, differer le supplice d'un homme condamné à se battre, dans l'Aréne, avec des Bêtes féroces, sous prétexte que le Criminel est d'une addresse à pouvoir divertir extraordinairement le Peuple Romain, dans un pareil Spectacle que le Gouverneur voudroit lui procurer, en envoyant à *Rome* le Criminel. Voyez ALCIAT, *Parerg.* Lib. II. Cap. 28. & JACQUES LECT, *ad* MODESTIN. *De Pœnis*, pag. 150. Tome I. *Thesaur. Juris.* Ce n'est donc pas par une *indulgence de la Loi Romaine*, (comme le croit Mr. BAYLE, après les Auteurs qu'il cite, à l'article *Goudimel* de son *Dict. Hist. & Crit.* Lettr. D. pag. 579. Tome II. de la 4. Edit.) que les Cours de Justice s'attribuent le droit d'exempter de la Peine, ou de l'adoucir, en faveur des Criminels qui excellent dans quelque Art: mais la pratique s'en est introduite, comme bien d'autres, sur une fausse explication de la Loi dont on vient de voir le vrai sens.

a qui ont obtenu grace en faveur de la réputation & de la gloire de leurs Ancêtres, ou à cause qu'ils étoient les seuls qui restoient d'une Famille Illustre. Toutes ces raisons, & autres semblables, sont encore plus fortes, lorsqu'il se trouve que le fondement ou le motif particulier de la Loi cesse, du moins dans le fait dont il s'agit. Par exemple, le fondement général des *Loix Somptuaires*, c'est l'autorité & la volonté du Législateur, (6) qui doit suffire, même sans autre raison; mais le fondement ou le but particulier, c'est d'empêcher que les Sujets ne se ruïnent par des dépenses excessives & superflues. Cependant, quoique la raison générale de ces Loix suffise pour rendre sujets à la Peine tous ceux qui les violent, de quelque condition qu'ils soient; lorsque la raison particuliere cesse en un certain cas, comme quand celui qui les a violées est si riche, que les dépenses superfluës ne l'incommodent en aucune maniere, (7) cela fait qu'on peut lui pardonner plus aisément, & sans porter un grand préjudice à l'autorité des Loix. Une autre chose qui engage aussi fortement à faire grace, c'est lorsque le Crime a été commis par une ignorance, qui n'est pas à la vérité entierement excusable; mais qui vient de pure négligence, comme quand le Législateur (g) *Charondas* s'en alla sans y penser, avec l'épée au côté à l'Assemblée Publique, contre une Loi qu'il avoit lui-même fait établir; ou lorsque le Coupable a péché par l'effet d'une foiblesse d'esprit, qu'il lui est bien difficile de surmonter. (h) Enfin, comme l'utilité de l'Etat est la vraye mesure des Peines que les Tribunaux Humains décernent, elle demande souvent que l'on fasse grace, à cause du grand nombre des Coupables. Car, quoique ce ne soit pas une excuse (8) valable en elle-même, de dire qu'il y en a bien d'autres qui ont commis le même Crime; la Prudence du Gouvernement veut que l'on prenne garde de ne pas exercer d'une maniere qui détruise l'Etat (9), la Justice qui a été établie pour la conservation de la Societé Humaine; de sorte qu'un bon Prince doit réprimer les Vices par la crainte des Peines, (10) & ne punir pourtant que le moins qu'il est possible. La nécessité oblige aussi souvent à adoucir des Loix un peu trop dures, ou à les laisser même abolir entierement. C'est ainsi que l'on proposa dans le Sénat Romain (11) *d'apporter quelque modération à la Loi* Papia Poppea, *établie*

(g) *Diod. Sic.* Lib. XII. Cap. XIX. Voyez ce que le même dit de *Dioclès*, Syracusain. *Lib. XIII. Cap. XXXIII.*

(h) Tout ce que l'on vient de dire n'est point détruit par les Objections qu'étale au long *Ant. Matthaeus, de Crimin.* ad Lib. XLVIII. *Dig.* Tit. XIX. Cap. V.

(6) Ce n'est point-là le sens de GROTIUS. Voyez ma Note sur l'endroit même, §. 26. *Note* 3.

(7) Cela est bon pour le Souverain: mais (ajoûtoit ensuite nôtre Auteur) les Juges subalternes, ou autres Ministres, qui dépendent d'un Maître rude, courent grand risque de s'attirer de fâcheuses affaires, si de leur pure autorité, ils suspendent l'execution des Loix, ou des ordres dont ils sont chargez, lors même que la raison particuliere vient à cesser. Ainsi, quoique *Cambyse* fût bien aise de voir *Crœsus* en vie, il ne laissa pas de faire mourir ceux qui la lui avoient sauvée, contre les ordres qu'il leur avoit donnez. *Herodot.* Lib. III. Cap. 36. Voyez ce que l'on a dit ci-dessus, Liv. V. Chap. IV. §. 5.

(8) *Quæ sit auctoritas ejus, qui se alterius facto, non suo defendant?* CICER. Orat. *in Verrin.* Cap. VI. p. 243. *Edit. Grav.* Voyez là-dessus les passages alléguez par le P. ABRAM. L'Auteur renvoyoit ici à ce passage d'ISOCRATE: Εἰ γὰρ τῶν μὲν ἀδικημάτων ὃ ῥᾴδιον εὑρεῖν, ὃ μήπω τυγχάνει γεγενημένον, τοὺς δ' ἐφ' ἑκάστοις αὐτῶν ἁλισκομένους, μηδὲν ἡγοίμεθα δεινὸν ποιεῖν, ἐπ' ἂν ἕτεροι ταὐτὰ φαίνωνται διαπεπραγμένοι, πῶς οὐκ ἂν καὶ τὰς ἀπολογίας ἅπασι ῥᾳδίας ποιήσαιμεν, καὶ τοῖς βουλομένοις εἶναι πονηροῖς πολλὴν ἐξουσίαν καταστήσαιμεν; „Comme il est difficile de s'imaginer „quelque Crime, qui n'ait jamais été commis; si „tous ceux qui sont avérez, passoient pour legers, „du moment qu'on en voit d'autres exemples, il n'y „auroit personne qui ne trouvât aisément dequoi „s'excuser, & cela ouvriroit une large porte à la li„cence. *Busirid. laud. pag.* 230. B. *Edit. H. Steph.*

(9) C'est surquoi SENEQUE allegue l'exemple d'une Armée, qui s'est révoltée toute entiere contre son Général; car alors il faut nécessairement pardonner. *In singulos severitas Imperatoris distringitur: at necessaria venia est, ubi totus deseruit Exercitus. Quid tollit iram Sapientis? turba peccantium. Intelligit quàm & iniquum sit, & periculosum, irasci publico vitio.* De Ira, *Lib. II. Cap. X.* L'auteur citoit encore ici LUCAIN, Pharsal. Lib. II. vers. 142. & *seqq.* 198. & *seqq.* CLAUDIEN, *de Bell. Getic.* vers. 120. & *seqq.* GROTIUS, Liv. III. Chap. XI. §. 17.

(10) C'est l'éloge qu'OVIDE donnoit à *Auguste*, dans ces vers citez par nôtre Auteur:

Multa metu pœnæ, pœnâ qui pauca coërcet,
Et jacit invitâ fulmina rara manu.
De Ponto, Lib. I. Epist. II. v. 127, 128.

(11) *Relatum deinde de moderandâ Papiâ Poppeâ*,

par Auguste *en sa vieillesse, pour confirmer & étendre celles que* Jules César *avoit fait passer sur le même sujet, en augmentant les peines du Célibat; & pour accroître en même tems les revenus de la République. Car, malgré toutes ces Loix, le Célibat étoit préféré comme plus avantageux, & on ne se soucioit pas beaucoup d'avoir des enfans. Bien des gens d'ailleurs étoient de jour en jour plus exposez à de grands dangers, par l'adresse des Délateurs, ingénieux à interpréter, d'une maniere qui tournoit à la ruïne des Familles . . . . . . cette Loi, qui donnoit au Peuple Romain, comme au Pere commun, les legs qu'on faisoit dans Rome à ceux qui n'avoient point d'enfans. Mais cela alloit encore plus avant, & troubloit toute l'Italie & les Provinces; plusieurs Familles en étoient ruïnées, & tout le monde épouvanté.* L'Empereur *Tibere*, qui fit adoucir cette Loi, avec plusieurs autres, dit ailleurs une chose qui mérite aussi d'être remarquée. Les Ediles ayant représenté la nécessité qu'il y avoit de faire observer avec soin les Loix Somptuaires, le Sénat remit l'affaire à la prudence de l'Empereur, qui répondit, entr'autres choses, les paroles suivantes: (12) *Si les Ediles m'eussent communiqué leur dessein avant que de l'entreprendre, je ne sçai si je ne leur eusse point conseillé de laisser des vices envieillis, & où nous sommes accoûtumez, plûtôt que de tenter une réformation inutile, pour faire connoître nôtre honte & nôtre impuissance. . . . . . Il nous faut contenter de les reprendre; les Riches à la fin se lasseront du luxe & de la dépense, & la honte ou la pauvreté lassera les autres.* Ces réflexions sont justes: Car au fond, l'Homme n'est p s fait pour les Peines; mais les Peines sont faites pour l'Homme. Si donc les choses se trouvent dans une telle situation, que ceux qui ont droit de punir, ne puissent le faire sans se perdre eux-mêmes, ils ne sont pas plus obligez alors d'user du Glaive de la Justice, que d'attenter à leur propre vie. Lorsqu'on est sur mer, si le Pilote a commis quelque Crime, & qu'il n'y ait sur le Vaisseau aucune autre personne capable de le conduire; ce seroit vouloir perdre tous ceux du Vaisseau, que de punir le Coupable. De même, le Magistrat doit dissimuler bien des choses, lorsqu'il ne pourroit en prendre connoissance sans exposer l'Etat à périr, ou que ceux qui sont entachez de certains Vices se trouvent nécessaires pour la conservation de l'Etat; quoique d'ailleurs il ne puisse jamais transiger directectement de ces sortes de choses (13) ni faire (i) une espece de trafic des Crimes qu'il permet, ou qu'il ne punit pas.

(i) Voyez II. Pierre. II, 15.

quam senior Augustus, *post* Julias *rogationes, incitandis cœlibum pœnis, & augendo ærario sanxerat: nec ideo conjugia & educationes liberûm frequentabantur, prævalida orbitate. Ceterùm multitudo periclitantium gliscebat, cùm omnis domus delatorum interpretationibus subverteretur . . . . . velut parens omnium populus vacantia teneret: sed altiùs penetrabant; urbemque, & Italiam, & quod usquam Civium, corripuerant; multorumque excisi status: & terror omnibus intentabatur.* TACIT. *Annal.* Lib. III. Cap. XXV. XXVIII.

(12) *Quod si meum ante viri strenui Ædiles consilium habuissent; nescio an suasurus fuerim omittere potius prævalida & adulta vitia, quàm hoc adsequi, ut palam fieret quibus flagitiis impares essemus . . . . reliquis intra animum medendum est: nos, pudor; pauperes, necessitas; divites, satias in melius mutet.* TACIT. Annal. Lib. III. Cap. 53, & 54. J'ai suivi dans ce passage, la Version de D'ABLANCOURT.

(13) On peut rapporter ici (disoit nôtre Auteur), la coûtume qu'on a en *Italie*, de promettre quelquefois a des Bannis, leur rachat du bannissement, à condition qu'ils apporteront la tête de quelque autre Banni, qui sera revenu dans le pays: ce que HENRI ETIENNE désapprouve, dans son *Introduction à l'Apologie pour* HERODOTE, Chap. XVIII. pag. 213, 214. Edit. de 1607. ajoûtant que la raison principale qu'on allegue de cet usage, sçavoir, que *c'est un moyen de rendre les Bannis suspects l'un à l'autre, & par conséquent de les garder de s'assembler*; que cette raison, dis je, & autres telles *considérations*, *les Chrétiens doivent les laisser à un* Platon *ou un* Aristote *écrivant ses Politiques*, &c. THOMAS MORUS est néanmoins d'un autre avis, dans son *Utopie*, Lib. II. à ce que dit nôtre Auteur. Mais je ne trouve rien de tel dans toute cette ingénieuse piece. Mr. HERTIUS approuve aussi ce que firent les *Venitiens*, pour découvrir ceux qui avoient voulu assassiner *Fra Paolo*. Ils promirent non seulement une grosse somme à celui qui livreroit les Assassins, morts ou vifs; mais encore qu'il pourroit demander le rappel de deux Bannis condamnez pour d'autres Crimes. Au reste, on pourroit traiter ici la question, si l'on doit permettre ou commander à

On juge de la grandeur d'un Crime, I. Par le *préjudice qui en revient à l'Etat.*

(a) Liv. I. Chap. VIII.

§. XVIII. Voyons maintenant de quelle maniere en doit punir, pour garder une juste proportion entre la Peine & le Crime. Surquoi, outre ce que nous avons déja dit (a) ailleurs touchant la *Quantité des Actions Morales*, il faut remarquer d'abord, que dans les Tribunaux Humains, on juge de la grandeur des Crimes & des Délits, ou par leur *objet*, ou par *le préjudice qui en revient à l'Etat*, ou par *l'intention & la malice du Coupable*, laquelle se conjecture de diverses circonstauces.

Selon que l'*objet* est plus ou moins noble, c'est-à-dire, selon que les personnes offensées sont plus ou moins considérables, l'Action est aussi plus ou moins criminelle. Ainsi, Dieu étant le plus excellent de tous les Etats, les Crimes qui tendent directement à outrager Sa Majesté infinie, (1) passent avec raison pour les plus énormes & les plus abominables. Mais il faut remarquer, que, comme le Culte de cet Etre Souverain consiste principalement dans certains sentimens de l'Esprit & du Cœur, qui doivent régler invariablement toute la conduite de nôtre vie; il consent lui-même que les actes du Culte extérieur qu'on lui rend, cédent, dans un (b) besoin pressant, à ce qui est nécessaire pour procurer aux Hommes une grande utilité, ou pour éviter quelque dommage & quelque perte considérable. Après les Crimes qui offensent la Majesté Divine, viennent immédiatement ceux qui intéressent la Societé Humaine en général: puis ceux qui troublent l'ordre de la Societé Civile; enfin ceux qui regardent les Particuliers.

(b) Voyez *Luc*, XIV, 5.

A l'égard des derniers, ils sont plus ou moins atroces, selon que le Bien dont ils dépouillent, est plus ou moins considérable (c). Or, dans les Tribunaux Civils, on met au premier rang la Vie, qui est le fondement de tous les Biens temporels: Ensuite les Membres, sans l'usage desquels on ne peut que mener une vie très-misérable, & dont la perte est plus ou moins sensible, selon l'usage auquel ils servent: puis la tranquillité & l'honneur des Familles, dont le fondement est la chasteté (d) du Mariage: après cela les choses qui servent aux nécessitez ou aux commoditez de la Vie, & qui peuvent être malicieusement détruites, endommagées, ou dérobées, d'une maniere ou directe ou indirecte: enfin l'Honneur ou la Réputation.

(c) Voyez *Grotius* Liv. II. Chap. XX. §. 30. *Isocrat. advers. Lochit.*

(d) *Philon* Juif met pourtant la defense de l'Adultere, avant celle de l'Homicide; *de Decalog.* pag. 762, 761. & *de special. Legib.* Lib. II. pag. 789. *Edit. Paris.*

De tous ces différens Crimes, ceux qui ont atteint leur but vont devant ceux qui ne sont executez qu'en partie; & plus l'execution a été poussée loin, plus le Crime imparfait passe pour énorme. Surquoi il faut remarquer, que naturellement le simple désir, ou le simple dessein de commettre un Crime ne peut pas être regardé sur le même pié, que l'execution pleine & entiere: Car, quand on envisage le Crime encore de loin, par la simple pensée, l'idée n'en paroît pas à beaucoup près si affreuse que lorsqu'il se montre de près, au moment qu'on est sur le point de l'executer; & par conséquent il faut ici une plus forte résolution pour surmonter l'horreur du Crime, & la résistance des lumieres de la Raison. Ainsi cette maxime commune, *Que la volonté est aussi criminelle que l'effet*, ne doit s'entendre que d'une volonté accompagnée des derniers efforts; ensorte qu'il ne falloit plus de nouvelle détermination pour produire l'effet, quoique l'événement n'ait pas répondu aux désirs de celui qui vouloit commettre

chacun de se porter pour Accusateur, du moins en matiere de certaines sortes de Crimes, comme cela avoit lieu parmi les *Romains*. Voyez là-dessus Huber. *de Jure Civit.* Lib. III. Sect. II. Cap. IV. §. 27. & la Dissertation de Mr. Hertius, *De Herede occisi vindice*, Sect. IV. §. 3. dans le III. Tome du Recueil publié en 1700.

§. XVIII. (1) C'est sur ce fondement que *Thalès*, l'un des sept Sages de *Grece*, disoit que le Parjure est un crime plus odieux & plus énorme que l'Adultere. Πρὸς τὸν μοιχὸν, ἐρόμενον εἰ ὀμόσει μὴ μεμοιχευκέναι, Οὐ χεῖρον, ἔφη, μοιχείας ἐπιορκία; Diogen. Laërt. *Lib.* I. §. 36. *Edit. Amsterd.*

§. XIX.

commettre le Crime (e) quand on a employé inutilement toutes sortes de sollicitations, & fait tout son possible pour débaucher une Femme, ou lorsqu'en tirant contre quelqu'un on manque son coup (f).

(e) Voyez *Th. Morus, Utop.* Lib. II. pag. 151 Edit. Colon. 1555.

(f) Voyez plus bas, §. 27. à la fin.

La plûpart des Maux que l'on cause à autrui par un Crime ou un Délit, rendent aussi leur Auteur plus ou moins coupable, selon l'état de celui qui les souffre, sa condition, son âge, les circonstances favorables ou malheureuses dans lesquelles il se trouve, l'inclination ou l'aversion particuliere qu'il a pour certaines choses.

On a encore égard non seulement aux Maux qui suivent directement & immédiatement d'une Action criminelle, mais encore aux autres suites fâcheuses qui pouvoient être vraisemblablement prévuës. Ainsi, quand il s'agit d'un Criminel accusé d'avoir mis le feu quelque part, ou lâché une digue, on doit considérer les grandes pertes & la mort même d'une infinité de personnes qui se trouvent enveloppées dans ces tristes accidens; & de là vient que dans la *Chine* on fait mourir ceux-là même qui ont mis le feu sans y penser.

III. Par le *degré de malice*, qui se déduit. 1. Des motifs qui poussent au crime.

§. XIX. ENFIN, le *degré de malice* se déduit de diverses circonstances, & 1. Des *motifs qui portent les Hommes au Crime* (a). Je ne sçai s'il y a aucun Homme (1) qui soit Méchant par pûre malice, & sans être poussé au mal par la vûë de quelque plaisir, ou de quelque intérêt. *Les plus scélérats (2) ou nient leur Crime, ou tâchent de défendre leur action sous prétexte d'un juste sujet de ressentiment, ou d'avoir usé de quelqu'un des droits que la Nature même donne.* Mais supposé qu'il se trouve des gens qui se plaisent à mal-faire (3) uniquement pour mal-faire, c'est un cas des plus rares, & le souverain degré de la malice humaine. La plûpart des Hommes sont entraînez au Crime par les *Passions*, dont les unes s'excitent en eux par la vûë du *Bien*, & les autres par la vûë du *Mal*. Les dernieres servent beaucoup à excuser ou à diminuer la faute, lorsque le *Mal*, dont on se voyoit menacé, étoit présent, ou sur le point d'arriver. C'est pourquoi les Mauvaises Actions ausquelles on se porte par la crainte de la Mort ou de la Prison, ou de quelque grande Douleur, ou d'une extrême Disette, passent ordinairement pour les plus dignes d'excuse. Selon le jugement d'un (4) sage Juif, un homme qui commet adultere est plus coupable, qu'un autre que la nécessité porte à dérober. Par la même raison un tel Larcin est moins criminel, que celui d'une personne qui dérobe pour avoir dequoi satisfaire une avidité insatiable de choses superflues. Un homme qui se parjure pour éviter la mort, ne fait pas tant de mal, que s'il nioit un Dépôt pour s'enrichir en le retenant. Les excez ausquels on se porte (b) dans un mouvement de Colere, sont plus excusables que ceux où l'Amour engage. Ces infâmes Entremetteurs ou Entremetteuses, qui pour un gain sordide fournissent

(a) Voyez *Grotius* Liv. II. Chap. XX. §. 29.

(b) *Libanius*, Declam. XXIII. Voyez plus bas. §. 23. Note 4.

§. XIX. (1) *Nec quisquam tantum à Naturali Lege descivit, & hominem exuit, ut animi causâ malus sit.* SENEC. *de Benefic.* Lib. IV. Cap. XVII. *Omnes enim cum minima peccata cum causâ suscipiunt, tum verò illa quæ multo maxima sunt maleficia, aliquo certo emolumento ducti suscipere conantur.* Auctor ad HERENNIUM, Lib. II. Cap. XIX.

(2) *Quorum* [impiorum] *tamen nemo tam audax umquam fuit, quin aut abnueret à se commissum esse facinus, aut justi sui doloris causam aliquam fingeret, defensionemque facinoris à naturæ jure aliquo quæreret.* CICER. *de Legib.* Lib. I. Cap. XIV.

(3) Un ancien Declamateur dit, que l'on se porte quelquefois à des Crimes incroyables, uniquement pour avoir le plaisir de se porter à des excez extraordinaires: *Nonnumquam incredibiliter peccare, ratio peccandi est.* CALPURN. FLACCUS, *Declamat.* II. *princip.* L'Auteur citoit ce passage.

(4) Notre Auteur veut parler apparemment de SALOMON, qui compare ainsi un Larron avec un Adultere, PROVERB. VI, 30, & *seqq.* Selon l'Auteur de la *Rhétorique dediée à* HERENNIUS, un Sacrilege, auquel on a été poussé par la nécessité, est moins criminel que de débaucher une personne libre. *Quasi cum dicamus, majus esse maleficium stuprare ingenuam*, (ou, comme portent quelques MSS. *ingenuum*) *quàm sacrum legere: quod propter egestatem alterum, alterum propter imperantem superbiam fiat.* Lib. II. Cap. XXX. vers la fin. Voyez plus bas §. 21. à la fin, & VALER. MAX. Lib. VIII. Cap. I. *in fin.* L'Auteur citoit ces passages.

à la Jeunesse des occasions de débauche (5), méritent sans contredit une punition plus rigoureuse, que ceux qui se servent de leur négociation pour satisfaire leurs désirs.

Les autres Passions se proposent quelque *Bien*, ou *réel*, ou *imaginaire*. Il y a des *Biens Réels* dont la nature est incompatible avec tout ce qui porte à mal-faire; je veux dire, les Vertus & les Actions qu'elles produisent. Les autres sont à la vérité en eux-mêmes de vrais Biens; mais par un effet de la disposition de celui qui les possede, ils donnent souvent occasion à mal-faire. Ces derniers Biens sont de deux sortes; les uns *Agréables*, c'est-à-dire, qui causent du plaisir; les autres, *Utiles*, ou qui servent à acquérir les Agréables. Les Mauvaises Actions ausquelles on est poussé par le désir des uns ou des autres, sont d'autant plus pardonnables, que le Bien qu'on recherchoit est plus conforme à la Nature, ou (6) qu'il est plus difficile de s'en passer.

Pour les *Biens Imaginaires*, telle est, par exemple, la *Vaine Gloire*, ou le désir de se distinguer, & de s'élever au-dessus des autres, indépendamment de la Vertu & d'une Utilité innocente. Telle est aussi la *Vengeance*, qui ne se propose autre chose que de rendre mal pour mal, & injure pour injure. La sottise ou la malignité humaine, est ce qui donne tout leur prix à ces sortes de Biens. Plus ils s'éloignent de la Nature, ou plus il est aisé de s'en passer; & plus les Crimes, ausquels on se porte pour les acquerir, sont odieux & dignes de punition.

Il est certain encore, que les Crimes commis par l'effet de quelque *Erreur*, sont beaucoup plus énormes que ceux ausquels on s'abandonne avec une pleine connoissance. Et entre les Erreurs, (c) celles où l'on est jetté par les Discours des Docteurs Publics, sont plus excusables que celles où l'on tombe par un attachement opiniâtre aux principes que l'on se fait soi-même, ou à ses propres raisonnemens.

(c) Voyez *Hobbes*, Leviath. Cap. XXVII. pag. 141. *Edit. Amstel.*

Hobbes remarque (d) aussi avec raison, que la même Action, également contraire aux Loix, est plus criminelle, lors (e) qu'on la fait avec (7) une audace intrépide, par la confiance que l'on a en ses propres forces & en ses richesses, ou en celles de ses amis, à la faveur desquelles on se croit en état de résister au Magistrat; que quand on s'y porte dans l'espérance de n'être pas découvert, ou de se dérober par la fuite aux Peines que les Loix décernent. En effet, dans le premier cas, on (f) témoigne de l'impudence, & un mépris insolent des Loix, qui ne paroît pas dans l'autre.

(d) Ibid. pag. 142.

(e) Voyez *Aristot.* Lib. I. Cap. XII. *Rhetoric.*

(f) Voyez le même Auteur. *Lib. II. Cap. III.*

Enfin, les Crimes commis par foiblesse ou par pure négligence (8), sont

(5) *Cet exemple se rapporte encore au §. 21. où il* est dit, que les Pechez commis de sang-froid, sont plus énormes que ceux ausquels on est entraîné par une Passion violente.

(6) C'est pour cela qu'il y a des Crimes qui paroissent petits en eux-mêmes, & qui le sont aussi entant qu'ils regardent une chose de peu de valeur, lesquels néanmoins sont plus attroces, à les considerer par rapport à la disposition de celui qui les commet, que s'il s'agissoit d'une chose de grand prix. Ainsi, un ancien Orateur accusant un homme, insista fort sur ce qu'ayant eu à payer de pauvres Ouvriers employez au bâtiment d'une Chapelle, il n'avoit pû s'empêcher de leur retenir trois demi-oboles. C'est ce que dit Aristote, qui remarque à cette occasion qu'il en est tout au contraire des Bonnes Actions; c'est-à-dire, qu'un *homme*, *par exemple*, qui rend une grosse somme d'argent qu'on lui avoit confiée en dépôt, est plus louable que si le dépôt étoit moins considérable; parceque cela marque un plus grand fond de probité, comme la vûë d'un petit profit qui est capable de porter une personne au Crime, découvre en elle un plus grand fond de malice, que si elle s'y étoit laissée aller par les attraits d'un grand gain. Dequoi n'est pas capable (dit le Philosophe) celui qui a le courage de voler si peu de chose? Ἀδικήματα δὲ μείζονα, ὅσα ἂν ἀπὸ μείζονος ᾖ ἀδικίας. Διὸ καὶ τὰ ἐλάχιστα μέγιστα. οἷον ὁ Μελανώπε Καλλίστρατος κατηγόρει, ὅτι παρελογίσατο τρία ἡμιωβέλια ἱερὰ τοὺς ναοποιούς. Ἐπὶ δικαιοσύνης δὲ τοὐναντίον. Ἔστι δὲ ταῦτα ἐκ τοῦ ὑπερέχειν τῇ δυνάμει· ὁ γὰρ τρία ἱερὰ ἡμιωβέλια κλέψας, κἂν ὁτιοῦν ἀδικήσειεν. *Lib. I. Cap. XIV.* page 244. *Edit. Victor.*

(7) *Fortem animum præstant rebus, quas turpiter audent.*
JUVENAL. *Satyr.* VI, 97.
L'Auteur citoit ce passage.

(8) *Nonnumquam* [Sapiens] *magna scelera levius, quam minora compescet: si illa lapsu, non crudelitate*

moins énormes que ceux où l'on se porte par malice & de propos délibéré.

§. XX. 2. UNE autre chose qui donne de grands indices d'une forte intention de commettre le Crime, c'est lors qu'outre les *raisons générales* qui en doivent détourner tout le monde, il y en a quelqu'une de *particuliere*, fondée sur la personne même du Coupable, ou de celui qu'il a offensé, ou sur quelque autre circonstance. *Plus* (1) *un homme a de naissance, plus il est élevé en dignité; & plus le crime qu'il commet paroit énorme;* comme le dit un ancien Poëte. Cela a lieu surtout à l'égard des Princes; d'autant plus (2) que les suites de leurs mauvaises actions sont très-pernicieuses à l'Etat, par le grand nombre de gens qui cherchent à les imiter. Le même Péché commis notoirement par un Ecclésiastique, est plus grand sans contredit, que si quelque personne d'un autre ordre s'y étoit laissée aller, parcequ'il doit servir d'exemple par la sainteté de ses mœurs. Dans le *Perou* (a), sous l'Empire des *Yncas*, on punissoit plus sévérement un Magistrat, qu'un simple Particulier coupable du même Crime; parce, disoit-on, que le premier étoit, par le Devoir de sa Charge, dans une Obligation indispensable d'administrer la Justice, & que la haute idée qu'on avoit de sa Probité étoit cause qu'on lui avoit confié un tel Emploi. Une Injure est plus sensible de la (3) part d'un Ami, que lorsqu'elle vient d'un Inconnu ou d'un Ennemi; comme, d'autre côté (4) un service rendu par un Ennemi, paroît plus grand que si on le recevoit d'un Ami. Il est (5) plus fâcheux de se voir exposé aux insultes & aux mocqueries de la Canaille ou d'un Esclave, qu'à celles de ses Egaux ou de ses Supérieurs; d'être outragé par ses propres Enfans & par ses Domestiques, que par ceux d'autrui. Il y a aussi des Crimes, qui étant accompagnez d'une violation des (b) engagemens étroits & particuliers où (6) l'on est envers certaines personnes, comme d'un manque d'affection ou de

2. Des raisons particulieres qui devoient détourner du crime.

(a) *Garcil. della Vega, Hist. des Yncas,* Liv. II. Chap. XIV.

(b) Voyez *Grotius* Liv. II. Chap. XX. §. 30. num. 6. & *II. Sam. XVI*, 11. *Lysias, contra Andocid.* Orat. IV. Cap. VI. pag. 62. *Edit. Wech.*

commissa sunt; his inest latens & operta, & inveterata calliditas. Idem delictum in duobus non eodem malo adficiet, si alter per negligentiam amisit, alter curavit ut nocens esset. SENEC. *de Ira*, Lib. I. Cap. XVI. page 20. *Edit. Gron.* Citation de l'Auteur.

§ XX. (1) *Omne animi vitium tantò conspectius in se*
Crimen habet, quantò major, qui peccat, habetur.
JUVENAL. Satyr. VIII, 140, 141.

J'ai suivi la version du P. TARTERON.

(2) *Nec enim tantùm mali est peccare Principes, (quamquam est magnum hoc per se ipsum malum) quantum illud, quod permulti imitatores Principum existunt ...... Quo perniciosiùs de Repub. merentur vitiosi Principes, quòd non solùm vitia concipiunt ipsi, sed ea infundunt in Civitatem: neque solum obsunt, quòd ipsi corrumpuntur, sed etiam quòd corrumpunt, plusque exemplo, quàm peccato nocent.* CICER. *de Legib.* Lib. III. Cap. XIV. Voyez aussi *Tusc. Quæst.* Lib. II. Cap. IV. DIO CHRYSOST. Orat. I. *De Regno*, pag. 9. C. *Edit. Morell.* & LIBANIUS, Declam. XXIX. SENEC. *Herc. fur.* vers. 745, 746. TACIT. Annal. III. 70. QUINTILIAN. Declam. III. Cap. XV. page 71. *Edit. Burm.* Toutes citations de l'Auteur.

(3) *Qui ignotos lædit, latro appellatur: qui amicos paullo minus, quàm parricida.* „Insulter des Inconnus, „c'est être Brigand: insulter un ami, c'est se rendre „presque coupable de Parricide. PETRON. Cap. CVII. Parmi les anciens *Celtes* neanmoins, celui qui avoit tué un Etranger étoit puni de mort; au lieu qu'on se contentoit de bannir celui qui avoit tué un Citoyen. NICOL. DAMASC. *de moribus Gentium.* Cette remarque est aussi de l'Auteur. Le passage se trouve dans STOBÉE, *Serm.* XLII. page 292. *Edit. Genev.*

(4) Quoiqu'en dise TERENCE (ajoûtoit notre Auteur) dans ces vers des *Adelphes*,

Abs quivis homine, cùm est opus, beneficium accipere gaudeas:
Verùm enimvero id demum juvat, si quem æquum est facere, is bene facit.
Act. II. *Scen.* III. vers. 1, 2.

Mais il s'agit là seulement du plaisir que donne un service à celui qui le reçoit, & non pas du prix ou de la grandeur du Bienfait consideré en lui même: car ces paroles signifient, selon la traduction de Madame DACIER: *De quelque part que vienne un bienfait, dans une occasion pressante, cela fait toujours plaisir: mais en verité, le plaisir est double lorsqu'on le reçoit de ceux de qui on devoit l'attendre raisonnablemant.* Voila la pensée de TERENCE. Il est certain, au contraire, qu'un Bienfait reçu d'un Ennemi est le plus souvent desagreable; parceque l'on est fâché de se voir dans la necessité d'avoir quelque Obligation à une personne que l'on n'aime pas: car il est rare de voir des gens, qui desarmez par la générosité de leur Ennemi, se reconcilient avec lui sincerement, comme fit ce Gentilhomme Anglois dont parle Mr. LOCKE, dans un Memoire imparfait au sujet du Chevalier *Ashley*, depuis Comte de *Shaftsbury.* Voyez la *Biblioth. Choisie* de Mr. LE CLERC, Tome VII. page 160, & 161.

(5) *Quædam injuria à liberis hominibus facta, levis nonnullius momenti videntur; enimvero à servis; graves sunt: crescit enim contumelia ex persona ejus, qui contumeliam fecit.* DIGEST. Lib. XLVII. Tit. X. *De injuriis & famosis libellis*, &c. Leg. XVII. §. 3. Citation de l'Auteur.

(6) *Personâ atrocior injuria fit, ut cùm Magistratui, cùm Parenti, Patrono, fiat.* DIGEST. *ubi suprà*, Leg.

respect envers un Pere ou une Mere, d'inhumanité envers des proches Parens, d'Ingratitude envers un Bienfacteur; sont par-là beaucoup plus énormes & plus abominables, que si on avoit également offensé toute autre personne.

Il importe aussi (7) beaucoup de considérer en quel *tems* & en quel *lieu* un Crime a été commis. Le même Péché commis dans un Lieu Public & à la vûë des gens, est plus grand que quand on le commet en cachette, non seulement parceque les Crimes secrets ne sont pas si nuisibles à autrui, du moins en ce qu'ils ne donnent pas un exemple contagieux; mais encore parceque c'est découvrir un grand fond de malice, que de n'avoir pas honte de mal-faire en présence d'honnêtes gens, comme si l'on faisoit gloire de ses méchantes actions. Il est plus vilain de s'abandonner à l'impureté dans un Temple que dans un Cabaret. C'est un plus grand affront pour un homme d'être battu dans l'Assemblée des Juges que dans sa propre Maison. Celui qui s'enyvre en Jour ouvrier, commet, toutes choses d'ailleurs égales, un moindre Péché, que s'il s'enyvroit un Dimanche ou un Jour de Dévotion.

Enfin, la *maniere* dont on a commis le Crime, & les *Instrumens* dont on s'est servi, marquent souvent une intention plus ou moins forte, & par conséquent servent alors à augmenter ou à diminuer l'atrocité du fait. Ainsi un Vol est reputé plus criminel, lorsque le Voleur a enfoncé les portes, ou percé la muraille, ou qu'il s'est servi de fausses-clefs ou de passe-par-tout, que s'il s'étoit glissé dans la Maison par une porte toute ouverte.

3. De la connoissance & de la déliberation avec laquelle on se porte au crime.

§. XXI. 3. Il faut encore bien examiner ici, pour juger de la grandeur d'un Crime, *si celui qui l'a commis pouvoit aisément s'en empêcher.* (a) En effet, il y a des gens qui ont l'Esprit plus pénétrant que les autres, & plus propre par conséquent à découvrir ou à comprendre les raisons pour lesquelles on doit s'abstenir du Mal. Quelques-uns aussi sont entraînez avec plus de force que les autres, à une certaine sorte de Péchez, par un effet du tempérament, de l'âge (b), du sexe, de l'éducation, & d'autres circonstances semblables. Les Enfans, les Femmes, les gens grossiers & stupides, ceux qui ont été mal élevez, sont sans contredit moins capables que les autres de discerner le Juste d'avec l'Injuste, le Licite d'avec l'Illicite. Il y a des Vices (c) Nationaux, pour ainsi dire. Les personnes bilieuses sont enclines à la Colere: ceux qui sont d'un tempérament sanguin ont du panchant à l'Amour. Les Vieillards ont d'autres inclinations que les Jeunes gens, & par tout païs on pardonne (1) bien des choses à l'imprudence & au feu de la Jeunesse. Plus un Mal paroît prochain, plus il jette dans un trouble & une frayeur difficile à surmonter. La Colere est plus violente dans ses com-

(a) Voyez *Grotius* Liv. II. Chap. XX. §. 31.

(b) Voyez *Digest.* Lib. XLVIII. Tit. XIII. *Ad Leg. Jul. Peculatus*, &c. Leg. VI. *princ.*

(c) Voyez ce que *Procope* dit des *Herules*; *Hist. Vandal.* Lib. II. Cap. XIV.

VII. §. 8. Persona *dupliciter spectatur: ejus qui fecit, & ejus qui passus est. Aliter enim puniuntur, ex iisdem facinoribus, servi, quàm liberi: aliter qui quid in Dominum Parentemve ausus est, quàm qui in extraneum, in Magistratum vel in privatum.* Lib XLVIII. Tit. XIX. *De Pœnis*, Leg. XVI. §. 3. Voyez aussi *Leg.* XXVIII. §. 8. Citations de l'Auteur.

(7) Tempore [atrocior fit injuria] *si ludis, & in conspectu. Nam Prætoris in conspectu, an in solitudine injuria facta sit, multum interesse ait: quia atrocior est, quæ in conspectu fiat.* DIGEST. Lib. XLVII. *Tit.* X. *De injuriis & famosis libellis*, Leg VII. §. 2. *Sed & si in theatro, vel in foro cædit, & vulnerat, quamquam non atrociter: atrocem injuriam facit.* Ibid. *Leg* IX. §. 1. Locus *facit, ut idem vel Furtum, vel Sacrilegium sit, & capite luendum, vel minore supplicio.* Tempus *discernit emansorem à fugitivo: & effractorem vel furem diurnum, à nocturno.* Lib. XLVIII. Tit. XIX. *De Pœnis*, Leg. XVI. §. 4, 5. L'Auteur citoit encore DEMOSTHEN. adv. Midiam. *page* 395. C. *Edit. Basil.* 1572. CICERON. *Orat Philipp.* II. Cap. XXV. QUINTILIAN. *Declam.* CCLII. pag. 454. *Declam.* CCLXV. & *Inst. Orator.* Lib. VI. Cap. I. pag. 504. *Edit. Burm.* & ARISTOT. Problem. *Sect.* XXIX. *Quæst.* XIV.

§. XXI. (1) *Οὐ ταῦτ' ἐστὶν τῆς νεότητος ἐπιεικῶς ἐκφέρεσθαι τῶν προσηκόντων; ἁμαρτεῖν τι τῶν πρεπόντων. Ἀλλ' ὅπου παρ' ἀνθρώποις γέλως, ἐκεῖ καὶ παραίτησις τοῖς νεωτέροις ὁ χρόνος.* LIBANIUS, *Declam.* XXI. page 531. C. D. *Edit. Paris. Morell.* Voyez CICER. Orat. *pro M. Cœlio* Cap. XVII. XVIII. & GRAMOND. Hist. Gall. Lib. XIII. page 603. *Edit. Elzev.* Citations de l'Auteur. Ajoûtons cette regle du Droit Romain; *Ferè in omnibus pœnalibus judiciis, & ætati, & imprudentiæ succurritur.* DIGEST. Lib. L. Tit. XVII. *De div. Reg. Jur.* Leg. CVIII.

mencemens, qu'après quelque intervalle ; & le ressentiment d'une injure, qui lorsqu'elle est encore toute récente, ne permet guéres de prêter l'oreille à la Raison, devient moins vif avec le tems. Or en général les Crimes commis de (2) sang-froid passent pour plus énormes que ceux ausquels on est poussé par quelque Passion, ou par un effet de quelque accident imprévu qui met l'Esprit hors de son assiette naturelle. Un ancien Législateur (3) établit néanmoins une double peine pour ceux qui avoient battu quelqu'un, ou commis quelque autre Crime dans le vin ; mais c'est qu'*y ayant plus de gens qui insultent les autres dans la chaleur de la débauche, qu'il n'y en a qui le font sans avoir bû, il avoit égard à l'utilité publique, & non pas à l'action en elle-même, qui détachée de cette vûë, est plus pardonnable dans un homme yvre, que dans un autre qui la commet de sang-froid.* De-plus, comme nous l'avons déja dit, entre les Crimes qui doivent leur naissance à quelque Passion, ceux ausquels on se porte pour éviter un Mal dont on est menacé (4), sont moins odieux que ceux ausquels on est poussé par les attraits du Plaisir, surtout d'un Plaisir surperflu ; car outre que l'idée du Plaisir ne fait pas de si fortes impressions que celles de la Douleur, on peut différer davantage la satisfaction de ses désirs, & se la procurer plus aisément par le moyen d'un autre objet, & sans faire tort à personne. Parmi les Hommes, c'est aussi une raison assez forte d'adoucir la Peine (5), lorsque le Coupable a été poussé au Crime par l'affection qu'il avoit pour ses parens.

4. De l'habitude à mal-faire.

§. XXII. Enfin, une autre chose qui entre ici en considération, c'est si le Coupable (1) a le premier commis le Crime dont il s'agit ; ou s'il a été séduit par l'exemple des autres ; & s'il l'a commis une ou plusieurs fois. Celui qui commet le premier, dans un Etat, quelque Crime nuisible par sa contagion, & qui l'enseigne, pour ainsi

(2) *Sed in omni injustitia permultum interest, utrum perturbatione aliqua animi, quæ plerumque brevis est, & ad tempus, an consultò, & cogitata fiat injuria. Leviora enim sunt, quæ repentino aliquo motu accidunt, quàm ea quæ meditata & præparata inferuntur.* Cicer. *de Offic.* Lib. I. Cap. VIII. Voyez là-dessus les Commentateurs : & PLATON, *de Legib.* Lib. IX. page 867. B. *Edit. H. Steph.* ARISTOT. *Ethic. Nicom.* Lib. VII. Cap. VIII. PHILON *de Leg. special.* page 791. B. *Edit. Paris.* Toutes citations de l'Auteur. Voyez au reste, les *Probabilia Juris* de Mr. NOODT, où l'on trouve des choses curieuses par rapport aux décisions du Droit Romain sur cette matiere, Lib. IV. Capp. 7, 8, 9.

(3) *Pittacus*, comme ARISTOTE le rapporte. Νόμος δ' ἴδιος αὐτοῦ [Πιττακοῦ], τὸ τοὺς μεθύοντας, ἄν τι πταίσωσι, πλείω ζημίαν ἀποτίνειν τῶν νηφόντων. διὰ γὰρ τὸ πλείους ὑβρίζειν μεθύοντας, ἢ νήφοντας, οὐ πρὸς τὴν συγγνώμην ἀπέβλεψεν, ὅτι δεῖ μεθύουσιν ἔχειν μᾶλλον· ἀλλὰ πρὸς τὸ συμφέρον. *Polit.* Lib. II. Cap. XII. *in fin.* Dans le *Festin des Sept Sages*, que notre Auteur indique aussi, PLUTARQUE fait reprocher à *Pittacus* par *Anacharsis*, que la Loi etoit trop rude. Τὸν σὸν ἐκεῖνον τὸν χαλεπὸν φοβεῖται νόμον, ἐν ᾧ γέγραφας, ἐάν τις ὁτιοῦν μεθύων ἁμάρτῃ, διπλασίαν, ἢ τῷ νήφοντι, τὴν ζημίαν. Page 155. F. Mais la raison alléguée par *Aristote*, suffit pour justifier ce Législateur. Voyez aussi DIOGENE LAERCE, I, 76, *ibique Interpr.*

(4) Notre Auteur rapporte ici un passage de MARC ANTONIN, & trois d'ARISTOTE, que j'ai déja citez ailleurs, Liv. I. Chap. IV. §. 7. Note 7. ne sçachant pas alors qu'ils fussent ici. Voyez aussi *Magn. Moral.* Lib. II. Cap. VI. page 178. D. E. *Edit. Paris.* & *Problem.* Sect. XXIX. Quæst. XVI. & GROTIUS, Liv. II. Chap. XX. §. 29. num. 2.

(5) Il y a une Loi du DIGESTE, qui porte qu'on ne doit pas punir avec beaucoup de rigueur ceux qui ont refugié chez eux un Voleur, qui est leur parent, ou leur allié. *Eos, apud quos adfinis vel cognatus latro conservatus est, neque absolvendos, neque severè admodum puniendos : non enim par est eorum delictum, & eorum qui nihil ad se pertinentes latrones recipiunt.* Lib. XLVII. Tit. XVI. *De receptatoribus*, Leg. II. L'Auteur renvoyoit à cette Loi.

§. XXII. (1) Καὶ ὁ μόνος, ἢ πρῶτος, μετ' ὀλίγων πεποίηκεν· καὶ τὸ πολλάκις τὸ αὐτὸ ἁμαρτάνειν, μέγα. „ Ce sont des circonstances „ qui aggravent le Crime, si le Coupable est le seul „ ou le premier qui l'ait commis, ou s'il l'a com- „ mis avec peu de gens ; ou s'il est retombé souvent „ dans la même faute. ARISTOT. *Rhetoric.* Lib. I. Cap. XIV. *Et* [infame est] *si quod est exemplum deforme posteris traditum, quale libidinis vir Perses in muliere Samia instituere ausus dicitur primus.* QUINTILIAN. *Instit. Orat.* Lib. III. Cap. VII. page 270. *Edit Burm.* Dans ce dernier passage, il est parlé d'un nouveau genre d'impudicité qu'un Persan inventa. Les Commentateurs n'ont pû expliquer ce que c'étoit, & il vaut mieux l'ignorer, par la raison même qui a obligé l'Orateur à le donner pour exemple.

dire, aux (2) autres par son exemple, péche avec plus d'effronterie, que celui qui se laisse entraîner au crime par le torrent. De même, une personne qui s'abandonne à un Crime que l'on punit d'ordinaire sans rémission, passe pour plus coupable, que s'il y avoit plusieurs exemples d'impunité; parceque, dans le premier cas, il paroît un plus grand mépris des Loix & du Souverain que dans le second. Une Action n'est pas en elle-même meilleure ou plus mauvaise, pour avoir été réïterée plusieurs fois. Cependant, comme en matiere de Morale on a beaucoup d'égard au degré d'Intention avec lequel une personne agit, & que les choses ausquelles on est accoûtumé s'executent d'ordinaire avec un plein & entier consentement: il est aisé de comprendre pourquoi une Bonne Action est estimée plus loüable, lorsqu'on l'a faite souvent, que quand on ne l'a faite qu'une ou deux fois; & une Mauvaise Action (3), au contraire, plus criminelle, lorsqu'on l'a (a) commise souvent, que quand on ne l'a commise qu'une ou deux fois. D'où vient aussi qu'on dit, qu'une Mauvaise Habitude est pire qu'une acte criminel; mais unique. Et il ne serviroit de rien d'objecter, que l'Habitude rend facile la pratique des Bonnes Actions, & difficile au contraire l'abstinence des Mauvaises: Car la peine qu'un Homme-de-bien a prise pour contracter une bonne Habitude, fait que les Actions qui en proviennent, ne sont pas de moindre prix, pour être exercées facilement & avec plaisir. Au lieu qu'un Méchant est d'autant plus criminel, qu'à force de mal-faire il s'est mis en état de ne pouvoir presque plus s'en empêcher, & qu'en s'accoûtumant au Crime, il a perdu toute honte de le commettre. C'est une foiblesse humaine que de s'oublier quelquefois; (4) mais de retomber souvent dans la même faute, c'est une espece de fureur. (b) Un Auteur Moderne remarque avec assez de fondement, qu'*un Crime commis par une personne âgée de seize ans, n'est pas le même, toutes choses d'ailleurs égales, lorsqu'elle s'y abandonne de nouveau à l'âge de quarante ans; puisqu'outre la faute inexcusable dont elle s'est renduë coupable en contractant une mauvaise Habitude, & la laissant enraciner pendant si long-tems, elle n'a pas profité des lumieres & des forces que la maturité de son Jugement pouvoit lui fournir pour s'en défaire.* C'est donc avec raison que l'on a égard à tout cela dans les Tribunaux Civils: Car on pardonne plus aisément, ou du moins on inflige une peine moins rigoureuse, à ceux qui commettent pour la premiere fois une faute commune & qui n'est pas d'ailleurs énorme, qu'à ceux qui y sont revenus souvent. Quelquefois aussi on ne fait grace qu'à condition que le Coupable se corrigera (c); desorte que, s'il vient à retomber dans le même Crime, on le punit

(a) Voyez *Grotius* Liv. II. Chap. XX. §. 30. num. 7.

(b) *Th. Browne, de Relig. Medic.* Sect. XLI.

(c) Voyez *I. Rois I, 52. II, 23.*

(2) *Non enim ibi consistunt exempla, unde cœperunt; sed quamlibet in tenuem recepta tramitem, latissimè evaganti sibi viam faciunt; & ubi semel recto deerratum est, in præceps pervenitur: nec quisquam sibi putat turpe, quod alii fuit fructuosum.* VELLEIUS PATERCUL. *Lib.* II. *Cap.* III. Voyez pourtant AUL. GELL. Lib. X. Cap. XIX. & POLYBE, *Excerpt. Legat.* XCIII. page 1281. *Edit. Gronov.* Toutes citations de l'Auteur.

(3) Voyez la Loi de l'Empereur JULIEN contre ceux qui avoient menti quatre fois; dans LIBANIUS, *Legat. ad Julian.* comme aussi DIGEST. Lib. XLVIII. Tit. XIX. *De Pœnis*, Leg. XXVIII. §. 3. ANTON. MATTHÆUS, *de Criminib.* Tit. *de Furtis* §. 10. *& seqq.* & ad L. XLVIII. DIGEST. *Tit.* XVIII. *Cap.* IV. §. 27, 28. Dans le *Perou* néanmoins, (comme le remarquoit encore notre Auteur) sous l'Empire des *Incas*, on étoit fort severe à punir les premiers crimes, pour empêcher que le Coupable n'y retombât une autre fois, & pour étouffer cette mauvaise plante pendant qu'elle étoit encore en herbe; comme aussi de-peur que les autres ne se laissassent aller plus aisement à des actions dont ils espereroient de n'être pas punis pour la premiere ou la seconde fois qu'ils les commettroient. GARCIL. DELLA VEGA, *Hist. des Incas*, Liv. II. Chap. XIV.

(4) Notre Auteur employe ici tacitement une réflexion de DIODORE *de Sicile*, Fragm. e *Lib.* XXI. que GROTIUS avoit alleguée sans nom d'Auteur, comme je l'ai remarqué sur *Liv.* II. *Chap.* XX. §. 30. *Note* 2. Il cite encore plus bas un passage de LUCIEN, qui porte, Que c'est assez d'avoir une fois fait le fou: *Ἱκανὸν ἐστὶ ἅπαξ μανῆναι.* De Saltat. *Tome* I. page 817. *Edit. Amst.* Mais il s'agit-là d'un Comédien qui se repentit de s'être trop emporté en représentant *Ajax le furieux.*

alors & pour le présent & pour le passé. C'est avec cette restriction qu'on peut admettre la maxime commune : *Qu'un fait posterieur (5) n'aggrave pas un Crime passé.* De-là il paroît encore, en quel sens le Droit Naturel autorise une pratique comme celle des anciens *Perses* (d), qui faisoient entrer dans l'estimation de la Peine que méritoit un Crime, la conduite passée de celui qui l'avoit commis ; ensorte que si dans le cours de sa vie précédente, le bien l'emportoit sur le mal, il obtenoit sa grace. Ce n'est pas que l'on prétendît par ce moyen déterminer proprement la grandeur du Crime consideré en lui-même, & je ne crois pas qu'on eut égard au passé, quand il s'agissoit de quelque action atroce, & commise manifestement par une malice préméditée : Mais cela n'avoit lieu, selon GROTIUS (e), ou du moins ne devoit avoir lieu que par rapport à une personne, qui n'étant pas d'ailleurs de mauvaises mœurs, s'étoit laissée surprendre aux premiers attraits de quelque objet défendu ; ajoûtons, ou lorsque le Crime n'étoit pas averé ; car alors la considération de (6) la vie passée de l'Accusé pouvoit faire conjecturer s'il y avoit lieu de le croire coupable, ou non ; *personne n'arrivant que par dégrez (7) au comble de l'Infamie.* De-là vient qu'autrefois, dans le Barreau Romain, l'Accusateur ne manquoit pas ordinairement d'étaler tout ce qu'il pouvoit trouver à reprendre dans la vie de l'Accusé ; comme d'autre côté l'Avocat de celui-ci n'oublioit rien pour faire voir l'innocence de toute la conduite passée de sa Partie, & il produisoit aussi les éloges que d'autres en faisoient. Cette considération est d'autant plus forte, que la pensée de la corruption générale du Genre-Humain doit obliger les Juges, qui sont Hommes eux-mêmes, à ne pas retrancher de la Societé trop promptement, & sans de grandes raisons, un Citoyen en qui il paroît plus de disposition au bien qu'au mal. Cependant, quoique dans une égalité de raisons & de preuves pour ou contre, la conduite passée de l'Accusé forme une forte présomption ou à sa décharge, ou à sa charge ; lorsqu'il s'est une fois bien justifié du Crime qu'on lui reproche, il peut fort bien répondre ce qu'un Ancien Auteur de Rhétorique conseille de dire en pareil cas : (8) *Qu'il n'est pas là pour rendre compte de sa vie & de ses mœurs devant les Censeurs ; mais seulement pour se disculper en Justice du Crime qu'on lui impute.* Que si un homme a entierement (f) changé de bien en mal, les Loix ont droit alors de le punir pour deux raisons, & parcequ'il a commis tel ou tel Crime, & parceque d'honnête homme il est devenu méchant.

(d) *Herodot.* Lib. I. Cap. XIII. Voyez aussi ce que le même Auteur rapporte au sujet de *Sandocès*, Lib. VII. Cap. 194.

(e) Liv. II. Chap. XX. §. 30. num. 7.

(f) Voyez *Polib.* *Excerpt. Peiresc.* Lib. VII. pag. 1172. Edit. *Gron.* au sujet de *Philippe* Roi de *Macedoine* : & *Grotius ubi suprà.*

Quelles régles on doit suivre dans la détermination précise de la nature & du degré des Peines ?

§. XXIII. PAR tout ce que nous avons dit ci-dessus, on voit clairement que les Crimes & les Délits sont de leur nature plus grands les uns que les autres, & qu'ainsi ils ne méritent pas tous la même Peine. Il faut avouër pourtant, que le genre & le degré précis des Peines infligées par les Tribunaux Humains, dépend de la volonté du Souverain, qui se régle principalement sur le bien de l'Etat. *Anysis*, Roy (a) d'*Egypte*, ne voulut pendant tout son régne, punir de mort aucun Criminel ; mais il les con-

(a) *Herodot.* Lib. II. Cap. 137. Voyez aussi *Diod. Sic.* Lib. I. Cap. LXV. au sujet de *Sabacon* ; & *Grotius* Liv. II. Chap. XX. §. 13. num. 4.

(5) Cette maxime se trouve dans le DIGESTE, quoique notre Auteur ne le cite pas : *Numquam crescit ex postfacto praeteriti delicti aestimatio.* Lib. L. Tit. XVII. *De divers. Reg. Jur.* Leg. CXXXVIII. §. 1. Voyez là-dessus le Commentaire de JACQUES GODEFROI.

(6) *Deinde* [in caussa conjecturali] *vita hominis ex ante factis spectabitur*, [*ut probabile fiat*] Auctor ad HERENN. *lib.* II. *Cap.* III. *Omnibus in rebus, Judices, quae graviores majoresque sunt, quid quisque voluerit, cogitarit, admiserit, non ex crimine, sed ex moribus ejus, qui arguitur, est ponderandum. Neque enim potest quisquam nostrûm subito fingi, neque cujusque repente vita mutari, aut natura converti.* CICER. Orat. *pro P. Sulla*, Cap. XXV. Notre Auteur citoit aussi la Harangue pour *Cluentius*, Cap. XXV. à la fin.

(7) *Nemo repente fuit turpissimus.* ——
JUVEN. *Sat.* II. vers. 83.
Voyez aussi le passage de CICERON, qui vient d'être cité dans la Note precédente.

(8) *Sin nihil horum fieri poterit, utatur* [Defensor] *extrema defensione, & dicat non se de moribus ejus apud Censores, sed de criminibus adversariorum apud Judices dicere.* Auctor ad Herenn. Lib. II. Cap. III.

damnoit, chacun à proportion de son Crime, à charrier une certaine quantité de terre pour les chaussées de la Ville d'où ils étoient ; desorte que par ce moyen les Villes d'*Egypte* furent rehaussées, & mises à couvert des inondations du *Nil.* Un autre Roi (b) de ce pays-là, trouva plus à propos, pour empêcher que le commerce de ces sortes de gens n'infectât les autres, de les reléguer tous dans une Ville (c) qu'il fit bâtir exprès. Et au fond, il n'est pas absolument nécessaire qu'il y ait toûjours entre les Peines la même proportion, qu'entre les divers Objets qui se trouvent offensez par les différens Crimes ; mais on peut punir chaque Crime en particulier, selon que le demande l'Utilité Publique, sans considérer s'il y a une égale ou une moindre Peine établie pour un autre Crime qui paroît moindre ou plus grand en lui-même. PLATON (1) veut, *qu'on punisse de la même maniere tous ceux qui voleront quelque chose de ce qui appartient au Public, soit que la chose dérobée se trouve de peu de valeur, ou de grand prix.* Car, dit-il, *celui qui vole une chose de peu de valeur n'use pas à la vérité d'une si grande violence que celui qui en vole une de grand prix ; mais il est poussé par le même désir : tout ce qu'il y a, c'est que celui qui emporte une chose de grand prix d'un endroit où il ne l'avoit pas mise lui-même, commet l'injustice toute entiere. Si donc la Loi veut que l'on punisse un Voleur plus sévérement que l'autre, ce n'est pas selon la grandeur du vol ; mais selon que l'un paroît plus incorrigible que l'autre.* Ainsi l'égalité que les Juges doivent toujours observer indispensablement dans l'exercice de la Justice, consiste à punir également ceux qui ont également péché, & à ne pardonner jamais, sans de très-fortes raisons, un Crime pour lequel d'autres ont été punis ; car outre que cela donne lieu ordinairement à de grands troubles, on soupçonne alors les Juges de prononcer selon leurs passions particulieres, & non en vûë du Bien Public ; desorte que la Punition ne produit pas l'effet auquel elle est destinée. Cette égalité néanmoins ne doit être entenduë que par rapport aux Crimes de même espece : Car, selon que le demande le bien de l'Etat, ou selon que le Législateur le juge à propos, on punit parmi les Hommes, certaines sortes de Crimes, plus rigoureusement que d'autres, qui par eux-mêmes sont plus énormes ; & moins sévérement, au contraire, certains Crimes, que d'autres qui sont plus atroces ; sans que pourtant ni en l'un ni en l'autre cas, les Criminels qui ont encouru la Peine portée par les Loix, ayent aucun sujet de se plaindre d'une inégalité dont (2) ils avoient été avertis, & qu'il ne tenoit qu'à eux de ne pas éprouver. Le Larcin, par exemple, est en soi beaucoup moins criminel que l'Homicide : Cependant les Larrons peuvent, sans injustice, être punis de mort, aussi-bien que les Meurtriers, lorsque la Loi les y condamne les uns & les autres. Il est vrai que la raison pourquoi certains Crimes inégaux par eux-mêmes sont également punis du dernier supplice, c'est qu'il n'y a point parmi les Hommes de plus grande Peine que la (d) Mort qui est seulement plus ou moins terrible, selon qu'on se sert, pour ôter la vie, d'une voye courte & douce, ou de tourmens lents & cruels. Il y a même des gens qui aimeroient mieux mourir promptement, (e) que de

(b) *Actisanes.* Voyez *Diod. Sicul.* Lib. I. Cap. LX.

(c) Nommée *Rhinocolure*, par allusion aux nez coupez de ces gens-là.

(d) Voyez *Lycurg.* Orat. *adv. Leocrat.* pag. 108. & *Grotius*, Lib. II. Chap. XX. §. 32. num. 2.

(e) Voyez *Eurip. Hippol. coron.* v. 147. *Sall.* Bell. Catilin. in *Orat. Cæsar.* Cap. LI. num. 20. *Edit. Cort.* *Ovid.* Epist. Heroid. X. 82. *Senec. Agam.* vers. 995, 996. & *Herc. Fur.* vers. 511. *Sueton.* in Tiber. Cap. LXI. *Philostrat.* in Vita Apoll. Tyan. Lib. I. C. XXXVII. *Edit. Olear.*

§. XXIII. (1) Ἐάν τις τι κλέπτῃ δημόσιον, μέγα ἢ καὶ σμικρόν, τῆς αὐτῆς δίκης δεῖ. σμικρόν τι γὰρ ὁ κλέπτων, ἔρωτι μὲν ταὐτῷ, δυνάμει δὲ ἐλάττονι κέκλοφεν· ὅ, τε τὸ μεῖζον κινῶν, οὐ καταθέμενος, ὅλον ἀδικεῖ. Δίκης οὖν οὐδ' ἕτερον οὐδετέρου ἐλάττονος, ἕνεκα μεγέθους τοῦ κλέμματος, ὁ νόμος ἀξιοῖ ζημιοῦν· ἀλλὰ τῷ τὸν μὲν ἴσως ἂν ἰάσιμον ἔτ' εἶναι, τὸν δὲ ἀνίατον. De Legibus, *Lib.* XII. au commencement, page 941. C. *Edit. Wech.*

(2) *Ubi, quid futurum, est denunciatum, culpa patientis est.* CALPURN. FLACCUS, *Declam.* V. Citation de l'Auteur.

(3) C'est

de mener une vie misérable, & un Auteur (f) François met au nombre des sottes opinions du Vulgaire, celle qui consiste à *penser bien se venger de son ennemy en le tuant : car*, dit-il, *c'est le mettre à l'abry & a couvert de tout mal, & s'y mettre soy : c'est lui oster tout le ressentiment de la vengeance, qui est toutefois son principal effect.* Il faut ajoûter pourtant, que cela est nécessaire, lorsque nôtre propre sûreté demande que l'Ennemi soit entierement détruit. Quelquefois on flétrit (g) le cadavre ou la mémoire d'un Criminel, lors même qu'il est mort depuis long-tems; comme d'autre côté, on (h) efface quelquefois, après la mort du Coupable, les marques d'ignominie dont il avoit été couvert pendant sa vie. La détermination des Peines dépend même un peu de la volonté du Législateur, quoique cette volonté ne soit pas si absoluë, qu'elle ne doive toûjours envisager le bien de l'Etat; mais du moins le point précis de la Peine est véritablement un pur effet de sa détermination. Ajoûtez à cela, qu'il y a des Crimes si atroces, qu'on peut très-bien, sans aucune ombre d'injustice, infliger les plus grandes Peines à ceux qui se sont rendus coupables du moindre degré de ces Crimes, ou qui en ont seulement formé le (3) dessein. Tels sont, par exemple, un dessein formé & commencé (4) d'Assassinat; un simple silence (5) sur un Crime de Trahison, ou de Leze-Majesté, dont on est informé, sans y avoir néanmoins aucune part. J'avouë, qu'autant qu'il est possible, on doit (i) pancher vers le côté le (6) plus doux. Mais on peut fort bien augmenter envers quelqu'un la rigueur des Peines, si la conservation & la sureté d'un grand nombre de gens le demande, comme quand le Criminel est (k) capable de faire beaucoup de mal, si on ne le punit de bonne heure. Quelquefois aussi il

(f) *Charron, de la Sagesse*, Liv. I. Chap. XXXIX. (VI.) §. 30. [Voyez *Montagne*, Liv. II. Chap. XXVII. Tome III. *pag.* 177. *Edit. de la Haye* 1727.]

(g) Voyez *Elien*, *V. Hist.* Lib. IV. Cap. VII.

(h) Voyez *Socrat.* Hist. Eccle-siast. Lib. VII. Cap. XLV.

(i) Sans imiter la rigueur de *Dracon*, blâmée & adoucie par *Solon*; (Voyez *Plutarch. in ejus Vita*, *page* 87.) ni celle des *Yncas*, qui punissoient de mort presque tous les Crimes; *Garcil. de la Vega*, Hist. des Yncas, Liv. II. Chap XII. XIII.

(k) Voyez l'*Introd. à l'Apologie pour Herodote*, par *H. Etienne*, Chap. XVII. page 211. Edit. de 1607.

(3) C'est ce que les Empereurs ARCADIUS & HONORIUS ordonnent contre ceux qui ont tramé une conspiration, ou qui y sont entrez pour quelque chose, sans en être venus à l'execution. *Quisquis cum militibus, vel privatis, vel barbaris, scelestam inierit factionem, aut factionis ipsius susceperit sacramentum, vel dederit, de nece etiam virorum illustrium, qui consiliis & consistorio nostro intersunt, Senatorum etiam (nam & ipsi pars corporis nostri sunt,) vel cujuslibet postremo, qui nobis militat, cogitaverit : (eadem enim severitate voluntatem sceleris, quâ effectum, puniri jura voluerunt) ipse quidem, utpote Majestatis reus, gladio feriatur, bonis ejus omnibus Fisco nostro addictis.* Cod. Lib. IX. Tit. VIII. *Ad Leg. Jul. Majestatis*, Leg. V. *princ.* Voyez là-dessus GROTIUS, dans ses *Florum spars. in Jus Justin.* page 315. *Edit. Amst.* [& le *Discursus historicus* de JACQUES GODEFROI, sur cette fameuse Loi] En effet, comme le dit SENEQUE, l'execution ne fait que decouvrir la malice qui étoit deja toute formee. *Exercetur & aperitur opere nequitia, non incipit.* De Benefic. *Lib.* V. *Cap.* XIV. Voyez QUINTILIAN. Declam. CCCLXII. TACIT. Hist. Lib. II. Cap. LXXVII. PLUTARCH. *in* page 740. *Cesar.* & VELLEI. PATERC. Lib. II. Cap. VIII. num. 1. C'est pourtant une sentence trop rigoureuse, que celle des Juges de l'*Aréopage*, qui condamnerent a mort un Enfant, pour avoir crevé les yeux à quelques Corneilles; parceque cela marquoit un tres-mauvais naturel, & que si cet enfant devenoit grand, il étoit à craindre qu'il ne fit du mal à bien des gens. QUINTIL. Inst. Orat. Lib. V. Cap. IX. Tout ceci est de l'Auteur. Voyez ci-dessus, §. 14.

(4) *Lege Cornelia de sicariis & veneficis tenetur qui... hominis occidendi furtive faciendi causa cum telo ambulaverit.... Divus* HADRIANUS *rescripsit, eum qui.... hominem non occidit, sed vulneravit, ut occidat, pro homicida damnandum.* DIGEST. *Lib.* XLVIII. Tit. VIII. Leg. I. *princ.* & §. 3. Voyez PHILON Juif *de confus. ling.* page 341. C. & *de special. Legib.* page 791. *Edit. Parif.* & LYSIAS, Orat. *in Simon. Cap.* XII. Citation de l'Auteur.

(5) Cela paroît par l'exemple du Conseiller *de Thou*, dans BENJAMIN. PRIOL. Hist. Gall. Lib. I. Cap. VI. (qu'on peut voir mieux rapporté dans les Historiens de *Louis* XIII.) & de *David Brechin*, dans BUCHANAN. *Rerum Scotic.* Lib. VIII. *page.* 269, 270. *Edit. Holl.* 1643. Voyez d'autres exemples de Crimes qui peuvent être severement punis, quoiqu'ils paroissent peu considerables en eux-mêmes, ou qu'ils ne soient que commencez : DIGEST. Lib. XLVIII. Tit. VIII. *Ad Leg. Corn. de sicariis*, &c. Leg. III. §. 1, 2, 3. Lib. XLVII. Tit. XI. *De extraord. crimi.* Leg. I. §. 2. VALER. MAX. Lib. VI. Cap. I. §. 8. ÆLIAN. Var. Hist. Lib. XIV. Cap. XXVII. DIOD. SICUL. Lib. XI. Cap. LIV. Voyez aussi ANT. MATTH. *de Crimin.* Proleg. Cap. I. §. 5, 6. & ad *Lib.* XLVIII. *Digest.* Tit. V. Cap. III §. 10 & Tit. XVIII. Cap. IV. §. 13. CASP. ZIEGLER sur GROTIUS, Lib. I. Cap. XX. §. 19. Tout ceci est encore de l'Auteur. A l'egard du crime qu'il peut y avoir dans le Silence, & des Peines qu'il mérite, on fera bien de lire une belle Dissertation de Mr. GUNDLING, intitulée *Singularia ad Legem Majestatis, itemque de Silentio in hoc crimine*, & publiée en 1721.

(6) C'est la seconde partie de la Clémence; l'autre consistant à exempter entierement de la Peine, lorsque le bien de l'Etat ne demande pas nécessairement qu'on punisse. Voyez GROTIUS, Liv. II. Chap. XX. §. 36. & le PARRHASIANA, Tom. II. page 182, & suiv. C'est aussi une des Régles du Droit Civil, que dans l'explication des Loix Penales, ou dans une application douteuse, il faut pancher toûjours vers le côté le plus doux. *In pœnalibus causis benignius interpretandum est.* DIGEST. *Lib.* L. *Tit.* XVII. *De divers. Reg. Juris*, Leg. CLV. §. 2.

faut faire un exemple qui intimide les autres, surtout lorsqu'il y a quelques causes générales qui engagent au Crime (l), & dont on ne sauroit empêcher l'effet que par des remedes violents. Les principaux de ces attraits, sont la (7) facilité de commettre certains Crimes, & le grand nombre de ceux qui les commettent tous les jours. Comme il est, par exemple, plus facile de voler du Bêtail qui paît à la campagne, que de dérober quelque chose dans une Maison, (m) la Loi Divine de *Moïse* punissoit plus séverement le premier Larcin, que l'autre. Parmi plusieurs Peuples, les Vols domestiques (n) passent pour plus énormes que ceux qui sont faits par des Etrangers. Les anciens *Perses* (8) *céloient le Secret du Prince avec une fidélité merveilleuse : il n'y avoit promesse ni menace qui pût l'arracher de leur bouche ; l'ancienne discipline du Royaume les obligeoit au silence sur peine de la vie. L'intempérance de la langue, parmi eux, étoit plus séverement châtiée que tout autre crime ; & ils n'estimoient pas qu'une personne fût capable de faire rien de grand, si elle ne sçavoit se taire, puisque c'est la chose du monde que la Nature a renduë la plus facile à l'homme.* Pour ce qui est des Vices qui ont comme passé en coûtume dans un Païs, (car nous avons parlé ailleurs de l'habitude que chacun contracte en son particulier) quoique cela même qu'ils sont communs, diminue quelque chose de la faute, il demande (9) néanmoins à un autre égard une punition plus rigoureuse, qui soit capable d'arrêter le cours de l'iniquité. GROTIUS (o) remarque là-dessus judicieusement, que les Juges, dont la fonction est de considérer combien chaque Criminel est coupable, doivent adoucir la Peine lorsque le Criminel a été entraîné par le torrent des mauvais exemples ; parceque cela l'excuse en quelque maniere. Mais quand il s'agit de faire des Loix pour réprimer un abus, ou un Vice qui a passé en coûtume, cette même raison engage à établir des Peines plus rigoureuses ; parceque les Loix envisagent la Punition par rapport au bien général qui en revient, plûtot que par rapport à ce que mérite le Crime de chacun en particulier. Cependant, si un Vice est devenu tellement commun, qu'on ne sauroit punir tous les Coupables, sans détruire l'Etat, ou sans faire du pays un désert ; il vaut mieux alors que la Loi se taise : car, selon la maxime d'un ancin Législateur, (10) *il ne faut établir des Loix que pour ce qu'il est possible d'obtenir, si l'on aime mieux, comme on le doit, faire un exemple utile du châtiment de quelque peu de personnes, que d'en punir un grand nombre sans aucun fruit.* Enfin, les besoins de l'Etat obligent quelquefois à relâcher de la séverité des Loix. Si, par exemple, en tems de Guerre, un brave Capitaine a été condamné à mort ; qui doute qu'alors on ne doive faire grace au Criminel, supposé que son service soit nécessaire à l'Etat, & qu'on ne trouve pas assez d'autres Officiers aussi habiles que lui ? C'est ainsi qu'après la fatale bataille de *Cannes* (11), le Dictateur *Marc Junius Pera* fit publier, *qu'il*

(l) Voyez *Grotius*, Liv. II. Chap. XX. §. 34, 35.

(m) *Exod.* XXII. 1. compare avec les vers. 7. 9. Voyez d'autres exemples, *Digest* Lib. XLVII. Tit. XVII *De effractorib. & expilatorib.* Leg. II. *Aristot.* Probleme. Sect. XXIX. Quæst. XIV. *Justin.* Lib. II. Cap. II. *Dig.* Lib. XLVII. Tit. XVII. *De furibus & balneariis*, Leg. I. & *Anton. Matt. de Crim.* sur ce Titre aussi-bien que sur le Tit. XIV. *de Abigeis ; & Pisticu, de Specialib. Legib.* au sujet de l'Empoisonnement, page 791, 792. *Edit. Paris.* & ce que l'on a dit, Liv. II. Chap. V. §. 17, 18.

(n) Les Loix Romaines semblent établir le contraire. Voyez *Digest.* Lib. XLVIII. Tit. XIX. *de Pœnis* Leg XI. §. 1. & *Ant. Matth. de Crim* Tit. *de Furtis*, Cap. III. §. 2, 3.

(o) Liv. II. Chap. XX. §. 35. *num.* 2.

(7) Voyez un beau passage de CICERON, que l'on a rapporté ci-dessus, Liv V. Chap VIII. §. 4. à la fin.

(8) *More quodam Persarum, arcana Regum mirâ celantium fide : non metus, non spes, elicit vocem qua prodantur occulta, vetus disciplina Regum silentium vitæ periculo sanxerat, lingua gravius castigatur, quàm ullum probrum : nec magnam rem sustineri posse credunt ab eo, cui tacere grave sit ; quod homini facillimum voluerit esse natura.* Q. CURT. Lib. IV. Cap. VI. §. 5, 6. J'ai suivi la version de VAUGELAS.

(9) *Nonnumquam evenit, ut aliquorum maleficiorum supplicia exacerbentur, quotiens nimirum multis personis grassantibus exemplo opus sit.* DIGEST. Lib. XLVIII. Tit. XIX. *De Pœnis*, Leg. XVI. §. 10. Voyez CLAUDIEN, *in Eutrop.* Lib. II. vers. 11. *& seqq.* & TACIT. Annal. Lib. III. Cap. LIV. vers le commencement. Toutes citations de l'Auteur.

(10) Δεῖ δὲ πρὸς τὸ δυνατὸν γράφεσθαι τὸν νόμον, εἰ βούλεται χρησίμως ὀλίγους, ἀλλὰ μὴ πολλοὺς ἀχρήστως κολάζειν. Solon apud PLUTARCH. *in ejus Vita*, page 90. A. *Edit. Wech.* Voyez ci-dessus, §. 17. Note 9.

(11) *Ad ultimum prope desperatæ Reipublicæ auxilium, quum honesta utilibus cedunt, descendit, edixitque : Qui capitalem fraudem ausi, quique pecunia judicati in vin-*

déchargeroit de la peine & du payement, tous ceux qui avoient commis quelque Crime digne de mort, ou qui étoient en prison pour Dettes; s'ils vouloient prendre parti dans les Troupes qu'il levoit.

§. XXIV. DE LÀ il paroît, à mon avis, que dans les Tribunaux Civils il n'y a point de *Justice Vindicative*, qui impose à chaque Crime & à chaque Délit une certaine Peine invariablement déterminée par la Nature, & que l'on doive toûjours infliger nécessairement: mais que la véritable & juste mesure des Peines, parmi les Hommes, c'est l'utilité Publique. Ainsi la Prudence du Gouvernement demande qu'on augmente ou diminuë la rigueur de la Punition, selon que l'un ou l'autre est plus à propos pour arriver à ce but; ensorte néanmoins que le dégré des Peines est toûjours susceptible d'une grande étenduë, à le considérer en lui-même. La Punition (1) est donc trop rigoureuse, lorsque l'on a en main d'autres moyens plus doux pour obtenir les fins que l'on se propose en punissant: & elle est au contraire trop modérée (a), lorsqu'elle n'a pas assez de force pour produire ces effets; c'est-à-dire, pour réprimer la malice des Citoyens, & pour procurer la tranquillité & la sureté intérieure de l'Etat; (2) en un mot lorsque les Méchans s'en mocquent, bien-loin de la redouter. Si le Législateur péche du premier côté, il passe avec raison (b) pour cruel & inhumain. S'il péche de l'autre, il rend la Punition inutile, & lâche la bride aux Vices. Car les Hommes pesant d'ordinaire, comme dans une balance, les avantages & les désavantages qui peuvent revenir d'une Action sur laquelle ils déliberent; si le profit ou le plaisir qu'ils esperent d'un Crime, l'emporte sur le dommage ou la douleur que leur causera la Peine dont ils sont menacez, il est clair que la vûë de cette Punition n'est pas un frein assez puissant pour les détourner du Vice (c).

Quelle est la juste mesure des Peines?

(a) Voyez *Aul. Gell.* Lib. XX. Cap. I. au sujet de *Lucius Veratius*.

(b) Voyez *Hobbes, de Cive*, Cap. III. § 11.

(c) Voyez *Hobbes, de Cive*, Cap. XIII. §. 16. & *Leviath.* C. XXVII. *Velthuysen, de Princ. Just. & Decor.* page 200. Edit. in 12. *Rich. Cumberl. de Leg. Nat.* C. V. §. 39.

§. XXV. AJOUTONS encore, que la même Peine ne faisant pas les mêmes (a) impressions sur toutes sortes de gens, & n'ayant pas par conséquent une égale force pour les empêcher de commettre quelque Crime; on doit considérer, & dans les Loix générales, & dans leur application aux Particuliers, la personne (1) même du

La Peine doit être proportionnée aux diverses impressions qu'elle fait sur differentes personnes.

(a) Voyez *Grotius*, Liv. II. Chap. XX. §. 33. num. 1.

culis essent; qui eorum apud se milites fierent, eos noxa pecuniaque sese exsolvi jussurum. TIT. LIV. *Lib.* XXIII. Cap. XIV. *num.* 3. L'Auteur citoit encore un mot de *Fabrice* rapporté par AULU-GELLE, Lib. IV. Cap. VIII. & GROTIUS sur *I. Rois* II, 6.

§. XXIV. (1) Voyez les *Essais de* MONTAGNE, LIV. II. Chap. XI. Tome II. page 109, *& suiv.* C. XXVII. Tome III. page 192. *Edit. de la Haye* 1727.

(2) Il n'y a pas d'exemple plus sensible de ceci, que l'indulgence pernicieuse, & d'ailleurs accompagnée d'attentat sur les droits du Souverain, par laquelle le Droit Canonique met les Ecclésiastiques à l'abri des peines que meritent les Crimes les plus horribles. Aprés les avoir soustraits à la Jurisdiction Séculiere, il n'exige d'eux qu'une penitence exterieure: & moyennant cela, eussent-ils tué le Pape, ils en sont quittes pour une prison perpétuelle. Les démêlez de la République de *Venise* avec PAUL V. se présentent ici naturellement à l'esprit, & on y voit bien clairement l'ardeur avec laquelle le Clergé veut se maintenir en possession d'un droit, auquel il devroit renoncer lui-même, si les Puissances entendoient assez peu leurs intérêts pour le lui laisser volontairement. Voyez ce que disoit sur cet article le fameux Pere PAUL, dans son Examen de la Bulle du Pape, *page* 66, *& seqq.* de la Version Latine, imprimée à *Groningue* en 1607. Consultez aussi les Notes de Mr. THOMASIUS sur LANCELOT, *page* 1786, *& seqq.*

§. XXV. (1) *Et omnino, ut in ceteris, ita hujusmodi causis, ex personarum conditione, & rerum qualitate, & diligenter sunt æstimanda, ne quid aut durius, aut remissius constituatur, quàm causa postulabit.* DIGEST. Lib. XLVIII. Tit. IX. *De incendio, ruina*, &c. Leg. 17. §. 1. Voyez aussi *Leg.* XII. §. 1. & *Tit.* X. *De injur. & famosis libellis*. Leg. XLV. *Tit.* XI. *De extraord. criminib.* Leg. VI. Tit. XII. *De sepulcro violato*, Leg. XI. Tit. XIV. *De abigeis*, Leg. I. §. 3. *Tit.* XVII. *De furib. balneariis*, Leg. I. *Tit.* XVIII. *De effractorib. & expilator.* Leg. I. §. 1. & Leg. II. Tit. XX. *Stellionatus*, Leg. III. §. 2. *Tit.* XXI. *De termino moto*, Leg. II. *Lib.* XLVIII. *Tit.* VIII. *Ad Leg. Corn. de sicariis*, &c. Leg. III. §. 5. Leg. XVI. *Tit.* X. *De Leg. Corn. de falsis*, &c. Leg. I. §. 13. *Tit.* XIX. *De Pœnis*, Leg. X. Leg. XVI. §. 3. Leg. XXVIII. Mais dans la plûpart de ces Loix, que notre Auteur citoit ici, il y a une injuste acception des personnes, telle qu'il la blâme lui-même un peu plus bas, comme on le verra d'abord, si on prend la peine de les examiner. Voyez au reste, sur la diversité des Peines, parmi les *Romains*, selon la difference des conditions, l'*Orbis Romanus* de feu Mr. de SPANHEIM, Exercit. II. Cap. XXIV.

Coupable, avec son âge (2), son sexe, son état & sa condition, ses richesses, ses forces, & autres semblables qualitez qui rendent la Peine plus ou moins sensible. En effet, telle amende incommodera un homme pauvre, qui ne sera rien pour un Riche: telle marque d'ignominie sera très-mortifiante pour une personne d'un rang honorable, qui passera pour une bagatelle dans l'esprit d'un homme de bas lieu. Les Hommes ont beaucoup plus de force que (3) les Femmes, pour supporter un châtiment; les Hommes faits, plus que les Enfans. Il ne s'ensuit pourtant pas de là, que dans la Punition on suive les régles de la *Proportion Géométrique*, ou, comme d'autres (b) s'expriment de la *Proportion Harmonique*: mais il n'y a ici qu'une simple comparaison entre le Crime & la Peine, pour les égaler l'un à l'autre; égalité qui demande que l'on ait égard à la condition Naturelle & Civile du Coupable, c'est-à-dire, aux qualitez qui servent à augmenter ou diminuer l'atrocité du fait, ou l'impression & le sentiment de la Peine: car si en vûë de quelque autre qualité qui n'a nul rapport à aucune de ces deux choses, on traite inégalement ceux qui ont mérité la même punition, c'est alors une injuste acception des personnes, qui, comme le remarque (c) GROTIUS, se trouve souvent dans les Loix Romaines. (d) Par exemple, lorqu'un Mari avoit tué sa Femme surprise en flagrant délit, si c'étoit un homme de basse condition, on le condamnoit à un bannissement perpétuel; au lieu que, si c'étoit une personne de condition honnête, on se contentoit de le reléguer pour un tems: comme si l'affront qu'une Femme fait à son Mari en ayant commerce avec un autre Homme, n'étoit pas aussi sensible au moindre Artisan qu'au plus grand Seigneur! & comme s'il n'étoit pas aussi fâcheux pour le premier que pour le dernier, de se voir banni de sa Patrie.

(b) *Bodin de Republ.* Lib. VI. Cap. ult.

(c) *Ubi suprà*, num. 2.

(d) *Digest.* Lib. XLVIII. Tit. VIII. *Ad Leg. Corn. de sicar.* Leg. I. §. 5. Voyez un exemple, sur un autre cas, dans l'*Edict. Theodorici*, Cap. XCI. & *Ziegler* sur *Grotius*, *ubi suprà*.

Il faut remarquer enfin, qu'il y a des genres de Peines ausquels on a attaché en certains Pays une ignominie toute particuliere, comme (4) est, par exemple, la Corde, &c. Il y en a d'autres au contraire, qui renferment quelque chose d'honorable, comme l'*Ostracisme* (5) parmi les anciens *Athéniens*. C'est aussi une espece de consolation, que de mourir de la main d'une (e) personne distinguée.

(e) Voyez *Virg.* Æn. X. 830. ibique *La Cerda*.

Si l'on doit toûjours punir chaque Crime de la même maniere qu'il l'étoit autrefois par les Loix de *Moïse*?

§. XXVI. AU RESTE, il n'est pas nécessaire, à mon avis, que dans tous les Etats on punisse chaque Crime de la même maniere que cela étoit réglé par les Loix de MOÏSE; car le naturel de chaque Peuple, & les intérêts de chaque Etat, étant différens à bien des égards, de ceux des *Juifs*; on est obligé d'y accommoder les

(2) *Sacrilegii pœnam debebit Proconsul pro qualitate personæ, proque rei conditione, & temporis, & ætatis, & sexus, vel severius, vel clementius statuere.* DIGEST. Lib XLVIII. Tit. XIII. *Ad Leg. Jul. peculatus*, &c. Leg. VI. *princ.* Voyez aussi *Lib.* IV. *Tit.* IV. *De minoribus*, &c. XXXVII. §. 1. *Lib.* XLVIII. *Tit.* V. *Ad Leg. Jul. de adult.* Leg. XXXVIII. §. 24. Leg. XXXIX. §. 4. Tit. XIII. *Ad Leg. Jul. peculatus*, Leg. V. §. 3. *Lib.* L. *Tit.* XVII. *De divers. Reg. Jur.* Leg. CVIII. L'Auteur citoit encore ici AD. OLEARIUS. *Itin. Pers.* Lib. III. Cap VI.

(3) En *Mauritanie* pourtant (ajoûtoit notre Auteur) on punit aujourd'hui plus sévérement les Femmes qui ont été debauchées, que les Hommes avec qui elles ont eu commerce; parcequ'on suppose que le plus souvent les Femmes sont elles-mêmes la cause, par leur coquetterie & leurs manieres libres, de l'amour dont les Hommes s'enflamment pour elles, & des entreprises des Galants.

(4) Voyez HOMER. Odyss. Lib. XXII. vers. 465. & *seqq.* EURIPID. *in Helen.* vers. 306. & *seqq* PLIN. Hist. Natur. Lib. II. Cap. LXIII. DION CHRYSOST. Orat. XXII. *ad Alexandrin.* page 376. C. *Edit. Morell.* Au contraire, parmi les *Turcs*, dans la famille des descendans d'*Osman*, on étrangle ceux que l'on veut faire mourir, pour ne pas arroser, dit-on, la Terre d'un sang si illustre. Selon les anciens *Hebreux*, ce supplice & celui d'être lapidé, passoient pour plus honorables que celui d'avoir la tête tranchée. SELDEN. *de J. N. & G.* Lib. VII. Cap. VI. Voyez d'autres exemples, DIGEST. Lib. XLVIII. Tit. XIX. *De Pœnis*, Leg. XXVIII. §. 2. LEG. BURGUND. Tit. X. *Additament.* I. SENEC. *de constantia sapiens.* Cap. IV. Tout ceci est de l'Auteur.

(5) Εἶναι γάρ τι καὶ κολάσεως [ἐξοστρακισμῦ] ἀξίωμα. PLUTARCH. *Nicia*, p. 530. E. Voyez aussi la Vie d'*Alcibiade*, page 197. B. que l'Auteur citoit encore ici.

Peines, & l'on ne sçauroit toûjours suivre en cela les Loix du Pentateuque, qui étoient purement Positives, & proportionnées aux besoins de la Nation pour qui elles étoient faites.

On peut douter néanmoins, s'il ne faut pas prendre pour une régle universelle la Peine de l'Homicide, dont il est parlé dans (a) la GENESE: car les paroles de DIEU, telles que les rapporte l'Historien sacré, semblent regarder tout le Genre Humain; & il y a une raison manifeste, qui autorise à faire mourir les Meurtriers, c'est que, quand un Homme a été assez méchant pour en tuer un autre de propos déliberé (b), on ne sçauroit désormais se croire suffisamment à couvert de ses insultes, à moins qu'on ne lui ôte la vie, comme il en a dépoüillé l'Innocent. Cependant, si dans certaines circonstances où le bien de l'Etat le demande, on ne punit pas de mort un Homicide (c), on ne fait par-là, à mon avis, rien de contraire à la Loi dont il s'agit, qui peut être entenduë (d) avec cette restriction: car la détermination précise de toute Peine est de Droit Positif, & doit varier par conséquent selon les besoins de l'Etat. Quelques-uns soûtiennent même, que ce n'est pas tant une Loi qu'une simple menace que DIEU fait de punir les Meurtriers, ou par le moyen des autres Hommes, ou par quelque (e) accident (1), quand même ils échapperoient à la vengeance des Tribunaux de la Terre. Et les Docteurs Juifs (f) ont crû, que DIEU donnoit par-là une simple permission de punir l'Homicide du dernier supplice, lorsqu'on le jugeroit à propos. Je ne voudrois pourtant pas que l'on eût trop d'indulgence pour les Meurtriers, & qu'on leur laissât la vie, sans de très-fortes raisons. Je n'approuverois pas non-plus ce que l'on trouve dans une Constitution des Rois de *Pologne*, (2) où en établissant une Peine légere pour les Gentilhommes qui ont tué quelqu'un, on s'exprime ainsi: *Nous modérant la rigueur de la Loi Divine*, &c.

Il ne faut pas oublier de dire ici un mot sur une question que l'on agite avec beaucoup de chaleur; sçavoir, s'il est permis de punir de mort les VOLEURS? GROTIUS (3) témoigne du panchant pour la négative: mais plusieurs (4) Législateurs ont établi

(a) Chap. IX. vers. 6.

(b) Voyez *Antiphon*, Orat. XV. Page 93. *Edit. Wech. Libanius*, Progym. *Loc. Commun. contra Homicid.*

(c) Voyez *Grotius*, sur l'endroit de la *Genese*, dont il s'agit, & sur *Matth.* V. 40.

(d) En suivant même l'explication que donne *Grotius*, Liv. I. *Chap. II.* §. 5. *num.* 3. Voyez aussi ses *Florum Sparsi ad Jus Justin.* ad *Leg. Corn. de sicar.* page 202, 203. *Edit. Amst.*

(e) Voyez *Actes*, *XXVIII.* 4.

(f) Voyez *Selden*, *de* N. & G. &c. Lib. IV. Cap. I. & *Philon*, *de Leg. special.*

§. XXVI. (1) Ces paroles ne doivent même s'entendre que de ce qui arrive ordinairement. Voyez le Commentaire de MR. LE CLERC, & ce que j'ai dit sur GROTIUS, *Liv.* I. *Chap.* I. §. 15. *Note* 4.

(2) *Statut. Polon.* Cap. XV. Art. VI. Leg. 7. Voyez l'Extrait des *Lettres* Latines de TOLLIUS, dans les NOUVELLES DE LA REPUBL. DES LETTRES, Avril 1700. page 371, 372. & la Dissertation de MR. THOMASIUS, intitulée, *De jure aggratiandi Principis Evangelici, in causis Homicidii*, Cap. III. §. 9. On fera bien de lire toute cette Dissertation, qui est imprimée à *Hall*, en 1707, quoique l'Auteur ce me semble, conjecture, sans beaucoup de fondement, que le Roi *Casimir* entendoit par les *Loix divines*, l'explication que les Ecclesiastiques en donnoient pour leur propre intérêt. Le même Jurisconsulte Allemand a encore dit sur cette matiere quelque chose qui mérite d'être examiné, dans une autre Dissertation intitulée, *De Statuum imperii potestate legislatoria*, &c. §. 43.

(3) *Liv.* II. *Chap.* I. §. 14. où il l'insinuë, en disant qu'*il trouve très vraisemblable l'opinion de* SCOT, *qui soûtient, qu'il n'est pas permis de condamner qui que ce soit au dernier supplice, pour d'autres Crimes que ceux qui étoient punis de mort par la Loi de* MOÏSE, laquelle *ne décerne rien de tel contre un Larron.* D'où il paroit, que DIEU n'a pas jugé le simple Larcin *assez énorme pour mériter la Peine de mort.* Mais GRONOVIUS remarque là-dessus, que les fautes les plus légéres en elles-mêmes peuvent devenir des Crimes dignes de mort, lorsqu'elles regardent des choses dont il est aisé de s'abstenir, & que l'on a eu de bonnes raisons de défendre sur peine de la vie: car en ce cas-là, celui qui viole la Loi ne doit s'en prendre qu'à lui-même. C'est là-dessus qu'est fondée la rigueur de la Discipline Militaire; & l'on voit que DIEU défendit à *Adam* & à *Eve*, sous peine de mort, de manger du fruit d'un certain Arbre, ce qui étoit une chose d'elle-même fort indifférente. On pouvoit ajoûter, que la pensée de GROTIUS ne s'accorde pas trop avec ce qu'il soûtient lui-même ailleurs, touchant l'obligation des Loix Mosaïques par rapport aux autres Nations, *Liv.* I. *Chap.* I. §. 16, 17.

(4) Voyez la Note suivante. A *Athénes* les Voleurs n'étoient condamnez qu'à rendre le double, si la chose dérobée étoit encore en nature; ou dix fois autant si le Proprietaire ne pouvoit se dédommager qu'en recevant la valeur: mais lorsque le vol avoit été commis dans quelque lieu d'Exercice, ou sur le Port, ou au Marché, ou dans un Bain public; le Voleur étoit puni de mort sans remission. Voyez DEMOSTH. Orat. *advers. Timocrat.* page 476. C. & ARISTOT. Problem. Sect. XXIX. Cap. XIV. Il est vrai que d'autres Légis-

le contraire, & les *Juifs* (g) même l'ont pratiqué à l'égard des *Proſélytes de la Porte.* J'avouë qu'il y a des Juges qui ſont trop prompts à faire pendre les Voleurs, & qu'il vaudroit mieux quelquefois pour le bien de l'Etat, qu'on ſe contentât (h) de condamner ces malheureux aux galeres ou à la broüette. Mais je ſuis aſſuré que l'on peut légitimement décerner la Peine (5) de mort contre les Voleurs, lorſqu'on a de bonnes raiſons d'en uſer avec cette rigueur. Les principes établis ci-deſſus ſuffiſent pour réſoudre toutes les Objections (i) des partiſans du ſentiment oppoſé.

§. XXVII. * Il n'eſt pas non-plus toûjours néceſſaire de ſuivre la (1) Loi du *Talion* (a), qui veut que l'on faſſe ſouffrir au Coupable le même mal qu'il a fait.

(g) *Selden. de J. N. & G.* &c. Lib. VII. C. VI. Voyez auſſi *Joſeph*, *Archæol. Jud.* Lib. XVI. Cap I.

(h) Voyez ci-deſſus, §. 23. au commencement; & *Thom. Morus*, *Utopia Lib. I.* page 37, 38. *Edit. Baſil.* 1555.

(i) Surtout d'*Ant. Matthæus*, *de Crim.* Tit. *de Furtis*, *Cap. II. num.* 6.

* De la Loi du *Talion.*

(a) Voyez *Grotius*, *Liv. II. Chap.* XX. §. 32.

lateur ont établi des Peines moins rigoureuſes. On ſçait que le Droit Romain condamne les Voleurs, pris ſur le fait, à la reſtitution du quadruple: & les autres à la reſtitution du double. Voyez INSTITUT. Lib. IV. Tit. I. *De Obligationibus quæ ex delicto naſcuntur*, §. 5. JUSTINIEN deſend même de couper aucun membre à un ſimple Voleur, *Novell.* CXXXIV. Cap. XIII. quoiqu'il n'y ait d'ailleurs rien qui empêche qu'on ne puniſſe quelqu'un dans la partie même qui a ſervi d'inſtrument au Crime; comme pluſieurs l'ont pratiqué. Voyez ELIEN, *Var. Hiſt.* Lib. XIII. Cap. XXIV. LAMPRID. *in Alexandr.* Cap. XXVIII. VULGAT. GALLICAN. *in Avid. Caſſ.* Cap. VI. CUJAS, *Obſerv.* Lib. VII. Cap. XIII. Mais ANT. MATTHÆUS (*de Crimin.* Tit. *de Furtis*, Cap. II. *num.* 5.) remarque judicieuſement, que la raiſon pourquoi l'Empereur *Juſtinien* fit cette Ordonnance, ce fut qu'il conſidera, que la miſere ou la fainéantiſe portent la plûpart des Voleurs a prendre le bien d'autrui: ainſi il ne voulut pas qu'en leur coupant les mains, on leur ôtât les inſtrumens néceſſaires pour ſe corriger d'un tel Vice; mais plûtôt qu'on les obligeât à s'en ſervir, en les faiſant travailler par force. Tout ceci eſt de notre Auteur.

(5) L'Empereur FRIDERIC II. fit une Loi, portant que quiconque voleroit la valeur de cinq *ſols* (*ſollidos*) ſeroit pendu. FEUDOR. Lib. II. Tit. XXVII. §. 8. CHARLES-QUINT ordonne la même choſe dans ſes *Conſtitut. Crimin.* Art. 160, *& ſeqq.* quoique le prix de l'argent eût baiſſé depuis *Frideric II.* Voilà ce que diſoit notre Auteur. Mais d'habiles gens de la Nation prétendent au contraire, que *Charles-Quint* augmenta la ſomme pour laquelle un Voleur étoit condamné à mort; & par conſéquent, que ſa Conſtitution eſt moins rigoureuſe. Ils diſent, que par *Solidi*, l'Empereur *Frideric II.* n'entendoit que des *Schillings*, ou petites pieces d'argent, à-peu-près de la valeur de ce qu'on appelle ainſi en *Hollande*: au lieu que *Charles-Quint* parle de *Ducats* de *Hongrie*. Voyez SCHILTER. *in Pandect.* Exercit. XLIX §. 11.

§. XXVII. (1) Notre Auteur citoit ici pluſieurs paſſages, & faiſoit confuſément pluſieurs remarques hiſtoriques, que je vais abréger, & mettre dans quelque ordre. On attribue, dit-il, cette opinion aux *Pythagoriciens*, qui définiſſoient la Peine par ἀντιπεπονθὸς, c'eſt-à-dire, *lorſqu'on ſouffre la même choſe que l'on avoit fait ſouffrir* à un autre. Voyez ARISTOT. *Ethic. Nicom.* Lib. V. Cap. VIII. On appelloit auſſi le *Talion*, *Droit de Rhadamanthe*, à cauſe du vers ſuivant que l'on cite de ce Juge ſevére:

Εἴκε πάθοι τά κ' ἔρεξε, δίκη κ' ἰθεῖα γένοιτο.

ARISTOT. ibid. Voyez la même penſée dans OVID. *de Arte amandi*, Lib. I. v. 655, 656. POLYB. *Excerpt. Peireſc.* Lib. XII. page 50. QUINTILIAN. Declam. XI. Cap. V. page 235. *Edit. Burm.* SENEC. Lib. V. *Controv. Præfat.* page 276. A l'Egard de la Loi du Pentateuque, *Oeil pour œil, & dent pour dent*, (EXOD. XXI, 23. LEVIT. XXIV, 20.) la plûpart des Docteurs Juifs reconnoiſſent, que l'on pouvoit ſe racheter de la Peine du Talion par une amende; & l'on a remarqué, que c'étoit une façon de parler proverbiale, dont le ſens ſe réduit à ceci, que la Peine en général doit être proportionnée à l'énormité du Crime. Voyez JOSEPH. *Antiq. Jud.* Lib. IV. Cap. VIII. BODIN. *de Republ.* Lib. VI. Cap. ult. CONSTANTIN L'EMPEREUR, *in Baba-Kama*, Cap. VIII. §. 1. [& le Comment. de Mr. LE CLERC ſur EXOD. XXI, 34.] On allegue auſſi quelques Loix qui condamnent les Calomniateurs, & ceux qui ont voulu faire du mal à leur prochain de quelque autre maniere, à éprouver le même traitement qu'ils ſe propoſoient de lui faire, ou la même punition qu'ils avoient tâché d'attirer ſur lui. *Quiſquis crimen intendit, impunitam fore noverit licentiam mentiendi: cùm calumniantes ad vindictam poſcat ſupplicii ſimilitudo*, COD. Lib. IX. Tit. XLVI. *De Calumniatoribus*, Leg. X. Voyez auſſi *Tit.* II. *De accuſationibus, & inſcriptionibus*, Leg. XVII. *Tit.* XII. *Ad Leg. Jul. de vi publica, vel privata*, Leg. VII. & *Deut.* XIX, 19. JOSEPH. *Ant. Jud.* Lib. IV. Cap. VIII. DIODOR. SICUL. Lib. I. Cap. LXXVII. Mais quoiqu'il n'y ait rien d'injuſte dans une telle ſentence, les Calomniateurs, par exemple, ne pouvant jamais être trop ſeverement punis. (Voyez ISOCRAT. *de Permutatione*, page 313, 314. *Edit. H. Steph.* PLIN. *Panegyr.* Cap. XXXV. num. 3. QUINTILIAN. *Inſt. Orat.* Lib. XII. Cap. IX. page 1083. *Edit. Burm.* Declam. XI. Cap. VI. *page* 235, 236. & Declam. CCCXXXI. CONSTITUT. SICUL. Lib. II. Tit. XIV.) ces Loix renferment quelque choſe de plus que la Peine du *Talion*, puiſqu'elles puniſſent un Crime qui n'eſt que commencé, comme s'il avoit eu ſon plein & entier effet: de même que par la Loi divine de *Moïſe*, un Mari qui avoit diffamé ſa Femme ſans ſujet, étoit puni de la même maniere que celui qui avoit débauché une Fille. Voyez DEUTER. XXII. 19, 29. Les Loix des XXII. TABLES décernoient la Peine du *Talion* contre ceux qui avoient eſtropie quelqu'un: mais ce n'étoit qu'au cas qu'il ne s'accommodaſſent pas avec la perſonne lézée: SI MEMBRUM RUPIT, NI CUM EO PACIT, TALIO ESTO. Et même dans la ſuite, le Préteur les en diſpenſoit pour une amende. Voyez AUL. GELL. *Noct. Attic.* Lib. XX. Cap. I. Ce *Talion* fut depuis entierement aboli à *Rome*, comme il paroit par les INSTITUTES, Lib. IV. Tit. IV. *De Injuriis*, Leg. VII. Voyez ANT. MATTH *de Crim.* Tit. *De Injuriis*, Cap. II. §. 3. Voyez auſſi la Loi de *Charondas*, dans DIODORE DE SICILE, Lib. XII. Cap. 17. DEMOSTHENE, *Adv. Timocrat.* page 480. *Edit. Baſil.* 1572. ARISTOT. Rhetor. Lib. I. Cap. VII. *in fin.* PETRUS

Car 1. cela ne sçauroit avoir (b) lieu à l'égard de plusieurs Crimes, tels que sont, par exemple, l'Adultere, la Fornication, & les autres conjonctions illicites, le Crime de Léze-Majesté, la Médisance, les Injures, la Calomnie, l'Empoisonnement, le Crime de Faux, la Supposition d'un Enfant, le fait de ceux qui procurent un Avortement, le (2) *Plagiat*, les Brigues, l'Inceste, le Sacrilege, l'éloignement ou le transport des (3) bornes d'un Voisin, la (4) violation des Sépulcres, le (5) Stellionat, la (6) Prévarication, & autres actions semblables. Les Loix mêmes qui ordonnent la Peine du Talion, ne l'étendent qu'aux mauvais traitemens ou au dommage que la personne lézée a souffert en son corps. 2. De-plus, quand même on pourroit supposer un cas où la juste mesure de la Peine fût de traiter le Coupable de la même maniere qu'il a traité les autres, sans que d'ailleurs la condition ou l'état de la personne offensée, le lieu, le tems, la qualité ou le motif de l'Action, & autres pareilles circonstances contribuassent en rien à augmenter ou diminuer l'énormité du fait ; la Peine du Talion toute seule ne seroit pas assez convenable, ni bien proportionnée au Crime. Si un Paysan, après avoir donné un soufflet à un autre Paysan dans quelque Lieu particulier, doit en recevoir autant de l'Offensé ; celui-ci pourra-t-il si-bien mesurer son coup, (7) qu'il applique un soufflet ni plus ni moins rude que celui qu'il a reçu ? Que si l'execution doit se faire par un tiers, comment pourra-t-il sçavoir avec quelle force le soufflet a été donné, pour frapper justement de la même maniere ? 3. Il y a plusieurs Délits, par rapport ausquels la Peine du Talion seroit trop rigoureuse, à la prendre tout crûment, sans avoir égard à la différence des personnes, & sans distinguer s'il y a eu de la malice, ou simplement de l'imprudence, dans le fait dont il s'agit. (8) Supposons, par exemple, qu'un homme de bonne maison ait donné un soufflet à un Portefaix, pour qui c'est un léger affront ; n'y auroit-il pas trop de rigueur à permettre au Portefaix de lui rendre le soufflet ? Si en donnant un soufflet à quelqu'un, on lui crevoit l'œil sans y penser avec une bague que l'on a au doigt, dont le diamant est taillé en pointe ; ne seroit-il pas trop dur d'être condamné à avoir un œil crévé ? 4. Enfin, la Peine du Talion seroit trop légere pour certains Crimes, soit à cause de la disproportion de la condition de l'Offenseur & de celle de l'Offensé ; soit à cause de la différence des lieux, des tems, & d'autres circonstances. GROTIUS allégue aussi de bonnes raisons pour faire voir en général,

(b) D'où il paroit, que l'Empereur *Theodose* eut raison d'abolir la coûtume d'enfermer dans un Bordel les femmes surprises en adultere. Voyez *Socrat. Hist. Ecclesiast. Liv. V.* C. XVIII.

THOLOSAN. Syntagm. Lib. XXXI. Cap X.

(2) *Plagium.* C'étoit lorsque l'on prenoit par force, ou qu'on achetoit pour Esclave, une personne que l'on sçavoit être libre, ou lorsque l'on s'approprioit ou qu'on retenoit de mauvaise foi un Esclave d'autrui, ou qu'on le cachoit, ou qu'on lui persuadoit de s'enfuir d'auprès de son Maitre, &c. Voyez DIGEST. Lib. XLVIII. Tit. XV. *De Lege Fabia de Plagiariis.*

(3) Voyez DIGEST. Lib. XLVII. Tit. XXI. *de termino moto* ; & là-dessus les Interprêtes.

(4) Voyez DIGEST. Lib. XLVII. Tit. XII. *De sepulchro violato.*

(5) Voyez ci-dessus, Liv. III. Chap. VII. §. 11. à la fin.

(6) Voyez DIGEST. Lib. XLVII. Tit. XV. *De Prævaricatione.*

(7) C'est pour cela qu'une Loi des WISIGOTHS, indiquée ici par notre Auteur, défend la Peine du Talion pour un Soufflet, ou quelque coup donné à la Tête ; quoiqu'elle l'ordonne d'ailleurs pour d'autres mauvais traitemens : *Pro alapâ vero, pugno vel calce, aut percussione in capite, prohibemus reddere talionem : ne dum talio rependitur, aut læsio major, aut periculum ingeratur.* Lib. VI. Tit. IV. Cap. III. *princ.*

(8) ARISTOTE se sert de cette preuve, & d'un exemple tout semblable, pour faire voir que la Loi du *Talion* ne sauroit être toûjours pratiquée. Πολλαχοῦ γὰρ διαφωνεῖ [τῷ δικαίῳ τὸ ἀντιπεπονθός·] οἷον εἰ ἀρχὴν ἔχων ἐπάταξεν, οὐ δεῖ ἀντιπληγῆναι· καὶ εἰ ἄρχοντα ἐπάταξεν, οὐ πληγῆναι μόνον δεῖ, ἀλλὰ καὶ κολασθῆναι. ἔτι τὸ ἑκούσιον καὶ τὸ ἀκούσιον διαφέρει πολλά. « Le *Talion* ne s'accorde pas souvent avec la Justice. » Si un Magistrat, par exemple, à battu quelqu'un, » celui-ci ne doit pas le battre à son tour. Si au con- » traire quelqu'un à battu un Magistrat, il doit non » seulement être battu à son tour, mais encore être » puni d'une autre maniere. D'ailleurs, il y a une » grande différence entre ce que l'on fait volontaire- » ment, & ce que l'on fait involontairement. *Ethic. Nicom.* Lib. V. Cap. VIII.

(c) que la Loi du Talion ne sauroit être observée à la rigueur & dans toute son étendue. *Il n'est pas juste, dit-il, que celui qui a fait du mal à autrui de propos délibéré, & sans avoir agi par quelque principe qui diminue considérablement la faute, ne* (d) *souffre qu'autant de mal qu'il en a causé...... En effet, il est contre l'Equité Naturelle, que le Coupable n'ait pas plus à craindre que l'Innocent ;* & ce ne seroit pas pourvoir suffisamment à la sûreté des Hommes, que d'établir des Loix qui laissassent les Gens-de-bien exposez à des insultes plus fâcheuses, que les Peines dont on menace les Méchans, qui d'ailleurs trouvent quelque avantage dans l'espérance qu'ils ont, ou de n'être pas découverts, ou de prendre la fuite, ou d'échapper par quelque autre voye à la sévérité de la Justice. *Ajoûtez à cela, qu'il y a des Crimes dont on punit l'execution imparfaite aussi rigoureusement que l'execution pleine & entiere ; comme cela se voit dans la Loi des Juifs au sujet* (e) *des Faux-témoins, & dans celle des Romains* (9) *contre ceux qui sont allez avec des armes, à dessein de tuer quelqu'un. Or un Crime achevé mérite sans contredit une plus grande punition que celui qui n'est que commencé. Cependant, comme il n'y a pas de plus grande Peine que la Mort, & qu'on ne sauroit la faire souffrir plus d'une fois, on en demeure là nécessairement ; avec cette différence qu'on y ajoûte quelquefois des tourmens, selon l'atrocité du Crime*, ou quelque ignominie dont on flétrit ou le Patient même, ou son cadavre & sa mémoire.

(c) Liv. II. Chap. XX. §. 32.

(d) Voyez *Apocal.* XVIII. 6. *Strab.* Lib. XV. pag. 710. *Edit. Paris.* 1036, C. *Edit. Amst. Diog. Laert.* in *Solon* Lib. I. §. 57. *Edit. Amst.*

(e) Deut. XIX. 19. Voyez aussi *Exod.* XXII. 9. & *Edict. Regis Theodoric.* Cap. XIII. & L.

Comment on punit un Corps, ou une Communauté ?

§. XXVIII. VOILA pour ce qui regarde les Peines que l'on inflige à cause de quelque Crime dont le Coupable est l'Auteur propre & unique. Mais les Tribunaux Humains punissent aussi quelquefois certaines personnes en conséquence d'un Crime qui a été commis par d'autres. Surquoi il est certain, (a) que ceux qui sont véritablement complices des Crimes de quelqu'un, de la maniere (b) que nous l'avons expliqué ailleurs, peuvent être punis à proportion de la part qu'ils y ont ; puisqu'en ce cas-là ils souffrent au fond pour leur Crime propre, plûtôt que pour le Crime d'autrui. Il y a pourtant cette différence entre la Peine, & la réparation du Dommage, que les Juges condamnent plus aisément à la derniere toute seule, qu'à l'une & à l'autre en même tems ; l'imprudence, ou la légéreté de la faute, fournissant une excuse plus valable, pour obliger à relâcher la Peine, que pour dispenser de réparer le Dommage (c).

A l'égard des *Crimes commis par un Corps entier, ou une Communauté*, je remarque d'abord, qu'encore que les délibérations qui ont passé à la pluralité des voix, soient regardées d'ordinaire comme l'avis & la volonté de tout le Corps, ensorte que les Membres qui avoient opiné autrement, (d) sont néanmoins tenus de se soumettre à la délibération, & de l'executer même, s'il le faut ; cependant, lorsqu'elle renferme quelque chose de criminel, ceux-là seuls en doivent être réputez coupables, qui y ont donné leur consentement en particulier : les autres, qui ont toûjours été d'avis contraire (e), sont tout-à-fait innocens. De là vient qu'*Alexandre le Grand* ayant ordonné de vendre tous les *Thébains* (f), après les avoir vaincus, en excepta ceux qui s'étoient opposez à la délibération publique de rompre l'alliance avec les *Macédoniens*. On excuse même ordinairement, du moins en partie, ceux qui ayant été d'abord de sentiment contraire, prêtent ensuite la main à l'execution de la délibération criminelle qui a prévalu. C'est ainsi qu'on dit que les *Grecs* (g) épargnerent *Anténor* & *Enée*, parcequ'ils avoient conseillé de rendre *Héléne* ; quoique le dernier combattît depuis vaillamment pour sa Patrie.

(a) Voyez *Grotius*, Liv. II. Chap. XX. §. 1.

(b) Voyez Liv. I. Chap. V. §. 14. Liv. III. Chap. I. §. 4, 5. & *Jacob. Godofred. disc. ad* Leg. V. *Cod.* Lib. IX. Tit. VIII. *Ad Leg. Jul. Majestatis*, Cap. IX. & X.

(c) Voyez la Loi de *Thom. Randulfe*, Vice Roi d'*Ecosse*, rapportée par *Buchanan*, Lib. IX. init.

(d) Voyez *Polyb.* Lib. V. Cap. XXIX. *in fin.* & ce que l'on a dit ci-dessus, Liv. VII. Chap. II. §. 15.

(e) Voyez *Luc*, XXIII. 51. & *Grotius Liv. II.* Chap. XXI. §. 7. num. 4.

(f) *Plutarch.* in Alexandre page 670. B. Tome *I. Edit. Wech.*

(g) Voyez *T. Live* Lib. *I. Cap. I.* num. 1.

(9) Voyez-la citée ci-dessus, §. 23. Note 4. & GROTIUS, §. 39. du Chap. qui été cité tant de fois dans celui-ci.

Il faut remarquer encore, que l'on punit autrement un *Corps* considéré précisément comme tel, & chacun des *Membres*, ou des Particuliers, dont il est composé. On fait mourir quelquefois les Particuliers. Mais ce qui tient lieu de Mort (h) à l'égard du Corps entier, c'est de le dissoudre, ou de détruire l'union Morale qui le forme, & qui en constitue la nature. On punit aussi quelquefois les Particuliers, en les rendant Esclaves. Une Punition semblable pour un Corps, c'est de le faire dépendre d'un autre Corps non-Souverain, ou même d'un seul Sujet de l'Etat. Enfin, on punit les Particuliers par des amendes Pécuniaires, ou par une confiscation de leurs biens. De même, on ote à un Corps, en forme de Peine, les biens (i) & les avantages qu'il possédoit en commun; par exemple, ses Murailles, ses Ports, ses Arsenaux, ses Vaisseaux de guerre, ses Armes, son Trésor, ses Terres, ses Priviléges, &c. (1).

(h) Voyez *Digest. Lib. VII.* Tit. *VI. Quibus modis ususfructus vel usus amittitur, Leg. XXI.* & *Constit. Sicul.* Lib. I. Tit. *XLVII.*

(i) Voyez *Herodien, Lib. II.* Cap. *XIX. Edit. Oxon.* (*VI. num.* 19. *Edit. Boecl.*) *Libanius*, Orat. *XIII. Fulcarius Gallican. in Avid. Cass.* Cap. IX. *Socrat.* Hist. Eccl. *Lib. II. Cap. XIII.*

Ici néanmoins la Raison veut que l'on punisse, (2) surtout ceux qui sont les principaux Auteurs du Crime. Desorte que, pour faire une juste estimation des Crimes commis par un Corps, & pour y proportionner les Peines, il est bon d'avoir devant les yeux la réfléxion d'un ancien Orateur: (3) *On se trompe fort*, dit-il, *de croire qu'il y ait parmi les Hommes aucun Crime qui puisse être regardé veritablement comme le*

§. XXVIII. (1) On rend aussi quelquefois à une Communauté ces sortes de choses; de même qu'on en use a l'égard des Particuliers, quand on croit les avoir assez châtiez. C'est à quoi se rapporte un exemple allegué par GROTIUS, *Liv.* II. *Chap.* IX. §. 6. *Note* 6. de ce que fit l'Empereur *Severe* a l'égard de la Ville d'*Alexandrie*, à laquelle il rendit le droit d'avoir un Conseil Public, qu'elle avoit perdu, pendant qu'elle avoit eu un Juge, nommé *Juridicus*, qui lui etoit envoyé de *Rome*. J'ai indiqué là-dessus SPARTIEN, *in Sever.* Cap. XVII. dont GROTIUS copie tacitement les paroles, à peu de chose prés. Mr. GUNDLING, dans une Dissertation *De Universitate delinquente, ejusque pœnis*, §. 45. prétend, que j'ai mal entendu & SPARTIEN, & GROTIUS: mais il est aisé de faire voir que c'est lui-même qui entend mal l'un & l'autre de ces Auteurs. Pour commencer par GROTIUS, il ne faut que considérer à quelle occasion il allegue cet exemple. Il le joint à celui de la Ville de *Capoue*, & par consequent il doit avoir voulu parler d'un semblable droit ôté à la Ville d'*Alexandrie*. Outre que la concession d'un tel droit, si ceux d'*Alexandrie* ne l'avoient jamais eu, seroit ici tout-à-fait hors d'œuvre. A l'égard du passage de SPARTIEN, Mr. GUNDLING s'est trompé, faute d'entendre une expression louche, mais dont on trouve bien des exemples semblables dans les meilleurs Auteurs *Grecs* & *Latins*: *Qui sine Publico Consilio, ita ut sub Regibus, ante vivebant*, &c. ne signifie nullement, que la Ville d'*Alexandrie* n'avoit point de Conseil Public sous les Rois, de même qu'elle n'en eut point jusqu'à l'Empereur *Severe*: mais au contraire, qu'elle en avoit eu un sous les Rois. C'est comme si l'Historien avoit dit, *Qui sine Publico Consilio, quod habuerant sub Regibus, ante* [Severum] *vivebant*, &c. C'est ainsi que CASAUBON l'a manifestement entendu, & si Mr. GUNDLING eût pris la peine de jetter les yeux sur les Notes de ce sçavant Critique, il y auroit trouvé une preuve incontestable & du sens de *Spartien*, & de la verité du fait. C'est un passage de DION CASSIUS, où il est dit formellement, qu'*Auguste* craignant l'esprit remuant de ceux d'*Alexandrie*, mit, entr'autres, cette différence entr'eux & les autres Villes d'*Egypte*, qu'il laissa le Gouvernement de celles ci sur le pied qu'il etoit auparavant dans chacune; au lieu qu'il voulut qu'*Alexandrie* n'eût point de Conseil Public: Ἀλλὰ τοῖς μὲν ἄλλοις ὡς ἑκάστοις, τοῖς δ' Ἀλεξανδρεῦσιν ἄνευ βουλευτῶν πολιτεύεσθαι ἐκέλευσε· τοιαύτην που νεωτεροποιΐαν αὐτῶν κατέγνω. Lib. LII. page 521. B. *Edit. H. Steph.* Cela suppose évidemment, qu'il y avoit à *Alexandrie*, avant *Auguste*, un Conseil de Ville.

(2) C'est le parti qu'on prit autrefois, dans une sédition qui s'étoit faite à *Carthage la Neuve*, en *Espagne*. *Certabant sententiis* [Carthagini] *utrum in auctores tantum seditionis.... animadverteretur, an plurium suppliciis vindicanda tam fœdi exempli defectio magis quàm seditio esset. Vicit sententia lenior, ut unde orta culpa esset, ibi pœna consisteret, ad multitudinem castigationem satis esse.* TIT. LIV. *Liv.* XXVII. *Cap.* XXVI. La décimation des Soldats, qui ont commis ensemble la même faute, se fait aussi comme le dit CICERON, afin que tous soient dans la crainte, & qu'il n'y en ait pourtant que peu de punis. *Statuerunt enim ita Majores nostri, ut si à multis esset flagitium rei militaris admissum, sortitione in quosdam animadverteretur: ut metus videlicet ad omnes, pœna ad paucos perveniat.* Orat. *pro A. Cluentio*, Cap. XLVI. Voyez POLYB. *Lib.* XI. *Cap.* XXVII. *in fin.* & *Excerpt. Legat.* XXVIII. Cap. IV. TACIT. *Annal.* Lib. I. Cap. XLIV. *init.* BODIN *de Republ.* Lib. III. Cap. VII. page 527. & *seqq.* CONSTIT. SICUL. *Lib* I. *Tit. ult.* ANT. MATTH. *de Crimin.* ad L. XLVIII. DIGEST. *Tit.* XVIII. *Cap.* IV. §. 10. Toute cette Note est de l'Auteur. Voyez aussi, sur cette question, FRANC. HOTOMAN. *Quæst. Illustr.* Cap. XLII. où il fait bien des remarques historiques & politiques.

(3) *Fallitur, Judices, quisquis ullum facinus in rebus humanis publicum putat. Per nalentem vires sunt quidquid Civitas facit; & quodcumque facit Populus, secundùm quod exasperatur, irascitur. Sic corpora nostra motum nisi de mente non sumunt, & missa sunt membra, donec illis animus utatur. Nil est facilius, quam in quemlibet adfectum movere populum. Nulli, cum coimus, sua cogitatio, sua mens, ulla ratio præsto est, nec habet ulla turba prudentiam singulorum: sive quod minus publicos cogimus affectus, sive negligentior est, qui se non putat solum debere rationem; & tanlei si lucis facimus omnium.* QUINTIL. *Declam.* XI. Cap. VII. page 237. *Edit. Burm.*

Crime du Public. Tout ce que la Communauté fait, doit être proprement attribué à ceux qui ont l'art de persuader; le Peuple ne s'émeut qu'autant qu'on l'anime & qu'on l'irrite: de même que nôtre Corps suit uniquement les mouvemens de nôtre Ame, chacun de nos membres demeurant immobile, tant qu'elle ne veut pas s'en servir. Il n'y a rien de plus facile que d'exciter dans les esprits du Peuple toutes sortes de Passions. Quand on vient à s'assembler pour les affaires communes, aucun n'apporte son esprit, son jugement; en un mot, la moindre ombre de Raison. Une Multitude ne fait jamais paroître la même prudence que chacun a dans ses affaires particulieres: soit parceque l'on ne s'intéresse guéres à ce qui touche le Public, ou parcequ'on se repose sur les autres du soin de penser à ce dont ils doivent rendre compte aussi-bien que nous: desorte qu'on agit à l'étourdie dans la confiance du grand nombre de compagnons qu'on aura.

Les Crimes commis par des Corps entiers s'effacent par la longueur du tems.

§. XXIX. On demande au reste, si l'on peut toûjours punir, tôt ou tard, les Crimes commis par un Corps, ou une Communauté (a)? Si, par exemple, il en est encore tems, après deux ou trois générations? Il semble d'abord, qu'il n'y ait là rien d'injuste; le Corps (b) demeurant toûjours le même, tant qu'il subsiste, malgré le changement & la succession continuelle des Particuliers dont il est composé. Il vaut mieux néanmoins décider la question négativement: car il n'est pas même toûjours nécessaire, dans le Tribunal Humain dont il s'agit, de punir les fautes anciennes des Particuliers aussi exactement & avec autant de rigueur, que celles qui sont toutes fraiches; & ce n'est pas sans raison que le Droit Romain a fait diverses Loix sur (c) la Prescription des Crimes. De-plus, il faut bien remarquer, que l'on attribue à un Corps deux sortes de choses: les unes, qu'il possede directement & par lui-même, comme sont, le Trésor public, les Loix, les Droits, les Privileges, &c. car chacun des Membres ne peut pas dire que ces choses-là soient à lui en particulier: les autres, qui n'appartiennent au Corps qu'entant qu'elles se trouvent dans le plus grand nombre des Particuliers d'où elles rejaillissent sur tout le Corps; comme quand on dit qu'une Societé est sçavante, brave, sage, de bonnes mœurs, &c. quoiqu'il puisse y avoir quelques ignorans, quelques lâches, quelques gens d'une vie mal réglée: ou au contraire que la Societé est ignorante, lâche, mal morigenée, quoiqu'il s'y trouve quelquefois des Sçavans, des gens de cœur, & de bonne vie. C'est dans le dernier sens qu'on dit qu'un Corps a mérité d'être puni; car un Corps consideré comme tel, & entant que distinct des Membres dont il est composé, n'a pas une Ame par laquelle il puisse produire des Actions immédiatement susceptibles de mérite ou de démérite. Lors donc que les Membres, dont les Crimes réjaillissoient sur le Public, viennent à être éteints, sans que ceux qui ont succédé ayent rien fait par où ils témoignassent approuver les Actions de leurs prédécesseurs; les Crimes ne subsistent plus, & par conséquent le Corps entier n'est plus sujet à la Peine. Plutarque (d), pour prouver le contraire, en appelle à la conduite de la Providence Divine, qui fait porter quelquefois à la postérité la peine des Crimes de ses Ancêtres. Mais les régles de la Justice Divine ne sont pas toûjours les mêmes que celles des Tribunaux Humains. Les (1) Ré-

(a) Voyez *Grotius*, Liv. II. *Chap.* XXI. §. 8.

(b) Voyez *Plutarch. de Sera Num. vind.* page 559. A.

(c) Voyez ci-dessus, Liv. IV. Chap. XII. §. 2. à la fin.

(d) *Ubi suprà.*

§. XXIX. (1) C'est ainsi qu'autrefois les *Romains* alleguerent, comme une raison plausible de ce qu'ils prenoient la defense des *Acarnaniens*, contre les *Etoliens*; que les *Ancêtres des* Acarnaniens *étoient les seuls qui n'avoient point envoyé de secours aux* Grecs *contre les* Troyens, *d'où étoit descendue la Nation Romaine.* Justin. Lib. XXVIII. Cap. I. *in fin.* Strabon, Lib. X. Mais on voit bien, disoit ici notre Auteur, que ce n'étoit qu'un prétexte dont les *Romains* se servoient, pour se mêler d'une querelle où ils n'avoient que faire d'entrer. Notre Auteur se moquoit aussi de ce mot du Sultan *Mahomet II.* le quel écrivant au Pape *Pie II.* lui disoit: *Je m'étonne, comment les* Italiens *se bandent contre moi, attendu que nous avons notre origine com-*

compenses (c) & les Honneurs qui passent d'une génération à l'autre, jusqu'à la postérité la plus reculée, ne tirent pas non-plus à conséquence pour la Punition des Crimes; car il n'en est pas des Peines, comme des Bienfaits, qui ne supposent aucun mérite dans ceux qui les reçoivent, & dont le Bienfaicteur peut favoriser qui bon lui semble, sans faire tort à personne.

(c) *Ubi s.*

Tout mal que l'on souffre en conséquence de quelque crime, n'est pas une Peine.

§. XXX. DU RESTE, c'est une Régle sûre & inviolable, que *personne ne peut être légitimement puni, devant les Tribunaux Humains, pour un Crime d'autrui auquel il n'a aucune part.* La (1) raison en est, que tout mérite ou démérite est entierement personnel, comme fondé sur la volonté particuliere de chacun, qui est ce que l'on a de plus propre & de plus incommunicable. Or on n'a droit de punir, que ceux qui l'ont mérité.

Mais, comme il arrive souvent dans le cours de la Vie, que des personnes innocentes souffrent quelque chose à l'occasion d'un Crime d'autrui; pour ne pas confondre des idées différentes, il faut bien remarquer, 1. Que tout ce qui cause quelque chagrin ou quelque perte, ne tient pas pour cela lieu de Peine proprement ainsi nommée. C'est une Punition, que d'être réduit à la mendicité par l'effet d'un Crime qui a été cause que le Magistrat nous a confisqué nos biens: Mais combien n'y a-t-il pas de gens, qui en venant au monde, n'ont aucun patrimoine qui les attende? Combien d'autres, qui perdent tout ce qu'ils ont au monde, par un Incendie, par un Naufrage, par la Guerre? Lors donc que des Sujets, par exemple, sont exposez à quelques maux en conséquence des Crimes de leur Prince, ils doivent regarder cela comme les Incommoditez corporelles, les infirmitez de la Vieillesse, le désordre des Saisons, la Stérilité, & autres semblables malheurs qui sont une suite inévitable de la constitution des choses humaines.

Il y a un Dommage causé directement, & un Dommage causé par accident.

(a) Voyez *Grotius, Liv. II.* Chap. XXI. §. 10.

§. XXXI. 2. AUTRE chose est un *Dommage causé directement*, (a) & un *Dommage qui provient seulement par une suite accidentelle.* On cause le premier, en dépouillant quelqu'un d'une chose à quoi il avoit un droit proprement ainsi nommé. On cause l'autre, en empêchant l'effet d'une certaine condition, sans quoi celui qui est privé d'une chose ne pouvoit y avoir aucun droit. Lors, par exemple, qu'en creusant un Puits dans (1) mon Fonds, j'y attire les veines d'eau, qui sans cela auroient coulé dans la Terre de mon Voisin: comme je ne fais qu'user de mon droit, je ne cause point de Dommage, proprement ainsi dit, à ce Voisin; c'est la décision des Jurisconsultes Romains. De même, si l'on confisque les biens d'un Pere, ses Enfans en souffrent à la vérité; mais ce n'est pas proprement une Peine par rapport à eux, puisqu'ils ne devoient hériter de (2) ces biens, qu'au cas que leur Pere les conservât jusqu'à sa mort.

mune des Troyens; *& que j'ai, comme eux, interêt de vanger le sang d'*Hector *sur les* Grecs, *lesquels ils vont favorisant contre moi.* Essais de MONTAGNE Liv. II. Chap. XXXVI. Tome III. page 302. *Edit. de la Haye* 1727.

XXX. (1) Cette raison étoit placée au commencement du paragraphe 33. Je l'ai transportée ici, où elle trouve mieux sa place, & j'ai en même tems évité par-là une repétition inutile.

§. XXXI (1) *Item videamus, quando damnum dari videatur. . . ut puta in domo mea puteum aperio, quo aperto vena putei tui præcisa sunt; an tenear? Ait* Trebatius, *non teneri me damni infecti: neque enim existimari operis mei vitio damnum tibi dari in eâ re, in qua jure meo usus sum.* DIGEST. Lib. XXXIX. Tit. II. *De damno infecto, & de suggrundis*, &c. Leg. XXIV. §. 12. L'Auteur citoit encore la Loi XXVI. du même Titre. Voyez au reste, sur ceci & quelques autres cas semblables, une Dissertation de Mr. THOMASIUS, intitulée, *Non ens actionis forensis contra ædificantem ex æmulatione*, imprimée à *Hall* en 1703.

(2) *Esse autem præposterum, ante nos locupletes dici, quàm adquisierimus.* DIGEST. Lib. XXXV. Tit. II. *Ad Leg. Falcid.* Leg. LXIII. *Eum qui Civitatem amitteret, nihil aliud juris adimere liberis, nisi quod ab ipso perventurum esset ad eos, si intestatus in Civitate moreretur: hoc est, hereditatem ejus, & libertos, & si quid aliud in hoc genere, reperiri potest: quæ verò non à patre, sed à genere, à civitate, à rerum natura tribuerentur, ea manere eis incolumia.* Lib. XLVIII. Tit. XXII. *De in-*

Il y a des choses qui sont la véritable *cause d'un Mal*; d'autres qui n'en sont que l'*occasion*.

§. XXXII. Enfin, il faut remarquer que l'on fait quelquefois souffrir un Mal à quelqu'un, ou perdre un Bien, à l'occasion d'une faute d'autrui, ou parcequ'une personne n'a pas tenu ses engagemens; mais ensorte néanmoins que la faute ou l'infidelité ne sont pas la cause prochaine & véritable du dommage que souffre celui qui n'y a point de part, & qu'elles ne donnent pas droit directement de lui faire souffrir (a). C'est ainsi que l'on condamne une Caution à payer, lorsque le Débiteur, pour qui elle a répondu, manque de parole; mais la cause prochaine & immédiate pourquoi elle est obligée de payer une Dette d'autrui, c'est parcequ'elle s'y est engagée. Comme donc l'obligation de celui qui a répondu pour un Acheteur, n'est pas proprement fondée sur le Contract de Vente; mais sur l'engagement où il est entré lui-même: celui qui a cautionné pour un Criminel, n'est pas non-plus proprement tenu du fait d'autrui, mais de son propre fait, ou de sa parole. D'où il s'ensuit, que le mal auquel s'expose un tel Répondant, doit être proportionné, non au Crime de celui pour qui il a cautionné, mais au pouvoir qu'il avoit lui-même de s'engager. Lors donc que le Criminel s'est évadé, il ne faut pas faire souffrir au Répondant tout le mal que méritoit le Criminel; mais seulement autant que le Répondant a pû s'engager d'en souffrir pour l'autre. Desorte que s'il s'agit d'un Crime capital, on ne sauroit exiger du Pleige autre chose, si ce n'est qu'il promette au Magistrat, pardevant lequel la cause est portée, de réparer le dommage qui en provient, ou de représenter (b) l'Accusé en tems & lieu. Mais le Pleige ne peut jamais s'engager à subir la Peine de mort, personne n'ayant droit de disposer de sa propre vie. Les Régles de la Justice Humaine ne permettent pas non-plus d'infliger au Pleige une telle Peine; car il n'a pas commis lui-même le Crime, & il ne s'en est pas non-plus rendu complice par son cautionnement. Il a seulement procuré à l'Accusé le moyen de plaider sa cause dans un lieu plus commode, ou d'être traité plus doucement, en attendant la Sentence; & il a promis de payer l'amende que les Juges imposeroient au Criminel, ou l'estimation de ce à quoi seroit taxé le préjudice que l'Etat pourroit avoir reçu, si le Criminel venoit à se soustraire, par la suite, aux Peines portées par les Loix. Or en tout cela quel mal y a-t-il? D'ailleurs, en punissant de mort le Pleige, sans qu'il ait commis aucun Crime, mais seulement parcequ'il s'est imprudemment exposé à un si grand péril en faveur d'une personne sur la bonne foi de qui il se reposoit; ce ne seroit pas le moyen de détourner les autres des Crimes semblables à celui de l'Accusé; on ne feroit que les rendre plus circonspects, quand il s'agiroit de répondre pour quelqu'un, dans la crainte de payer cher un tel office. Ainsi un Magistrat qui feroit mourir un simple Pleige, montreroit par-là qu'il ne connoît ni la nature de la Punition, ni son propre Devoir; à moins qu'il ne parût manifestement que le Pleige est intervenu de mauvaise foi, pour mettre le Criminel en état d'éluder l'autorité des Loix & de la Justice. De même, personne n'ayant droit de détruire ses propres membres à sa fantaisie, il est clair, qu'on ne sauroit s'engager à être mutilé pour autrui. Autre chose est, quand on fait mourir (c) ceux qui étant chargez de garder un Criminel, le laissent sauver, ou par pure négligence, ou par collusion; car on ne les punit pas pour le Crime d'autrui, mais pour le leur propre (d). Pour ce qui est de l'Exil, quoique d'ailleurs les Chefs de Famille d'une

(a) Voyez *Grotius*, *Liv. II.* Chap. *XXI.* §. 11.

(b) Voyez ci-dessus Liv. V. *Chap.* X. §. 12.

(c) Voyez *I. Rois* XX. 39. *Actes* XII. 19.

(d) Voyez un autre exemple, dans *Garcil. de la Vega*, Hist. des Yncas, *Liv. VI.* Chap. III.

terdictis, *& relegatis*, *& deportatis*, Leg. III. Voyez ci-dessus, Liv. I. Chap. IX. §. 2. Buchanan a pourtant raison, (ajoûtoit nôtre Auteur) de trouver injuste & inhumaine une Loi de *Mogald*, Roi d'*Ecosse*, par laquelle ce Prince confisquoit absolument tous les biens des Criminels, sans en rien laisser ni à leurs Femmes, ni à leurs Enfans. *Rerum Scoticar.* Lib. IV. pag. 111. *Edit. Holl.* Conferez ici la Dissertation de Mr. Gundling, que j'ai déja citée, *Singularia ad Legem Majestatis*, Cap. I. §. 86, 87.

République ayent droit de recevoir ou de ne pas recevoir pour Citoyens qui il leur plaît; il n'est pas juste, à mon avis, de bannir un simple Pleige, soit parceque le Bannissement ne semble pas pouvoir tenir lieu ici de Peine proprement ainsi nommée; (1) soit parceque le bien de l'Etat ne demande pas qu'on chasse un tel Citoyen pour ce seul sujet. Il y a encore d'autres cas où l'on souffre quelque chose à l'occasion des Crimes ou des Délits d'autrui. Si, par exemple, un homme me donne le logement chez lui, & que l'on vienne à confisquer la Maison, pour punir le Proprietaire de quelque Crime qu'il a commis; je perds à cela, en ce qu'il me faut déloger, & chercher un autre logis où l'on me fera payer le loüage, au lieu que le Maître de la Maison m'y auroit peut-être laissé demeurer plus long-tems sur le même pié: ce n'est pas néanmoins pour moi une véritable Punition; puisque le Souverain, qui a acquis la Proprieté de la Maison, ne fait qu'user de son droit en m'ordonnant de sortir. De même, lorsque les Enfans d'un Traître, ou d'un Criminel d'Etat, sont exclus des Charges, le Pere est bien puni par-là, en ce qu'il se voit la cause (2) que les personnes qui lui sont les plus cheres, sont réduites à vivre dans l'obscurité; mais ce n'est pas pas une Peine par rapport aux Enfans, puisque les Conducteurs de l'Etat ayant plein-pouvoir de donner les Emplois & les Honneurs à qui bon leur semble, peuvent en exclure, toutes les fois que le Bien Public le demande, des gens mêmes qui n'ont rien fait pour s'en rendre indignes.

Personne ne doit être puni pour les crimes d'autrui.

§. XXXIII. GROTIUS (a) croit, qu'ici on peut *faire un exemple hors de la personne même du Coupable; mais dans la personne de ceux qui le touchent de près.* Cela (1) est faux, & il ne serviroit de rien de dire avec PLUTARQUE (b), que *quand un Maître d'Ecole foüette un Enfant, c'est une leçon & une espece de correction pour les autres; de même qu'un Général châtie toute l'Armée, lorsqu'il la décime*: car l'Enfant qui est foüetté avoit commis lui-même quelque faute, & quand on décime une Armée, tous ceux sur qui le sort tombe étoient véritablement coupables. Il faut donc dire, que jamais (c) les Enfans innocens ne doivent être (2) punis pour les

(a) *Liv.* II. *Chap.* XXI. §. 12.

(b) *De sera Num. vindicta*, page 560. A.

(c) Voyez *Grotius, ubi suprà*, §. 13. & *suiv.*

§. XXXII. (1) GROTIUS, *Liv.* II. *Chap.* XXI. §. 11. dit néanmoins, qu'un Pleige peut se soumettre à l'Exil: & en cela il a raison. Car, comme le remarque ZIEGLER (après ANTOINE MATTHÆUS, in Lib. XLVIII. DIG. Tit. XIV. Cap. II. num. 16.) il s'agit ici d'une chose dont le Pleige peut disposer comme bon lui semble, sçavoir, d'un changement de domicile, & de ce qui regarde les biens ou l'établissement de la Fortune. S'il y a donc quelque Loi qui ordonne qu'en certain cas un simple Pleige souffre l'Exil, on ne peut la traiter d'injuste, comme seroit celle qui le condamneroit à mort, ou à quelque souffrance en sa personne. Tout ce qu'il y a, c'est que la Prudence du Gouvernement demande qu'on n'établisse pas, sans necessité, une chose comme celle-là.

(2) Voyez un passage de PLUTARQUE, cité par GROTIUS, *ubi supr.* §. 14. *Note* 1. Ciceron a dit aussi, que c'est à la vérité une chose bien dure, de punir les Enfans des Crimes de leurs Peres: mais que les Loix ont très-bien établi cette espece de punition, afin que la tendresse d'un Pere pour ses Enfans, le rendit plus attentif à ne rien faire contre le Bien Public. *Nec verò me fugit, quàm sit acerbum, Parentium scelera Filiorum Pœnis lui. Sed hoc præclarè legibus comparatum est, ut caritas Liberorum amiciores Parentes Reipublicæ redderet.* Epist. ad Brut. XII.

§. XXXIII. (1) Mais GROTIUS ne veut pas dire, comme on se suppose ici, que le mal qui arrive à des Enfans innocens, à l'occasion du Crime de leur Pere, soit, pour eux, une véritable Punition qui serve d'exemple. Tout ce qu'il prétend, c'est que la crainte d'attirer un semblable malheur à ses Enfans, est capable de retenir & de corriger tout autre Pere qui seroit tenté de commettre le même Crime. Or il n'y a rien de plus certain. Du reste, GROTIUS soûtient fortement, qu'on ne peut ni infliger aux enfans innocens aucune Peine corporelle, ni leur rien ôter de ce qui leur appartenoit de plein droit.

(2) Le Droit Romain établit cette maxime de l'Equité Naturelle, en termes clairs & énergiques. *Crimen vel pœna paterna nullam maculam filio infligere potest. Namque unusquisque ex suo admisso sorti subjicitur: nec alieni criminis successor constituitur: idque Divi Fratres Hierapolitanis rescripserunt.* DIGEST. Lib. XLVIII. Tit. XIX. *De Pœnis*, Leg. XXVI. *Sancimus, ibi esse pœnam, ubi & noxia est. Propinquos, notos, familiares procul à calumnia submovemus, quos reos sceleris societas non facit. Nec enim adfinitas, vel amicitia, nefarium crimen admittunt. Peccata igitur suos teneant auctores: nec ulterius progrediatur metus, quàm reperiatur delictum.* COD. Lib. IX. Tit. XLVII. *De Pœnis*, Leg. XXII. L'Auteur citoit encore OVID. Metam. Lib. IV. vers. 669, 670. & le discours d'*Adraste*, dans STACE, vers la fin du I. Livre de la *Thébaïde*, vers. 668, & *seqq.*

Crimes de leurs Peres ou de leurs Ancêtres, quoique, comme nous l'avons dit ci-dessus, on puisse, sans leur faire aucun tort, ne pas leur laisser les biens & les honneurs dont ils auroient hérité sans cela; ce qui n'est pas une Punition proprement dite. Il y a eu néanmoins des Peuples (3), qui bannissoient ou faisoient mourir les

VULCATIUS GALLICAN. in Avid. Cass. Cap. XII. & le DROIT CANON, Caus. I. Qu. IV. C. 6, 7, 8.

(3) Par exemple, les *Perses* (AMMIAN. MARCELLIN. Lib. XXIII. Cap. VI. pag. 416. *Edit. Gronov.* HERODOT. Lib. III. Cap. 118, 119. JUSTIN. Lib. X. Cap. II. num. 6.) les *Macedoniens*, (QUINT. CURT. Lib. VI. Cap. XI. num. 8. & Lib. VIII. Cap. VI. num. 28.) les *Carthaginois*, (JUSTIN. Lib. XXI. Cap. IV. num. 8.) & aujourd'hui les *Japonois* (BERN. VAREN. Descript. Japon. Cap. XVIII. & *de Rel. Jap.* Cap. XI. pag. 129. FERDIN. PINTO, Itiner. Cap. LV.) Il y a même une Loi d'ARCADIUS, Empereur Chrétien, que le CODE de *Justinien* nous a conservée, dans laquelle, après avoir réduit à la derniere & à la plus triste condition, les Enfans innocens d'un Criminel d'Etat, il croit leur faire grace de leur laisser la vie, parcequ'on a lieu de craindre qu'ils n'imitent leurs Peres: *Paterno enim deberent perire supplicio, in quibus paterni, hoc est hereditarii criminis exempla metuuntur.* Lib. IX. Tit. VIII. *Ad Leg. Jul. Majestatis*, Leg. V. § 1. (Voyez ANT. MATTH. *de Crim.* Lib. XLVIII. Tit. II. Cap. III. §. 10.) On apprehendoit aussi, que ceux qui resteroient de la Famille ne voulussent venger la mort de leurs Peres ou de leurs Parens; & cette raison, aussi bien que l'autre, se trouvent exprimées dans ce passage de JUSTIN, qui a été cité: *Filii quoque, cognatique omnes, etiam innoxii, supplicio traduntur, ne quisquam aut ad imitandum scelus, aut ad mortem ulciscendam, ex tam nefaria domo superesset.* Lib. XXI. Cap. IV. à la fin. Voyez encore, *Lib.* XXVI. Cap. I. num. 8. ARISTOT. Rhetor. Lib. II. Cap. XXI. AMMIAN. MARCELLIN. Lib. XXVIII. Cap. II. *in fin. Edit. Gron.* D'ailleurs, les Princes qui vouloient par-là mettre leur vie en sûreté, étoient bien aises de présumer, & de faire croire, que les Auteurs des Conjurations tramées contr'eux, ne s'y étoient pas engagez sans que leurs Parens en sçussent quelque chose; & c'est pour cela qu'*Alexandre le Grand* fit mourir *Parmenion*, comme le remarque ARRIEN, Lib. III. Cap. XXVI. *Edit. Gron.* On considéroit encore, que tel qui est assez déterminé pour ne faire aucun cas de sa propre vie, peut se retenir & être intimidé par la pensée qu'il entraînera dans sa ruïne des personnes qui lui sont cheres. Voyez JUSTIN. Lib XXVI. Cap. I. num. 8. VALER. MAX. Lib. VI. Cap. II. num. 12. On allegue enfin ici la maxime de TACITE, rapportée ci-dessus, *Liv.* I. *Chap.* II. §. 10. *Note* 8. Mais (dit là-dessus nôtre Auteur) toutes ces raisons ne suffisent pas, pour faire porter à des Enfans, ou autres Parens moins proches, la peine d'un Crime auquel ils n'ont point de part. La raison que HOBBES allegue, dans son *Leviathan*, Cap. XXVIII. n'est pas plus solide. Il prétend que les Criminels de Léze-Majesté se déclarant Ennemis de l'Etat, on peut poursuivre par droit de Guerre, & eux & leur posterité, jusqu'à la troisiéme & quatriéme génération. Or (dit-il) à la Guerre on n'observe pas les formalitez & les régles de la Justice, ou du droit de Glaive: le Vainqueur ne distingue point, par rapport au tems passé, entre le Coupable & l'Innocent, & il n'épargne personne qu'autant que cela est nécessaire pour le bien de ses Sujets. J'avouë que les Crimes de Léze-Majesté ont ceci de particulier, que le Prince peut être Juge en sa propre cause, & faire mourir quelquefois, de sa pure autorité, sans autre forme de procés, ceux qui s'en sont rendus coupables. (Voyez GROTIUS, sur *Josué*, I, 18.) Mais outre qu'un Prince pieux doit toûjours avoir devant les yeux les reflexions de l'Empereur *Tibere*, dans sa Harangue au sujet de l'affaire de *Pison* (rapportée par TACITE, Annal. Lib. III. Cap. XII.) le droit même de la Guerre ne s'étend pas jusqu'à rendre légitime le meurtre & le carnage inhumain des Enfans en bas âge, qui ne sçavent pas encore discerner le Bien d'avec le Mal. Et ceux qui naissent dans un Etat, en étant Citoyens par cela seul qu'ils y ont reçu le jour: pourquoi les traiteroit-on en Ennemis, tant qu'ils n'ont eux-mêmes commis aucun Crime qui mérite qu'on les regarde sur ce pié-là? Dans le *Perou* même, sous l'Empire des *Incas*, lorsqu'un *Curaca* avoit été puni de mort, on n'excluoit pas pour cela son Fils de la même Charge; mais on se contentoit de lui mettre devant les yeux le crime & le supplice de son Pere, afin qu'il prît garde à lui, & qu'il fût plus exact à bien faire son devoir, dans la crainte d'avoir le même sort. GARCILASSO DE LA VEGA, *Hist. des Incas*, Liv. II. Chap. XIII. C'est aussi avec raison que l'on attend qu'une Femme condamnée à mort ait accouché avant que d'executer la Sentence: coûtume très-loüable, qui a été pratiquée par les anciens *Egyptiens*, par les *Grecs*, par les *Romains*, & par plusieurs autres Peuples. *Imperator* HADRIANUS Publicio Marcello *rescripsit, liberam, qua praegnans ultimo supplicio damnata est, liberum parere. Sed solitum esse servari eam, dum partum ederet.* DIGEST. Lib. I. Tit. V. *De statu hominum*, Leg. XVIII. Voyez aussi la Loi V. § 2. & *Lib.* XLVIII. *Tit.* XIX. *De Poenis*, Leg. III. ÆLIAN. *Var. Hist.* Lib. V. Cap. XVIII. avec les Notes de SCHEFFER & de KUHNIUS: DIODOR. SICUL. Lib. I. Cap. LXXVII. PLUTARCH. *de sera Num. vindicta*, pag. 552. D. QUINTIL. Declam. CCLXXVII. [& BRISSON. Select. antiq. Lib. II. Cap. XV.] Les Législateurs, qui enveloppent des personnes innocentes dans la ruïne ou dans la punition de celles qui les touchent de près, ne laissent pas d'abuser de leur pouvoir, encore même qu'avec le tems cela passe pour honorable; comme dans certains endroits des *Indes*, où aujourd'hui, ainsi qu'autrefois, les Femmes, sont obligées, après la mort de leurs Maris, de se jetter dans le même feu où l'on brûle le cadavre: Loi rigoureuse, qu'un Roi de ce Pays-là établit, pour empêcher que les Femmes n'empoisonnassent leurs Maris, afin d'en épouser d'autres; ce qui arrivoit souvent. Voyez CICER. *Tuscul. Quaest.* Lib. V. Cap. XXVII. STRAB. Lib. XV. pag. 1041. C. *Edit. Amsterd.* SOLIN. Cap. 52. *Edit. Salmas. Ultraj.* ABR. ROGER. *de Bramin.* Part. I. Cap. XIX. XX. Voilà bien des Remarques & des Citations que j'ai transportées ici de l'Original, où elles étoient d'ailleurs dans une étrange confusion, dont j'ai tâché de les dégager dans cette Note. L'Auteur rapportoit encore l'explication que GROTIUS prétend qu'on peut donner à l'exemple des Enfans d'*Achan*, JOSUE', VII, 24, 25.

Enfans, par exemple, d'un Tyran ou d'un Traître, & quelquefois même tous ses autres parens, quoiqu'ils n'eussent aucune part à ses Crimes. Quelques-uns en alléguoient pour raison, que les Enfans ressemblent toûjours à leurs Peres. Mais Denys d'Halycarnasse donne à entendre (4) que cela n'est pas sûr, & qu'une crainte incertaine ne suffit pas pour mettre en droit d'ôter la vie à qui que ce soit. Envain voudroit-on aussi se prévaloir des menaces que Dieu fait dans la Loi de *Moïse* (d), de *punir sur les Enfans l'iniquité de leurs Peres;* car il ne s'agit pas ici de la Justice Divine, dont les régles ne tirent point à conséquence pour les Tribunaux Humains. En un mot, toute Faute étant un acte personnel, ne peut légitimement attirer aucune Peine qu'à son Auteur. Par la même raison, un Héritier est bien tenu, selon les maximes de l'Equité Naturelle, de payer une amende pécuniaire qui avoit été imposée à celui dont il recueille la Succession, pourvû que l'amende n'aille pas au-delà de la valeur des biens du Défunt. Mais pour ce qui est des Peines afflictives ou infamantes, elles ne passent jamais à l'Héritier (5), comme font les charges attachées aux biens plûtôt qu'à la personne même du Testateur.

(d) *Exod.* XX. 5.

CHAPITRE IV.

*De l'*Estime *en general, & du Pouvoir qu'ont les Souverains de regler le rang & la considération où doit être chaque Citoyen.*

§. I. Quoique, parmi ceux qui vivent dans l'indépendance de l'Etat de Nature, il y en ait qui possédent certaines qualitez capables de leur donner une juste préférence sur les autres; cependant, comme c'est ou en vertu des Conventions, ou par un effet de la détermination du Souverain, que ces qualitez donnent quelque droit, j'ai jugé à propos d'expliquer ici à la fois tout ce qui regarde la différence des personnes selon *le degré de considération où l'on est dans la Vie commune, en vertu duquel on peut être égalé ou comparé, préferé ou postposé à d'autres.* C'est ce qui s'appelle Estime.

Ce que c'est qu'*Estime*; & combien de sortes il y en a?

comme si l'Historien sacré vouloit dire simplement, que l'on avoit amené ces Enfans, pour être témoins, avec tout le Peuple, du supplice de leur Pere, afin que cela les rendît plus sages; desorte que, selon ceux qui suivent cette interprétation, les paroles, *après les avoir lapidez*, ne se rapportent qu'à *Achan* & à son betail. Il vaudroit mieux dire, comme fait ailleurs Grotius lui-même, (*Droit de la Guerre & de la Paix*, Liv. II. Chap. XXI. §. 14) que Dieu étant le souverain arbitre & le maître absolu de la vie des hommes, peut, quand il lui plait, l'ôter à qui bon lui semble; & que dans le cas dont il s'agit, il fait mourir les Enfans, pour punir les Peres par cette vûë affligeante. Outre que les Enfans eux-mêmes étant d'ailleurs coupables devant Dieu pour leurs propres péchez, il ne leur fait aucun tort de leur ôter la vie qu'il leur laissoit par un pur effet de sa clemence. Voyez Mr. Le Clerc, sur Exod. XX, 5. & Deut. XXIV, 16. Mais il y a encore plus d'apparence, que les Enfans d'*Achan* avoient été effectivement complices du sacrilege, comme le remarque Mr. Le Clerc, sur Josué, VII. 24. quoique l'Historien Sacré ait omis cette circonstance.

(4) Παρ' Ἑλλήνων δὲ οὐχ οὕτως ἐνίοις ὁ νόμος ἔχει, ἀλλὰ τοὺς ἐκ τυράννων γενομένους οἱ μὲν συναποκτίννυσθαι τοῖς πατράσι δικαιοῦσιν, οἱ δὲ ἀειφυγίᾳ κολάζουσιν. ὥσπερ οὐκ ἐνδεχομένης τῆς φύσεως χρηστοὺς παῖδας ἐκ πονηρῶν πατέρων, ἢ κακοὺς ἐξ ἀγαθῶν γενέσθαι. Antiq. Romanor. Lib. VIII. pag. 547. *Edit. Sylburg.* Cap. 80. *Edit. Oxon.* Nôtre Auteur indique encore ici Philon, *De Special. Leg.* Lib. II. pag. 802, 803. Voyez sur Grotius, Liv. II. Chap. XXI. §. 12. *Note* 6 & 7. §. 14. *Note* 7.

(5) *Civilis constitutio est*, pœnalibus actionibus heredes non teneri, nec ceteros quidem successores. *Idcirco nec furti conveniri possunt. Sed quamvis furti actione non teneantur, attamen* ad exhibendum *actione teneri eos oportet, si possideant, aut dolo fecerint quominus possideant.* Digest. Lib. XLVII. Tit. I. *De privatis delictis*, Leg. I. §. 1. *Si pœna alicui irrogatur, receptum est commentitio jure, nec ad heredes transeat; cujus rei illa ratio videtur, quod pœna constituitur in emendationem hominum: quæ mortuo eo, in quem constitui videtur, desinit.* Lib. XLVIII. Tit. XIX. *De Pœnis*, Leg. XX. Voyez Grotius, Liv. II. Chap. XXI. §. 19, 20.

Il y a un grand rapport entre les deux principales sortes de *Quantité Morale*, je veux dire, le *Prix* des Choses, & l'*Estime* des Personnes. En effet, comme la raison pourquoi on a attaché aux Choses un certain Prix, c'est surtout afin de les pouvoir comparer exactement dans les échanges, ou dans le transport qu'on en voudroit faire à autrui: de même l'estime sert à régler le cas qu'on doit faire des Hommes les uns par rapport aux autres, pour pouvoir les ranger dans un ordre convenable, lorsqu'ils se trouveront ensemble; l'expérience faisant voir, qu'il étoit impossible de les regarder tous géneralement sur le même pié, & de n'établir parmi le Genre-Humain aucune différence des Personnes.

(a) *Existimatio intensiva.*

L'ESTIME peut se diviser en *Estime Simple*, & *Estime* (a) *de distinction.* L'une & l'autre doit être envisagée, ou par rapport à ceux qui vivent (1) les uns à l'égard des autres dans l'indépendance de l'Etat de Nature, ou par rapport aux Membres d'une même Societé Civile.

De l'*Estime Simple*; & 1. De celle des gens qui vivent dans l'Etat de Nature.

§. II. LE fondement de l'ESTIME SIMPLE, parmi ceux qui vivent respectivement dans l'Etat de Nature, consiste en ce qu'une personne se conduit de telle maniere, qu'on a lieu de la croire disposée à pratiquer envers les autres, entant qu'en elle est, les Devoirs Naturels de la Sociabilité, & que l'on peut par conséquent se fier à elle (1), comme à une personne d'honneur & de probité. Car, comme une Chose, pour peu qu'elle soit d'usage dans la Vie, est réputée & dite *de quelque Prix* ou de quelque valeur, au lieu que l'on regarde comme des choses *de nulle valeur*, celles qui ne servent absolument à rien: de même on peut dire, qu'un Homme mérite quelque *Estime*, lorsqu'il agit passablement en Animal sociable, & que l'on peut vivre avec lui sur ce pié-là; mais on a lieu de traiter de *Vauriens* & de *gens de néant*, ceux qui foulant aux pieds, avec une audace insolente, tous Devoirs de la Loi Naturelle, se montrent par-là manifestement insociables, & indignes de la moindre considération.

Comment elle demeure en son entier?

§. III. L'ESTIME *simple* peut être considérée, dans l'Etat de Natura, ou comme *en son entier*, ou comme *ayant reçu quelque atteinte*, ou comme *entierement perduë*. Elle demeure *en son entier*, tant qu'on n'a point violé envers autrui, de propos déliberé, la Loi Naturelle, par quelque action malicieuse, ou par quelque Crime énorme. Je dis, *par quelque Crime énorme, ou par quelque action malicieuse:* car on pardonne à la fragilité humaine ce qu'on appelle *Péchez de foiblesse*, & pourvû que celui qui y tombe, ait (1) d'ailleurs le cœur bon & disposé à suivre les régles de la Justice,

CHAP. IV. §. I. (1) Tels sont les Souverains & les Citoyens de divers Etats, les uns par rapport aux autres.

§. II. (1) A cette *Estime Simple* répond en autrui une Obligation parfaite, en vertu de laquelle chacun est tenu indispensablement de regarder comme d'honnêtes gens tous ceux qui n'ont rien fait pour se rendre indignes de cette bonne opinion, & de ne donner aucune atteinte à leur reputation. Au lieu que dans l'Etat de Nature, les fondemens de l'*Estime de distinction* ne produisent par eux-mêmes qu'une Obligation imparfaite, comme notre Auteur le fera voir plus bas. L'*Estime simple* est ainsi appellée, parcequ'on n'y conçoit aucun degré, & qu'ainsi on doit la reconnoitre également en tous ceux où l'on trouve ce sur quoi elle est fondée; c'est-à-dire, agir avec eux sur ce pié-là. Du reste, notre Auteur ne nie pas, comme Mr. THOMASIUS semble le lui reprocher, (*Diss. De Existimatione, Fama & Infamia, extra Remp.* §. 12.) qu'à considerer la chose en elle-même, il n'y ait divers degrez de Probité & de Vertu, ausquels on peut proportionner & ses jugemens & ses actions, en matiere de ce qui ne regarde pas les droits communs à tous les Hommes. Il seroit facile de le montrer par divers endroits de cet Ouvrage.

§. III. (1) C'est-à-dire, qu'on ait lieu de le présumer tel: car en tout ceci, où il s'agit des *effets extérieurs de droit*, on n'a & on ne peut avoir égard qu'aux *indices extérieurs*, souvent fort équivoques. D'autre côté, il faut distinguer entre le *jugement intérieur*, & les *marques extérieures* de ce jugement. Voyez ce que j'ai dit dans ma note sur l'Abregé des Devoirs *de l'Hom. & du Citoyen*. Liv. II. Chap. XIV. §. 4. des dernieres Editions.

(2) Voyez

Justice, on ne cesse pas pour cela de le regarder comme un Honnête Homme. C'est le fondement de la maxime commune, (2) que *chacun est* (a) *réputé homme de bien, tant qu'on n'a pas prouvé le contraire.* Ainsi tous ceux qui n'ont point commis d'action infâme sont naturellement égaux à cet égard, & l'un n'est pas plus honnête homme que l'autre, (3) de quelque condition qu'il se trouve d'ailleurs. Si le principe (b) d'HOBBES étoit vrai absolument, il faudroit au contraire présumer, que chacun est méchant, jusques à ce qu'on eût prouvé le contraire, ou plûtôt jusques à ce qu'on lui eût ôté les moyens de nuire. Mais il est faux, comme nous l'avons (c) fait voir ailleurs, *que tous les Hommes ayant & le pouvoir, & la volonté de se faire du mal les uns aux autres;* il est vrai qu'ils *peuvent le vouloir.* Mais tout ce qui s'ensuit de là, c'est qu'en réputant gens-de-bien tous ceux qui n'ont rien fait par où ils ayent donné lieu de douter de leur probité, il faut se souvenir qu'ils peuvent devenir Méchans, & les regarder sur le pié d'amis; ensorte néanmoins que l'on ne se fie pas toûjours à eux sans reserve.

(a) *Quilibet praesumitur bonus, donec probetur contrarium.*

(b) *De Cive*, Cap. I.

(c) Liv. II. Chap. II. §. 7, 8.

Comment elle reçoit quelque atteinte?

§. IV. LES actions malicieuses, par lesquelles on viole envers autrui le Droit Naturel, surtout si elles sont énormes, *font une brèche* à cette *Estime;* ensorte qu'il n'est pas sûr desormais de se fier à celui qui se montre par-là autre qu'on ne l'avoit crû, & de contracter avec lui sans de bonnes cautions. Je dis que ces Crimes *font une brèche* à l'Estime, & non pas qu'ils la détruisent entierement: car quoiqu'on ait lieu de soupçonner qu'une personne ne fera pas difficulté d'en agir à nôtre égard comme elle a fait envers les autres, cela n'est pas si certain, que l'on ne voye quelquefois arriver le contraire; celui qui a trompé une personne, pouvant y avoir été poussé par des raisons particulieres qui ne se trouvent pas en d'autres, ou s'être laissé emporter aux mouvemens de quelque Passion dont il sera maître une autre fois. Cette tache peut même être effacée, si celui qui a commis quelque méchante Action offre de lui-même la reparation du Dommage, & témoigne du repentir de sa faute; car c'est une marque suffisante d'un sincere amendement.

* Comment elle se perd entierement?

§. V. * MAIS on *perd entierement l'Estime Simple*, par une profession, ou un genre de vie qui tend directement à insulter tout le monde sans distinction, & à s'enrichir par des injures manifestes. Dans les Etats, où l'on tolere les personnes adonnées à quelque métier qui emporte par lui-même une profession ouverte de certains Vices, comme, par exemple, les Courtisanes, les Entremetteurs qui trafiquent des débauches de la Jeunesse, les (1) robustes (a) Mendians, les Societez (b) de Voleurs, &c. C'est aux Loix Civiles à régler sur quel pié on doit regarder ces sortes de gens: il semble que, puisque le Souverain les souffre paisiblement dans les Terres de son obéïssance, il doit du moins les laisser joüir des droits communs à tous les Hommes. C'est pour-

(a) *Platon* les bannit de sa République, *De Legib.* Lib. XI. page 936. B. Tome II. *Edit. H. Steph.* Voyez *Isocrat.* Areopag. page 156. E. Les *Incas* du *Perou* ne les souffroient pas dans leur Etat; *Garcil. de la Vega*, *Hist. des Incas*, *Liv. V. Chap.* IX. Voyez *Socrat.* Hist. Eccles. Lib. VII. *Cap.* XXV

(b) Comme parmi les anciens *Egyptiens*, où l'on recouvroit ce qu'on avoit perdu, en donnant le quart au Capitaine des Voleurs; *Diod. Sic.* Lib. I. *Cap.* LXXX.

(2) Voyez les *Nouvelles Lettres* de Mr. BAYLE, à l'occasion de la *Critique de l'Histoire du Calvinisme*, par *Maimbourg*, Tome II. page 435. mais surtout une Dissertation de Mr. THOMASIUS, *De praesumptione bonitatis*, imprimée à *Hall* en 1700. où il fait voir en quels cas cette maxime a ou n'a pas lieu.

(3) *Sed sanctitas morum non distat ordinibus.* PLIN. *Lib.* V. Epist. III. num. 7. *Edit. Cell.* L'Auteur citoit ce passage. Mr THOMASIUS, dans la Dissertation indiquée ci-dessus, *De Existimatione*, &c. veut qu'on tourne autrement la maxime dont il s'agit. Il ne faut pas, dit-il, la poser dans un *sens positif*, comme si on supposoit que quiconque n'a point commis d'action infâme est Honnête Homme, ou Homme-de-bien; mais dans un *sens négatif* qui se réduit à ceci: Un tel n'est *pas un Méchant homme.* Mais cela même emporte à mon avis quelque Probité; sans quoi il est bien difficile qu'une personne ne fasse des actions qui donnent quelque atteinte à sa reputation. D'ailleurs, comme s'il y a des degrez de *veritable Probité*, il y en a aussi de cette Probité qu'on peut appeller *Imparfaite.* Voyez ce que j'ai dit là-dessus, dans l'Abregé des *Devoirs de l'Hom. & du Cit.* Liv. I. Chap. II. §. 12. *Note* 1. de la 4. Edition.

§. V. (1) Voyez sur ces sortes de Fainéans, les Remarques Historiques que fait MENAGE, in *Diogen. Laërt.* Lib. I. §. 55. *Edit. Amst.*

quoi, dans une Comédie Latine, on fait dire à un homme de ce caractere : (2) *Je l'avouë, je suis Marchand d'Esclaves, la ruïne commune des Jeunes gens, une peste publique ; avec tout cela je ne vous ai fait aucun tort.* Dans l'indépendance même de la Liberté Naturelle, quoique tout genre de vie, qui renferme une profession ouverte du moindre Vice, (3) fasse une grande brêche à l'*Estime simple* ; si ce Vice n'offense personne, & ne cause point de dommage à autrui, il ne semble pas qu'on puisse traiter ceux qui y sont adonnez, comme des Ennemis communs du Genre Humain. Mais lorsqu'un homme fait métier d'insulter les autres, lorsqu'il traite comme des Bêtes tout le monde indifféremment, ou du moins tous ceux qui ne sont pas de sa bande, & qu'il déclare ainsi une guerre perpétuelle aux Hommes, comme tels & non pas comme Ennemis ; il perd aussi entierement l'Estime que chacun doit à tout autre, entant qu'homme. Tels sont les Corsaires, (4) les Brigands, les Assassins, les Coupeurs de bourse, & autres sortes de gens, qui ne laissent pas de mériter l'exécration publique, quoiqu'ils n'en viennent pas toûjours envers chacun aux dernieres actes d'hostilité, & qu'ils se contentent, par exemple, de la bourse, ou du manteau, sans tuer ceux qu'ils rencontrent. Je ne doute pas non-plus qu'on ne doive mettre en ce rang les Societez entieres de Corsaires & de Voleurs, quelque soin qu'ils ayent d'observer (c) entr'eux certaines Régles de Justice ; & même les Etats qui exercent contre tous les autres des actes d'hostilité, sans se mettre en peine de tenir aucune Convention faite avec eux : car si en même-tems qu'ils violent la foi donnée, & les autres Loix du Droit Naturel, envers certains Etats, ils (5) gardent religieusement les Engagemens où ils sont entrez avec d'autres, & vivent en paix avec ceux-ci ; on ne peut pas leur refuser toute *Estime simple*, quoiqu'elle souffre à leur égard une diminution considérable.

(c) Voyez *Heliodor.* Æthiopic. Lib. V. pag. 237. & 256. *Edit. Bourdel.*

La perte entiere de cette Estime entraîne après soi plusieurs effets fâcheux. Car si ceux qui s'en sont ainsi dépouillez par leurs rapines & leurs brigandages, n'y renoncent entierement, on ne doit pas plus les épargner, que les Loups ou autres Bêtes farouches ; & lorsqu'on peut se saisir d'eux, on les traite d'ordinaire avec plus de rigueur que les autres Ennemis, sans en excepter ceux même qui avoient voulu actuellement nous perdre. De-plus, on tient ces sortes de gens pour indignes de recevoir le moindre service de l'Humanité la plus commune ; parce qu'en le leur rendant on les encourageroit à continuer de faire du mal aux autres. Bien-plus, comme on ne doit compter sur aucune de leurs Promesses, on peut soûtenir ainsi sans absurdité, que les Promesses qu'on leur fait ne sont point valides, tant qu'ils paroissent disposez à persister dans un train de vie si infâme ; ce qu'il faut toûjours supposer ici. En effet,

(2) SANN. *Leno sum, fateor, pernicies communis adolescentium,*
Perjurus, pestis : tamen tibi à me nulla est orta injuria.
TERENT. Adelp Act. II. Scen. I. vers. 34, 35. L'Auteur citoit encore les CONSTITUT. SICUL. Lib. I. Tit. XX.

(3) Mr. THOMASIUS (*Diss. De Existimatione* §. 38, 39.) remarque avec raison, que nôtre Auteur confond l'*Estime Simple*, avec une *Estime de distinction* qui a aussi lieu ici, & dont la perte n'emporte que le blâme que méritent ceux qui sans faire d'ailleurs tort à personne, ménent un mauvais genre de vie. On peut dire néanmoins, que comme l'habitude d'un Vice dont quelqu'un fait profession ouverte, l'entraîne facilement à des injustices proprement ainsi nommées, lorsqu'il ne trouve pas d'autre moyen de satisfaire ses passions : il se rend par-là digne, que les autres ne se fient à lui qu'à bonnes enseignes.

(4) Voyez ci-dessus, *Liv.* II. *Chap.* II. §. 10.

(5) Notre Auteur a ici en vûë les Peuples de *Barbarie*, qui ne pillent pas les *Mahométans*, & n'exercent le metier des Corsaires qu'à l'égard des *Chrétiens* ; d'autant plus (ajoûte-t-il, dans une Dissertation *de Existimatione*, parmi ses *Dissertat. Academ.* §. 7.) qu'ils peuvent dire, qu'il y a des gens parmi les Chrétiens qui font profession de declarer une guerre irréconciliable aux Mahométans. Voyez le PARRHASIANA Tome I. page 204. 1. Edit.

ou l'on traite avec eux de son pur mouvement, ou l'on y est forcé par une violence injuste. Je ne vois pas qu'on puisse faire le premier; (6) sans se rendre complice de leurs crimes, puisqu'en ce cas-là on agit sur le pié d'ami avec des gens qui se déclarent ennemis de tous les Hommes, excepté ceux de leur troupe : outre que souvent on feroit par-là du tort à autrui, comme, par exemple (d), si l'on rendoit à un Voleur une chose dérobée, qu'il nous avoit donnée en dépôt. Que si un Voleur a fait pour nous quelque chose, que l'on ait pû accepter sans crime; en ce cas-là, il est juste sans contredit de lui payer le salere qu'on lui a promis : mais c'est qu'alors il n'agit plus, comme on le suppose ici, en Ennemi commun du Genre Humain. Pour les Promesses extorquées par une crainte injuste, nous avons prouvé (e) ailleurs, qu'elles sont entierement nulles de leur nature.

(d) Voyez Digest. Lib. XVI. Tit. III. *Depositi, vel contra.* Leg. XXXI. §. 1. On a cité cette Loi ci dessus, Liv IV. Chap. XIII. §. 5. *Note* 3.

(e) Liv. III. Chap. VI. §. 10. *& suiv.*

Cependant, si ces sortes de gens renoncent à leur infâme métier, & viennent à mener une vie honnête, ils recouvrent alors l'Estime qu'ils avoient perduë; ce qui a lieu non-seulement à l'égard d'une personne seule; mais encore à l'égard des Societez entieres (7) de Brigands & de Corsaires. Après quoi on doit désormais les regarder comme d'honnêtes gens; bien entendu qu'avant toutes choses ils ayent réparé le tort & les injustices qu'ils avoient faites, ou que du moins on les en ait tenus quittes.

2. De l'*Estime simple* des Membres d'une Societe Civile. Comment on est privé de cette Estime *purement & simplement à cause d'un certain Etat Moral?*

§. VI. Dans les Societez Civiles l'*Estime simple* (1) consiste à être réputé Membre sain & honnête de l'Etat; ensorte que, selon les Loix & les Coûtumes du pays, on tienne rang de Citoyen, du moins d'entre ceux du commun, & que l'on n'ait pas été flétri de quelque notte d'ignominie.

On est privé de cette Estime Civile, ou *simplement à cause d'une certaine condition qui en exclut*, ou *en conséquence de quelque Crime.*

Il y a deux sortes de *conditions* qui produisent cet effet : les unes, *qui naturellement n'ont rien en elles-mêmes de deshonnête*; les autres, *qui renferment quelque chose de deshonnête, ou du moins reputé tel dans l'Etat.* Il faut mettre au premier rang les *Esclaves*, qui en plusieurs pays, & surtout chez les (a) *Romains*, ne tenoient point rang de Personnes; mais étoient mis au nombre des Biens. Il y a aussi des endroits, où les *Bâtards* (2) sont regardez sur un pié assez desavantageux, quoique ce ne soit

(a) Chez qui leur condition etoit fort dure, comme il paroit, par exemple, de ce qui est dit *Digest.* Lib XLVIII. Tit. V. *Ad Leg. Jul. de adulter.* &c Cod. Lib. IX. Tit. IX. Leg. XXIII. Leg. VI. Voyez aussi *Lex Wisigoth* Lib. II. Tit. IV. Cap. IX. & à l'egard des Esclaves, parmi les *Hebreux*, *Joseph*, Ant. Jud. Lib. IV Cap. VIII. & *Selden*, *de Jur. Nat. & Gent.* Lib. V. Cap. III.

(6) Mais (dit très-bien Mr. Thomasius, dans la Dissertation déja citée, *De Existimatione*, &c. §. 57.) notre Auteur suppose ici, ce qui est faux, que par cela seul qu'on traite avec quelqu'un, on entre avec lui dans quelque amitie ou quelque liaison. L'experience prouve evidemment le contraire. On achete, on vend, on loue, on negocie, &c. sans être pour cela plus ami de ceux avec qui l'on a ainsi à faire, que de toute autre personne inconnue & indifférente; & sans les estimer davantage, ou approuver en aucune maniere leur conduite, quoique connuë. J'ajoûte, que la pensee de notre Auteur peut être admise seulement dans le cas où l'on auroit promis imprudemment à des Voleurs quelque chose qui auroit du rapport à son caractere; comme pour les obliger à relâcher un Passant qui est tombé entre leurs mains. C'est ce que j'ai deja remarqué ci-dessus, contre notre Auteur, (*Liv.* III. Chap. VI. §. 11. *Note* 11.) qui soûtient le contraire. En quoi il se contredit manifestement, aussi-bien qu'ici, où selon la remarque de Mr. Thomasius, il detruit sa these un peu plus bas dans l'exemple d'un Voleur à qui l'on a promis un Salaire.

(7) Voyez Grotius, Liv. III. Chap. III. §. 3. & le *Specimen Jurisprudentiæ Historicæ* de Mr. Buddeus, parmi ses *Selecta J. N. & Gent.* §. 2, 3, 4, 5. où l'on fait application de ce principe aux anciens *Romains*, dont l'Etat avoit ete fondé par une Troupe de Brigands & d'autres Scelerats de toute sorte.

§. VI. (1) L'*Estime Simple Naturelle* a aussi lieu dans les Societez Civiles, ou chacun peut l'exiger, tant qu'il n'a rien fait qui le rende indigne de la reputation d'homme d'honneur & de probité. Tout ce qu'il y a, c'est que comme elle se confond avec l'Estime Civile, qui n'est pas toûjours conforme aux idées de l'Equite Naturelle; on n'en est pas moins reputé civilement Honnête-Homme, quoiqu'on fasse des choses qui dans l'indépendance de l'Etat de Nature, diminueroient ou detruiroient l'Estime Simple, comme étant opposées à la Justice. Au contraire, on peut perdre l'Estime Civile pour des choses qui ne sont mauvaises que parcequ'elles se trouvent défenduës par les Loix.

(2) Voyez Cod. Lib. VI. Tit. LVII. *Ad Senatusconsult. Orfitianum*, Leg. V. Strop. Serm. LXXV. & Procop. Hist. arcan. *Cap.* 2. dans les *Indes* (ajoûtoit notre Auteur) il y a une certaine race de gens, nommez *Perreaes*, qui est regardée comme infâme. Abr. Roger. *de Bramin.* Part. I. Cap. II. Voyez sur tout ceci Mon-

pas leur faute, s'ils ont eu le malheur de venir au monde ensuite d'un commerce condamné par les Loix. Les autres sortes de conditions dépoüillent, ou en tout, ou en partie, de *l'Estime simple*; parcequ'elles sont accompagnées de la profession d'un métier qui, ou ne peut être exercé sans crime, ou est si sale & si vilain, qu'il n'y a que des ames de bouë que l'on présume qui veüillent s'y adonner. Les Loix, ou les Coûtumes de chaque Etat, réglent le rang que doivent tenir, & la maniere dont on doit regarder, ceux qui font quelque métier criminel en lui-même; comme, par exemple, les Courtisanes, les Entremetteurs ou Entremetteuses (b) des débauches de la Jeunesse, ceux (c) qui tiennent Brelan, &c. Pour les autres, tels que sont (3) les Bourreaux, les Sergens, les Huissiers, les (d) Bouchers, ceux qui nettoyent les Egouts & les Retraits, &c. (e) il y a des Pays où ceux qui font ces sortes de métiers, sont formellement exclus par les Loix, de la Compagnie des Honnêtes-gens: mais ailleurs ce n'est que la coûtume & l'opinion commune, qui fait tenir à deshonneur d'avoir avec eux le moindre commerce, soit parceque leurs mœurs répondent ordinairement à l'Emploi sale, ou cruel, qu'ils exercent, soit parcequ'il n'y a que des gens de néant qui embrassent volontiers de semblables professions. Il y a même des métiers qui ne sont réputez deshonnêtes, que parcequ'on les fait pour de l'argent; rien n'empêchant d'ailleurs qu'on ne les exerce sans crime. C'est ainsi que les Loix Romaines déclarent infâmes ceux (4) qui se loüoient pour (f) Acteurs dans les Spectacles publics, ou pour combattre (g) avec des Bêtes féroces. Les mêmes Loix, à cause d'un soupçon de légereté & d'inconstance (5) dans l'amour conjugal, notent d'infamie (h) une

(b) Voyez *Valer. Max.* Lib. VII. Cap. VII. *num.* 7.

(c) Voyez *Digest.* Lib. XI. Tit. V. *De aleatoribus*, Leg. I.

(d) Voyez *Alois. Cadamust.* Navigat. Cap. VIII. & *Th. Morus*, *Utop.* Lib. II. pag. m. 107.

(e) Voyez d'autres exemples dans *Selden, de Jur. Nat. & Gent. secund. Hebr.* Lib. IV. Cap. V. pag. 511. *Edit. Argent.*

(f) Voyez *Digest.* Lib. III. Tit. II. *de his qui infamiâ notantur*, Leg. I.

(g) Voyez *Digest.* Lib. III. Tit. I. *de postulando*. Leg. I. §. 6.

(h) *Digest.* Lib. III. Tit. II. *de his qui infamiâ notantur*, Leg. I.

sieur GUNDLING, sur le Titre du DIGESTE, *De his qui notantur infamiâ*, §. ult. Mr. SCHULTING, §. ult. *ibid.* & une Dissertation de Mr. HEINNECCIUS *De levis notæ macula*, publiée à *Hall* en 1720. & rimprimée en 1725.

(3) Voyez CICERON, Orat. *pro C. Rabir.* Cap. V. Parmi les *Romains* pourtant on se servoit du ministere des Soldats pour l'execution des Criminels, non seulement à l'Armée, mais encore dans la Ville même, sans que cela les deshonnorât en aucune maniere; (Voyez P. FABR. *Semestria*, Lib. II. Cap. VI.) parcequ'il y a de la différence entre faire métier d'une chose, & l'executer, en certaines occasions par un ordre particulier d'un Superieur. *On dit que* Witolde, *Prince de* Lithuanie, *introduisit en cette Nation, que le Criminel condamné à mort, eust luy-mesme de sa main, à se deffaire: trouvant estrange, qu'un tiers, innocent de la faute, fust employé & chargé d'un homicide.* C'est la remarque de MONTAGNE Essais Liv. III. Chap. I. Tom. III. page 393. *Edit. de la Haye* 1727. il a tiré le fait apparemment de CROMER, *Rer. Polonic.* Lib. XVI. page 384. *Edit. Basil.* 1555. Mais (ajoûtoit notre Auteur) cette raison ne vaut rien: car un Bourreau certainement ne commet point d'Homicide, puisqu'il ne fait qu'executer la sentence prononcée par les Juges. D'autres disent, que le métier de Bourreau est infâme, parcequ'on présume que ces sortes de gens ne se proposent dans leur ministere que la douleur du Patient, à laquelle ils prennent plaisir: ce qui est contraire aux sentimens de compassion qu'exige l'Humanité.

(4) Pourvû qu'ils fussent actuellement montez sur le Théatre, ou allez sur l'Arene se battre avec des Gladiateurs; au lieu que ceux qui s'étoient loüez pour combattre avec des Bêtes féroces, étoient notez d'infamie par cela seul, encore même qu'ils ne se portassent pas sur le lieu. Voyez Mr. NOODT, *Comm. in Tit. Dig. De his qui not. infamia*, page 75, 76. & BRISSON. *De Jure Connub.* page 127. *& seqq.* Edit. Amst.

(5) Ce n'est ni la vraye, ni la seule raison. Non que (comme le veut Mr. HERTIUS) il s'ensuivit de là, que les Maris aussi eussent dû être tenus, sur peine d'infamie, de ne pas se remarier avant l'année du deuil. Car on auroit pû ici, comme ailleurs, mettre de la différence entre le Mari & la Femme, à cause de la supériorité que le Mariage donne au Mari. C'est effectivement le respect qu'une Femme devoit à son Mari, & que l'on étendit jusqu'à sa mémoire, qui fit qu'on nota d'infamie les Veuves, qui en se remariant trop tôt, témoignoient peu de considération pour le Défunt. A cette raison s'en joignit une autre, que les Jurisconsultes appellent *turbatio sanguinis*, (DIGEST. Lib. III. Tit. II. *De his qui not. infam.* Leg. XI. §. 1.) c'est à-dire, la crainte qu'une Veuve ne fût grosse de son Mari defunt. La premiere raison seule empêchoit la Veuve de se remarier avant l'année du deuil; & ainsi quoiqu'il fût assuré que la Veuve n'étoit point enceinte, ou qu'elle eût accouché peu de tems après la mort de son Mari, elle n'en étoit pas moins obligée d'attendre le terme prescrit par les Loix. Mais si cette raison cessoit, comme il arrivoit quand le Défunt étoit devenu Ennemi Public, ou Criminel d'Etat, ou qu'il avoit été supplicié ignominieusement, ou qu'il s'étoit défait lui-même par la crainte du crime dont il se sentoit coupable: alors l'autre raison subsistoit encore, autant qu'elle pouvoit avoir lieu par elle même; desorte que, si la Veuve d'un tel Mari accouchoit avant l'année du Deuil, il lui étoit libre de se remarier aussitôt. C'est ainsi que les plus judicieux Interprêtes expliquent après CUJAS (*Obs.* VI. 32.) les §. 2, 3. de la Loi que j'ai indiqué. Voyez JACQUES GUTHIER *De Jure Manium*, Lib. III. Cap. 28. & le Comment. de

Veuve qui se remarie avant le terme prescrit pour le Deüil, & celui qui l'épouse, aussi-bien que ceux qui consentent de part & d'autre à un tel Mariage, pouvant l'empêcher en vertu de l'autorité qu'ils ont sur la Veuve, ou sur le second Mari.

Comment on la perd *par quelque Crime ?*

§. VII. TOUTES sortes de *Crimes* (a) ne font pas perdre l'*Estime simple*, dans une Societé Civile ; mais seulement ceux pour lesquels les (b) Loix (1) de chaque Etat ont décerné cette punition : & cela ensorte que celui qui les a commis, est ou simplement exclus des Emplois publics & de la compagnie des Honnêtes-gens, & déclaré inhabile à rendre témoignage ou à faire quelque autre acte valable en Justice, quoique d'ailleurs il jouisse de la protection commune des Loix ; ou banni de l'Etat d'une façon ignominieuse ; ou enfin condamné à mort, & sa mémoire flétrie. Selon les Jurisconsultes Romains, les actions criminelles qui portent infamie, sont suivies de cet effet, ou (2) immédiatement en vertu de la Loi, ou (3) en conséquence de la Sentence des Juges, ou (4) simplement (c) eu égard à l'opinion & à la censure (d) des Honnêtes-gens. Mais, à mon avis, la derniere sorte d'infamie est aussi infligée par la Loi, qui l'attache à certaines Actions, à cause qu'elles passent pour honteuses dans l'esprit des personnes graves & de probité. (5) Car, quoiqu'il soit deshonnête de faire des choses desapprouvées de ceux qui ont l'approbation publique, un simple jugement des Particuliers ne suffit pas pour flétrir une personne, jusques à la priver des avantages & des droits que les Loix accordent à ceux qui ont conservé leur honneur en son entier.

De là il paroît, qu'un Citoyen ne devient pas infâme par cela seul qu'on l'a accusé d'un Crime qui emporte infamie, (6) ou qu'on le lui a reproché ; mais seulement lorsqu'il a été condamné en Justice, ou qu'il a lui-même avoué le fait. Et il est censé

(a) Voyez *Cod.* Lib. I. Tit. LIV. *De modo multarum*, Leg. I.

(b) Voyez *Diodor. Sic.* Lib. I. Cap. LXXVIII. & *Digest.* Lib. L. Tit. XIII. *De extraordinar. cognition.* Leg. V. §. 1, 2, 3. où l'on confond néanmoins en quelques exemples, l'*Estime de distinction*, avec l'*Estime simple.*

(c) Cette derniere sorte d'infamie s'appelle *Infamia facti* ; ou, comme parlent les Jurisconsultes Romains, *Infamia re ipsa.* Digest. Lib. XXXVII. Tit. XV. *De obsequiis parentibus & patronis præstandis*, Leg. II.

(d) Comme chez les *Apalachites*, où l'on reproche simplement aux Voleurs leurs larcins ; ce qui les fait retirer dans des déserts. *Rochefort*, Descr. Antill. Part. II. Cap. VIII.

Mr. NOODT, page 80. comme aussi Mr. SCHULTING, sur le même Titre, §. 4.

§. VII. (1) Ou les Coûtumes qui ont force de Loi : Existimatio *est dignitatis inlæsæ status, legibus ac moribus comprobatus, qui ex delicto nostro* AUCTORITATE LEGUM *aut minuitur, aut consumitur.* DIGEST. *Lib.* L. *Tit.* XIII. *De extraord. cognition.* &c. Leg. V. §. 1.

(2) *Ipso jure.* C'est qu'il suffit que ce que la Loi note d'infamie, ait eté fait. Et telle est souvent la nature de ces sortes de choses, que personne n'en peut douter, comme il paroît par les exemples alleguez à la fin du paragraphe précedent. L'action en elle-même est alors declarée infamante par la Loi seule, comme le disent les Jurisconsultes d'une Femme surprise en adultere, quand même elle n'auroit pas été accusée ou condamnée ; bien-plus, quand elle auroit été absoute : *Ego puto, etsi absoluta sit post deprehensionem, adhuc tamen illi notam obesse debere ; quia verum est, eam in adulterio deprehensam ; quia factum lex, non sententiam notaverit.* DIGEST. Lib. XXIII. Tit. II. *De Ritu Nupt.* Leg. XLIII. §. 12.

(3) Voyez là-dessus les décisions du Droit Romain, dans le Commentaire de Mr. NOODT, *page 77. & seqq.* & Mr. SCHULTING, *Enarr. Pandect. in T. de his qui not. infam.* §. 6. & *seqq.*

(4) C'est ainsi que les reproches & les réprimandes qu'un Pere fait par son Testament à quelqu'un de ses Fils, n'emporte infamie que dans l'esprit des Honnêtes-gens. *Ea quæ pater testamento suo filios increpans scripsit, infames quidem filios* JURE *non faciunt, sed* APUD BONOS ET GRAVES *opinionem ejus, qui patri displicuit, onerant.* COD. Lib. II. Tit. XII. *Ex quibus causis infamia irrogatur.* Leg. XIII. Voyez *Lib.* XI. *Tit.* IX. *Ad Leg. Jul. de adulter.* &c. Leg. XXV. & DIGEST Lib. III. Tit. II. *De his qui notantur infamiâ*, Leg. XX. Citation de l'Auteur.

(5) Les Loix ne peuvent pas ici, non-plus qu'ailleurs, spécifier toutes les Actions qui donnent atteinte même civilement à la réputation d'Honnête-Homme. Et c'est pour cela qu'autrefois, chez les *Romains*, il y avoit des *Censeurs*, dont l'emploi consistoit à prendre connoissance des mœurs de chacun, pour noter ceux qu'ils croyoient le mériter. Voyez ici, entr'autres Mr. NOODT, *Comm.* page 74. Mr. SCHULTING, §. 2, 10. & Mr. GUNDLING, §. 7, 8. sur le Titre du DIGEST. *De his qui notantur infamiâ.*

(6) La raison en est claire : c'est que, comme le disoit un ancien Poëte, *chacun a dans son propre cœur dequoi s'empêcher de commettre des fautes ; au lieu que les soupçons sont dans le cœur d'autrui.*

> *Ne admiseram culpam, ego meo sum promus pectori :*
> *Suspicio est in pectore alieno sita.*

PLAUT. *in Trinum* Act. I. Scen. II. vers. 44, 45. C'est le fondement de la réponse de *Julien* à l'Orateur *Delphidius*, qui s'écrioit : *Qui sera coupable, s'il suffit de nier ? Mais*, dit l'autre, *qui sera innocent, s'il suffit d'accuser ? Ecquis nocens poterit esse usquam, si negare suffecerit ? . . . . Ecquis innocens esse poterit, si accusasse sufficiet ?* AMM. MARCELLIN. *Lib.* XVIII. *Cap* I. Toutes citations de l'Auteur. Bien-plus, un Arrêt Interlocutoire, selon le Droit Romain, ne suffit pas ici : il faut une Sentence définitive. Voyez le Commentaire de Mr. NOODT, *page 78. & seqq.*

l'avouer, (7) lorsqu'il traite avec l'Accusateur, pour l'obliger à désister de ses poursuites; à moins qu'il n'ait dequoi faire voir, que ce n'est point parcequ'il se sentoit coupable, qu'il en est venu à un accommodement; mais parcequ'il avoit de bonnes raisons d'appréhender, que malgré toute son innocence il ne (e) succombât aux chicanes de sa Partie, & à l'iniquité ou l'animosité particuliere de ses Juges (8).

(e) Voyez *Isocrat. adv. Callimach.* page 373. A. *Edit. H. Steph.*

Que si l'Accusé est pleinement absous du crime qu'on lui imputoit, cela suffit pour mettre son honneur entierement à couvert. Cependant, afin que son innocence soit mise dans un plus grand jour, & le Calomniateur puni en même tems, on a de coûtume, dans plusieurs Etats, d'obliger l'Accusateur à se retracter, à se reconnoître coupable de mensonge, à en demander pardon, à faire réparation d'honneur à l'Accusé, & autres (f) choses semblables.

(f) Chez les *Romains*, on coupoit les fers, a lieu d'en dégager simplement le Criminel: Voyez *Joseph. de Bell. Jud.* Lib. IV. Cap. X. §. 7. *Edit. Hudson.*

Il n'y a point de véritable deshonneur à refuser un Duel defendu par les Loix.

§. VIII. De là il s'ensuit encore, qu'il n'y a point de véritable deshonneur à aimer mieux implorer le secours du Magistrat, ou endurer sans dire mot les injures qu'on a reçues, soit en paroles, soit en actions, que de s'en faire raison soi-même à la pointe de l'épée, comme cela se pratique en certains endroits parmi la Noblesse, & surtout entre Gens de Guerre: bien entendu que cette patience n'emporte pas un aveu tacite de quelque méchante action, dont le soupçon ait été la cause ou le prétexte des mauvais traitemens qu'on a essuyez. Ce seroit à la vérité (a) une grande lâcheté, & une indolence entierement indigne d'un homme de cœur, que de boire toutes sortes d'affronts, & de souffrir toutes les insultes d'autrui, sans se mettre jamais en devoir de défendre courageusement ses droits & sa liberté. Mais on peut, par pur mépris, négliger de tirer raison de certaines injures; & pourvû qu'on le fasse à propos & avec discernement, bien-loin que cela donne aucune atteinte à l'Honneur, ni dans l'indépendance de l'Etat de Nature, ni dans les Societez Civiles, (b) il y a même dequoi marquer de la grandeur d'ame. A plus forte raison, ceux qui vivent dans un Païs où les Vengeances particulieres sont expressément défendues, (1) peuvent-ils, sans aucune infamie, aimer mieux obéïr à leur Souverain, que de s'exposer, pour un vain (c) point d'honneur, à un combat doublement périlleux, & en lui-même, & par la sévérité des Loix. Ce n'est pas non-plus toûjours une marque de lâcheté, que de ne pas vouloir en venir à la voye des armes pour toutes sortes de sujets, & de ne point exposer sans nécessité sa vie & ses biens; y (d) ayant mille autres occasions innocentes, & beaucoup plus assûrées, (2) de faire voir son courage. Et un homme sage ne doit

(a) Voyez *Quint. Calaber*, Lib. IX.

(b) Voyez *Hobbes*, *Leviath.* Cap. XXVII. page 140. 141. *Edit. Amst.*

(c) Les Soldats du Royaume de *Tonquin*, d'ailleurs fort courageux contre l'Ennemi, traitent les Duels de barbarie. *Alex. de Rhodes, Itin.* Lib. II. Cap. VI.

(d) Voyez *Cæsar. Comm. de Bell. Gall.* Lib. V. Cap. XLIV. *Plutarch. in Pyrrh.* page 404. A. & *in Anton.* page 950. E.

(7) *Quoniam intelligitur confiteri crimen, qui paciscitur.* DIGEST. Lib. III. Tit. II. *De his qui notantur infamia*, Leg. V. Le Droit Romain restreint ici la Convention à celle qui se fait en donnant de l'argent pour n'être pas accusé ou convenu en Justice: *Si cum pretio quantocumque pactus est. Alioquin & qui precibus impetravit, ne secum ageretur, erit notatus; nec erit venia ulla ratio: quod est inhumanum.* Ibid. *Leg.* VI. §. 3.

(8) Notre Auteur pouvoit ajoûter à cela, que non seulement le peu de droiture & les passions des Juges, mais encore leur ignorance, leurs préjugez, & leur inadvertence, font perdre souvent les meilleures causes. Voyez le PARRHASIANA, Tome II. page 104. & suiv. D'ailleurs, pour me servir des paroles de Mr. DE LA BRUYERE, *le plus grand malheur, après celui d'être convaincu d'un Crime, est souvent d'avoir eu à s'en justifier. Tels Arrêts nous déchargent, & nous renvoyent absous, qui sont infirmez par la voix du peuple.* Caract. ou Mœurs de ce siecle, Chap. XII. *Des jugemens*, *Edit. d'Amst.* 1731. Tome II. page 133.

§. VIII. (1) Voyez ci-dessus, *Liv. II. Chap.* V. §. 9. avec les Notes. Notre Auteur cite ici un passage d'OVIDE, où ce Poëte décrivant les mœurs des Peuples chez qui il étoit en exil, dit, que chacun injustement s'y fait justice à soi-même, à la pointe de l'Epée;

Adde, quod injustum rigido jus dicitur ense:
Dantur & in medio vulnera sæpe foro.

Trist. Lib. V. Eleg. X. *vers.* 43, 44.

(2) Outre les citations marginales, qui ne font pas précisément au sujet, notre Auteur indique ce que dit BUSBEQ, au sujet de *Velibeg*, Gouverneur d'un quartier de la *Basse Hongrie*, de la part du Grand Seigneur. Ce *Velibeg*, étant à *Constantinople*, comme les *Bachas*, en plein Divan, le questionnoient sur les inimitiés qu'il y avoit entre lui & un autre *Singeac* (ou Gouverneur) d'un quartier voisin; il leur dit, entr'autres choses, que son Ennemi n'avoit pas eu le cœur d'accepter le défi qu'il lui avoit souvent fait pour se battre en duel. Les *Bachas* là-dessus lui parlerent ainsi: »Quoi! vous avez osé appeller en duel votre Com-

pas s'arrêter aux discours du Vulgaire : car le véritable Honneur d'un Citoyen dépend du jugement du Souverain, & de la détermination des Loix ; & les régles de la Vertu nous prescrivent d'obéïr aux Loix, sans nous mettre en peine de l'opinion des Sots & des Fous, qui n'est digne que d'un souverain mépris. En vain HOBBES (e) prétend-il, que les Duels étant une marque de force & de bravoure, & par rapport à celui qui fait l'appel, & par rapport à celui qui l'accepte, ils ne sauroient guéres passer que pour des combats honorables, quelque défendus qu'ils soient par les Loix ; car pourquoi ne regarderoit-on pas comme une chose plus glorieuse, & comme l'effet d'un rare mérite, le pouvoir de modérer l'ardeur de son courage par le frein de la Raison, & de ne faire usage de ses forces que d'une maniere conforme aux Loix ? Du reste, on ne doit pas mépriser le conseil que donne le même Auteur, pour rendre (f) plus efficaces les Loix contre les Duels ; (3) c'est de faire jurer tous les Gentils-hommes, ou ceux qui veulent passer pour tels, de ne point faire d'appel à aucun de leurs Concitoyens, & de ne pas accepter non-plus un tel défi ; parceque, de cette maniere on auroit un prétexte très-honnête de refuser le combat.

(e) *Leviath.* Cap. X. page 47. Edit. *Amstel.*

(f) *Ibid.* Cap. XXX. page 160.

L'Estime simple ou l'Honneur Naturel, ne depend pas de la volonté du Souverain.

§. IX. AU RESTE, il est clair que l'*Estime simple*, ou l'*Honneur Naturel*, c'est-à-dire, la réputation d'honnête-homme, ne dépend pas absolument de la volonté des Souverains, (1) ensorte qu'ils puissent l'ôter à qui bon leur semble, par pur caprice, & sans qu'on l'ait mérité par quelque Crime qui emporte infamie ou de sa nature, ou en vertu de la détermination expresse des Loix. En effet, la conservation ou l'avantage de l'Etat ne demande en aucune maniere un pouvoir si étendu & si arbitraire sur l'honneur des Citoyens : ainsi il n'y a nulle apparence qu'on ait prétendu le conférer au Souverain. J'avoue que, comme le Souverain peut, par un abus manifeste de son autorité, bannir un Sujet innocent, il peut aussi le priver injustement, (2) des avantages attachez à la conservation de l'*Honneur Civil*. Mais pour ce qui est de l'Estime naturellement & inséparablement attachée à la Probité, il n'est pas plus en son pouvoir de la ravir à un Honnête-Homme, que d'étouffer dans le cœur de celui-ci les sentimens de Vertu. Ajoûtez à cela, qu'il implique contradiction, de dire qu'un Homme est déclaré infâme par le pur caprice d'un autre ; c'est-à-dire, qu'il est atteint & convain-

» pagnon de service ! Manquoit-il donc de *Chrétiens*, » contre qui vous tirassiez l'épée ? Vous vivez tous » deux du pain de notre Grand Seigneur, & vous au- » riez hazardé votre vie dans un combat singulier ? » De quel droit ? Et qui vous en a donné la leçon ? » Ignorez-vous, que quel de vous deux qui fût tué, » c'etoit une perte pour votre Maitre ? Après cette réprimande, les *Bachas* firent mettre en prison *Vélibeg*, qui n'en sortit qu'à peine au bout de plusieurs mois, & avec une grande perte de son honneur. Surquoi le Sçavant Ministre de la Cour de *Vienne* fait cette reflexion solide : » Parmi nous, il y a bien des gens qui » se font un nom pour avoir tire l'épee contre un de » leurs Concitoyens, ou de leurs Amis, sans avoir » jamais vû l'Ennemi. O tems ! ô mœurs ! Les Vices » prennent la place de la Vertu ; & ce qui mérite » châtiment, tourne à honneur & à gloire. *Legation. Turc.* Epist. III page 200. *& seqq.* Edit. Elzevir.

(3) D'autres tâchent de prevenir les Duels, par la rigueur des peines établies contre ceux qui feront le moindre de ces affronts, dont un vain point d'honneur veut que l'on tire raison soi même à la pointe de l'épée. Voyez CONSTITUT. SICUL. Lib. III. Tit. XXXIII. §. 4. LEX SALIC. Tit. XXXII. Notre Auteur citoit encore DIOD. SIC. Lib. V. C. XXVIII. APPIAN. in Celtic. page 755. LUCAIN, *Pharsal.* Lib. I. vers. 460. *& seqq.* pour faire remarquer en passant, comme il le dit, l'antiquité des Duels, & ce qui les rendoit si communs parmi les anciens *Gaulois*, sçavoir l'opinion de la *Metempsychose*, reçue parmi eux. Voyez GROTIUS, Liv. II. Chap. XX. §. 7. avec les Notes. Et joignez ici la Dissert. de Mr. SLICHER sur les *Duels*, que j'ai traduite & publiée dans le II. Tome de mon *Recueil de Discours* publié en 1731

§. IX. (1) Voyez sur tout ceci, le *Ministre d'Etat* de SILHON, II. Part. Liv. I. Discours X.

(2) C'estpourquoi, quelque injuste qu'ait été l'Arrêt de condamnation par lequel une personne a été déclarée infâme, il faut pour la rehabiliter, que le Souverain revoque sa Sentence. Mr. HERTIUS en allegue ici à propos un exemple de l'Empereur *Arcadius*, a l'egard d'une *Province* entiere de *Lycie*, dont les Habitans avoient eté injustement flétris, & dépouillez de leurs privileges. Surquoi on peut voir le CODE THEODOSIEN Lib IX Tit. XXXVIII. *de Indulgent. Criminum. Leg. IX.* & là-dessus le docte JACQUES GODEFROI, Tome III. page 278. *& seqq.*

cu de Crimes honteux, non qu'il les ait commis; mais parce qu'on veut lui en faire porter la peine par une indigne flétrissure, tout innocent qu'il est.

Il paroît certain encore ici, qu'aucun Citoyen n'est tenu de sacrifier son honneur à l'Etat, je veux dire, d'encourir une véritable infamie pour le Bien Public; car les Actions Criminelles, qui sont accompagnées d'une véritable ignomine, ne peuvent être ni légitimement ordonnées par le Souverain, ni innocemment executées par les Sujets.

Si on peut la perdre pour le Souverain?

§. X. Il y a plus de difficulté à décider, si l'on peut exiger d'un Citoyen honnête-homme, qu'il prenne sur soi l'infamie du Prince, (1) ou de l'Etat; c'est-à-dire, qu'il se charge de leurs Crimes, comme s'il les avoit commis lui-même? Il semble d'abord, que personne ne sauroit guéres innocemment se feindre coupable d'un Crime où il n'a aucune part: Cependant il faut distinguer ici, à mon avis, entre les *Crimes personnels* ou particuliers du Prince, & ses *Crimes publics*, ou qui rejaillissent sur tout l'Etat. A l'égard des premiers, comme le Prince ne peut point exiger honnêtement que personne en prenne sur soi la faute, aucun Sujet ne doit non-plus s'en charger, ni pour fournir au Prince un prétexte plausible d'excuser son Crime, comme quand *Anicet* (a) se vanta faussement d'avoir eu commerce avec *Octavie*, afin de faire plaisir à *Néron*, qui vouloit la répudier; ni pour épargner au Prince la tache qu'il auroit soufferte en son *Honneur Naturel*: car pour ce qui est de l'*Estime Civile*, comme il est au-dessus des Loix, & des Tribunaux qui infligent des Peines, personne ne sauroit la lui ôter. Mais il arrive souvent qu'un Ministre, par exemple, peut détourner un grand mal dont l'Etat est menacé, en déclarant que c'est de son pur mouvement, & sans aucun ordre, qu'il est entré avec ou contre d'autres Puissances dans certaines négociations, dont il avoit été véritablement chargé de son Prince. En ce cas-là, un bon Citoyen ne refusera pas, je pense, de prendre sur soi la faute, pourvû qu'il en soit quitte pour une feinte flétrissure (b): car il seroit trop dur d'exiger de lui qu'il souffrît la mort pour ce sujet, ou de le livrer entre les mains des Puissances mécontentes. Mais pour ce qui est d'une espece de punition apparente, qui ne va qu'à faire souffrir quelque disgrace supportable, le Ministre doit s'y soumettre avec d'autant moins de repugnance, qu'il est aisé au Prince de l'en délivrer avec le tems, ou du moins de l'en dédommager par quelque autre voye.

(a) *Tacit.* Annal. Lib. XIV. Cap. LXII. Voyez l'Histoire d'*Antoine Perez*, dans *de Thou*, Lib. CIV. pag. m. 481. & *Euripid. in Helen.* vers. 106, 107. [où néanmoins il ne s'agit pas des Sujets par rapport à leur Souverain.]

(b) Voyez *Marselaer, Legat.* Lib. I. Cap. 31. *page* 200. *Edit. d'Amst.*

Du reste, il est clair que la flétrissure Civile peut être effacée par (c) qui a le pouvoir de noter d'infamie; ensorte néanmoins que ce rétablissement de l'Honneur, par rapport à ceux qui l'avoient perdu pour des Actions deshonnêtes de leur nature, ne fait que produire extérieurement les effets Civils de la réputation d'Honnête-Homme, sans ôter d'ailleurs par lui-même la tache de l'infamie propre & naturelle qui suit le Crime.

(c) Voyez *Corn. Nepos, in Alcibiad.* Cap. VI. §. 5. *Libanius*, Orat. VII. & *Justin.* Lib. V. Cap. IV.

Ce que c'est que l'*Estime de distinction.*

§. XI. Voila pour ce qui regarde l'*Estime simple*. L'Estime de Distinction c'est *celle qui fait qu'entre plusieurs personnes, d'ailleurs égales par rapport à l'Estime simple, on met l'une au-dessus de l'autre, à cause que celle-ci, ou manque, ou n'est pas si avantageusement pourvûë de certaines qualitez qui, selon le jugement des Hommes, attirent pour l'ordinaire quelque honneur, ou donnent quelque prééminence à ceux en qui elles se trouvent.* Or on entend ici par l'*Honneur*, *les marques extérieures de l'opinion avantageuse que les autres ont de nôtre excellence à certains égards.* Ainsi

§. X. (1) Joignez ici ce que j'ai dit sur l'Abregé des *Devoirs de l'Hom. & du Cit.* Liv. II. Chap. XIV. §. 10. Note 1.

§. XI.

Ainsi l'Honneur, à parler exactement, réside dans la personne (1) qui le rend, & non pas dans celle qui le reçoit. Chacun peut bien s'estimer lui-même autant qu'il veut; mais c'est toujours aux autres à déterminer (a) quel cas ils doivent faire de lui, de même que l'Acheteur met le dernier prix à la marchandise; quoique les Honneurs, qu'on reçoit, ne flattent agréablement qu'autant qu'ils répondent à l'idée que l'on a de son propre mérite. L'Honneur (b) perd aussi tout son prix, du moment (2) qu'il devient trop commun; comme, au contraire, l'Ignominie ne mortifie guéres ceux qui la souffrent, lorsqu'ils se voyent un grand nombre de Compagnons. Au reste, on donne figurément le nom d'*Honneur* à ce qui en est le fondement, ou à l'assemblage même des qualitez qui distinguent une personne, & qui méritent l'estime des autres. On appelle aussi *Honneurs*, en un sens particulier, certains Etats Moraux, ou certains Employs, qui sont accompagnez de quelque Dignité & de quelques marques de distinction.

(a) Voyez Jean, VIII, 54. & Hobbes, Leviath. Cap. X.

(b) Voyez ce que l'on a dit ci dessus, Liv. VII. Ch. I. §. 2. à la fin.

L'*Estime de distinction*, aussi-bien que l'*Estime simple*, doit être considérée, ou *par rapport à ceux qui vivent entr'eux dans l'indépendance de l'Etat de Nature*, ou *par rapport aux Membres d'une même Societé Civile*. Mais il faut auparavant examiner en général les *fondemens* de cette sorte d'Estime; & cela, ou entant qu'ils produisent simplement un *mérite* en vertu duquel on peut légitimement prétendre à l'Honneur; ou entant, qu'ils donnent un *droit*, proprement ainsi nommé, d'exiger des autres des marques d'estime & de distinction, comme nous étant dûës à la rigueur.

§. XII. On tient en général pour des *fondemens* légitimes de l'*Estime de distinction*, tout ce qui renferme (1), ou qui du moins passe pour marquer quelque excellence ou quelque perfection, dont l'usage & les effets sont conformes au but de la Loi Naturelle, & à celui des Societez Civiles. Je dis, *dont les effets sont conformes au but de la Loi Naturelle, & à celui des Societez Civiles*: car le Vulgaire sot & ignorant louë quelquefois, par exemple, les grands (a) Mangeurs & Beuveurs, les vaillans champions dans les combats amoureux, les Etourdis qui se précipitent témérairement dans les dangers, les Voleurs adroits, & autres gens de ce caractere, qui n'excellant que dans quelque Vice, plus (2) ils s'y sont rendus habiles, plus ils s'attirent le mépris & l'aversion des Honnêtes-gens, avec d'autant plus de raison, que

Quels en sont les fondemens?

(a) Voyez *Aristophan in Acharn.* Act. I. Scene II. vers 78. *Edit. Kust.* *Juvenal.* Satyr. IV. vers. 139.

§. XI. (1) Δοκεῖ γὰρ [ἡ τιμὴ] ἐν τοῖς τιμῶσι μᾶλλον εἶναι, ἢ ἐν τῷ τιμωμένῳ. Aristot. *Ethic. Nicom.* Lib. I. Cap. III. L'Auteur citoit ce passage.

(2) „L'honneur est un privilege, qui tire sa prin„cipale essence de la rareté: & la vertu mesme.

Cui malus est nemo, quis bonus esse potest?

(Martial. Lib. XII. Epigr. LXXXII.)

„On ne remarque pas pour la recommandation d'un „homme, qu'il ait soin de la nourriture de ses En„fans, d'autant que c'est une action commune, „quelque juste qu'elle soit: non-plus qu'un grand „arbre, où la forêt est toute de mesmes. Je ne pense „pas qu'aucun Citoyen de *Sparte* se glorifiast de sa „vaillance: car c'estoit une vertu populaire en leur „Nation, & aussi peu de la fidélité & mespris des „richesses. Il n'eschoit pas de récompense à une „Vertu, pour grande qu'elle soit, qui est passée en „coustume: & ne sçay avec, si nous l'appellerions „jamais grande, estant commune. Puis donc que ces „loyers d'honneur n'ont autre prix & estimation que „ceste-là, que peu de gens en jouyssent; il n'est, „pour les anéantir, que d'en faire largesse. *Montagne*, Essais, Liv. II. Chap. VII. Tome II. pag. 98, 99. *Edit. de la Haye* 1727.

§. XII. (1) *Habet enim venerationem justam quidquid excellit.* Cicer. *de Nat. Deor.* Lib. I. Cap. XVII. L'Auteur citoit ce passage.

(2) Τὸ γὰρ μὴ ἐν καλοῖς διαπρέπειν, ἐπιφανέστατον αἶσχος, ὡς τὸ φέρεσθαι τὰ ἐν τούτῳ δευτερεῖα κουφότερον κακόν. Philon, *de migrat. Abraham.* pag. 413. A. *Edit. Paris.* Voyez Arrian. Diss. Epictet. Lib. III. Cap. XIV. à la fin (ou *Maxime* 29. dans le *Nouveau Manuel* de feu Mr. Dacier.) Toutes citations de l'Auteur. Ajoûtons ce mot de Publius Syrus, au sujet des Joueurs de profession, qui, selon lui, sont d'autant plus méprisables, qu'ils ont acquis plus d'habileté dans leur Art.

Aleator, quanto in arte est melior; tanto est nequior.

Vers. 772. *Edit. Amsterd.* 1708. Voyez là-dessus Commentaire posthume de Gruter.

par-là ils abusent souvent de la force de leur Corps, & de la vivacité de leur Esprit, ou autres talens dont ils auroient pû faire un bon usage. D'où il paroît, que les Loüanges ne sont estimables qu'à proportion du mérite de ceux d'où elles partent; & qu'ainsi la véritable Gloire ne consiste que dans l'estime des personnes (3) qui sont elles-mêmes digne d'estime.

Mais, pour entrer dans quelque détail, il faut mettre au rang des choses propres à attirer de l'Honneur, 1. La pénétration de l'Esprit, & la capacité d'acquerir diverses connoissances, surtout lorsqu'on a actuellement cultivé ces heureuses dispositions. 2. Un Jugement droit & solide, (b) propre à manier les affaires, & prompt à démêler les difficultez qui se présentent. 3. Une Fermeté d'ame inébranlable, & à l'épreuve des attraits du Plaisir aussi-bien que de la crainte de la Douleur; en un mot, des impressions de tous les Objets extérieurs capables de corrompre ou d'intimider. 4. L'Eloquence, ou la facilité de s'expliquer d'une maniere également agréable & abondante. 5. La Force, la (c) Beauté, une (4) Taille riche & majestueuse, l'adresse ou l'agilité du Corps, entant que l'on regarde ces qualitez comme autant de marques ou d'instrumens d'une belle Ame; car cet extérieur (d) est fort sujet à tromper. 6. Les biens de la Fortune, comme on parle, entant que leur acquisition est un effet de l'industrie de celui qui les possede, ou qu'ils lui fournissent le moyen de faire des choses dignes de loüange. 7. Mais ce sont les belles Actions (5) par elles-mêmes qui distinguent le plus avantageusement, & qui produisent la Gloire la plus solide, non seulement parcequ'elles supposent un mérite propre & réel; mais encore parcequ'elles sont une preuve sensible, que l'on n'enfouït pas ses talens, & qu'on les rapporte à une fin légitime.

(b) Voyez *I. Rois*, III, 28. *Ecclés.* IX, 15.

(c) Voyez *Isocrat. Encom. Helen.* où il declame néanmoins un peu trop: *Virgil. Æn.* V, 344. *Bacon. Serm. fidel.* Cap. XLI. XLII.

(d) Voyez *Oppian. Cyneget.* Lib. III. vers. 68. *Quint. Calaber*, Lib. V. *Claudian. de Bell. Getic.* vers. 384.

Lorsque les qualitez qui distinguent une personne, & les belles Actions qu'elle a faites, sont venuës à la connoissance d'un grand nombre de gens, c'est ce qui s'appelle

(3) Lætus sum laudari me, *inquit Hector*, *opinor*, *apud* NÆVIUM, abs te, pater à laudato viro. *Ea est enim profecto jucunda laus, quæ ab iis proficiscitur, qui ipsi in laude vixerunt.* CICER. Lib. XV. *ad Famil.* Epist. VI. L'Empereur MARC ANTONIN met cela au rang des caracteres du Sage: Δόξης δὲ οὐχὶ τῆς παρὰ πάντων ἀνθεκτέον, ἀλλὰ τῆς ὁμολογουμένως τῇ φύσει βιούντων μόνον. οἱ δὲ μὴ οὕτως βιοῦντες, ὁποῖοί τινες τε καὶ ἔξω τῆς οἰκίας, καὶ νύκτωρ, καὶ μεθ' ἡμέραν, οἷοι μεθ' οἵων φύρονται, μεμνημένος διατελεῖ. οὐ τοίνυν οὐδὲ τὸν παρὰ τῶν τοιούτων ἔπαινον ἐν λόγῳ τίθεται, οἵγε οὐδὲ αὐτοὶ ἑαυτοῖς ἀρέσκονται. C'est-à-dire, selon la Version de Mr. DACIER: „Il „ne recherche pas l'estime de tout le monde indifféremment, mais seulement de ceux qui vivent conformément à la Nature; & pour ceux qui vivent „d'une autre maniere, il a toûjours devant les yeux „quels ils sont dans leur domestique, en public, le „jour, la nuit, & dans quelles compagnies ils sont „confondus, & pour ainsi dire, embourbez. Enfin, „il ne fait aucun cas de plaire à des gens qui ne se „plaisent pas à eux mêmes. *Lib.* III. §. 4. Voyez le Commentaire de GATAKER qui a recueilli plusieurs beaux passages des Anciens sur ce passage, que l'Auteur citoit ici.

(4) Voyez *I.* SAMUEL X. 23, 24. On représentoit les Dieux & les Heros, comme d'une taille fort au-dessus de celle que les Hommes ont ordinairement; & quelques Peuples, comme, par exemple, les *Ethiopiens*, (THEMISTIUS Orat. XIV. *ex* HERODOT. Lib. III. Cap. 20.) outroient si fort l'estime pour cet avantage naturel, que de choisir leurs Rois à l'aune, s'il faut ainsi dire. MONTAGNE (comme le remarquoit encore nôtre Auteur) parle de trois Américains de la *Nouvelle France*, qui étant venus à la Cour de *Charles IX.* trouvoient fort étrange, entr'autres choses, *que tant de grands hommes portans barbe, forts & armez, qui estoient autour du Roy* (*il est vraysemblable qu'ils parloient des Suisses de sa garde*) *se soubmissent à obeir à un enfant, & qu'on ne choisissoit plustost quelqu'un d'entr'eux pour commander.* Essais, Liv. I. Chap. XXX. Tome I. p. 393. *Edit. de la Haye* 1727. Voyez le Comm. de Mr. LE CLERC sur *I.* SAM. IX, 2.

(5) Τιμὴ δὲ, ἐστι μὲν σημεῖον εὐεργετικῆς δόξης. τιμῶνται δὲ, δικαίως μὲν καὶ μάλιστα οἱ εὐεργετηκότες, οὐ μὴν ἀλλὰ τιμᾶται καὶ ὁ δυνάμενος εὐεργετεῖν. „L'Honneur est un témoignage „d'estime qu'on rend à ceux qui sont bienfaisans; „de là vient qu'on honore principalement les personnes qui font du bien: Et quoiqu'il fût juste de „ne porter de l'honneur qu'à ces gens-là, on ne „laisse pas d'honorer encore ceux qui sont en puissance de bien faire. ARISTOT. Rhetor. Lib. I. Cap. III. (J'ai suivi la Version de CASSANDRE) Voyez PINDAR. Olymp. Od. VI. vers. 123, 124. Toutes citations de l'Auteur.

proprement *Renommée*, *Réputation*, *Gloire*. Que si l'on passe dans le monde pour avoir une habileté singuliere à décider les difficultez de Pratique, ou les véritez de Spéculation; on aquiert par-là une *Autorité*, particulierement ainsi appellée, que d'autres définissent en peu de mots, *une réputation de grand sçavoir, & de probité tout ensemble*. Pour ce qui regarde (e) l'*Age*, il n'attire l'honneur & le respect, que parcequ'on présume que les personnes âgées sont habiles & prudentes, par la longue expérience qu'elles ont, & par les fréquentes réfléxions qu'elles ont faites sur les affaires humaines; ce qui se trouve souvent (f) faux: outre que les (g) Femmes, généralement parlant, n'aiment pas à passer pour vieilles. Le sexe donne aussi aux Hommes (h) quelque avantage pardessus les Femmes, toutes choses d'ailleurs égales. Du reste, il y a des fondemens d'Honneur, communs aux deux sexes: d'autres qui sont particuliers à chacun, comme, un plus grand degré de mérite qui vient des Vertus & des fonctions propres à un sexe: d'autres, enfin, que le sexe féminin emprunte d'ailleurs; & de là vient que (i) l'éclat de la Dignité des Maris réjaillit sur leurs Femmes, qui (k) font gloire aussi d'avoir plusieurs Enfans, & des Enfans d'un mérite ou d'un rang distingué.

§. XIII. ¶HOBBES (a) rapporte uniquement à la *Puissance* tous les *fondemens* de l'*Honneur*, ou de l'*Estime de distinction*. Il entend par la *Puissance* en général, *l'assemblage de tous les Moyens que l'on a actuellement en main, à la faveur desquels on peut vraisemblablement acquerir quelque Biens*; & il la divise en *Naturelle*, & *Instrumentale*. La *premiere* consiste, selon lui, dans *une certaine excellence des Facultez du Corps, ou de l'Ame*, telle qu'est la *Beauté*, la *Prudence*, l'*Art*, l'*Eloquence*, la *Liberalité*, la *Noblesse*, &c. *L'autre* résulte de *la possession de certaines choses, qui étant acquises avec le secours des Puissances Naturelles, servent de Moyens & d'Instrumens pour se rendre plus puissant*; comme sont les *Richesses*, l'*Honneur* & la *Réputation*, les *Amis*, le *Bonheur* ou la *Bonne Fortune*, &c. En un mot, selon les idées de cet Auteur, *toute Qualité, ou réelle, ou apparente, qui fait des impressions d'Amour, ou de Crainte, dans l'esprit d'un grand nombre de gens, est une Puissance.* Il distingue ensuite deux sortes de *Dignité* ou de *Mérite*: l'une, que l'on pourroit appeller *Dignité Naturelle*, & l'autre *Dignité Civile*. La *premiere*, *c'est ce que chacun vaut, c'est-à-dire, ce que les autres voudroient donner pour avoir l'usage de sa Puissance*: desorte que, *s'ils témoignent la mettre à haut prix*, ils l'honorent; *au lieu que s'ils l'estiment sur un bas pié*, ils le deshonorent: *ce qui se fait par des* Signes Naturels, *comme quand on implore le secours de quelqu'un; ou qu'on lui obéit; ou qu'on lui fait des présens* (b) *considérables; ou qu'on a soin d'avancer ses intérêts; ou qu'on le flatte; ou qu'on lui cede en tout ce qu'il souhaite; ou qu'on témoigne pour lui de l'Amour, ou de la Crainte; ou qu'on le loüe, & que l'on publie sa puissance & son bonheur; ou qu'on l'aborde & qu'on lui parle avec respect; ou qu'on ajoûte foi & que l'on se fie à ce qu'il dit; ou que l'on écoute patiemment & avec attention ses conseils & tous ses discours; ou qu'on entre dans ses opinions; ou qu'on l'imite; ou qu'on honore ceux qu'il honore; ou qu'on prend conseil de lui, & qu'on se régle sur ses avis dans des affaires importantes.* La *Dignité Civile*, c'est *l'estime que l'Etat témoigne faire d'un Citoyen, en lui conférant ou une partie de l'administration du Gouvernement, ou une Charge*,

(e) Voyez *Diod. Sicul.* Lib. XIX. Cap. XXXIV. *Oppian. Halieut.* Lib. I. vers. 683. *Q. Calaber*, Lib. V. *Digest.* Lib. L. Tit. VI. *De jure immunitatis*, Leg. V. *princ.*

(f) Voyez *Ovid. Metam.* Lib. IX. 436, 437. *Horat. Epist.* Lib. I. Ep. I. 8, 9. *Lucan.* L. I. 135. *Antiphanes*, apud *Stob.* Serm. CXVIII. p. 591. *Philon, de Abraham.* pag. 38 ?. C. *Strab.* Lib. XV. p. 1016. B. *Edit. Amstel.* *Varr. de Re Rust.* Lib. II. C. II. *Quintilian.* Inst. Orat. Lib. II. C. I. pag. 128. *Edit. Burm.* *Isocrat.* in *Archid.* init. *Philostrat. in Vit. Apoll. Tyan.* L. VI. Cap. XVI. Edit. Olear. *Charron de la Sagesse*, Liv. I. Chap. XXXV. (XXXVI.) §. 5. *Bacon. Serm. fidel.* Cap. XL.

(g) Voyez une Epigramme de *Platon*, dans l'*Anthologie*, Lib. VI. Cap. 8. num. 1. au sujet de *Laïs*, & de son Miroir: *Quintil.* Declam. CCCVI. pag. 547.

(h) Voyez *Digest.* Lib. I. Tit. IX. *De Senator.* Leg. I. *Jac. Gothofred. de praecedentia*, Part. I. Cap. V. §. 33. *Buchan.* Rer. Scot. Lib. XII. page 407, 408. *Edit. Holl.* dans le Discours de *Kenned*, Archevêque de *St. André*.

(i) Voyez *Digest.* *ubi suprà*, Leg. VIII.

(k) Voyez *Ovid.* Met. VI, 172. & *seqq.* *Val. Maxim.* Lib. IV. C. IV. §. 1. *Plutarch.* in *C. Gracch.* Tome II. page 836. E. *Edit. Wech.*

¶ Si la *Puissance* est le fondement de l'Honneur?

(a) *Leviath.* C. X.

(b) Surquoi est fondé ce que rapporte *Leo African.* Lib. I. page 43. *Edit. Elzev.* d'un Prince de *Zanaga* en *Afrique*: mais je ne sçai si la courtoisie est fort à propos.

ou quelque affaire publique, ou même un simple Titre Honoraire. HOBBES remarque ensuite avec raison, que l'Etat peut attacher une marque d'Honneur à certaines choses qui sont d'ailleurs indifférentes de leur nature, telles que sont, par exemple, les *Armoiries*; ou comme autrefois parmi les *Perses*, c'étoit un (c) grand honneur que d'être promené par la ville sur le Cheval du Roi. Je n'ai garde de dire la même chose des paroles suivantes, qui ne peuvent qu'être désapprouvées. *L'Honneur*, dit-on, *consiste uniquement dans la haute idée qu'on a de la Puissance de quelqu'un; desorte que pourvû qu'une Action soit grande & difficile, il n'importe qu'elle soit Juste ou Injuste, elle ne laisse pas toûjours d'être glorieuse, parcequ'elle marque une grande puissance. Ainsi les anciens* Payens, *selon leur opinion, ne deshonoroient pas leurs Dieux, en leur attribuant, dans leurs Poësies, des Adulteres, des Homicides, & d'autres Actions, injustes ou sales à la vérité, mais grandes; au contraire, ils les honoroient par-là extrémement.* Voilà en abregé les idées d'HOBBES sur cette matiere.

Mais quoiqu'on puisse accorder que les fondemens de l'Honneur, ou de l'*Estime de distinction*, se rapportent à la *Puissance*, entant qu'ils ont la vertu de produire quelque effet dans la Vie-Humaine; (car ce qui n'est capable de produire aucun effet ni bon ni mauvais, ne semble pas susceptible d'estime ni en bien ni en mal) il est absurde de dire, que la seule *Puissance*, sans la *Bonté*, soit le véritable & unique fondement de l'Honneur solide; & cela est également contraire à la droite Raison, & aux principes mêmes d'HOBBES. Car il définit lui-même *l'Honneur* (d), *l'opinion que l'on a de la Puissance de quelqu'un, jointe avec la Bonté*; & il ajoûte que *l'Honneur est toûjours nécessairement accompagné de trois Passions, sçavoir de l'Amour, qui répond à la Bonté, de l'Espérance & de la Crainte, qui se rapportent à la Puissance.* En effet, (1) la Crainte qu'excite la vûë d'une Puissance qui ne s'occupe qu'a faire du Mal, ne sauroit en aucune façon passer pour une marque d'Honneur; car la Crainte toute seule attire la Haine, & quand on hait quelqu'un on souhaite qu'il périsse. En qualité de *Chrétiens*, nous croyons que le *Diable* a une grande puissance; mais dont il ne veut se servir que pour faire du mal: cependant il faudroit être fou pour conclure de là, (e) qu'on doit l'adorer; & lorsque cet Esprit malin voulut lui-même avoir des hommages de Nôtre Sauveur JESUS-CHRIST, il n'employa point de menaces, (f) mais il tâcha de le gagner par de belles promesses. Ainsi on ne sauroit non-plus mettre, comme fait HOBBES, au rang des marques d'Honneur, les actes de *Flatterie*. Car toute Flatterie suppose un Vice ou dans le Flatteur, ou dans celui qui est flatté: elle est d'ailleurs une espece de (g) moquerie, & ne part nullement d'un sentiment d'amour ou d'estime. Pour ce qui regarde les Fables des anciens Poëtes, il y en a qui croyent, qu'elles donnoient à entendre, (2) que les Dieux étoient au-dessus des Loix. D'autres (h) ont prétendu que ce n'étoient (3) que de pures fictions, qui avoient un sens mystique. Quoiqu'il en soit, les adulteres de *Jupiter* ne lui font pas, à mon avis, plus d'honneur que les débauches de *Messaline* n'en faisoient (i) à cette Princesse; & les plus sages Payens l'ont eux-mêmes (4) reconnu.

(c) *Esther*, VI, 8. Voyez d'autres exemples, dans *Bern. Varen.* Descript. Japon. pag. 21. *Neuhoff*, general. Descript. Chin. *Cap.* IV *Rochefort*, Descript. Antil. Part. II. Cap. XIX.

(d) *De Cive*, Cap. XV. §. 9.

(e) Comme font quelques Barbares qui adorent le Diable, *afin*, disent-ils, *qu'il ne leur nuise pas.*

(f) *Matth.* IV. 8, 9.

(g) Voyez *Lucain*, Pharsal. Lib. V. vers. 385, 386. *Plutarch. de discrim. adulator. & amici*: & ce que disoit *Pescennius Niger* dans *Spartien*, Cap. XI. à un homme qui avoit fait son Panégyrique, & qui vouloit le lui reciter.

(h) Voyez *Sallust. de Diis & Mundo*, Cap. III.

(i) Voyez *Juvenal.* Satyr. VI, 129.

§. XIII. (1) SILIUS ITALICUS, dans un passage que nôtre Auteur cite ici, traite *Hasdrubal* d'insensé, en ce qu'il croyoit que ce fût à lui un honneur de se faire craindre:

——— *Asper amore*
Sanguinis, & metui demens credebat honorem.
Punic. Lib. I. *vers.* 148, 149.

(2) Voyez ce que dit Mr. BERNARD *dans ses Nouvelles de la Républ. des Lettres*, Mars 1705. p. 298, 299.

(3) Ou plûtôt ce n'étoient que des anciennes Histoires, mais corrompuës & défigurées en diverses manieres, de gens tres-vicieux, dont l'ignorance & la superstition avoit fait des Divinitez. Voyez ce que Mr. LE CLERC a dit en divers endroits de la *Bibliotheque Universelle*, & depuis peu dans la BIBLIOTH. CHOISIE, Tome VII, à l'occasion du Livre de SELDEN, de *Diis Syris*, pag. 88. *& suiv.*

(4) Par exemple, ISOCRATE soûtient, que l'on

Toutes les qualitez qui sont le fondement de l'Honneur, ne produisent qu'un simple *mérite*.

§. XIV. TOUTES les qualitez, qui sont de légitimes fondemens de l'*Estime de distinction*, ne produisent néanmoins par elles-mêmes qu'un droit imparfait à l'Honneur & au Respect; desorte que, si on le refuse à ceux qui le méritent le mieux, on ne leur fait par-là aucun tort proprement dit, mais on manque seulement envers eux d'Humanité, ou de Civilité. En effet, ceux qui vivent les uns par rapport aux autres dans l'indépendance de l'Etat de Nature étant naturellement égaux, je ne vois pas en vertu dequoi l'un d'entr'eux pourroit exiger des autres, de plein droit, quelque Honneur & quelque Respect; puisque l'amour que chacun a pour lui-même & pour tout ce qui lui appartient, peut lui faire croire qu'il a dequoi aller du pair avec ceux qui prétendent avoir quelque avantage sur lui, ou même dequoi se mettre justement au-dessus d'eux. Si l'un, par exemple, vante ses cheveux blancs (a), l'autre soûtiendra que la vigueur de sa Jeunesse lui donne au contraire de beaucoup la préférence. Celui qui espere d'acquérir une chose, en tirera autant de vanité que celui qui la possede actuellement. *Ajax* est tout fier de la force de son Corps; mais *Ulysse* se croit bien au-dessus de lui par sa (b) Prudence, par son Eloquence, & par son Adresse. Si l'un se glorifie de ses richesses, l'autre opposera à cela son contentement d'esprit, plus précieux mille fois que tous les trésors des Princes. L'un vantera son érudition; l'autre, qui n'a point de sçavoir, répondra, que (1) *la Fermeté d'esprit, la Fidélité, & la Probité sont la véritable Philosophie*. L'un sera fier des Honneurs & des Dignitez ausquelles il est parvenu: l'autre dira, que (2) *l'on voit tous les jours des gens qui sont revêtus des marques honorables de la Vertu, sans être pour cela vertueux*. Un Gentilhomme pauvre fera sonner haut sa Naissance, & la longue suite de ses Ancêtres: un gros Financier, ou un riche Marchand, lui répondra en se moquant de tous ses titres, qui ne l'empêchent pas d'être gueux:

(a) Voyez *Pindar.* Olymp. Od. IV. à la fin.

(b) Voyez *Sophocl. Ajac. flagell.* page 69. *Edit. H. Steph.* vers. 1268. & *seqq.*

(3) *Sans l'argent la Noblesse est un meuble inutile.*

Au fond, les Sages mêmes mettent au rang des sottes opinions du Vulgaire, *d'estimer* (4) *les personnes par les biens, richesses, dignitez, honneurs*, en un mot par toutes les

n'oseroit dire d'un Ennemi des choses aussi infâmes, que celles que les Poëtes attribuoient aux Dieux, par une calomnie detestable. Ἀλλὰ ταῖς τῶν ποιητῶν βλασφημίαις ἐπικολλήσεις, οἳ . . . . τοιαῦτα λέγεις περὶ αὐτῶν τῶν Θεῶν εἰρήκασιν, οἷα οὐδεὶς ἂν περὶ τῶν ἐχθρῶν τολμήσειεν εἰπεῖν. In *Busirid. Encom.* pag. 228. E. *Edit. H. Steph.* Voyez PINDAR. Olymp. Od. I. vers. 55, & seqq. SENEC. *de brevit. vit.* Cap. XVI. FULGENT. Mythol. Lib. I. vers. 55, 56, 57. Toutes citations de l'Auteur.

§. XIV. (1) Τὸ γὰρ βέβαιον, καὶ πιστὸν, καὶ ὑγιὲς, τοῦτο φημὶ εἶναι τὴν ἀληθινὴν φιλοσοφίαν. PLATO, *Epist.* X.

(2) *Insignia enim Virtutis multi etiam sine virtute adsecuti sunt, talium virorum tanta studia adsequi sola Virtus potest.* Cicer. ad Familiar. Lib. III. Epist. XIII.

(3) —— Πένης γὰρ οὐδὲν εὐγενὴς ἀνήρ.

EURIPID. *in Phaniss.* vers. 445.

Voyez aussi l'*Electre*, vers. 37, 38. Citations de l'Auteur. Ajoûtons ce vers d'HORACE:

Et genus, & virtus, nisi cum re, vilior algâ est.
Lib. II. Sat. V. vers. 8.

(4) J'ai employé ici les propres termes de CHARRON, *de la Sagesse*, Liv. I. Chap. V. (XXXIV.) §. 9. num. 5. d'où nôtre Auteur a visiblement tiré ce qu'il dit, quoiqu'il ne le cite pas. Mais *Charron* lui-même, à son ordinaire, n'a fait qu'abreger ce beau passage de MONTAGNE. „C'est merveille que sauf nous, „aucune chose ne s'estime que par ses propres quali- „tez. Nous louons un Cheval de ce qu'il est vigou- reux & adroit,

—— —— —— *Volucrem*
Sic laudamus equum, facili cui plurima palma
Fervet, & exultat rauco victoria circo.
(JUVENAL. Satyr. VIII. 57, 58.

„non de son harnois: un levrier, de sa vistesse, non „de son collier; un oyseau, de son aile, non de ses „longes & sonettes. Pourquoi de mesmes n'esti- „mons-nous un homme par ce qui est sien? Il a un „grand train, un beau Palais, tant de credit, tant „de rente: tout cela est autour de luy, non en luy. „Vous n'achetez pas un chat en poche: si vous mar- „chandez un Cheval, vous lui ostez ses bardes, vous „le voyez nud & à descouvert: Ou, s'il est couvert, „comme on le présentoit anciennement, aux Princes „à vendre, c'est par les parties moins nécessaires,

autres choses qui sont hors de nous, *& mépriser ceux qui n'en ont point comme si l'on jugeoit d'un Cheval par la bride & la selle.* D'ailleurs, l'Honneur que l'on rend à quelqu'un consiste à reconnoître en lui des qualitez qui le mettent au-dessus de nous, & à s'abaisser volontairement devant lui pour cette raison; sentimens que la violence ne sauroit jamais produire, puisqu'elle ne fait au contraire que rendre les Hommes plus opiniâtres à refuser des hommages que l'on veut extorquer d'eux. Il seroit donc manifestement absurde, d'attribuer aux qualitez qui sont les fondemens de l'Honneur, la vertu d'imposer par elles-mêmes une Obligation parfaite; ensorte que ceux en qui elles se trouvent, eussent un plein droit d'en venir à la voye des Armes, pour se faire rendre par force les respects qu'ils méritent; car un hommage forcé n'est pas une marque de respect intérieur, mais témoigne seulement que celui qui le rend, craint la mort. Ajoûtez à cela, que les marques extérieures d'Honneur, si elles ne partent d'un vrai sentiment de respect & de soumission*, n'étant que de vaines simagrées, & une moquerie, plûtôt qu'un véritable hommage; il y auroit de la folie à prendre les armes pour venger le refus de ces sortes de choses; surtout si celui qui nous les refuse, proteste qu'il ne le fait pas pour nous mépriser, mais seulement pour maintenir l'usage de sa Liberté Naturelle, en vertu de laquelle il ne sauroit légitimement être contraint à faire une chose qui doit dépendre de son bon plaisir & de son honnêteté. C'est sur ce fondement que les Scythes disoient autrefois à *Alexandre*: (5) *N'est-il pas permis à ceux qui vivent dans les bois, d'ignorer qui tu es & d'où tu viens? Nous ne voulons ni obéir ni commander à personne.* Et *Arioviste* à *Jules César*: (6) *Si j'avois quelque*

» afin que vous ne vous amusiez pas à la beauté de son poil, ou largeur de sa croupe, & que vous vous arrestiez principalement à considérer les jambes, les yeux, & le pied, qui sont les membres les plus utiles. (Voyez HORAT. Lib. I. Satyr. II, 86, *& seqq.*) Pourquoi estimant un homme, l'estimez-vous tout enveloppé & empacqueté? Il ne nous faict montre que des parties qui ne sont aucunement siennes: & nous cache celles, par lesquelles seules on peut vrayement juger de son estimation. C'est le prix de l'espée que vous cherchez, non de la guaine: vous n'en donnerez à l'adventure pas un quatrain, si vous l'avez despoüillée. Il le faut juger par luy-mesme, non par ses atours. Et, comme dit très-plaisamment un Ancien: (SENEC. Epist. LXXVII. pag. 221. *Edit. Gron.*) Sçavez vous pourquoy vous l'estimez grand? vous y comptez la hauteur de ses patins. La base n'est pas de la statuë. Mesurez-le sans ses eschaces. Qu'il mette à part ses richesses & honneurs, qu'il se présente en chemise. A-t il le corps propre à ses fonctions, sain, & allegre? Quelle ame a-t-il? Est-elle belle, capable, & heureusement pourveuë de toutes ses piéces? Est-elle riche du sien, ou de l'autruy? La fortune n'y a-elle que voir? Si les yeux ouverts, elle attend les espées traites; s'il ne luy chaut par où luy sorte la vie, par la bouche, ou par le gosier; si elle est rassise, equable & contente: c'est ce qu'il faut voir, & juger par-là les extrêmes différences qui sont entre nous. *Essais*, Livre I. Chap. XLII. Tome I. pag. 516, 517, 518. *Edit. de la Haye* 1727. Voici comment Mr. DESPREAUX a imité le passage de JUVENAL, que *Montagne* cite, & qui est appliqué à la Noblesse.

Dites-nous, grand Héros, Esprit rare & sublime,
Entre tant d'animaux, qui sont ceux qu'on estime?
On fait cas d'un Coursier, qui fier & plein de cœur,
Fait paroître en courant sa bouillante vigueur:
Qui jamais ne se lasse, & qui dans la carriere
S'est couvert mille fois d'une noble poussiere:
Mais la posterité d'Alfane & de Bayard,
Quand ce n'est qu'une rosse est venduë au hazard,
Sans respect des Ayeux dont elle est descenduë,
Et va porter la malle, ou tirer la charruë.
Pourquoi donc voulez-vous que, par un sot abus,
Chacun respecte en vous un honneur qui n'est plus.

Satyre V, vers. 29, & suiv.

Voyez ci-dessus, Liv. II. Chap. IV. §. 9. HORACE, pour faire voir le ridicule de ceux qui n'estiment les gens que par les choses extérieures, en appelle au jugement des Enfans, en qui la Nature n'est pas encore corrompuë par l'exemple & par la coûtume.

Si quadringentis sex, septem millia desunt,
Est animus tibi, sunt mores, & lingua, fidesque:
Plebs eris. At pueri ludentes, Rex eris, ajunt,
Si rectè facies .....

C'est-à-dire, selon la Version du P. TARTERON: » Vous avez du cœur, de l'éloquence, & de la bonne foi, j'en conviens: mais vous n'avez pas quarante mille livres? Ne s'en fallût-il que six ou sept mille, vous n'êtes qu'un coquin. Les Enfans, en joüant, raisonnent, à mon avis, beaucoup mieux. *Faites bien, disent-ils, & vous serez Roi.* Epist. Lib. I. Ep. I. 57, *& seqq.*

(5) *Qui sis, unde venias, licetne ignorare in vastis silvis viventibus? Nec servire ulli possumus, nec imperare desideramus.* Q. CURT. *Lib.* VII. *Cap.* VIII. num. 16. J'ai suivi VAUGELAS.

(6) *Si quid ipsi à Cæsare opus esset, sese ad eum venturum fuisse: si quid ille se velit, illum ad se venire oportere.* CÆSAR. *de Bell. Gall.* Lib. I. Cap. XXXIV. num. 2. *Vologeses*, Roi des *Parthes*, fit une semblable réponse

chose à vous demander, j'irois vous trouver moi-même: si vous souhaitez quelque chose de moi, vous n'avez qu'à venir. De tout cela il paroît, qu'encore qu'il soit conforme à la Raison d'honorer ceux qui ont plus de mérite que nous, & que même rien n'empêche, à mon avis, qu'on ne fasse de cela, si l'on veut, une maxime du Droit Naturel; ce Devoir, considéré précisément en lui-même, doit être mis au rang de ceux dont la pratique est d'autant plus louable, qu'elle est entierement libre. Pour avoir donc un plein droit d'exiger d'autrui du respect, ou quelque marque d'honneur que ce soit, il faut ou que celui de qui on l'exige, dépende de nous; ou qu'on ait acquis ce droit par quelque (c) Convention avec lui, ou bien en vertu d'une Loi faite ou approuvée par un Superieur commun.

(c) Comme, par exemple, celle du Roi de *Cochin*, avec les *Portugais*, au sujet des *Naires*, ou Nobles de ce Païs-là. Voyez *Mandelslo*, *Itiner.* Part. II.

Sur quoi est fondé le droit de Préséance.

§. XV. DE Particulier à Particulier, rien n'est ici plus glorieux que les combats de (1) civilité, dans lesquels chacun s'empresse d'être le plus prompt à porter honneur & respect aux autres, & le plus modeste à refuser ceux qu'on veut lui rendre. On se moque avec raison de ces gens qui se piquent de la moindre chose en quoi l'on a manqué de déférence pour eux, & qui disputent le pas avec chaleur; surtout lorsqu'il s'agit d'un honneur stérile, & qui n'est accompagné d'aucune utilité solide. Bien sot qui se crotte pour avoir le haut du pavé! (2) *Qu'importe où l'on soit assis a table?* disoit un ancien Philosophe. *En est-on plus ou moins honnête-homme pour avoir une place plûtôt qu'une autre?* Rien n'est plus beau que le jugement d'un Prince, au sujet d'une dispute que deux (3) Dames de sa Cour eurent pour le pas dans une Eglise: *Que la plus folle des deux*, dit-il, *passe la premiere.*

Mais il y a des prétextes plus plausibles, dans les contestations que les Princes & les Peuples entiers ont eus presque de tout tems sur la prééminence & sur le *droit de Préséance*, qui en est une suite. Il est certain, qu'un Prince, qui releve d'un autre, doit indispensablement lui céder le premier rang, quand même ils porteroient tous deux le même Titre. On a des exemples de Rois puissans, qui ont sous eux d'autres Princes honorez du titre de Rois, mais au fond simples Magistrats subalternes, & Gouverneurs de Provinces au nom des premiers. Tels étoient plusieurs Rois que les (a) *Romains* comptoient parmi leurs Sujets. Quelques-uns tiennent leur Couronne en Fief: d'autres la possédent sous quelque autre titre qui les met dans la dépendance d'un autre Souverain. Dans les *Alliances inégales*, celui au désavantage de qui est l'inégalité, se reconnoît par cela seul inférieur à l'autre Puissance, & baisse, pour ainsi dire,

(a) Voyez *Sallust. Bell. Jugurth.* au commencement de la Harangue d'*Adherbal*, Cap. XIV. & *Tacit. Agricol.* Cap. XIV.

à *Néron*. Voyez XIPHILIN, dans l'Abregé de DION, pag. 175. *Edit. Rob. Steph.* Toutes citations de l'Auteur.

§. XV. (1) En quoi néanmoins il ne faut pas aller dans l'excès. Ecoutons encore ici MONTAGNE. „J'aime à ensuivre les loix de la civilité, mais non „pas si couardement, que ma vie en demeure contrainte. Elles ont quelques formes pénibles, lesquelles pourveu qu'on oublie par discrétion, non „pas erreur, on n'en a pas moins de grace. J'ay veu „souvent des hommes incivils par trop de civilité, „& importuns de courtoisie. C'est au demeurant une „très utile science que la science de l'entregent. Elle „est, comme la grace & la beauté, conciliatrice des „premiers abords de la société & familiarités & par „consequent nous ouvre la porte à nous instruire par „les exemples d'autruy, & à exploitter & produire „nostre exemple, s'il a quelque chose d'instruisant „& communicable. *Essais*, Liv. I. Chap. XIII. Tome I. pag. 80. *Edit. de la Haye* 1727.

(2) *Demens, quid interest, quam lecti premas partem? Honestiorem te, aut turpiorem, potest facere pulvinus?* SENEC. *de Ira*, Lib. III. Cap. XXXVII. Nôtre Auteur citoit un vers de MARTIAL, dont j'ai exprimé le sens selon ses idées, *Bien sot qui se crotte pour avoir le haut du pavé!* Mais le Poëte parle, au contraire, de ceux qui, pour flatter quelqu'un, font des bassesses, comme, de marcher le premier dans la bouë, en l'accompagnant: on n'a qu'à voir la suite du passage.

Per medium pugnas, sed prior ire lutum.

Lib. X. Epigr. X. *vers.* 8. On remarquoit, avec plus de raison, que dans une Déclamation de QUINTILIEN (252.) où l'Honneur est appellé *pretiosissimus pauperum census*, il ne s'agit que de l'*Estime simple*, ou de la réputation d'Honnête-homme.

(3) L'Auteur dit, *duos Ministros minorum gentium*. Mais comme il ne cite personne, j'ai suivi l'Abbé de ST. REAL, qui attribuë ce jugement à *Charles-Quint*. Voyez le Traité de l'*Usage de l'Histoire*, Discours VI.

(b) Voyez *Jacob. Gothofred. de praecedentia*, Part. I. Cap. I. *Mauroc**en.* Hist. Venet. Lib. VIII. pag. 301 & *seqq.* où l'on parle de la dispute entre l'Ambassadeur de *France*, & celui d'*Espagne*, pour la préséance.

le pavillon devant elle. Si l'on a acquis ou en son nom propre & particulier, ou comme Chef de l'Etat, un droit de Prééminence & de Préséance, soit par quelque Convention expresse, soit par une Coûtume reçue, ou par le silence & la concession paisible du Prince intéressé; ce qui emporte une convention tacite, lorsqu'on ne sauroit vraisemblablement en alléguer d'autre raison, si ce n'est que celui-ci se reconnoissoit inférieur: il n'y a point de doute, qu'on ne puisse alors maintenir son droit (4), tant que l'on est revêtu de la Dignité à la faveur de laquelle on l'a acquis (b).

*Raisons dont on se sert, pour fonder un droit de Préséance, indépendamment de toute Convention ou expresse, ou tacite.

§. XVI. Mais la question est de sçavoir, si l'on peut prétendre quelque Prééminence, sans en avoir acquis le droit à quelqu'un des titres que je viens de dire? Ceux qui tiennent l'affirmative, alléguent, entr'autres raisons, l'antiquité du Royaume & de la Famille Régnante; l'étenduë & l'opulence des Païs qui sont sous la domination du Prince; la grandeur de sa puissance; sa Souveraineté absolue; & ses Titres relevez. On croit communément, que l'antiquité ajoûte quelque chose à la dignité des Etats, aussi-bien qu'à l'éclat des Familles illustres. Ceux qui fondent là-dessus un titre de Prééminence, disent avec beaucoup de faste, que leurs Ancêtres brilloient sur le Trône, pendant que les autres Royaumes étoient encore du nombre des Païs soumis à une domination étrangere; ou que la Famille, qui vient de monter sur le Trône, étoit cachée dans l'obscurité d'une basse naissance: Qu'un Prince est bien injuste, de disputer la préséance à celui dont les Ancêtres pouvoient commander aux siens, & les avoir pour Ministres: Que c'est une Loi Naturelle & générale, que les derniers venus cédent aux premiers. On étale ensuite avec emphase les belles actions que cet Etat, ou cette Famille Régnante ont faites, & en paix & en guerre; au lieu, dit-on, que l'autre Prince, qui lui conteste la préséance, ne sauroit alléguer rien de tel, ou du moins que fort peu de chose. Pour ce qui est de la Puissance, elle imprime la crainte aussi-bien que le respect. On regarde & comme une (1) imprudence, & comme une témérité extrême, de disputer le rang à celui qui peut nous faire & beaucoup de bien & beaucoup de mal: d'autre côté, le moyen le plus efficace pour parvenir aux Honneurs, c'est d'être en état de dire: *Si vous me les refusez, mon épée saura bien me les donner.* La dignité des Puissances qui ne relevent que de DIEU & de leur épée, passe aussi pour plus éminente que celle des Princes qui sont liez par des Loix Humaines, ou par des Conventions. Enfin, les Titres emportant d'ordinaire la chose même qu'ils désignent, on ne croit céder en rien à ceux qui n'en ont pas de (2) plus grands & de plus superbes.

Examen de ces raisons; & 1. De l'*Antiquité de l'Etat, ou de la Famille Régnante.*

§. XVII. QUOIQUE ces raisons, & autres semblables qu'on allégue, ayent quelque chose de spécieux, il faut avouër pourtant, qu'elles ne produisent par elles-mêmes qu'un droit imparfait, tant qu'il n'y a point là-dessus de Convention ni expresse, ni tacite. L'*Antiquité* toute seule, dira-t-on, ne renferme aucune dignité, puisqu'elle n'est qu'une longue durée, qui peut convenir à une chose de peu de valeur, aussi-bien qu'aux

(4) Nôtre Auteur indiquoit encore ici, & approuvoit ce que dit l'Auteur anonyme (c'est-à-dire, WICQUEFORT) des *Mémoires touchant les Ambassadeurs; Qu'un Prince ne doit pas entreprendre de régler le rang entre les Ministres des autres Souverains, qui résident auprès de lui.* Page 328. de la 1. Edit. 337. de la 2.)

§. XVI. (1) J'ai suivi la maniere dont l'Auteur s'exprime dans sa Dissert. *de Existimatione*, parmi ses *Dissert. Academiques*, §. 23. Car, dans toutes les Editions de mon Original il y a, *non impudens solum, sed & temerarium*, &c. Or la plus grande partie de ce Chap. est copiée de là mot à mot.

(2) Les Princes d'*Italie* se souleverent à l'occasion du titre de *Grand Duc de Toscane*, que le Pape PIE V. avoit donné à *Cosme I.* Voyez ANDR. MAUROCEN. *Hist. Venet.* Lib. XII. *page* 484. Notre Auteur renvoye encore ici à l'*Histoire du Concile de* TRENTE, par le Pere PAUL, Lib. V. page 402. *Edit. Latin. Gorinchem*, où il est parlé de quelque nouvelle dispute pour la préséance entre le Duc de *Ferrare* & le Duc de *Toscane*.

§. XVII.

qu'aux plus excellentes. Tous les Etats sont libres & indépendans: il n'importe qu'ils soient fondez depuis peu, ou depuis long-tems. La longue durée d'un Royaume marque seulement que la constitution en a été bonne, & l'administration sage; que par l'effet ou de son bonheur, ou de la bravoure de ses Citoyens, il n'a point été exposé aux attaques d'un Ennemi étranger, ou qu'il les a repoussées vigoureusement & avec succès. Mais les Etats nouveaux peuvent être constituez & gouvernez aussi avantageusement que les anciens, & peut-être même mieux, à cause que les bons réglements de ceux-ci ont été souvent produits par une expérience fâcheuse qu'on avoit faite des inconvéniens ausquels on vouloit remédier par-là; au lieu que les Etats nouvellement formez peuvent d'abord, sans qu'il leur en coûte rien, profiter de tout ce que les autres ont inventé de bon & d'utile: car, quoique personne ne puisse s'assurer ici-bas un bonheur de longue durée, on peut empêcher que l'Etat ne tombe en décadence par de mauvais réglemens. Enfin, on doit juger de chacun par le présent; le passé ne nous regarde plus, & l'avenir ne nous touche pas encore. Les Etats ne forment pas tous ensemble un Corps, où les Membres nouvellement agregez doivent tenir le dernier rang: mais chaque Etat est un Corps à part, indépendant de tous les autres. Pour ce qui est de l'Antiquité de la Famille Régnante, cela marque bien quelquefois que les Descendans n'ont point dégeneré de la Vertu de leurs Ancêtres; mais le plus souvent on n'en peut tirer d'autre conséquence, si ce n'est que cette Famille a sçu si bien affermir sa domination, que personne n'a osé entreprendre de lui ôter la Couronne. Quelquefois c'est l'effet d'un simple bonheur, ou du moins du naturel paisible des Peuples d'un Royaume, qui n'aiment pas les révolutions du Gouvernement. Mais celui qui est monté depuis peu sur le Thrône, peut répondre aux autres, qui vantent la longue suite des Rois leurs Prédecesseurs: Que (1) *la Noblesse, les Ancêtres, & généralement tout ce qui nous vient sans que nous y ayions en rien contribué, ne sçauroit guéres être regardé comme quelque chose qui nous appartienne*: Qu'il n'est rien de plus facile, que de recueïllir une riche succession: mais que pour se faire un patrimoine, & pour être soi-même l'artisan de sa fortune, il faut de l'industrie & de la vertu: Qu'au lieu qu'ils doivent uniquement leur grandeur au hazard de la Naissance, il n'en est redevable, lui, qu'à son propre mérite: Qu'ils se parent d'une gloire étrangere & ancienne; mais que pour lui il a une gloire propre, & qui brille d'un éclat tout récent: Que sa Famille sera quelque jour ancienne (a), comme la leur a été autrefois nouvelle: Enfin, que la Royauté est le plus haut degré de Noblesse & de Dignité, & qu'ainsi toute Famille Régnante, soit ancienne ou (2) nouvelle, est toûjours d'un rang également élevé.

(a) Voyez le raisonnement d'*Arnobe*, Lib. II. sur un autre sujet, page 91. in fin. *Edit. Lugd. Bat.*

§. XVIII. POUR la *Puissance*, elle peut bien tirer des plus foibles quelques marques exterieures de respect; y ayant de la folie à ne pas ceder à ceux (a) qui sont en état de nous faire du mal. Mais si un Roi se trouve assez fort pour maintenir & défendre aisément sa Couronne par lui-même, je ne vois pas pourquoi il cederoit le pas à un autre plus puissant, de qui il n'a rien à craindre, & dont il n'a pas besoin de rechercher la protection. Tous ceux qui sont libres, le sont également; & la supériorité de forces, ou de richesses, ne donne ici aucune prérogative. Un Prince, dont les

2. De la *Puissance*.

(a) Voyez *Juvenal*. Sat. V, 130, 131. & ce que dit *Favorinus* à ses amis, au sujet de la complaisance qu'il avoit pour *Hadrien*; dans *Spartien*, Cap. XV.

§. XVII. (1) *Nam genus, & proavos & quæ non fecimus ipsi,*
Vix ea nostra voco ——————
Ovid *Metam.* Lib. XIII vers. 140, 141.

(2) Notre Auteur cite ici un autre passage d'OVIDE, où le Poëte parlant de l'origine de la *Majesté*, dit que le même jour qu'elle naquit, elle fut grande:
Quaque die [Majestas] *partu est edita, magna fuit.*
Fast. Lib. V. *vers.* 26.

terres n'ont que cent lieuës de long, est aussi Souverain chez lui, & aussi en état d'exercer les actes nécessaires pour la fin des Societez Civiles, qu'un autre, dont la domination s'étend à six cens lieues de pays. (b) Pour ne pas dire, que la Puissance toute seule, considérée comme un simple pouvoir de nuire, n'emporte par elle-même aucun avantage capable d'attirer du respect ; car le véritable Respect est temperé d'amour, au lieu que le pouvoir de nuire a quelque chose d'odieux.

(b) Voyez *Jacob. Gothofr. de Preced.* Part. I. C. III. §. 19.

3. De la Souveraineté absoluë.
4. Enfin, des Titres.

§. XIX. La *Souveraineté absoluë* fait à la vérité des impressions de respect mêlées de crainte, beaucoup plus grandes que celles qu'inspire une Souveraineté limitée par des Loix ; mais c'est que sur les Sujets du Prince absolu, & non pas sur les autres Souverains, qui ne regardent son Pouvoir illimité, par rapport à eux, que comme un usage de la Liberté Naturelle, lequel ne donne par lui-même aucune prééminence sur ceux ausquels on n'a pas droit de commander. D'ailleurs, la dignité d'un Prince n'étant pas seulement fondée sur ses droits personnels & particuliers ; mais encore sur le rang que tient l'Etat dont il est Chef, un Souverain, dont le Pouvoir est limité par les Loix, peut sans contredit, en qualité de Chef d'un Etat puissant, être beaucoup au-dessus d'un autre Souverain qui est absolu ; mais dont l'Etat est moins considérable. Enfin, les (a) Titres, aussi-bien que tous les termes, sont comme la Monnoye, qui n'a cours que sur le pié (1) établi par l'Usage, & la Souveraineté étant ce qu'il y a de plus relevé dans un Roi, il suffit que ses Titres la désignent dans leur sens propre & naturel, ou selon l'usage commun : du reste, la pompe ou la modestie des termes n'ajoûte rien à la chose même, ni n'en diminuë rien. Le Monarque des *Turcs*, pour se nommer *Empereur*, où *Grand Seigneur*, n'est pas plus que celui des *Perses* qui ne se qualifie que *Roi*. Cet ambitieux étalage d'éloges entassez les uns sur les autres, & ajoûtez au Titre propre de la Souveraineté d'un Prince, sent un peu la barbarie, & imprime peut-être quelque respect aux Sujets ; mais tous les autres s'en moquent. *Sapor*, Roi des *Perses*, se disoit (b) *Frere du Soleil & de la Lune ;* mais que faisoit cela à *l'Empereur Romain ?* Pas plus que s'il se fût appellé *Frere de Saturne & de Venus.*

(a) Voyez pourtant *Georg. Buteni, Elench. motuum nuper. in Anglia*, Part. II. page 291, *& seqq.* & l'Auteur du *Carlinatisme*, Part. I. Lib. III. page 175, *& seqq.*

(b) *Amm. Marcellin. Lib. XVII. Cap. V.* Voyez aussi *Lib. XXIII. Cap. VI.*

Un Roi n'est pas tenu de céder le pas à un autre Roi ; ni un Etat libre, à un autre Etat également libre.

§. XX. De tout cela il résulte assez évidemment, à mon avis, qu'il n'y a point d'Obligation parfaite, en vertu de laquelle un Roi, véritablement Roi, soit tenu de céder le pas à un autre Monarque, & de se reconnoitre inférieur à lui en dignité, quand même celui-ci auroit quelque avantage à l'égard des qualitez dont on vient de parler ; & qu'un Etat libre n'est pas non-plus obligé de céder à un autre Etat également libre, quoique celui-ci se trouve plus ancien ou plus puissant. Un Etat Populaire (1) ne paroît pas même être d'un rang inférieur à un Etat Monarchique ; quoique dans une République il n'y ait personne qui puisse lui seul aller du pair avec un Roi. Ainsi l'Ambassadeur d'une République n'est pas toûjours indispensablement tenu de céder le pas à l'Ambassadeur d'un Roi. Cependant, comme une Dignité empruntée & représentative n'a jamais tant d'éclat, qu'une Dignité propre & originale, (2) ni un Magistrat, qu'un Prince ; & que d'ailleurs les Républiques ne sauroient se trouver en même lieu avec les Rois, que par leurs Députez ou leurs Ambassadeurs : il est clair, que l'Ambassadeur d'une République doit toûjours céder le pas à quel Roi ou Prince Souverain que ce soit.

Comment les Rois peuvent se trouver ensemble, sans avoir des contestations pour le pas ?

§. XXI. Cette égalité des Souverains n'empêche pas néanmoins qu'ils ne puis-

§. XIX. (1) Voyez Grotius, *Liv. I.* Chap. III. §. 10. & le *Discours sur le Gouvernement* par Algernon Sidney, Chap. III. Sect. XXXII.

§. XX. (1) Voyez ci-dessus, *Liv. VII. Chap. V.* §. 5.
(2) Voyez ci-dessus *Liv. I. Chap. I.* §. 12.

sent, s'il le faut, se trouver ensemble ou en personne, ou par leurs Ambassadeurs, ou même s'unir de telle maniere, qu'ils forment un Corps & un Conseil perpétuel. Lorsqu'un Roi en va voir un autre dans ses Etats, la Civilité veut que le Seigneur du Pays donne le pas chez lui à l'Etranger, à moins que celui-ci ne soit venu sur le pié de Sujet passager, pour ainsi dire. Car, quoique chacun soit le premier dans les terres de son obéïssance, les Rois, de même que leurs Ambassadeurs, sont censez, par une espece de fiction, être hors des terres du Prince dans le Pays duquel ils sont entrez de son consentement, avec tout l'éclat & toutes les marques de leur Dignité. (1) Je dis, *de son consentement;* car je ne conseillerois pas à un Prince d'entrer dans les terres d'un autre *incognito*, & sans en avoir demandé permission. Un Auteur (a) François soutient même hardiment, *qu'on ne péche point contre le Droit des Gens, en arretant un Prince qui vient incognito.* Mais je ne vois pas bien en vertu dequoi on pourroit se porter à cette violence, à moins qu'on ne dise, qu'un Prince ainsi déguisé donne lieu de soupçonner qu'il vient à mauvais dessein, & qu'il méprise le Souverain du Pays. Que si deux ou plusieurs Princes s'abouchent en lieu tiers, il est aisé de faire ensorte qu'il n'y ait aucune marque de prééminence en faveur d'aucun d'eux; car ils peuvent tenir leurs séances dans quelque Chambre construite de telle maniere, qu'il n'y paroisse point de place plus honorable que les autres. C'est pour cela aussi que dans ces sortes d'entrevuës on se range autour d'une (b) Table ronde. (c) On peut aussi déclarer dès l'entrée, que chacun prendra place où il voudra, ou au premier endroit qu'il se trouvera, sans que cela tire à conséquence pour le rang. Il y a moins de difficulté, quand les Princes s'abouchent *incognitò*, & sans leur train ordinaire; car ils témoignent par cela seul, qu'ils ne veulent point avoir de contestation pour la prééminence. Mais si l'on ne juge pas à propos de se dépoüiller des marques de la Grandeur Souveraine, en ce cas-là il faudra tirer au sort; & cela, ou de maniere que chaque Prince conserve toûjours la place qui lui sera une fois échue, ou ensorte que chacun occupe tour-à-tour les places, selon que le sort aura réglé entr'eux l'ordre de la préseance.

La chose est encore plus aisée, lorsque les Princes ne conferent ensemble que par leurs Ministres. Il y a même ici un autre moyen de prévenir les contestations, c'est que les Ministres ayant des caracteres plus relevez les uns que les autres, l'un, par exemple, d'*Ambassadeur*, l'autre d'*Envoyé*, ou de simple *Agent*: car cette différence de Dignitez étant de pure *institution* (d), peut être aisément diversifiée en plusieurs manieres. (e) Bien entendu que la valeur de ces différens caracteres soit réglée par un commun consentement des Princes: car si un seul, de son autorité particuliere, vouloit inventer un nouveau caractere en vertu duquel il prétendît que son Ministre dût recevoir certains honneurs chez les Puissances Etrangeres, préférablement aux Ministres des autres; celles-ci ne seroient pas tenuës de se conformer à sa volonté.

Il faut avoüer néanmoins, qu'en tout ceci il vaut mieux souvent imiter la grandeur d'ame d'*Agésilas encore enfant*, qui se voyant placé desavantageusement dans une Assemblée, se contenta de dire: (2) *J'en suis bien aise; car je ferai voir que ce n'est*

(a) *Gramond. Hist. Gall.* Lib. XIII. page 603. *Edit. Elzev.* à l'occasion du voyage de *Charles I.* encore Prince de *Galles*, qui passa *incognito* à *Bayonne.*

(b) Voyez *Auson. in Ludo septem Sapient.* vers. 78 79, 80. où l'Oracle d'*Apollon* place, par la même raison, le nom des sept Sages, dans un rond.

(c) Voyez *Athen. Dipnosoph.* Lib. I. Cap. VI. *Philostrat. de Vit. Apoll Tyan.* Lib. III. C. XXVII. *in fin.* Edit. Olear. 1709. & *Lucian. Epist. Saturn. ad divit.* page 628. Tome II Edit. Amst. *Jacob. Gothofr. De Praecedent.* Part. III.

(d) Voyez *Pietro della Valle*, Itiner. Part. II. Epist. V.

(e) Voyez les *Mémoires* de *Wicquefort*, *touchant les Ambass.* pag. 428, 534. de la 1. Edit. & l'*Hist du Conc. de Trente*, par *Fra Paolo*, Lib. VIII. page 641, & *seqq. Edit. Lat. Gorinch.* au sujet de la dispute entre les Ambassadeurs de *France* & d'*Espagne.*

§. XXI. (1) Voyez le Traité de Mr. de BYNKERSHOEK *Du Juge Compétent des Ambassadeurs*, Chap. III. avec mes Notes.

(2) Εὖγε δείξω γὰρ ὅτι οὐχ οἱ τόποι τοὺς ἄνδρας ἐντίμους, ἀλλ' οἱ ἄνδρες τοὺς τόπους ἐπιδεικνύουσι. PLUTARCH. *Apophthegm. Lacon.* au commencement, page 208. D. Voyez aussi page 191. F. & *Sympos.* Lib. I. Cap. II. III. & *Septem Sap. Conviv.* L'Auteur remarquoit ici le tour que prit *Alfonse XI.* pour accorder en quelque maniere les Villes de *Burgos* & de *Tolede*, qui étoient en dispute sur la préseance, ensorte que

pas la place qui honore celui qui l'occupe ; mais que c'est au contraire celui qui l'occupe qui la rend honorable.

De l'ordre des rangs entre plusieurs Puissances Confédérées.

§. XXII. LORSQUE plusieurs Princes s'unissant ensemble pour former une Societé de quelque durée, veulent conserver chacun leur égalité, & qu'ils ne trouvent pas à propos de tirer au sort, ni d'avoir la préséance tour à-tour ; il y a un autre moyen de régler les places, qui tient aussi un peu du sort & qui ne porte point de préjudice à la Dignité d'aucun des Alliez, c'est que chacun prenne place dans l'Assemblée commune, selon l'ordre de sa réception. Cela a lieu surtout par rapport à ceux qui entrent dans le Corps déja formé ; car pour ceux qui le forment, il vaut mieux qu'ils tirent au sort, ou qu'ils réglent les places par un accord entr'eux. Comme on suit cet ordre de la réception, dans les Assemblées de la plûpart des Corps ou Communautez, (a) GROTIUS prononce généralement, que *c'est-là l'ordre naturel entre ceux qui sont Membres d'une même Societé.* Surquoi il faut remarquer, que dans ces sortes de Societez la préséance n'emporte point proprement de superiorité par rapport à ceux qui viennent après ; mais marque un simple ordre (1) entre plusieurs personnes d'une égale dignité. *Grotius* ajoûte, que cette coûtume s'observoit autrefois entre les Rois & les Peuples Chrétiens, dans les *Conciles*, qui représentoient le Corps de l'Eglise Universelle ; car ceux qui avoient les premiers embrassé le Christianisme, passoient devant les autres, dans ces Assemblées & autres où il s'agissoit des affaires du Christianisme. C'est là-dessus que se fondent principalement ceux qui s'attribuent encore aujourd'hui la prééminence, même dans les Assemblées Politiques. Mais, quoique l'on ait peut-être eu raison de suivre cet ordre dans les Conciles & autres Assemblées Ecclesiastiques, il ne paroît pas nécessaire de l'observer dans toutes sortes d'Assemblées, ni de reconnoître pour un titre incontestable de prééminence l'antiquité seule de la profession du Christianisme. Car outre que la Religion Chrétienne nous recommande l'Humilité, qu'elle fait consister en ce que (2) *chacun croye que les autres sont plus que lui ;* & à (3) *se prévenir les uns les autres par des honnêtetez :* les Ecclésiastiques se sont emparez du premier rang dans la plûpart des Conciles, par pure usurpation ; ensorte que les Séculiers (4) n'y entroient presque que par surcroît, & qu'ils étoient tenus de se

(a) Liv. II. Chap. V. §. 21. Voyez là-dessus *Boecler.* & *Digest.* Lib. L. Tit. III. *De albo scribendo*, Leg. I. *Cod.* Lib. X. Tit. LII. *De Professoribus & Medicis*, Leg. X. Lib. XII. Tit. III. *De Consul.* &c. Leg. I. Tit. IV. *De Praefectis Praetorio*, &c. Leg. II. Tit. V. *De Praepositis sacri Cubiculi*, &c. Leg. I. Tit. XLIV. *De tironibus*, Leg. III. *Jac. Gothofr. de Praecedent.* Part. I. Cap. III. §. 17, 18.

les deux parties furent satisfaites. HIERON. OSOR. *de rebus gestis Eman.* Lib. I. Il citoit aussi GRAMOND. *Hist. Gall.* Lib. III. vers le commencement ; où cet Historien traite de la contestation qu'il y eut pour le rang entre le Parlement de *Paris*, & la Noblesse de *France*, à l'occasion d'une Assemblée des *Notables*, convoquée à *Rouen*, en 1617.

§. XXII. (1) On peut appliquer ici ce vers commun :

Ultimus & primus sunt in honore pares.

Car (ajoûtoit notre Auteur), ce que dit AUSONE (*in gratiarum actione ad Gratiam.* Cap. XXIV. in fin. *Edit. Cellar.*) *Nulla enim est quidem contumelia secundi, sed ex duobus gloria magna praelati :* » Ce n'est pas à la vérite un deshonneur d'être le second ; mais il y a de » la gloire pour celui des deux qui est preferé à l'autre : cela, dis-je, n'a lieu que quand la préférence est fondée sur un plus grand degré de merite.

(2) Ἀλλὰ τῇ ταπεινοφροσύνῃ ἀλλήλους ἡγούμενοι ὑπερέχοντας ἑαυτῶν. PHILIPP. II, 3.

(3) Τῇ τιμῇ ἀλλήλους προηγούμενοι. ROM. XII, 10.

(4) » En sorte (dit notre Auteur dans sa Dissertation *De Existimatione*, §. 27.) que les Princes & les » Rois étoient regardez, dans les Conciles, presque » comme Sujets des Ecclésiastiques. . . . . C'est peut-» être par un reste de cette coûtume pernicieuse, » qu'en certains endroits, les Predicateurs, lorsqu'ils » recommandent les Hommes à la grace de DIEU » dans les Prieres publiques, ne manquent pas de » commencer par eux-mêmes ; & qu'en parlant des » trois Etats ou Ordres d'un Royaume, on met toûjours au premier rang le *Clergé*, ensuite la *Noblesse*, » & puis le *Peuple*. Les personnes de bon sens ne trouvent pas cependant fort honnête ni fort raisonnable, » qu'un Ministre, par exemple, dans les vœux qu'il » fait le premier jour de l'an, ne prie DIEU pour la » prosperité du Prince, qu'après s'être souhaité mille » benedictions à lui-même, & à Mr. son Collegue ; » comme si le salut de l'Etat & de l'Eglise dependoit » plus de la conservation & de la felicité des Ecclesiastiques, que de celle du Souverain D'ailleurs ce » Prince n'est pas un des ennemis ou des persécuteurs » de l'Eglise, ausquels neanmoins l'Apôtre St. PAUL » ordonne de *rendre l'honneur*, aussi bien qu'aux autres, comme une espece de *tribut*, (ROM. XIII. 7.) » c'est-à-dire, en vertu d'une Obligation indispensable ; mais un Nourricier & un Protecteur de l'Eglise, &c.

soumettre humblement à leurs décisions. Quoiqu'il en soit, de ce que l'on céde le pas à quelqu'un dans une certaine Assemblée, pour quelque raison particuliere qui n'influe pas en général sur toute nôtre dignité; il ne s'ensuit pas qu'on doive le céder partout ailleurs, & lorsque la relation, sous laquelle on se reconnoît inferieur, n'a aucun lieu. C'est ainsi que dans chaque Etat, on voit des gens, qui étant Membres de divers Corps, passent devant une même personne dans l'un de ces Corps, & vont après elle dans l'autre.

§. XXIII. VOILA pour ce qui est des Egaux. Mais il est clair, que la Souveraineté donne par elle-même à celui qui en est revêtu, une prééminence (1) de plein droit sur ses Sujets (a). Car c'est sans contredit une condition plus relevée, de commander, que d'obéïr, de disposer de la volonté des autres, que d'en dépendre soi-même. D'autre côté, il est juste d'avoir du respect pour celui sous la protection duquel on vit, & qui a en main le pouvoir de nous contraindre à lui obéïr par la crainte des Peines: pour ne rien dire du mérite particulier des Princes, qui peut leur attirer un nouveau degré de vénération, outre celle qui est dûë à la Dignité de leur caractere. Ainsi le Gouvernement Civil introduit essentiellement une distinction de rang entre les Hommes. Il est clair encore, que plus le pouvoir des Souverains est grand, & plus il les rend respectables à leurs Sujets. La durée même de la Souveraineté, quoiqu'elle n'en augmente point par elle-même les forces ni l'autorité, ne laisse pas d'accroître considérablement l'éclat de la Dignité du Souverain.

C'est au Souverain à régler le rang de ses Sujets.

(a) Voyez ce que dit *Nestor*, (*Iliad.* Lib. I. vers. 277. *& seqq.*) à *Achille*; qui néanmoins n'étoit pas proprement Sujet d'*Agamemnon*.

A l'égard des Sujets, (b) c'est à leur Souverain commun à régler entr'eux les degrez de l'*Estime de distinction*, & à donner le droit de préséance à qui bon lui semble; desorte que chacun peut maintenir le rang qui lui a été assigné, & que les autres Concitoyens sont indispensablement obligez de ne pas le lui contester; mais il doit aussi s'en contenter, & ne rien prétendre au-delà. (2) *Il faut*, disoit un ancien Officier de Guerre, *tenir pour honorable tout poste où l'on est placé pour la défense de l'Etat.* Quand même on se verroit mis au-dessous de quelque autre qui paroît avoir moins de mérite, ce ne seroit pas une raison suffisante pour s'ingerer de le déplacer, ou de se placer soi-même plus avantageusement, & on ne laisseroit pas d'encourir justement quelque punition (3), comme rebelle aux ordres du Souverain. Cependant, pour

(b) Voyez *Digest.* Lib. I. Tit. XIV. *De Officio Praetorum*, Leg. III.

§. XXIII. (1) Cela n'empêche pourtant pas (remarquoit notre Auteur un peu plus bas) qu'un Sujet ne puisse être au-dessus de son Prince, à l'egard des qualitez, qui ne donnent qu'un droit imparfait à l'Honneur. Ainsi c'est par un excès d'ambition ridicule, que l'Empereur *Hadrien* se piquoit d'entendre aussi-bien qu'aucun autre, toutes sortes de Science. [Voyez les Interprêtes sur SPARTIEN, *Vit. Hadr.* Cap. XV. & TILLEMONT, *Hist. des Empereurs*, Article I. de l'Histoire d'*Hadrien.*] *Alexandre le Grand* ne se montra pas moins sottement vain, dans une saillie qu'il eut, à l'occasion de ce qu'il avoit lû dans HOMERE, Que les *Grecs* faisoient des vœux afin que le sort tombât sur *Ajax*, ou *Diomede*, ou *Agamemnon*, lorsqu'on tiroit entre neuf qui se presentoient pour combattre contre *Hector*: *j'aurois tué*, dit ce Conquerant, *celui qui m'auroit nommé le troisiéme.* AUSON. *Panegyr.* seu *Grat. act. ad Gratian.* *Cap. XV.* Mais, ajoûtoit notre Auteur, un General ne doit pas tenir à deshonneur d'avoir sous soi des Officiers plus forts & plus vigoureux au combat. Ce n'est pourtant pas sans raison que *Domitien* disoit, que la qualité de bon Capitaine étoit propre à l'Empereur: *Ducis boni Imperatoriam virtutem esse.* TACIT. *Agricol. Cap. XXXIX.* Voyez ci-dessus, *Liv.* III. Chap. IX. §. 2. Note 8.

(2) *Vos quoque aequum est, Commilitones*, ... *omnia honesta loca ducere, quibus Rempublicam defensuri sitis.* Spurius Ligustinus, dans TITE LIVE, Lib. XLII. *Cap. XXXIV.*

(3) *Non est nostrùm aestimare, quem supra ceteros, & quibus de caussis extollas. Tibi summum rerum judicium Dii dedere: nobis obsequii gloria relicta est.* » Ce n'est » point à nous de considérer quel est celui que le » Prince éleve par dessus les autres, ni pourquoi il » l'honore de son amitié. C'est au Prince à juger de » ses Ministres, il ne nous est resté que la gloire de » l'obéïssance. TACIT. *Annal.* Lib. VI. Cap. VIII. J'ai suivi la version de d'*Ablancourt*. En effet, si le rang de chacun n'étoit reglé, cela produiroit une infinité de troubles & de desordres dans l'Etat, & rien ne seroit plus inégal qu'une telle égalité, comme le dit PLINE *le jeune*: *Quae* [*discrimina ordinum dignitatumque*] *si confusa, turbata permista sint, nihil est ipsâ aequalitate inaequalius.* Lib. IX. Epist. V. Voyez COD. Lib.

prévenir les plaintes & les disputes des Esprits vains & ambitieux, (c) un Prince fera fort bien d'avoir égard, dans le réglement des rangs, aux fondemens d'Honneur & de Dignité dont nous avons parlé ci-dessus, & surtout aux services considérables que les Sujets ont rendus à l'Etat. C'est d'ailleurs (4) un trait de la plus fine Politique, de payer ces sortes de services en honneurs & en dignitez, plutot qu'en argent, ou autres semblables récompenses. Et les plus grandes marques de distinction, dans un Citoyen, ne sont au fond qu'une vaine fumée, si elles ne sont conférées en vûë des services & du secours que les autres Citoyens d'un rang moins élevé ont reçu, ou peuvent recevoir de lui. Mais comme, pour placer chacun selon son mérite propre & personel, il faudroit faire très-souvent la revuë de tous les Citoyens, ce qui engageroit les Princes à un soin fort pénible, & rendroit mécontens la plus grande partie de leurs Sujets, chacun regardant pour l'ordinaire à ceux qu'il voit devant lui, & non pas à ceux qu'il laisse derriere; on a trouvé que le meilleur expédient étoit de proportionner en général les rangs, du moins entre les Citoyens les plus distinguez, à la dignité des Emplois Publics dont chacun est revêtu.

Sur ce pié-là, pour ôter tout prétexte aux plaintes & aux murmures, & pour ne pas (d) avilir les Emplois mêmes; on n'en doit conferer aucun qu'à ceux qui le méritent, & qui sont capables de s'en bien acquitter. Il faut aussi regler d'une maniere convenable le degré d'honneur que l'on attache à chaque sorte d'Emploi. Or en général l'ordre le plus naturel, c'est de les faire regarder comme plus ou moins honorables, selon que leurs fonctions embrassent des affaires plus ou moins importantes pour le bien de l'Etat, & selon qu'elles demandent (e) des qualitez d'Esprit plus ou moins excellentes. Quelquefois pourtant (f) on attache à certains Emplois beaucoup d'honneur, & peu d'autorité; de-peur que la Dignité des Magistrats, soutenuë d'une trop grande puissance, ne les porte à conspirer contre l'Etat. Pour les rangs entre les personnes qui sont revêtuës d'une même sorte d'Emploi, il est raisonnable d'assigner les

(c) Voyez *Bacon. Serm. fidel.* Cap. LIII.

(d) Comme l'insinue *Claudien*, au sujet d'*Eutrope*, Lib. II. *in Eutrop.* vers. 322, 323. *Quis non, Consule tali, Vilis honos?*

(e) Voyez *Homer. Iliad.* Lib. I. vers. 280, 281. *Ovid. Metam.* L. XIII. vers. 166, 167.

(f) Voyez *Bodin. de Republ.* Lib. III. Cap. VI. pag. 501. *Edit. Francf.* 1622.

XII. Tit. VIII. *Ut dignitatum ordo servetur*, Leg. I. LUCIEN, dans le *Jugement des Voyelles*; & XENOPHON, *Cyrop.* Lib. VIII. où il raconte de quelle maniere *Cyrus* plaçoit ceux qu'il admettoit à sa table. Cap. IV. §. 2. & *seqq.* *Edit. Oxon.* Tout ceci est de l'Auteur.

(4) MONTAGNE a fait cette remarque, & ses paroles méritent bien d'être rapportées ici. » C'a esté, dit-» il, une belle invention, & receue en la plus-part des » Polices du monde, d'establir certaines marques » vaines & sans prix, pour en honorer & recompen-» ser la Vertu; comme sont les Couronnes de Laurier, » de Chesne, de Meurte, la forme de certain Veste-» ment, le privilege d'aller en coche par ville, ou de » nuict avecques flambeaux, quelque assiete particu-» liere aux Assemblées Publiques, la prerogative » d'aucuns surnoms & titres, certaines marques aux » Armoiries, & choses semblables, de quoy l'usage » a esté diversement receu selon l'opinion des Nations, » & dure encores. Nous avons pour nostre part, & » plusieurs de nos voisins, les Ordres de Chevalerie, » qui ne sont establis qu'à ceste fin. C'est à la verité » une bien bonne & profitable coustume, de trouver » moyen de recognoistre la valeur des hommes rares » & excellens, & de les contenter & satisfaire par » des payemens, qui ne chargent aucunement le Pu-» blic, & qui ne coustent rien au Prince. Et ce qui a » esté tousjours conneu par experience ancienne, & » que nous avons autrefois aussi peu voir entre nous, » que les gens de qualité avoyent plus de jalousie de » telles recompenses, que de celles où il y avoit du » gain & du profit, cela n'est pas sans raison & grande » apparence. Si au prix qui doit estre simplement » d'honneur, on y mesle d'autres commoditez, & de » la richesse, ce meslange, au lieu d'augmenter l'esti-» mation, il la ravale, & en retranche. L'Ordre » Sainct Michel, qui a esté si long tems en credit » parmy nous, n'avoit point de plus grande commo-» dité que celle-là de n'avoir communication d'au-» cune autre commodité. Cela faisoit, qu'autrefois » il n'y avoit ni charge ni estat, quel qu'il fust, au-» quel la Noblesse pretendist avec tant de desir & d'af-» fection, qu'elle faisoit à l'Ordre, ny qualité qui » apportast plus de respect & de grandeur; la vertu » embrassant & aspirant plus volontiers à une recom-» pense purement sienne, plustost glorieuse qu'utile. » Car à la verité les autres dons n'ont pas leur usage » si digne, d'autant qu'on les employe à toute sorte » d'occasions. Par des richesses on satisfait le service » d'un Valet, la diligence d'un Courrier; le dancer, » le voltiger, le parler, & les plus vils offices qu'on » reçoive: voire & le Vice s'en paye, la Flatterie, le » Maquerelage, la Trahison: ce n'est pas merveille si » la Vertu reçoit & desire moins volontiers ceste sorte » de monnoye commune, que celle qui luy est pro-» pre & particuliere, toute noble & genereuse. *Essais* Liv. II. Chap. VII. au commencement.

plus hauts à celles dont les fonctions se trouvent les plus nobles & les plus considérables. Au reste, il arrive très-souvent, que ceux qui exercent un même Emploi, ne sont pas tous en général & chacun en particulier au-dessus de tous ceux qui en exercent un autre moins relevé par lui-même; mais celui qui tient le premier rang dans l'ordre de l'Emploi le moins considérable, ne céde le pas qu'à celui qui tient le premier rang dans l'autre ordre plus relevé, tous les Collégues de celui-ci étant tenus de céder à l'autre. Il est plus rare de voir qu'une Charge soit renduë honnorable par le mérite de la personne qui en est revêtuë, comme autrefois à *Thèbes* l'emploi de (g) *Téléarque*, depuis qu'*Epaminondas* l'eût exercé: quoique d'ailleurs, à considérer le prix propre & intrinséque des Honneurs & des Dignitez, on ait raison de dire, avec un Ancien (5), que *la Préture, le Consulat, & les autres Charges, ne donnent pas la gloire par elles-memes; mais qu'elles participent aux qualitez de ceux qui les possedent, & qu'elles ne sont honorables qu'a celui qui les honore par sa vertu.* Que si les Citoyens réglent entr'eux leurs rangs par un commun accord, (h) ou s'il y a un certain ordre établi dans l'Etat par la Coutume; l'un & l'autre aura force de Loi, tant que le Souverain n'en disposera pas autrement, & qu'il laissera les choses sur le pié où elles étoient (6).

(g) Qui consistoit à prendre soin de faire nettoyer les ruës, & les egouts publics. *Plutarch. in Reip. ger. præcept.* pag. 811. B.

(h) Voyez *Cod.* L. XII. Tit. VIII. *Ut dignitatum ordo servetur*, Leg. II.

Du rang que doivent tenir entre eux les Citoyens de divers Etats.

§. XXIV. A l'égard des Citoyens de divers Etats, il est clair, que toutes les qualitez qui sont le fondement de l'*Estime de distinction*, ne donnent à ceux qui les possédent, qu'un droit imparfait de prétendre à cause de cela quelque honneur & quelque respect de la part de ceux qui en sont destituez; & cela soit que celui qui a plus de mérite, vienne comme Etranger dans le Pays de l'autre qui en a moins, soit qu'ils s'abouchent en lieu tiers: à moins que le Prince n'ait ordonné à son Sujet de céder le pas à l'Etranger, ou que la chose ne soit décidée par quelque Convention, ou par une Coûtume reçuë. Ainsi, quelque relevé que soit un Emploi, il ne donne à ceux qui en sont revêtus, aucun droit de prendre le pas devant les Sujets d'un autre Etat, qui exercent un Emploi approchant de quelque Emploi inférieur au leur chez eux: (a) car, personne n'étant tenu de se soumettre aux Loix des autres Etats, un Etranger ne sauroit légitimement s'attribuer à nôtre égard, le même droit qu'il a par rapport à ses propres Concitoyens. Or il dépend de chaque Souverain d'attacher chez soi tel prix que bon lui semble, aux Titres & à toutes les marques d'Honneur que les autres ont conférées à quelqu'un, aussi-bien qu'à celles qu'il donne lui-même. D'ailleurs, les Emplois, dont la diversité forme la distinction des rangs, sont au fond plus ou moins honorables, selon les différens Pays. Les qualitez mêmes les plus avantageuses, & qui forment le mérite le plus éclattant & le plus solide, sont moins estimées en certains endroits qu'en d'autres. Les Vertus Civiles, par exemple, passent pour plus honorables en certains Pays, au lieu qu'ailleurs on fait plus de cas des Militaires. Les Titres

(a) Voyez *Wicquefort*, Mémoires touchant les Ambassad. page 119. & *suiv.* de la 1. Edition.

(5) *Proinde quasi Pratura, & Consulatus, atque alia omnia hujuscemodi per se ipsa clara & magnifica sint; ac non perinde habeantur, ut eorum, qui ea sustinent, virtus est.* Sallust. *in Bell. Jugurth.* à la fin de la Preface, & du *Chap. V.* J'ai suivi la version de Cassagne. Notre Auteur rapportoit ici un mot du Philosophe *Antisthene*, que l'on trouvera ci-dessus, *Liv. I. Chap. I.* §. 13. *Note* 2.

(6) L'Auteur indique ici, assez hors de propos, un Arrêt de l'Empereur *Vespasien*, qui pour faire voir que la distinction des Rangs regarde la Dignité de chacun, & non pas la Liberté commune aux Citoyens, prononça ainsi sur une querelle entre un Sénateur & un Chevalier Romain: Qu'à la verité on ne devoit point dire d'injures à un Sénateur, mais qu'il étoit permis de lui en rendre: *Non oportere maledici Senatoribus; remaledici civile fasque esse.* Sueton. *in Vespas.* Cap. IX. On trouve (ajoûtoit-il) une pensée semblable, mais qui est plus generale, dans ces vers de Sophocle:

— Ἐγὼ γὰρ ἀνδρὶ συγγνώμην ἔχω
Κλύοντι φλαῦρα, συμβαλεῖν ἔπη κακά.

Ajac. Flagellif. vers. 1340, 1341.

surtout varient extrémement ; desorte que non seulement le même Titre marque des Dignitez différentes, selon les divers Etats où il est en usage ; mais encore, dans le même Etat, il est tantôt plus, tantôt moins honorable, de même que le prix des autres choses augmente ou diminue avec le tems. En un mot, la valeur de toutes les marques extérieures de distinction dépend des réglemens de chaque Etat ; quoique les qualitez, qui sont le fondement de l'Estime & de l'Honneur, ayent partout leur prix en elles-mêmes, & au jugement des Sages : d'où vient qu'il n'est point de Pays où l'on n'estime & l'on n'honore la Vertu, les beaux talens, la bonne administration des Emplois de conséquence. Cependant, comme on présume que les marques d'honneur se donnent au mérite, parmi tous les Peuples civilisez, on regarde ordinairement (1) un Etranger, qui a des Emplois considérables, à-peu-près sur le même pié qu'il est considéré dans son Pays ; mais on le fait par pure civilité, & non en vertu d'aucune Obligation parfaite où l'on prétende être, ni où l'on soit véritablement, à cet égard.

La *Noblesse* n'est pas un titre naturel de distinction.

§. XXV. LA Naissance étant regardée, parmi plusieurs Peuples, comme une chose qui emporte quelque dignité ; il ne sera pas hors de propos, avant que de finir cette matiere, d'examiner ici avec un peu de soin les droits & les (a) priviléges de la *Noblesse*. Il est clair d'abord, qu'une Naissance illustre ne donne par elle-même ni un meilleur tempérament, quoique la bonté des alimens, dont les Gens de qualité se nourrissent d'ordinaire, y contribuë quelque chose ; ni un génie plus excellent ; ni des sentimens & des inclinations plus nobles. Un simple Roturier peut se trouver aussi avantageusement pourvu de tout cela ; & la Nature ne produit pas d'une maniere, ni d'une meilleure pâte, les Gens de qualité, que le menu Peuple. La Fidélité Conjugale est ou peut être gardée aussi inviolablement dans les Mariages des personnes du commun, que dans ceux des Gentilshommes, & l'on auroit bien de la peine à persuader, que les lits d'or & de pourpre soient moins souvent témoins des galanteries des Femmes, que les couchettes simples & sans ornement. On peut dire au contraire, que ce sont les Dames de (1) qualité, qui donnent l'exemple aux Femmes du commun : desorte que, quand même les Enfans hériteroient toûjours de la Vertu de ceux à qui ils doivent le jour, plusieurs seroient bien embarrassez (b) de prouver,

(a) Que l'on pousse beaucoup trop loin en certains endroits. Voyez *Hieron. Osor. de reb. gest. Eman.* Lib. II. *Ph. Bald. Desc. Ora Malab. & Coroman.* *del.* C. XXVI. & *de Idol. Indor.* Part. II. Cap. XXVI. page 528. *Abr. Roger. de Bramin.* Cap. I, II.

(b) Voyez *Dion. Chrysost.* Orat. XV. vers le commencement, pag. 236. *Edit. Morell.* & *Grotius*, Liv. II. Chap. VII. §. 8. num. 1.

> —— (2) *que quelque audacieux*
> *N'a point interrompu le cours de leurs Ayeux ;*
> *Et que leur sang tout pur, ainsi que leur Noblesse,*
> *Est passé jusqu'à eux de Lucréce en Lucréce.*

On dit ordinairement, que (3) *les Vaillans hommes ont des enfans qui leur ressemblent :*

§. XXIV. (1) Il y a pourtant (ajoûtoit notre Auteur) des Païs où l'on ne fait pas grand cas des Honneurs que les Etrangers ont chez eux. CICERON parlant de quelques Etrangers, sortis de Familles illustres, les traite de *Nobles* non absolument, mais comme l'etant dans leur Païs : [Pythodori, Aetideni, Lepisones, *ceteri homines apud nos noti*, INTER SUOS *nobiles*. Orat. pro L. Flacc. *Cap.* XII. Il dit ailleurs, *domi sua nobilitate princeps*, In Verr. Lib. III Cap. XXIII.] Le même soûtient fort insolemment, que l'homme le plus considérable des *Gaules* n'est pas à comparer au moindre Citoyen Romain : *Orat. pro Fonteio*, Cap. VIII. Tout le monde sçait quels honneurs on faisoit en *Grece*, à ceux qui avoient été Vainqueurs aux *Jeux Olympiques*. CICERON s'en moque, *Orat. pro Flacc.* Cap. XIII. Et si ces gens-là avoient prétendu qu'on les traitât de même dans les autres Païs, où l'on n'estimoit pas tant, à beaucoup près, la force ou l'adresse du Corps, ils auroient merité d'être sifflez.

§. XV. (1) —— Ἐκ δὲ γενναίων δόμων
Τόδ' ἦρξε θηλείαισι γίγνεσθαι κακόν.
EURIPID. in *Hippolyt.* coron. vers. 409, 410.

(2) Ce sont des vers de Mr. DESPREAUX, Sat. V. vers 81. *& suiv.* que j'ai employez, parcequ'ils expriment merveilleusement bien la pensée de mon Auteur.

(3) *Fortes creantur fortibus, & bonis.*
HORAT. Lib. IV. Od. IV. vers. 29.

(4) *Majores*

ment : mais cette maxime souffre bien des exceptions ; & un autre Proverbe opposé, qui porte, que (c) *les Enfans des grands Hommes ne valent rien*, se trouve pour le moins aussi souvent véritable. *Leurs Ayeux*, disoit un ancien Romain au sujet de plusieurs Nobles de son tems, (4) *leurs Ayeux leur ont laissé ce qui passe de main en main, leurs richesses, leurs images, la mémoire de leurs actions ; mais ils ne leur ont pas laissé leur Vertu, comme ils ne le pouvoient faire, puisque la Vertu est la seule chose du monde qu'on ne peut, ni transmettre, ni recevoir par succession.* Deplus, les Gens de qualité ne sont pas ordinairement mieux élevez que les autres ; (d) au contraire, plus la fortune leur fournit de moyens de bien cultiver leur Esprit, plus on les voit en abuser honteusement, pour satisfaire leurs Passions, pour nourrir leur vanité, leur sensualité, leur paresse, & autres Vices. L'expérience prouve manifestement, que plusieurs Nobles dégénérant de la Vertu de leurs Ancêtres, sont le deshonneur & la honte de leur Race. Au contraire, on a vû plusieurs personnes de basse naissance s'élever, par leur mérite, au plus haut point de Gloire & d'Honneur. Un ancien (e) Orateur, pour relever le prix de la Noblesse, dit qu'elle ne ressemble pas aux autres avantages de la Fortune, qui périssent en peu de tems, ou qui passent bientôt de l'un à l'autre ; mais qu'elle demeure toûjours attachée aux mêmes personnes, & qu'ainsi c'est le plus b[illegible]héritage qu'on puisse laisser à ses Enfans. Cependant, si la Naissance n'est soûte[illegible] (f) mérite personnel, ou qu'elle ne donne pas quelque droit & quelque [illegible] particulier dans l'Etat ; tout cela n'empêche pas, à mon avis, qu'on ne doive [illegible] la Noblesse comme une véritable chimere. Concluons, qu'il n'y a point de raison naturelle, en vertu de laquelle la Naissance toute seule donne aux Enfans quelque droit d'hériter des Charges & des Dignitez de leurs Peres ; d'autant plus (5) que les Nobles & les Roturiers descendent également d'un Pere commun, & que la *Nature étant la même à l'égard de tous*, (6) *la Vertu seule peut les distinguer réellement.*

(c) *Heroum filii noxæ.*

(d) Voyez *Platon*, dans le I. *Alcibiade*, pag. 120. Tom. II. *Edit. H. Steph. Aristot.* Rhetor. Lib. II. Cap. XV. *Stob.* Serm. LXXXIV. LXXXV.

(e) *Isocrat.* Encom. Helen. *page* 216. D. E. *Edit. H. Steph.*

(f) Auquel cas on peut effacer la gloire de ses Ancêtres. Voyez *Tibull.* Lib. IV. Eleg. I. *vers.* 28, & *seqq. Horat.* Lib. I. *Od.* XV. *vers.* 28.

§. XXVI. DANS plusieurs Païs néanmoins on a trouvé bon d'établir, que les Citoyens qui (1) auroient rendu des services considérables au Public, transmettoient à

Ses droits dépendent uniquement de l'*institution* de chaque Etat.

(4) *Majores eorum omnia, quæ licebat, illis reliquere : divitias, imagines, memoriam sui præclaram : virtutem non reliquere ; neque poterant. Ea sola neque datur dono, neque accipitur.* Marius, dans SALLUSTE, *Bell. Jugurth.* Cap. LXXXV. *in fine.* (85. *num.* 38. *Edit. Cort.*) J'ai suivi la version de CASSAGNE.

(5) „ Les Grands ne doivent point aimer les premiers te[m]s, ils ne leur sont point favorables : il „ est triste pour eux d'y voir, que nous sortions tous „ du frere & de la sœur. Les Hommes composent „ ensemble une même famille ; il n'y a que le plus „ ou le moins dans le degré de parenté. LA BRUYERE, Caracteres ou Mœurs de ce siécle, *Edit. d'Amst.* 1731. Tome I. page 444 au Chap. IX *Des Grands.* Cela est agréablement exprimé dans ces vers d'un Auteur moderne :

D'Adam nous sommes tous enfans :
La preuve en est connue ;
Et que tous nos premiers parens
Ont mené la charrue.
Mais las de cultiver enfin
Sa terre labourée,
L'un a dételé le matin,
L'autre l'après-dinée.

(6) *Quamquam ego naturam, & communem omnium existumo, sed fortissumum quemque generosissumum.* Marius, dans la Harangue rapportée par SALLUSTE, *Bell. Jugurth.* Cap. LXXXVIII. *Edit. Wass.* (Cap. 85. *num.* 15. *Edit. Cort.*) Voyez là-dessus le dernier Editeur. C'est sur ce principe, que les anciens *Egyptiens* ne tenoient aucun compte de la naissance, comme il paroit par un passage de DIODORE *de Sicile* que nôtre Auteur apparemment a voulu indiquer au commencement de ce paragraphe, quoiqu'il cite mal l'endroit où il se trouve. L'Historien dit, que dans les Oraisons Funebres qu'on faisoit de chaque Mort, on ne parloit point du tout de sa Naissance, comme les *Grecs* avoient coûtume en pareil cas ; parceque les *Egyptiens* se regardoient tous comme également Nobles : Καὶ περὶ μὲν τοῦ γένους οὐδὲν λέγουσιν, ὥσπερ παρὰ τοῖς Ἕλλησιν, ὑπολαμβάνοντες ἅπαντας ὁμοίως εὐγενεῖς εἶναι τοὺς κατ' Αἴγυπτον. Lib. I. Cap. XCII. pag. 58. *Edit. H. Steph.*

§. XXVI. (1) Τῶν γὰρ ἐν τοῖς δεινοῖς ἀνδρῶν ἀγαθῶν γενομένων οἱ παῖδες εὐγενεῖς νομίζονται. LESBONACTES, *Orat. hortatoria*, pag. 208. *Edit. Wech.* L'Auteur citoit ce passage.

leurs Enfans, comme un héritage naturel, le rang où l'Etat les auroit élevez pendant leur vie, avec l'honneur, les droits, & les priviléges qui l'accompagnent; sans qu'il fut besoin pour cela de le conférer en particulier à chaque Enfant. Comme donc cet avantage est uniquement fondé sur l'*institution*, ou sur la concession du Souverain, du moment qu'elle cesse, il n'y a plus de différence à cet égard entre les personnes de la plus haute naissance, & le moindre de la lie du Peuple. (a) Lorsqu'un Prince annoblit quelqu'un, il ne produit par-là aucun changement ni dans son origine ni dans sa constitution naturelle, & il n'inspire pas dans son ame de plus beaux sentimens: il ne fait qu'ordonner qu'il soit censé désormais d'une condition opposée à celle des Roturiers, (b) ensorte qu'il la transmette à ses Descendans, avec tous les droits & les priviléges qui y sont attachez. Au contraire, lorsqu'un Gentilhomme est dégradé, ou pour quelque Crime, ou pour avoir violé les Statuts de la Noblesse; il ne se fait pour cela aucune révolution ni dans sa constitution naturelle, ni dans son Esprit, ni dans le sang qu'il a reçu de ses Ancêtres: il n'en est pas moins né de Parens Nobles; tout ce qu'il y a, c'est qu'on le dépouille du rang & des droits qui conviennent à la Noblesse selon les Loix de l'Etat, après quoi il devient incontinent Roturier. De même la (2) légitimation d'un Bâtard, & la réhabilitation d'un Affranchi (c) à l'état d'*Ingénuité*, ou de Liberté naturelle, produisent seulement quelques effets moraux ou civils. (3).

(a) Voyez *Huart Examen des Esprits*, Chap. XVI. page 458, *& seqq. Edit. Lat. Jen.* 1663.

(b) Voyez dans *Herrera*, Lib. II. Cap. 174. ce que l'on remarque, au sujet du bastion d'or, dont [illegible] la statue d'une Divinité.

(c) Voyez Cod. Lib. VI. Tit. VIII. *De jure aureorum annulorum, & de natalibus restituendis.*

Les titres de Noblesse sont neanmoins ordinairement, ou doivent du moins être fondez sur quelque merite.

§. XXVII. Il faut avouer pourtant, que parmi la plûpart des Peuples on n'a donné des titres de Noblesse qu'en considération de quelque mérite, ou des belles Actions par lesquelles un Citoyen avoit rendu service à l'Etat. C'est qu'on croyoit que la Vertu en seroit plus estimée, lorsque les Récompenses honorables ne s'arrêteroient pas à celui qui s'en étoit rendu digne; mais qu'elles passeroient après lui aux personnes que la Nature lui rend les plus cheres. D'ailleurs, il y avoit lieu d'espérer que cela engageroit les Citoyens à rechercher avec plus d'ardeur ces sortes de Récompenses, qu'ils pouvoient transmettre à leurs Enfans & à leur postérité la plus reculée. On présumoit d'autre côté, que les Enfans, animez par l'exemple de leurs Peres, imiteroient leur Vertu, & conserveroient l'éclat de leur rang par les mêmes voyes qu'il avoit été acquis. Il y avoit aussi apparence, que les Peres, pour leur propre honneur, n'oublieroient rien de ce qui dépendroit d'eux, afin de donner à l'Etat des Citoyens qui leur ressemblassent. L'Usage ayant ainsi rendu la Noblesse héréditaire, il étoit naturel que les Nobles fussent délicats sur le choix des Femmes qu'ils vouloient épouser, soit pour ne pas frustrer leur postérité, en se mésalliant, des droits & des priviléges de la Noblesse; soit pour ne pas se ravaler eux mêmes en se mariant avec des Femmes d'une condition au dessous de la leur, ou dans la Crainte que des Filles de riches Marchands ne fussent

(2) C'est en ce sens, ajoûtoit nôtre Auteur, qu'il faut entendre les paroles suivantes d'un ancien Poete:

Οὐ γὰρ ὃ μὴ καλὸν, οὔποτ' ἔσται καλὸν,
Οὐδ' εἰ μὴ γνήσιος παῖς ἐστι,
Μεταλλάξειε, μίασμα πατρός.

« Ce qui est deshonnête ne sçauroit jamais devenir « honnête; ni des enfans illegitimes être déchargez « de la tache de leur naissance. EURIPID. *in Planiss.* vers. 821, *& seqq.*

(3) L'Auteur remarquoit ici, que parmi les anciens *Romains*, *Pub. Clodius* passa des *Patriciens* dans les *Familles Plébeyennes*, pour pouvoir être Tribun du Peuple. *Epitom.* TITI LIVII, Lib. CIII. Voyez quelque chose de semblable dans l'*Hist. de Florence*, par NIC. MACHIAVEL, Lib. III. au sujet de *Benchi Buondelmonti* (pag. 127, 128. *Edit. Rom.* 1550.) & Lib. V d'une autre circonstance, où presque tous les Nobles de *Florence* furent mis dans l'Ordre du Peuple, *pag.* 225. Chez les anciens *Romains*, outre la raison alleguée ci-dessus, plusieurs demandoient qu'il leur fût permis de se dégrader, parcequ'étant pauvres, ils ne pouvoient soûtenir la dépense que leur rang demandoit; comme le remarque ici Mr. HERTIUS. Voyez TACIT. *Annal.* Lib. I. Cap. 75. *num.* 3. Lib. XI. Cap. 23. *num.* 4. Lib. XII. Cap. 52. *num.* 4.

recherchées préférablement à celles des Gentilshommes pauvres. En afin qu'il n'y eût pas matiere à contester un jour aux Enfans leurs titres de Noblesse, chaque Noble étoit engagé par-là à conserver avec beaucoup de soin la suite de ses Ancêtres; dequoi les Roturiers n'ont que faire de s'embarrasser, leur mérite & leur industrie propre étant l'unique source des droits & des avantages ausquels ils peuvent prétendre.

§. XXVIII. POUR illustrer tout ceci, il ne sera pas hors de propos d'examiner avec un peu de soin les Loix & les Coûtumes des anciens *Romains* au sujet de la Noblesse. *Romulus* voulant former un Corps d'Etat de cette multitude de gens de toute sorte qui s'étoient ramassez auprès de lui, en (a) choisit cent des plus notables pour composer son Conseil, & il les appella *Peres*, soit à cause de leur âge, ou comme un simple titre qui marquoit leur Emploi: tout le reste fut nommé *Peuple* (b). Les Enfans de ces Senateurs s'appellerent *Patriciens* (c), comme qui diroit, *descendus des Peres*, ce qui est l'Etymologie la plus simple; ou, comme le prétendent d'autres (d), à cause qu'ils étoient les seuls qui pussent montrer leurs Peres; les autres n'étant que des Esclaves fugitifs, des bandits dont on ignoroit le Pere, ou qui sortoient de Parens Esclaves. Pour preuve de cela on alléguoit, que toutes les fois que les Rois faisoient assembler les Patriciens, le Héraut les appelloit par leur nom & par celui de leur Pere; au lieu que quand ils faisoient assembler le Peuple, on l'appelloit avec une espece de cor. Mais DENYS *d'Halicarnasse* (e), donnant, à son ordinaire, une interprétation plus favorable au fondement de cette coûtume, soûtient qu'on n'employoit ce cor que pour avoir plûtôt fait. Il paroît néanmoins par un passage formel de (f) TITE LIVE, que les premiers Patriciens n'étoient autre chose que des gens qui pouvoient montrer leur Pere, c'est-à-dire, qui étoient nez de condition libre. Un Poëte Satirique se sert aussi de cette raison pour rabattre l'orgueil de la Noblesse Romaine: (1) *Quelle folie!* (dit-il) *pour reprendre de bien haut l'origine de vôtre race, vous allez remonter jusqu'à quelque infâme scélérat. Allez, le premier de vos Ayeux a été sans doute un Porcher, ou .... le dirai-je? Non. Taisons-nous.* D'où il paroît, que dans les commencemens c'étoit à *Rome* (2) un titre suffisant de Noblesse, que d'être sorti d'un Mariage légitime, & de Parens nez eux-mêmes libres. Mais dans la suite les *Plébéïens* ayant obtenu permission de s'allier avec les *Familles Patriciennes*, (g) & le tems ayant effacé le deshonneur de leur origine, si tant est qu'il y en eût; les Patriciens, pour se distinguer de quelque autre maniere, inventerent certains sacrifices & certaines Cérémonies domestiques qui se perpétuoient dans leurs Familles, & sous ce prétexte ils prétendirent que les Charges ne devoient être que pour eux, comme ayant seuls le droit des Auspices, sans quoi on ne faisoit aucune création de Magistrats, & l'on n'entreprenoit aucune affaire considérable. Le Peuple se moqua de cela ensuite, & avec raison. Quelques Plébéïens même avoient déja trouvé moyen d'éluder l'artifice des Patriciens, (3) en

En quoi consistoit la Noblesse parmi les *Romains*, dans les premiers siecles depuis la fondation de l'Etat?

(a) Voyez *T. Liv.* Lib. I. Cap. VIII.

(b) *Plebs.*

(c) *Patricii.*

(d) Voyez *Plutarqu. in Romul.* p. 24. D. & *Quæst. Rom.* pag. 78. C. D.

(e) *Antiq. Rom.* Lib. II. Cap. VIII.

(f) Lib. X. Cap. VIII. *num.* 10.

(g) *Tit. Liv.* Lib. IV. Cap. II. Lib. VI. Cap. XLII. Lib X. Cap. VII.

§. XXVIII. (1) *Et tamen ut longè repetas, longeque revolvas*
Nomen, ab infami gentem deducis asylo.
Majorum primus quisquis fuit ille tuorum,
Aut pastor fuit, aut illud, quod dicere nolo.
JUVEN. Satyr. VIII. 272, *& seqq.*

J'ai suivi la Version du P. TARTERON.

(2) Car, comme le remarque TITE LIVE, chez un Peuple nouvellement formé, il n'y a point de Noblesse qui vienne de loin, & que la Vertu ne donne. *In novo Populo .... omnis repentina atque ex Virtute Nobilitas est.* Lib. I. Cap. XXXIV. C'est pour cela, continuoit notre Auteur, que les Patriciens prétendoient être les seuls qui eussent une Race bien connuë, (*Gens*); & qu'ils s'appelloient entr'eux *Gentiles*, (Voyez CICER. *in Topicis*, Cap. VI. & BOETIUS ibid.) d'où tire son origine le mot de *Gentilhomme*, dans les Langues Modernes, venuës de la Latine: mais dans les siécles suivans les *Plebeïens* s'attribuerent le même avantage. Voyez FR. CONNAN. *Comment. Jur. Civ.* Lib. II. Cap. XI. A quoi on peut joindre les *Antiquitates Romanæ* de Mr. HEINECCIUS, sur les INSTITUTES, Lib. III. Tit. II. §. 2.

(3) Comme cela demandoit des frais, les Héritiers trouverent aussi moyen de s'en liberer, par une espe-

établissant aussi dans leurs Familles des Sacrifices domestiques.

Les Charges annoblissent dans la suite.

§. XXIX. La Dignité de Sénateur, & les Charges étant donc devenues communes aux deux Ordres, les *Romains* firent consister leur Noblesse dans le grand nombre de leurs Ancêtres qui avoient été distinguez par des Emplois, plûtôt que dans l'antiquité de leur Race, ou dans une extraction qui remontât jusqu'aux premiers Patriciens. Depuis cela, les *Familles Nobles* commencerent à être divisées en *Patriciennes*, & (a) *Plébéiennes*; car pour ce qui est des *Chevaliers*, (1) ils n'étoient pas Nobles, à parler proprement, selon les idées & l'usage des *Romains*. Ainsi dans les derniers siécles la Noblesse Romaine ne faisoit pas un Ordre à part, distingué des autres par quelques droits ou quelques priviléges particuliers: mais quiconque pouvoit étaler dans ses salons (b) de vieux Bustes en cire de Généraux d'armée, de Consuls, de Dictateurs, ses Ancêtres, ou s'étoit poussé lui-même aux Charges par son mérite, étoit réputé Noble, de quelque Ordre qu'il fût d'ailleurs. Or quoiqu'il y eût à *Rome* plusieurs Charges qui étoient pour les affaires de la Guerre aussi-bien que pour celles de la Paix, comme les *Dictateurs*, les (c) *Mestres-de-camp*, les *Consuls*, les *Préteurs*: cependant, comme la Paix est un état ordinaire, au lieu que la Guerre n'est qu'un accident extraordinaire; & que même le (2) nom & la nature de ces Charges semble tenir de la premiere plus que de l'autre; il est clair, que la Noblesse Romaine devoit son origine à la Paix plus qu'à la Guerre. Et au fond il n'auroit pas été convenable que la Vertu Militaire toute seule, sans quelque Emploi & quelque Commandement, fût un titre de Noblesse qui donnât un rang & des priviléges particuliers, dans un Etat où tous les Citoyens étoient Soldats. Ainsi tout l'avantage de la Noblesse, parmi les *Romains*, consistoit presque à faciliter le chemin des Honneurs & des Dignitez.

(a) Voyez *T. Liv. Lib. VI. Cap.* XXXVII num. 11. *Lib. X. Cap. VII.* [& *Muret. in Cicer.* Philipp I. *Cap. XI.*]

(b) Voyez Juvenal. Sat. VIII. 8, 19. & *Claudian. de Pr bini & Olybrii Consul vers.* 13, *& seqq.*

(c) *Magistri Equitum.*

ce de Vente, qu'on appelloit *Coëmtio*; comme nous l'apprend CICERON, *Orat. pro Muren.* Cap. XII. surquoi on peut voir les Notes de DENYS GODEFROI, *in Epist. ad Famil.* Lib. VII. Epist. 29. Voilà ce que disoit nôtre Auteur. Mais il paroît par-là qu'il a suivi ceux qui confondent deux sortes de *Coemtio* fort differentes, & en même tems deux sortes de Vieillards, qu'on appelloit d'un même nom *Senes Coemtionales.* C'est ce que les derniers Editeurs de CICERON ont remarqué, sur les endroits citez après le docte J. FREDERIC GRONOVIUS, qui l'a demontré, *De Pecun. Veter.* Lib. IV. Cap. VII. VIII. Voici, en peu de mots, comment on s'y prenoit dans le cas dont il s'agit. L'Heritier, de concert avec un Vieillard, lui vendoit pour une petite piece d'argent, avec les formalitez de la Balance, (*per as & libram*) l'Heredité ou entiere, ou en partie; à condition & en stipulant de lui dans les formes, que cet Acheteur imaginaire lui rendroit ce qu'il avoit ainsi acheté. Le nom d'*Heritier* étant ainsi éteint, celui qui recouvroit réellement l'Heredité, étoit par-là dechargé de l'obligation des charges, & par consequent des Cerémonies domestiques qui étoient attachées à cette qualité. C'est ce qu'on appelloit, *Sacra detestari, Sacrorum detestatio*: surquoi le Jurisconsulte SERVIUS SULPITIUS avoit écrit un Livre dont AULU GELLE parle, *Lib.* VI. *Cap.* 12. comme le remarque JOSEPH SCALIGER (in FESTUM, voce *Puri*) qui d'ailleurs n'avoit pas une idée exacte de la matiere. Il y avoit une maniere de se décharger des Sacrifices domestiques, puisqu'elle se faisoit dans les Assemblées du Peuple, nommées *Calata Comitia*, ainsi que nous l'apprend encore AULU-GELLE, Lib. XV. Cap. 27. On peut voir, sur plusieurs cas qui ont du rapport à ceci, & les expédiens subtils que les Jurisconsultes imaginoient, FRANÇOIS BALDUIN, *De Jurispr. Muciana*, pag. 67. *& seqq.* Plusieurs Sçavans se sont trompez, faute d'avoir entendu les termes & les principes de l'ancien Droit Romain sur cette matiere: par exemple, CHARLES SIGONIUS, *De Antiq. Jur. Civ. Rom.* Lib. I. Cap. XII. *in fin.* où il explique & applique très mal un passage de CICERON, *De Legg.* II 20. *in fin.* Je pourrois aussi faire voir combien Mr. DACIER s'est brouillé pour la même raison, dans une Note sur HORACE, *Lib.* II. *Sat.* V. vers. 109. Mais ce n'en est pas ici le lieu.

§. XXIX. (1) TACITE, à la vérité, (ajoûtoit ici nôtre Auteur) dit au sujet d'*Agricola*, qu'il étoit petit-fils de deux Intendans de l'Empereur, *ce qui est la noblesse des Chevaliers. Utrumque avum Procuratorem Cæsarum habuit: quæ* EQUESTRIS NOBILITAS *est.* Mais cela veut dire seulement, que comme ceux qui sont de race de Senateurs, tirent leur Noblesse des Charges du premier ordre (*ex Magistratibus Curulibus*) de même, dans la classe de Chevaliers, c'étoit une espece de Noblesse que d'avoir été Intendant de l'Empereur; puisqu'après la dignité de Prefet du Prétoire, il n'y en avoit gueres de plus relevée à laquelle un Chevalier, comme tel, pût aspirer.

(2) Mais qui ne sçait, que le nom des *Préteurs*, qui étoient les Juges ordinaires, vient *à præeundo*, c'est-à-dire, de *marcher devant*, ou de commander à la Guerre? Voyez la Dissertation de feu Mr. PERIZONIUS, *De Prætorio*, §. 3. *& seqq.* La verité est, que la fondation & la constitution du Gouvernement, chez les *Romains*, étoit toute tournée du côté de la Guerre.

§. XXX. D'où il paroît que la Noblesse, dans la plûpart des Etats de l'*Europe*, est aujourd'hui de différente nature, & a d'autres droits que celle des anciens *Romains*. Parmi nous les Nobles font un Ordre à part, distingué des autres Citoyens par le rang & la dignité, aussi-bien que par certains droits & certains priviléges considérables. De-plus, ce ne sont pas ordinairement les Charges qui annoblissent par elles-mêmes; mais le Souverain donne des titres de Noblesse à qui bon lui semble, & cela plus souvent en vûë (a) de la Vertu Militaire, qu'en considération des Vertus Civiles; comme il paroît, entr'autres choses, par les *Armoiries* (b), qui distinguent les Familles Nobles les unes d'avec les autres, & d'avec les Roturieres. Voici la raison de cette derniere différence. Il est certain, qu'à considérer la chose en elle-même, les Gens de Robe peuvent rendre à l'Etat des services aussi considérables que les Gens d'Epée (1). Inventer des Loix utiles & salutaires; administrer la Justice avec intégrité; trouver dequoi augmenter les richesses de l'Etat, en contribuant à introduire & à faire fleurir les Arts & le Commerce; adoucir par son Eloquence les esprits du Peuple, & les tourner du coté qu'il est nécessaire pour le Bien Public; découvrir & éluder adroitement les mauvais desseins des Etrangers contre nous; ce sont toutes choses très-belles, & dignes sans contredit des plus grands honneurs. Cependant on n'en fait pas toujours autant de cas qu'elles le méritent, surtout parmi les Ignorans; soit parceque les talens singuliers & les belles qualitez qui en sont le principe, ne frappent guéres les Sens, & par conséquent ne sauroient faire que peu d'impression sur le Vulgaire; soit parceque l'exercice en paroît tranquille & sans aucun risque. Ainsi, quoiqu'au fond les Emplois de la Paix ne puissent être exercez sans quelque courage & quelque fermeté d'ame, des Peuples belliqueux, & qui aimoient mieux s'enrichir à la pointe de l'épée que de gagner du bien à la sueur de leur visage, ont trouvé beaucoup plus glorieuse l'occupation de soûtenir avec intrépidité la vûë de l'appareil terrible de la Guerre, où tout menace d'une mort prochaine, & d'exposer ainsi le plus précieux de tous les biens de ce monde, pour faire vivre les autres en sureté. D'où vient que, dans la plûpart des Royaumes de l'*Europe*, les Gentilshommes possédent leurs Terres à titre de Fiefs, qui sont exemts des charges imposées sur les biens des Roturiers, moyennant le service que le Seigneur (c) est obligé de faire dans les armées, quand l'Etat le requerra. C'est pour cela aussi (d) que le Négoce est regardé ordinairement comme incompatible avec la Noblesse; non qu'il ait rien de bas & de deshonnête en lui-même (2), mais parcequ'il détourneroit les Gentilshommes des exercices militaires, & qu'ainsi il les feroit jouïr gratuïtement de leurs Fiefs & de leurs priviléges. Que s'il y a des Etats où les Gen-

En quoi consiste aujourd'hui la Noblesse, parmi la plûpart des Peuples de l'*Europe*?

(a) Dans la *Chine* pourtant, les Gens de Lettres ont le pas devant les Gens d'epee.

(b) Dont l'antiquité paroit de ce que dit des anciens *Gaulois* *Diod. de Sicile*, Lib. V. Cap. XXX. Voyez aussi *Hobbes*, *Leviath*. Cap. X. vers la fin.

(c) Voyez *Lampridius*, in *Alex. Sever.* C. LVIII. où l'on trouve quelque chose d'approchant, & comme l'origine des Fiefs. [Voyez ci dessus Liv. IV. *Chap. VIII.* §. 14. *Note* 5.]

(d) Voyez *Cod.* L. IV. Tit. LXIII. *De commerciis & mercator.* Leg. III. & Lib. XII. Tit. I. *De Dignitatibus*, Leg. VI. *Herodot.* Lib II. Cap. 167. *T. Liv.* Lib. XXI. C. LXIII. *Juvenal.* Sat. XIV, 260. *Bodin. de Rep.* Lib. III. C. VIII. page 560. *Arist. Polit.* Lib. III. C. III.

§. XXX. (1) » La Noblesse expose sa vie pour le salut » de l'Etat, & pour la gloire du Souverain. Le Magistrat » decharge le Prince d'une partie du soin de juger les » Peuples. Voilà de part & d'autre des fonctions bien » sublimes, & d'une merveilleuse utilite: les Hommes » ne sont guéres capables de plus grandes choses: & je » ne sçai d'où la Robe & l'Epée ont puisé dequoi se » mepriser reciproquement. LA BRUYERE, Caracteres ou Mœurs de ce siécle, Tome I. Chap. IX. *Des Grands*, pag. 442. *Edit. d'Amst.* 1731. Voyez ARISTOT. *Problem.* Sect. XXVII. Quæst. V. que l'Auteur citoit ici.

(2) D'autres disent que les occupations du Négoce, & des Arts Mechaniques, rendent l'Esprit incapable de quelque chose de grand, & que les Marchands sont presque tous sujets à des Vices bas & indignes d'un honnête homme, surtout au Mensonge. Voyez ECCLESIASTIQUE, XXVIII, 25. & suiv. & CICER. *de Offic.* Lib. I. Cap. XLII. Quelquefois aussi on tient à deshonneur de faire quelque chose pour de l'argent. Voyez pourtant BODIN. *de Rep.* Lib. III. Cap. VIII. pag. 546. *& seqq.* Cette remarque est toute de l'Auteur. Ajoûtons que ce n'est qu'avec le tems que le Negoce a éte regardé comme une occupation basse & indigne de personnes distinguees; car dans les premiers siecles il etoit honorable. Voyez l'*Archeologie Greque de Mr. Potter*, Lib. I Cap. VIII. pag. 31. *Edit. Lat. L. Bat.* On peut voir les remarques curieuses, sur les raisons pourquoi les anciens *Romains* ne favorisoient pas beaucoup le Negoce, dans les *Interpretat. Juris* de feu Mr. AVIRANI, Lib. II. Cap. XIII. Mr. LE CLERC en a donné un Extrait, & y a joint ses reflexions, BIBLIOTH. ANC. & MOD. Tome IV. pag. 102. *& suiv.* Voyez aussi l'*Hist. du Commerce des Anciens*, par feu Mr. HUET, Chap. LX.

tilshommes peuvent, sans déroger, s'adonner à quelque Commerce, on peut dire à coup sûr, que leur Noblesse ne vient pas de l'Epée.

Il y a des Païs où l'on fait peu de cas de la Naissance.

§. XXXI. Mais, parmi plusieurs (1) Peuples, tant anciens que modernes, on fait peu de cas de la Naissance; & les titres de Noblesse y sont uniquement fondez sur le mérite personnel, sur les services qu'on rend à l'Etat, ou sur les Emplois Publics qu'on y exerce. Sans examiner si cet usage est meilleur que le nôtre, il est certain du moins, que, selon la maxime des Sages, de tout tems les Nobles doivent fonder leur distinction sur leur Vertu, beaucoup plus que sur le sang illustre d'où ils sortent.

(2) Qui n'a pour s'appuyer qu'une vaine Noblesse,
Se pare insolemment du mérite d'autrui,
Et me vante un honneur qui ne vient pas de lui.
. . . .
On ne m'ébloüit point d'une apparence vaine.
La Vertu d'un cœur noble est la marque certaine.
Si vous êtes sorti des ces Héros fameux,
Montrez-nous cette ardeur qu'on vit briller en eux,
Ce zéle pour l'Honneur, cette horreur pour le Vice.
Respectez-vous les Loix? Fuyez-vous l'Injustice?
Sçavez-vous pour la Gloire oublier le repos,
Et dormir en plein champ le harnois sur le dos?
Je vous connois pour Noble à ces illustres marques.
Alors soyez issu des plus fameux Monarques.
. . . .

§. XXXI. (1) Par exemple, les *Egyptiens*; DIOD. SICUL. Lib. I. Cap. XCII. les *Turcs*, BUSBEQ. pag. 44. Epist. I. les *Chinois*, NEUHOFF, *Legat.* pag. 280. MARTIN. Præf. *Histor. Sin.* Le Roi *Tullus Hostilius* disoit, que la Noblesse ne consiste que dans la Vertu. Οὐ γὰρ ἐν ἄλλῳ τινὶ τὴν ἀνθρωπίνην εὐγένειαν ὑπάρχειν νομίζομεν, ἀλλ' ἐν ἀρετῇ. DION. HALICARN. *Lib.* III. pag. 148. *Edit. Sylb.* Cap. XI. *Edit. Oxon.* Tout ceci est de l'Auteur, qui citoit encore ce vers d'un Ancien Poëte Anonyme:

Ἀνὴρ ἄριστος οὐκ ἂν εἴη δυσγενής.

Je le trouve dans les Recueils de Sentences Gréques, dont on ignore l'Auteur. Voyez, par exemple, les *Excerpta* de GROTIUS, pag. 931.

(2) Voici encore des Vers de Mr. DESPREAUX, que j'ai empruntez, pour exprimer en peu de mots ce qu'il y a de plus considérable dans un tas de citations confuses qui font presque une page de mon Original. Ces Vers sont tirez de la Satyre V. du Poëte François (*vers.* 6, 41. *& suiv.*) & très-heureusement imitez de la Satyre VIII. de JUVENAL, qui traite la même matiere, c'est-à-dire, des fausses idées de la Noblesse, & du sot orgueil des Gentilshommes, qui n'ont aucun mérite personnel.

Tota licet veteres exornent undique ceræ
Atria, Nobilitas sola est, atque unica Virtus.
Paulus, *vel* Cossus, *vel* Drusus *moribus esto;*
. . . .
Prima mihi debes animi bona. Sanctus haberi,
Justitiaque tenax, factis dictisque mereris?
Agnosco procerem. ——— ——— ———
Tunc licet à PICO *numeres genus, altaque si te*
Nomina delectant, omnem Titanida *pugnam*
Inter Majores, ipsumque Promethea *ponas.*
De quocumque voles proavum tibi sumito libro.
Quod si præcipitem rapit Ambitio, atque Libido,
Si frangis virgas sociorum in sanguine, si te
Delectant hebetes lasso Lictore secures:
Incipit ipsorum contra te stare parentum
Nobilitas, claramque facem præferre pudendis.

Vers. 19. *& seqq.* 24. *& seqq.* 131. *& seqq.*

La derniere pensée est, ce me semble, prise de la Harangue de *Marius*, dans SALLUSTE: *Quanto vita illorum* [*Majorum*] *præclarior, tanto horum socordia flagitiosior. Et profecto ita se res habet: Majorum gloria posteris lumen est; neque bona, neque mala eorum in occulto patitur.* Bell. Jugurth. Cap. LXXXVIII. Voyez là-dessus la Note de Mr. WASSE, qui n'a pas oublié de citer le passage de *Juvenal*, comparé avec celui-ci. Voici maintenant les citations de nôtre Auteur: PLATO, *in Theæteto*, pag. 126. C. *Edit. Wech.* (pag. 174, 175. Tome I. *Edit. H. Steph.*) PHILON Juif, *de Nobilitate*: HORAT. L. I. Sat. VI. 7, 8. SENEC. *de Benefic.* Lib. III. Cap. XXVIII. *Epist.* XLIV. *Controv.* VI. pag. 93, 94. *Edit. Gronov.* & *Herc. Fur.* vers. 330, 340. HERODIAN. Lib. V. Cap. I. BOETHIUS, *de Consol. Philosoph.* Lib. III. Metr. VI. DION. CHRYSOSTOM. Orat. XV. *de Servitute*, pag. 238. B. *Edit. Morell.* PLUTARCH. *Apophthegm.* pag. 187. B. *Apophth. Lacon.* pag. 225. E. & *de vitioso pudore*, pag. 534. C. STOBÆUS, Serm. LXXXIV. LXXXV. LXXXVI. LXXXVII. TH. BROWNE, *de Relig. Medici*, Part. II. Sect. I.

En vain un faux Censeur voudroit vous démentir ;
Et si vous n'en sortez, vous en devez sortir.
Mais fussiez-vous issu d'Hercule en droite ligne,
Si vous ne faites voir qu'une bassesse indigne ;
Ce long amas d'Ayeux que vous diffamez tous,
Sont autant de témoins qui parlent contre vous ;
Et tout ce grand éclat de leur gloire ternie,
Ne sert plus que de jour à vôtre ignominie.

Il y a même des gens qui soûtiennent, qu'il (a) est injuste de donner à quelqu'un, purement & simplement à cause de la Naissance, chose qui ne dépendoit point de lui, & qui (1) par elle-même n'emporte aucun mérite ; quelque exemption des charges ou impositions de l'Etat, au préjudice des autres Citoyens, ou de le préferer par cette seule raison dans la distribution des Emplois, dont les Roturiers sont autant ou même plus capables que lui de se bien acquitter ; surtout lorsqu'il s'agit de ces Nobles, (b) *qui semblent n'être au monde que pour boire & manger*, &c. C'est aussi (ajoûte-t-on) un défaut considérable dans la constitution d'un Etat, que le Souverain soit indispensablement obligé de n'élever aux Charges Publiques que des gens d'un certain Ordre, sans qu'il puisse employer les autres Citoyens aux affaires dont ils paroissent très-capables ; surtout s'il ne lui est pas permis d'aggréger dans ce Corps privilégié les personnes qui se distinguent par leur mérite. Car si un Prince est réduit à la nécessité d'amadouer par ce moyen la Noblesse, afin qu'elle lui aide à tenir mieux en bride le Peuple ; c'est une marque que sa puissance est fort chancelante & presque abattuë, puisqu'il a besoin de se faire un parti parmi ses Sujets, & de se soûtenir par adresse ; l'Autorité Souveraine ayant perdu sa force propre & naturelle. Un (c) fameux Chancelier d'*Angleterre* remarque aussi, *que les Etats qui veulent s'aggrandir, doivent bien prendre garde de ne pas laisser trop multiplier la Noblesse.*

(a) Voyez *Eurip. Electr. vers.* 550.

(b) Voyez *Aristoph.* [illegible] *Ran.* Act. [illegible] Scen I. vers. 732. *Fair. Rust.* *Juvenal*, Sat. XI, 11.

(c) *Bacon*, *de Augm. Scient.* Lib. VIII. C. III. num. 3. Voyez aussi *Serm. fid.* Cap. XIV.

§. XXXII. On demande ici enfin, si dans les Societez Civiles, les Dignitez & les autres marques d'Honneur dépendent de la volonté du Souverain dans leur durée aussi-bien que dans leur origine ? Surquoi il faut distinguer, à mon avis, si ces marques d'Honneur, avec les droits qui les accompagnent, sont inséparablement attachées à quelque Emploi Public que le Souverain a plein-pouvoir de conférer à qui bon lui semble ; ou si elles avoient été données comme un bien propre qui devoit appartenir désormais au Citoyen qu'on en revêtoit ? Dans le premier cas, il est clair que le Souverain a autant de droit d'en disposer comme il juge à propos, que de donner ou d'ôter les Emplois qu'elles accompagnent. Ainsi lorsque *Fabius Maximus* étant Dictateur (a), souffrit patiemment qu'on lui égalât *Minucius Rufus*, qui, comme Mestre de Camp, devoit être au-dessous de lui, selon la coûtume ; il montra non seulement beaucoup de grandeur d'ame, mais il fit encore par-là hommage à l'Autorité de l'Etat. Sur ce pié-là on peut, avec *Solon*, comparer les Hommes en place (b) à des Jettons que l'on fait valoir ce qu'on veut (1). Mais si les Citoyens possedent quelque Dignité en

En quels sens les Honneurs & les Dignitez dependent de la volonté du Souverain ?

(a) Voyez *T. Live*, Lib. XXII. Cap. XV, XXVI.

(b) *Diog. Laërt.* Lib. I. 59. Voyez aussi *Polybe*, Liv. V. Cap. XXVI. & le passage d'*Hérodote*, cité ci-dessus en marge, §. 26. lett. b.

(1) Claudien loüe *Stilicon*, de suivre une maxime toute opposée, & de n'avoir egard qu'au merite.
[illegible] *Tollitur* [illegible]
[illegible] *non qua cunabula quaeris ;*
Et qualis, non unde satus, [illegible]
In I. Cons. Stilic. Lib. II. vers. 121 & seqq. Edit. Heins. Dans Tite Live, un Tribun du Peuple attribuë à l'observation de cette maxime, l'aggrandissement de la République Romaine. *Ergo dum nullum fastiditur genus, in quo eniteret Virtus, crevit imperium Romanum.* Lib. IV. Cap. III. Autres citations de l'Auteur.

§. XXXII. (1) Jusques-là, ajoûtoit ici l'Auteur,

propre, (2) on ne sauroit régulierement la leur ôter qu'en punition de quelque Crime; quoique dans un besoin pressant de l'Etat, on puisse, sans contredit, suspendre pour quelques tems, ou abolir même tout-à-fait les Immunitez & les Prérogatives qui sont attachées, en dédommageant d'ailleurs par quelque autre endroit, autant qu'il est possible, celui qui reçoit par-là du dommage: car tous ces droits n'avoient été accordez qu'avec une exception tacite des cas de grande Nécessité, & il seroit absurde de prétendre qu'ils fussent inviolables au préjudice même du salut de l'Etat.

De ce que nous avons dit, il s'ensuit que l'on peut, comme cela se pratique aussi en certains Etats, (c) exclure des Charges & des Dignitez les Enfans innocens d'un Traître, (3) ou d'un Criminel de Léze-Majesté; quoique d'ailleurs on n'ait aucun droit de les dépoüiller de l'*Estime Simple*, ou de les noter d'infamie.

(c) Comme on fit, par exemple, à l'égard des Enfans d'*Antiphon*. Voyez l'Arrêt de sa condamnation, dans *Plutarque*, in X. *Orat. Vit.* Cap. I.

CHAPITRE V.

Du POUVOIR *qu'ont les* SOUVERAINS DE DISPOSER DES BIENS RENFERMEZ DANS LES TERRES *de leur Domination, soit qu'ils appartiennent à des Particuliers, ou qu'ils fassent partie du Domaine de l'Etat, ou de la Couronne.*

Quel Pouvoir a un Roi sur les biens renfermez dans les terres de son obeïssance, lorsque ces biens lui appartiennent comme en patrimoine?

§. I. POUR sçavoir jusqu'où s'étend le POUVOIR DES SOUVERAINS SUR LES BIENS DES CITOYENS, il faut remarquer que ce droit est fondé ou sur *la nature de la Souveraineté, considérée en elle-meme*, ou sur *les différentes manieres d'acquérir l'Autorité Souveraine*. Commençons par le dernier.

Il y a ici sans contredit une grande différence entre un Souverain (1) qui s'est fait lui-même, pour ainsi dire, des Sujets, (2) & qui a acquis un plein droit de Proprieté sur les biens renfermez dans l'Etat; & un autre qui a été appellé au Gouvernement par des gens qui possedoient en propre quelques biens. Dans le premier cas, il est clair que le

on peut admettre ce que dit CICERON dans un passage cité ci-dessus, Liv. III. Chap. I. §. 1. *Note* 5. Où neanmoins, continue-t-il, le mot d'*ôter* semble emporter le refus d'un Honneur demandé, plûtôt que la privation d'un honneur déja acquis.

(2) L'Auteur citoit ici ce Passage d'ELIEN: Ἀλλ᾽ εὖ φρονῶν ᾤετο, μὴ ὅμοιον εἶναι, ἀρχήν τινα μὴ λαβεῖν, ἢ λαβόντα ἀφαιρεθῆναι. Τὸ μὲν γὰρ οὐδὲν μέγα, μὴ τυχεῖν· τὸ δὲ ἀλγεινὸν, τὸ τυχόντα εἶτα ἀποστερηθῆναι. „Il avoit raison (ARISTOTE) de croire qu'il y a bien „de la différence entre n'avoir point du tout reçu „une chose, & en être dépoüillé après l'avoir re„çuë. Car il n'y a pas grand mal à ne pas l'acqué„rir: mais il est bien fâcheux d'en être privé lors„qu'une fois on l'a obtenuë. *Var. Hist.* Lib. XIV. Cap. I. L'Auteur renvoyoit encore ici à la Harangue de DION CHRYSOSTOME, intitulée, *Rhodiaca*, comme faisant au sujet.

(3) Voyez ci-dessus, *Chap.* III. de ce Livre, §. 32. à la fin.

CHAP. V. §. I. (1) Voyez ci-dessus, Liv. VII. Chap. VI. §. 16.

(2) Nôtre Auteur parle ici d'une espece de *Royaum[e] Patrimonial* (comme il l'appelloit en marge) dans u[n] sens different de celui auquel il a ci-dessus distingu[é] les *Royaumes Patrimoniaux*, d'avec ceux que l'on possede en quelque façon *à titre d'usufruit*. Car dan[s] les uns & dans les autres il a supposé que les Sujet[s] avoient ou retenoient chacun leurs biens en propre[;] la différence ne regarde que le droit d'aliener la Couronne. C'est à quoi devoit avoir pris garde feu Mr COCCEJUS, qui dans le dernier Ouvrage qu'il [a] publié, intitulé, *Autonomia Juris Gentium*, Cap. XII[.] s'echauffe beaucoup contre GROTIUS, & PUFENDORF, jusqu'à traiter de *monstre* ce qu'ils appellen[t] *Royaume Patrimonial*. Il seroit facile de réfuter tou[t] ce qu'il dit, & de montrer qu'outre beaucoup d[e] malentendus, il raisonne lui-même sur des principe[s] precaires, qu'il donne pour des démonstrations. Ma[is] cela me meneroit trop loin. Mes Notes ont assez gros[si] dans cette revision, & comme j'approche de la fin[,] on ne doit pas trouver mauvais que, las d'un si lon[g] travail, je cherche à le finir au plûtôt, sans m'arrêter à des choses peu necessaires. Voyez ce que j'ai dit s[ur] GROTIUS, Liv. II. Chap. XX. §. 6. *Note* 3.

(3) O

le Souverain peut disposer des biens renfermez dans les Pays de sa domination, non seulement autant que le demande la nature de la Souveraineté; mais encore avec un droit aussi absolu que celui qu'a chaque Pere de famille sur son propre patrimoine. Desorte que, tant qu'il n'a rien relâché de son droit par des Conventions ou des Concessions irrévocables, les Sujets ne joüissent de leurs biens que de la même maniere que les Esclaves disposoient autrefois de leur *Pécule*; c'est-à-dire, qu'ils les possedent uniquement sous le bon-plaisir du Roi, qui peut les leur ôter toutes fois & quantes qu'il voudra. Cependant, s'il leur en laisse la possession, ils peuvent alors en tirer ce qui leur est nécessaire pour leur nourriture, & pour les autres besoins de la Vie, comme un juste salaire de la peine qu'ils prennent de les cultiver ou de les entretenir. Ainsi ce n'est qu'à l'égard des Sujets d'un Royaume comme celui dont nous parlons, que l'on doit admettre une maxime qu'Hobbes étend mal-à-propos à toutes sortes de Citoyens: (a) *Chaque Citoyen*, dit-il, *possede ses biens en propre par rapport à ses Concitoyens, qui ne peuvent y rien prétendre, parcequ'ils sont soumis aux mêmes Loix; mais aucun Sujet n'a rien en propre à l'exclusion du droit de son Souverain*: (b) *de même que dans une Famille aucun Enfant ne possede rien en propre, qu'autant que son Pere le veut.* Que si un Roi, à qui tout appartient, relâche quelque chose de son droit, les Sujets alors pourront disposer de ce qu'ils possedent autant que le Souverain le leur aura manifestement permis: du reste, le Souverain en sera toûjours maître absolu. *Pharaon*, Roi d'*Egypte*, par exemple, ne se reserva que la cinquieme partie (c) des fruits du Pays, excepté les biens des (d) Sacrificateurs, ausquels la Reine *Isis* avoit donné la troisiéme partie des Terres, franches de tout impôt. Parmi les anciens (e) *Indiens*, les Sujets qui cultivoient les Terres avoient seulement le quart des revenus. La même chose se voit encore aujourd'hui dans (f) le Royaume du *Grand Mogol*, où le Roi hérite aussi des biens de ses Ministres & de ceux des Marchands. Dans (g) le *Congo* personne n'a & n'acquiert rien en propre qu'il puisse transmettre à ses Héritiers; mais tout est au Roi, qui donne à qui il lui plaît l'administration ou l'usufruit des biens du Pays. Il faut pourtant faire attention ici à ce qu'a remarqué (h) un Voyageur Moderne, que le droit absolu des Princes de l'Orient sur les biens de leurs Sujets, est cause que ces Pays-là, quelque beaux & fertiles qu'ils soient par eux-mêmes, deviennent tous les jours plus déserts, plus pauvres, & plus barbares, ou du moins ne sont pas dans un état, à beaucoup près, si florissant que la plûpart des Royaumes de nôtre *Europe*, où les Sujets possedent quelque chose en propre à l'exclusion même de leur Prince, & où les Souverains sont plus reservez à diminuer quelque chose de la liberté que les Sujets ont de disposer de leurs biens comme bon leur semble (3).

(a) *De Cive*, Cap. VI. §. 15.

(b) *Ibid.* Cap. X. I. §. 7.

(c) *Genese*, Chap. XLVII. vers. 21, 24, 26.

(d) Voyez *Diodor. Sicul.* Lib. I. Cap. XXI. LXXIII. & *Grotius*, sur *Gen.* XLVII, 26.

(e) *Strabon*, Lib. XV. page 704. *Edit. Paris.* (1030. *Edit. Amst.*) Voyez *Diod. Sic.* Lib. II. Cap. XL. où il dit, au contraire, que le Roi avoit le quart.

(f) Voyez *Garcillass. de la Vega*, Hist. des Yncas, Liv. V. Chap. V.

(g) *Eduard Lopez.*

(h) *Bernier*, Hist. de la derniere révolution des Etats du Grand Mogol, dans la *Lettre de l'Etat de l'Hindoustan*, page 177, & *suiv.* Edit. de Holl. 1671.

Dans les Etats, où les Sujets sont maîtres de leurs biens, le Souverain n'y a aucun droit, qu'autant que le demande la nature de la Souveraineté.

§. II. C'est de ces Etats, où les Citoyens ne tiennent pas leurs biens originairement de la libéralité du Souverain, que nous avons à traiter principalement. Or ici les choses sont sur ce pié-là, ou parce que l'Etat a été formé par un Peuple qui s'étoit allé établir dans quelque Pays sous la conduite d'un Roi qu'il avoit choisi lui-même: ou parceque plusieurs Peres de famille, qui avoient des biens en propre, s'étoient joints ensemble en un Corps de Societé Civile, ou étoient entrez dans un Etat déja

(3) On peut ajoûter ici en passant (remarquoit nôtre Auteur) ce qu'on rapporte des anciens *Yncas* du *Perou*, qui ordonnerent que les Sujets cultivassent leurs terres, avant que de travailler à celles du Roi; parce, disoient-ils, qu'il est impossible que les Sujets prennent soin, comme il faut des biens de leur Prince, si les leurs propres ne sont en bon état; & que les Citoyens pauvres ne sont d'aucune utilité au Public, ni en tems de paix ni en tems de guerre. Garcil. de la Vega, *Hist. des Yncas*, Liv. V. Chap. II.

formé, pour se soumettre eux & leurs biens au Gouvernement, comme tel. Dans le premier cas, le Peuple, sous la conduite de son Chef, s'emparoit d'abord en commun d'un Pays borné ou par la Nature, ou par une détermination arbitraire; après quoi le partage s'en faisoit ou par le sort, ou par le réglement (a) du Chef, rarement par le choix du premier occupant. Et quoiqu'alors la Proprieté des biens de chaque Particulier ne fut pas tant fondée sur sa prise de possession, que sur l'assignation qui lui en avoit été faite par le Conducteur du Peuple; personne ne tenoit pourtant ses biens de la libéralité de ce Chef, parceque ceux qui s'étoient mis sous sa conduite dans une telle expédition, avoient acquis d'avance un droit parfait de posséder en propre (b) une portion du Pays dont ils se rendroient maîtres en commun. A plus forte raison, la Proprieté des biens de chaque Particulier ne dépend elle pas originairement de la volonté & de la concession d'un Roi établi par le consentement libre de plusieurs Peres de famille indépendans, & qui avoient des biens en propre. Car, quoiqu'en dise (c) HOBBES, il est très-certain que l'on peut avoir quelque chose en propre, hors même de toute Societé Civile. Quand on lui accorderoit que la Nature donne droit à chacun sur toutes choses, (d) cela empêcheroit-il qu'on ne pût, par des Conventions, assigner à chacun sa part? Il est vrai que les Conventions de deux ou de peu de personnes ne diminueroient rien du droit originaire des autres sur une chose qui est encore en commun; mais supposé que tous généralement s'accordent à faire un partage, par quelque Convention ou expresse ou tacite, il n'y a point de doute que chacun n'acquiere alors un droit de Proprieté sur ce qui lui est échu. Ainsi il est faux, que, comme le prétend encore HOBBES (e), *les Peres de famille qui ne dépendent ni d'un même Pere ni d'un Maître commun, ayent droit également sur toutes choses:* Quoique dans les Societez Civiles on jouisse sans contredit beaucoup plus surement (1) de ses biens, que si chacun vivoit dans l'indépendance de l'Etat de Nature, où

(a) Voyez *Corn. Nepos, in Miltiad.* Cap. II. num. 1.

(b) Voyez *Genes.* XIV, 14, 21, 23, 24. & ce que l'on a dit ci-dessus, Liv. IV. Ch. VI. §. 3, 4.

(c) *De Cive*, Cap. VI. §. 15.

(d) Voyez ci-dessus, Liv. III. Ch. V. §. 2, 3.

(e) *Ubi suprà*, Note 1. Voyez *Genes.* IV. & XIII, 5. & suiv.

§. II. (1) Ὅτι κρεῖττον σὺν πολλοῖς οἰκοῦντα, μέτρια χρήματα ἔχειν, ἢ μόνον ἐν ἐρημίᾳ τὰ τῶν πολιτῶν ἐπικινδύνως πάντα κεκτῆσθαι. » Il vaut mieux vivre en societé & être assuré de la » possession de biens mediocres, que d'avoir seul » autant de bien que tous ses Concitoyens, en etant » exposé aux dangers inseparables de la solitude. XENOPHON, dans les *choses memorables de Socrate*, Lib. II. page 413. *Edit. H. Steph.* (Cap. III. §. 2. *Edit. Oxon.*) Ce n'est qu'en ce sens (ajoûtoit notre Auteur) que l'on peut admettre les paroles suivantes de CICERON: *Hoc* (Jure Civili *sublato, nihil est quare exploratum cuiquam possit esse, quid suum, aut quid alienum sit.* » Sans le Droit Civil, on ne sauroit bien » distinguer ce qui appartient à chacun. *Orat. pro A. Caecina.* Cap. XXV. Cet Orateur exprime ailleurs plus clairement sa pensée. Comme le passage est très beau, je vais le rapporter plus au long que ne faisoit notre Auteur. *In primis autem videndum erit ei, qui Rempublicam administrabit, ut suum quisque teneat, neque de bonis privatorum publice deminutio fiat. Perniciose enim Philippus in Tribunatu, cum legem Agrariam ferret, quam tamen antiquari facile passus est, & in eo vehementer se moderatum praebuit: sed cum in agendo multa populariter, tum illud male: non esse in civitate duo millia hominum, qui rem haberent. Capitalis oratio, & ad aequationem bonorum pertinens: qua peste quae potest esse major? Hanc enim ob causam maxime, ut sua tenerent, Respublicae civitatesque constitutae sunt. Nam etsi duce natura congregabantur homines, tamen spe custodiae rerum suarum, urbium praesidia quaerebant.* » La principale chose à quoi ceux qui » sont chargez du gouvernement de la Republique » doivent prendre garde, c'est que le bien de chaque » Particulier lui soit conservé, & que jamais l'Auto- » rité Publique ne l'entame. Il n'y avoit donc rien de » plus pernicieux que la Loi que *Philippus* entreprit » de faire passer, dans le tems qu'il etoit Tribun du » Peuple, & qui tendoit à faire faire un nouveau par- » tage des terres. Il est vrai qu'il ne fit pas beaucoup » de resistance, quand il vit qu'on la rejettoit, & il » fit paroitre en cela une grande moderation. Mais » entre les autres choses que l'envie qu'il avoit de » faire plaisir au Peuple lui fit faire, il lui echappa » un mot d'une dangereuse consequence; & on lui » entendit dire publiquement, qu'il n'y avoit pas » deux mille hommes dans la Ville qui eussent du » bien. C'etoit un discours criminel & seditieux: car » cela n'alloit pas moins qu'à rendre le bien de tout » le monde egal, & rien ne sauroit être plus perni- » cieux: les hommes ne s'étant portez à former des » Republiques, que pour être plus en état de conser- » ver chacun le sien. Je sai bien que la Nature les » porte d'elle-même à s'unir, & à vivre en societé. » Mais ce qui leur a fait bâtir des Villes, & qui les a » obligez de s'y retirer, comme dans des asyles pu- » blics, c'est principalement l'esperance d'y jouir de » leurs biens en sureté. *De Offic.* Lib. II. Cap. XXI. » J'ai suivi le dernier Traducteur.

l'on n'auroit que ses (f) propres forces pour se défendre contre les insultes d'autrui. Dans ces Etats donc, où les Sujets ne tiennent pas originairement leurs biens de la libéralité du Souverain, le Prince n'en peut disposer (2) qu'autant que le demande la nature même de la Souveraineté; à moins que les Sujets ne lui ayent volontairement donné à cet égard un Pouvoir plus étendu.

(f) Voyez Genes. XXXIV, 30.

§. III. OR le droit que le Souverain a comme tel sur les biens de ses Sujets, se reduit en général à *régler, par des Loix, l'usage que chacun doit faire de ses biens, selon ce que demande la conservation & l'avantage de l'Etat: à exiger des impôts & des Subsides: & enfin à user de son Domaine éminent.*

Le Prince, en qualité de Souverain, peut 1. Prescrire à ses Sujets, par certaines Loix, la maniere dont ils doivent user de leurs biens.

On peut rapporter au premier chef, 1. Les (1) *Loix Somptuaires*, par lesquelles on

(2) L'Auteur citoit ici ce passage de SENEQUE le Philosophe: *Jure Civili omnia Regis sunt; & tamen illa quorum ad Regem pertinet universa possessio, in singulos dominos descripta sunt, & unaquæque res habet possessorem suum. Itaque dare Regi & domum, & mancipium, & pecuniam possumus: nec donare illi de suo dicimur. Ad Reges enim potestas omnium pertinet, ad singulos proprietas. Fines* Atheniensium *aut* Campanorum *vocamus, quos deinde inter se vicini privatâ terminatione distinguunt; & totus ager hujus aut illius Reipublicæ est: pars deinde suo domino quæque censetur, ideoque donare agros nostros Reipublicæ possumus, quamvis illius esse dicantur: quia aliter illius sunt, aliter mei. . . . . Sub optimo Rege omnia Rex imperio possidet, singuli dominio.* » Par le Droit Civil, tout est au Roi; & cependant chaque chose a son maître & son possesseur particulier. Ainsi on peut faire don au Roi d'une Maison, d'un Esclave, d'une somme d'argent; sans que pour cela il passe pour recevoir un present du sien: car les Rois peuvent disposer de tout à la verité, mais cela n'empeche pas que chacun n'ait la Proprieté de ses biens. On appelle le Païs des *Atheniens* ou des *Campanois*, toute l'étendue des terres qui appartiennent à ces Peuples, quoique chaque Particulier y ait sa portion separée de celle des autres. Le Païs entier appartient en general à l'Etat: mais chaque Terre est au Particulier qui la possede. Ainsi on peut donner ses terres à l'Etat, quoiqu'on dise qu'elles lui appartiennent; parcequ'elles sont à lui d'une autre façon qu'au proprietaire. . . . Sous un bon Prince le Roi possede tout par son Autorité Souveraine, sans que pour cela chacun soit moins maître de son bien. *De Benefic.* Lib. VII. Cap. IV. V. Les Tyrans au contraire, & les mauvais Princes, pretendent, que chacun de leurs Sujets n'a rien à lui, & que tout est à eux, ensorte qu'ils leur en laissent l'Usufruit par pure grace. C'est le langage de l'Empereur *Frederic Barberousse*, dans le *Ligurinus* de GONTHIER, Lib. 3. vers. 480. & *seqq.* que l'Auteur citoit aussi:

Quicquid habet templis, quicquid custodit avarus
Quicquid in occultis abscondit terra cavernis,
Jure civili meum nostrum, populi concessimus usum
Rege figuratam, Regis parere esse monetam;
Cæsaris & domino sub Cæsare fulget imago.

Je remarque, (ce que le docte Commentateur RITTERSHUSIUS n'auroit pas dû oublier), que dans les deux derniers vers, le Poëte fait allusion à ce que JESUS-CHRIST dit aux Disciples des *Pharisiens*, & aux *Herodiens*, après leur avoir demandé, *de qui étoit l'Image & l'inscription* de la piece d'argent que l'on donnoit pour tribut? *De Cesar*, lui repondirent-ils; surquoi il leur repliqua: *Payez donc à Cesar ce qui appartient à Cesar, & à* DIEU *ce qui appartient à* DIEU, MATTH. XXII. 19. & suiv. Mais cela ne prouve pas, que de droit tous les biens des Sujets appartiennent en propre à leur Souverain, comme on fait ici tirer la conclusion à l'Empereur; & comme aussi le soutenoient mal à-propos *bien des Reformez en France, qui étoient dans l'erreur à l'égard des droits & de l'autorité du Prince*, selon la remarque de feu Mr. BERNARD, *Nouv. de la Republ. des Lettres*, Avril 1703. page 415. Notre Seigneur veut dire seulement, que puisque les *Juifs* se servoient de la Monnoye de l'Empereur, c'étoit une marque qu'il étoit maître de leur Païs, & qu'ils le reconnoissoient tacitement pour leur Souverain legitime; desorte qu'ils devoient lui obeïr en tout ce qui n'étoit pas contraire aux Loix Divines. Voyez les Interpretes sur ce passage. Notre Auteur citoit encore GROTIUS, sur I. ROIS, XVI. 24. & ce que ZONARE rapporte, (Tome II.) des Empereurs *Claude* & *Adrien*.

§. III. (1) Ecoutons ici ce que dit en peu de mots le Sage *Mentor* à *Telemaque* son Eleve dans l'Art du Gouvernement. » L'autre mal presque incurable (dans le Gouvernement des Peuples) est le luxe. Comme la trop grande autorité empoisonne les Rois, le luxe empoisonne toute une Nation. On dit, que le luxe sert à nourrir les Pauvres aux dépens des Riches; comme si les Pauvres ne pouvoient pas gagner leur vie plus utilement, en multipliant les fruits de la Terre, sans amollir les Riches par des raffinemens de volupté. Toute une Nation s'accoutume à regarder comme les necessitez de la vie, les choses superflues; ce sont tous les jours de nouvelles necessitez qu'on invente; & on ne peut plus se passer des choses qu'on ne connoissoit pas trente ans auparavant. Ce luxe s'appelle bon goût, perfection des Arts, & politesse de la Nation. Ce Vice qui en attire une infinité d'autres, est loué comme une Vertu; il répand sa contagion jusqu'aux derniers de la lie du peuple. Les proches parens du Roi veulent imiter sa magnificence, les Grands celle des parens du Roi: les gens médiocres veulent égaler les Grands; car qui est-ce qui se fait justice? Les petits veulent passer pour mediocres. Tout le monde fait plus qu'il ne peut; les uns par faste, & pour se prévaloir de leurs richesses; les autres par mauvaise honte, & pour cacher leur pauvreté. Ceux mêmes qui sont assez sages pour condamner un si grand désordre, ne le sont pas assez pour oser lever la tête les premiers, & pour donner des exemples contraires. Toute une Nation se ruine: toutes les conditions se confondent. La passion d'acquerir du bien pour soutenir une vaine dépense, corrompt les ames les plus pures. Il n'est plus question que d'é-

prescrit des bornes aux dépenses non-nécessaires, qui ruïnent les Familles, & appauvrissent par conséquent l'Etat, en faisant passer (a) l'argent du Pays aux Etrangers; outre que ceux qui s'abandonnent au luxe, se mettent par-là dans l'impuissance de contribuer aux dépenses nécessaires pour le Bien Public: car, si un homme, par exemple, qui ne dépense que deux cinquiémes de ses revenus annuels, donne pour les Impôts deux autres cinquiémes, il ne s'incommode point, & il augmente de plus son capital d'un cinquiéme; au lieu que s'il dépense tout son revenu, il faut pour fournir aux contributions, ou qu'il prenne de son capital, ou qu'il diminue ses dépen-

(a) Voyez *Plin. Hist. Nat.* Lib. VI. Cap. XXIII. Sect. 26, pag. 327. *Hard.* & Cap. XXVIII. Sect. 32. *in fin.* & Lib. XII. Cap. XVIII. *in fin.* Sect. 41. *Edit. Hard.* in fol.

» tre riche; la Pauvreté est une infamie. *Avantures de Télémaque*, Liv. XXII. page 467, 468. Tome II. *Edit. de Paris*, 1717. L'histoire nous apprend (je me sers maintenant des propres termes de Mr. LE CLERC, dans le *Parrhasiana*, Tome II. page 275. & suiv.) » que *Jules César* n'entreprit de se rendre maître de la liberté de sa Patrie, que parcequ'il ne sçavoit comment payer ses dettes, contractées par une prodigalité excessive, ni comment soûtenir la depense prodigieuse qu'il faisoit. (Voyez *Suetone*, dans sa Vie, Cap. XXX.) Bien des gens n'entrerent dans son parti, ou dans celui de *Pompée*, que parcequ'ils n'avoient plus dequoi fournir au luxe dans lequel ils étoient engagez, & qu'ils esperoient de gagner, par la Guerre Civile, dequoi soûtenir leur premier faste. (Voyez SALLUST. *ad Cæsarem, de Republ. ordinanda*, & les autres Auteurs de ce tems-là) . . . On peut dire la même chose de toutes sortes de crimes, qui pour parler ainsi, heurtent à toute heure à la porte des personnes indigentes & fastueuses, & qui sont rarement exclus, quand ils viennent accompagnez d'une bonne somme d'argent. Pour prevenir ces maux & ces désordres, il n'y a rien de plus utile que de bonnes Loix Somptuaires, qui repriment le luxe, & que l'on fasse exécuter rigoureusement. Par là . . . *Vous ôtez à l'argent, qui est la chose du monde la plus nuisible, son usage & son lustre . . . Id ita evenier, si pecunia, quæ maxuma omnium perniciei est, usum atque decus demseris.* (SALLUST. Orat. I. ou *Epist.* I. *De Republ. ordinand.* Cap. VII. *num.* 3. *Edit. Cort.*) Par-là on procure encore un autre avantage à l'Etat, qui n'est pas de petite conséquence; c'est que l'on se marie beaucoup plus facilement, lorsqu'il ne faut pas faire trop de dépense pour soûtenir une famille, que lorsqu'on ne peut pas éviter honnêtement cette dépense, à laquelle néanmoins il y a beaucoup d'honnêtes gens qui ne peuvent pas suffire. Aussi *Auguste* voulant corriger les mœurs des *Romains*, entre diverses Loix qu'il fit, ou qu'il renouvella, retablit en même tems, & la Loi Somptuaire, & celle qui imposoit aux *Romains* la necessité de se marier *de maritandis ordinibus.* (Voyez SUETONE, dans sa Vie, Cap. XXXIV.) S'il ne put obliger les *Romains* à observer la seconde, il y a grande apparence, que ce ne fut que parceque la premiere n'étoit pas assez severe. (Voyez TACIT. *Annal.* Lib. II. Cap. XXXVII.) Il faut remarquer encore, que bien des gens, qui fuyent le mariage pour la raison que j'ai dite, ne font aucun scrupule de commettre toutes sortes de debauches; qui vont à la ruine totale & des Familles & de l'Etat, & que l'on previendroit par des Loix Somptuaires. Voyez ce que Mr. LE CLERC ajoûte, au sujet de la République de *Venise*, & de celle de *Geneve*. Pour rendre ces Loix Somptuaires plus efficaces, les Princes & les Magistrats doivent, (comme le dit encore Mr. de *Fenelon*, dans l'endroit cité ci dessus) *par l'exemple de leur propre modération, faire honte à tous ceux qui aiment une dépense fastueuse, & encourager les sages, qui seront bien aises d'être autorisez dans une honnête frugalité.* Voici là-dessus un beau passage de MONTAGNE: » La façon, dit-il, dequoy nos Loix essayent à regler les folles & vaines despenses des tables, & vestemens, semble estre contraire à sa fin. Le vray moyen, ce seroit d'engendrer aux hommes le mespris de l'or & de la soye, comme de choses vaines & inutiles; & nous leur augmentons l'honneur & le prix, qui est une bien inepte façon pour en degouster les hommes. Car dire ainsi, Qu'il n'y aura que les Princes qui mangent du turbot, qui puissent porter du velours & de la tresse d'or, & l'interdire au peuple; qu'est-ce autre chose que mettre en credit ces choses-là, & faire croistre l'envie à chacun d'en user? Que les Roys quittent hardiment ces marques de Grandeur, ils en ont assez d'autres: tels excez sont plus excusables à tout autre qu'à un Prince. . . . C'est merveille comme la coustume en ces choses indifferentes, plante aisément & soudain le pied de son autorité. A peine fusmes nous un an pour le deuil du Roy *Henri Second*, à porter du drap à la Cour, il est certain que desja à l'opinion d'un chacun, les soyes estoient venues à telle vilité, que si vous en voyiez quelcun vestu, vous en fasiez incontinent quelque homme de ville. Elles estoient demeurées en partage aux Medecins & aux Chirurgiens: & quoiqu'un chacun fust à peu pres vestu de mesme, si y avoit-il d'ailleurs assez de distinction apparentes, des qualitez des hommes. . . . Que les Roys commencent à quitter ces despences, ce sera faict en un mois sans Edict, & sans ordonnance: nous irons tous aprés. La Loy devroit dire au rebours; Que le cramoisi & l'orfeverie est defendue à toute espece de gens, sauf aux basteleurs & aux Courtisans. De pareilles inventions corrigea *Zaleucus*, les mœurs corrompues des *Locriens*, &c. *Essais*, Liv. I. Chap. XLIII. Voyez les Loix de *Zaleucus* citées ci-dessus, Liv. I. Chap. VI. §. 14. *Note* 11. On trouvera aussi de bonnes réflexions sur le *Luxe* en general, dans un Traité François sur cette matiere, qui parut en 1705. & dont on voit l'Extrait dans le *Journal de Paris*, de la même année, page 919. & *suiv. Edit. de Holl.* Notre Auteur citoit ici PLATON, *de Legib.* Lib. VI. page 870. D. E. *Edit. Wech.* (page 775. Tome II. *Edit. H. Steph.*) où ce Philosophe régle les frais des Nôces, & le nombre des personnes qui en doivent être: ELIEN, *Var. Hist.* Lib. III. Cap. XXXIV. (surquoi voyez les Interprêtes) PAUL MANUCE, dans son Traité *des Loix Romaines*, où il rapporte les Loix Somptuaires de ce Peuple, tirées surtout de MACROBE, *Saturnal*, Lib. III. & GARCIL. DE LA VEGA, *Hist. des Incas*, Liv. V. Chap. XI.

ses ordinaires. 2. Les *Loix* (b) *contre* (2) *le Jeu*, & autres divertissemens dangereux (c) ou Criminels. 3. Les *Loix contre les Prodigues* en général (d), surtout contre ceux qui ont part au Gouvernement de l'Etat : car (3) outre qu'*il est fort difficile de bien conduire les affaires publiques, lorsqu'on ne sçait pas régler ses affaires domestiques ; le moyen qu'on s'empeche de voler les deniers publics, lorsqu'on fait plus de dépense que l'on n'a de revenu ?* 4. Les *Loix pour* (4) *régler la quantité & la qualité des choses, que chacun, ou du moins* (5) *certains Citoyens, peuvent posseder ou acquérir.* 5. Les *Loix qui prescrivent des bornes aux Donations, aux Legs, & au pouvoir de faire Testament ;* comme aussi *à la quantité des choses* (e) *que l'on consacre à des usages de Religion.* 6. Les *Loix* (6) *contre l'Oisiveté* (f), & contre

(b) Voyez *Digest.* Lib. XI. Tit. V. & Cod Lib. III. Tit. XXXIII. *De Aleatoribus.*

(c) Voyez *Gratian.* Cap. VII. VIII. IX. Distinct. LXXXVI.

(d) Voyez dans *Heraclit. in Polit.* celle de *Periandre, voc. Corinth.*

(e) Voyez *Exod.* XXXVI, 6.

(f) Comme celle des anciens *Nabathéens*, dont parle *Strabon*, Geogr. Lib. XVI. page 783, 784. *Edit. Paris.* (1130. B. *Edit. Amst.*)

(2) Voyez ce que j'ai dit là-dessus, dans mon *Traité du Jeu*, Liv. III Chap. IX.

(3) Οὐχ οἷόν τε τῶν κοινῶν προστατεῖν καλῶς τὸν ὀλιγωροῦντα τῶν κατὰ τὸν ἴδιον βίον· οὔτε μὴν ἀπέχεσθαι τῶν τῆς πατρίδος, ὅστις πολυτελέστερον ζῇ τῆς κατὰ τὴν ἰδίαν ὕπαρξιν χορηγίας. *Excerpt. Peiresc.* Lib. X. *page* 41. L'Auteur citoit aussi l'Epigramme de LUCIEN sur les Prodigues, Tome II. page 834. *Edit. Amst.* Ajoûtons, que le Philosophe JAMBLIQUE, celebre Pythagoricien, fait dire au Chef de sa Secte que ceux qui se mêlent de l'administration des affaires publiques, doivent conduire ensorte leur propre Maison, qu'ils puissent porter le même esprit à la conduite de l'Etat : Καὶ τὴν ἰδίαν οἰκίαν οὕτως οἰκονομεῖν, ὥστε τὴν ἀναφορὰν ἐξεῖναι τῆς προαιρέσεως εἰς ἐκείνην (sousentendez πόλιν) ἀνενέγκειν. De Vit. Pythag. *Chap.* IX. num. 47. Voyez là-dessus la Note de Mr. KUSTER ; & la *Bibl. Choisie* de Mr. LE CLERC, T. XIII. page 371.

(4) Telle étoit à *Rome* la *Loi Licinienne*, qui défendoit à chacun d'avoir plus de cinq cens arpens de Terre, comme aussi plus de cent piéces de gros Bétail, & plus de cinq cens de menu. Voyez PAUL MANUCE, *de Legg. Rom.* [ou plûtôt TITE LIVE, VI. 35. APP. ALEXANDR. Bell. Civ. *Lib.* I. page 354. *Edit. H. Steph.*] NOMBRES, XXXVI 7, 9. ARISTOT. *Politic.* Lib. II. Cap. V. VII. Lib. VI. Cap. IV. page 417. B. Tome II. *Edit. Paris.* PLIN. Lib. VI. Epist. XIX. *num.* 4. LEX. BURGUNDION. Tit LXXIV. §. 1. Notre Auteur, de qui sont toutes ces citations, remarque encore, que dans les *Indes* autrefois, aucun Particulier ne pouvoit nourrir de Cheval ni d'Eléphant ; ces Animaux etant reservez pour le Roi, comme nous l'apprend STRABON, Lib. XV. page 1034. B. *Edit. Amst.* (page 704. *Edit. Paris.*)

(5) L'Auteur cite ici ce que dit PLINE, *Hist. Nat.* Lib. III. Cap. XX. *in fin.* Sect 24. au sujet des Métaux. ANDRE' MOROSINI, dans son *Histoire de Venise*, Liv. XVII. parle d'une Loi de cette Republique, par laquelle il est defendu à toute personne, de quelque condition qu'elle soit, de laisser, vendre, donner, ou aliener des biens à toûjours, sous quelque prétexte que ce soit, en faveur des Ecclésiastiques, sans la permission du Sénat. L'Auteur rapportoit aussi cette Loi, qui, comme on sçait, fut en partie la cause des grands démêlez que la République eut avec le Pape PAUL V. & de la Bulle d'Interdit, dont le fameux FRA PAOLO montra si bien l'injustice. Voyez au reste, d'autres Loix semblables, pour éluder l'avidité des Ecclésiastiques, dans la Dissertation de Mr. HERTIUS, *De Superiorit. Territor.* §. 11. pag. 205, 210.

(6) » L'Oisiveté, ou le manquement d'occupation » utile & honnête, est une source d'une infinité de » désordres. L'Esprit Humain étant d'une nature » aussi agissante qu'il l'est, il ne peut pas demeurer » dans l'inaction ; & s'il n'est occupé de quelque » chose de bon, il s'applique inévitablement au mal. » Car, quoiqu'il y ait des choses indifférentes, elles » deviennent mauvaises, lorsqu'elles occupent seules » l'esprit ; s'il est vrai néanmoins qu'il y ait des per» sonnes oisives, qui s'occupent davantage de choses » indifférentes, que de mauvaises. . . . . On ne sçau» roit loüer ceux qui employent tout leur tems à des » choses qui ne sont ni utiles aux Hommes, ni agréa» bles à DIEU ; s'il est vrai, comme on ne peut pas » en douter, que les Hommes soient créez pour faire » du bien. Mais . . . . on voit par expérience, que » ceux qui ne s'appliquent à aucune occupation hon» nête, se jettent ordinairement dans la debauche ou » dans le jeu. . . . . Il seroit donc à souhaiter, qu'il y » eût des Loix contre l'Oisiveté, pour prévenir ses » mauvaises suites, & qu'il ne fût permis à personne » de vivre, sans avoir quelque occupation honnête, » ou de l'Esprit, ou du Corps. . . . . Il ne devroit pas » être permis à la Jeunesse, qui aspire aux Emplois » Politiques, Ecclésiastiques, ou Militaires, de passer » dans l'Oisiveté le tems de leur vie le plus propre à » l'étude de la Morale, de la Politique, de la Reli» gion, de l'Art de raisonner juste, & si l'on veut, » des Mathématiques, & de l'Histoire. Il y a encore » d'autres personnes, qui ne se destinent à rien, mais » seulement à manger tranquillement les revenus que » leurs Parens leur ont laissez, & qui ne se soucient » d'apprendre quoique ce soit ; assez satisfaits d'eux» mêmes, s'ils ne consument pas leur capital. Toute » la vertu de ces gens-là consiste à régler leur dépense, » ensorte qu'elle n'aille pas au-delà de leurs revenus. » Mais si ces revenus sont considérables, il arrive in» failliblement qu'ils en abusent, & qu'ils se jettent » en mille débauches ; desorte qu'ils deviennent inu» tiles & aux autres, & à eux-mêmes. . . . . Il faut » donc les obliger à suivre le conseil que donnoit un » Poëte, qui n'avoit que trop éprouvé les mauvais » effets de l'Oisiveté. *Lorsque vous croirez*, dit-il, *pou» voir être guéri, par mon art, la premiere chose selon » moi, que vous devez éviter, c'est l'Oisiveté. C'est elle » qui vous rend amoureux, c'est elle qui soûtient vôtre » mauvaise conduite, dès que vous vous y engagez ; c'est » elle qui est la cause & la nourriture de cet agréable mal. » Si vous ôtez l'Oisiveté, l'art de l'Amour est perdu, & » il est obligé de jetter son flambeau éteint.* OVID. de

ceux qui laissent dépérir leur bien (7), faute de soin & de culture. 7. Enfin, les *Loix qui défendent de transporter de l'argent hors des Etats*, & qui ne permettent de trafiquer avec les Etrangers que par des échanges.

2. Exiger des Impôts, & des Subsides.

§. IV. Les Impôts modiques, & employez à un bon usage, n'étant autre chose qu'une espece de salaire que les Particuliers payent à l'Etat, pour la défense de leur vie & de leurs biens, & une contribution absolument nécessaire pour les dépenses que demande le soin du Gouvernement; le Souverain a aussi un droit incontestable de prendre pour cela une partie des biens de ses Sujets, selon les besoins de l'Etat: car (1) on ne peut pas toûjours établir des Impôts fixes. L'Empereur *Néron* (2) *délibera un jour d'abolir tous les Impôts, & de faire cette magnificence au Genre Humain. Mais le Sénat modera son ardeur, après avoir loué auparavant la grandeur d'Ame d'où elle partoit, & dit: Que l'Empire tomberoit, si l'on venoit à sapper ses fondemens....... Que la plûpart des Impôts avoient été établis par les Consuls & les Tribuns, dans la plus grande liberté de la République, & que si l'on y avoit ajouté quelque chose depuis, c'étoit pour égaler le revenu à la dépense.* Si l'on fait bien réflexion à cela, on sera obligé d'avouër, qu'il y a souvent de l'injustice & de l'imprudence (a) dans les plaintes du menu Peuple, qui attribuë ordinairement à la grandeur des Impôts la principale cause de sa misere; & à beaucoup plus forte raison, dans les murmures des gens à qui l'on peut appliquer cette raillerie d'un ancien Comique: (3) *On voit par les rues des Femmes qui portent des maisons entieres, & je ne sçai combien d'arpens de terre. Cependant ces Messieurs, qui font de si beaux présens à ces Demoiselles, disent qu'ils ne peuvent payer le tribut que les Magistrats imposent; mais ils ont bien dequoi donner à ces coquines, qui en exigent un beaucoup plus grand.*

(a) Voyez ce que dit là-dessus *Hobbes De Cive*, Cap. XII. §. 9.

Quelles régles on doit suivre dans l'imposition des droits sur les denrées & les marchandises?

§. V. La Prudence du Gouvernement Civil veut néanmoins, que pour s'accommo-

Remed. Amor. vers. 135. & *seqq.*

Ergo ubi visus eris nostra medicabilis arte,
Fac monitis fugias otia prima meis.
Hæc ut ames faciunt, hæc, ut fecere, tuentur,
Hæc sunt jucundi caussa cibusque mali.
Otia si tollas, periere Cupidinis arcus,
Contemtaque jacent, & sine luce faces.

Parrhasiana, Tome II. pag. 370. & suiv. Voyez la Loi des *Egyptiens* qui a été citée ci-dessus, Liv. III. Chap. III. §. 2. Note 2. & Herodot. Lib. II. Cap. 177. qui la confirme.

(7) *Expedit enim Reipublicæ, ne suâ re quis malè utatur.* Institut. Lib. I. Tit. VIII. *De his, qui sui, vel alieni juris sunt*, §. 2. L'Auteur citoit ici Aul. Gell. Lib. IV. Cap. XII. où l'on voit, qu'à *Rome* les *Censeurs* punissoient ceux qui ne tenoient pas leurs Terres en bon état.

§. IV. (1) Surtout pour les besoins de la Guerre, qui sont tantôt plus, tantôt moins grands, à cause de mille cas qui surviennent; surquoi l'Auteur citoit Plutarch. *Apophthegm.* pag 210. A. & *in Crasso*: Procop. *de Bell. Persic.* Lib. II. Cap. XXVI. Car, ajoûtoit-il, ce que dit *Caton* dans Tite Live, Lib. XXXIV. Cap. IX. num. 12. Que la Guerre se nourrira bien elle-même; *Bellum se ipsum alet*; cela, dis-je, n'a lieu que rarement. Il citoit aussi à la fin de ce paragraphe, ce que rapporte Nicetas Choniate, du mauvais conseil que donna *Jean Pagene* à l'Empereur *Manuel Comnene*, de faire entrer dans le Fisc l'argent de l'impôt qu'on levoit pour l'entretien des Vaisseaux, & de ne plus en entretenir qui fussent toûjours en mer; d'où il arriva que les Provinces maritimes furent desolées par les courses des Pirates. *Lib.* I. *Cap.* III. Il se passa quelque chose de semblable sous *Andronic Paleologue*; comme on le voit dans l'Hist. de Nicephori Gregoras, Lib. VI. pag. 12. *Edit. Genev.* 1615.

(2) *Eodem anno crebris Populi flagitationibus immodestiam Publicanorum arguentis, dubitavit Nero, an cuncta vectigalia omitti juberet, idque pulcherrimum donum generi mortalium daret. Sed impetum ejus, multum prius laudatâ magnitudine animi, attinuere Senatores, dissolutionem Imperii docendo, si fructus quibus Respublica sustinetur, deminuerentur..... Plerasque vectigalium societas à Consulibus & Tribunis plebis constitutas, acri etiam Populi Rom. tum libertate: reliqua mox ita provisa, ut ratio quæstuum & necessitas erogationum inter se congruerent.* Tacit. *Annal.* Lib. XIII. Cap. L. Voyez le passage du même Auteur, que l'on a deja cité Liv. VII. Chap. IV. §. 11. Note 3. L'Auteur citoit encore Isæus, Orat. VI. pag. 497. *Edit. Wech.* & Themistius, Orat. XIV. *init.* Ce dernier parle d'une Loi d'*Athenes*, selon laquelle les Debiteurs de l'Etat ne pouvoient pretendre à aucune Charge, qu'ils n'eussent payé ce qu'ils devoient.

(3) *Quasi non fundis exornata multa incedant per vias.*
At tributum cùm imperatum est, negant pendi potesse.
Illis, quibus tributum major penditur, pendi potest.

Plaut. dans l'*Epidicus*, Act. II. Scen. II. v. 41. & *seqq.* & non pas dans la *Cistellaria*, comme nôtre Auteur citoit ce passage, où j'ai suivi la Version de Madame Dacier.

der en quelque maniere au génie revêche & plaintif du Commun Peuple, on leve les Tributs & les Impots d'une maniere aussi imperceptible, aussi douce & aussi paisible qu'il se peut. Or on trouve ordinairement (1) plus fâcheux d'être obligé de donner ce que l'on comptoit déja au nombre de ses biens, que de ne pouvoir acquérir quelque chose qu'on n'avoit pas. C'estpourquoi plusieurs ont crû, que le meilleur étoit de faire contribuer les Peuples une fois pour toutes, (a) & de prendre une partie de leurs biens, qui fût destinée à perpétuité aux besoins publics. D'autres prétendent que les Peuples payent plus volontiers les *Douanes*, les *Accises*, (2) & les autres droits qu'on léve sur certaines choses, que les *Tributs*, les *Taxes*, & les *Subsides* personnels.

(a) Voyez *Diodor. Sic.* Lib. I. Cap. LXXIII. & *Paul. Warnefrid. de gestis Longobard.* Lib. III. C. XVI.

Les Marchandises ou entrent dans le Pays, ou en sortent. A l'égard des premieres il faut remarquer, que si elles ne sont pas nécessaires, & qu'elles ne servent qu'au (b) luxe, on peut y mettre de grands Impots, pour réprimer la demangeaison de faire des dépenses superfluës; outre que ceux qui achetent de ces sortes de choses, sont ordinairement des gens riches, ou qui apportent peu de revenu à l'Etat, à cause du grand nombre de leurs privileges & de leurs immunitez. De-plus, lorsque les Marchandises étrangeres consistent en des choses qui peuvent croître ou être fabriquées dans le Pays, si les Habitans veulent y employer leurs soins & leur industrie; on fait bien de rehausser les droits d'entrée, afin que par-là,

(b) Comme celles dont on voit l'énumération dans le *Digeste*, Lib. XXXIX. Tit IV. *De Publicanis*, &c. Leg. XVI. §. 7.

(3) *On frustre ses voisins de ces tributs serviles,*
Que payoit à leur art le luxe de nos Villes.

Pour ce qui est des Marchandises que l'on transporte chez les Etrangers, s'il est de l'intérêt de l'Etat qu'elles ne sortent pas du Païs, on peut les charger d'impôts. Mais s'il se trouve que les Citoyens n'ayent pas d'autre moyen de gagner quelque chose, il est alors à propos de diminuer les droits de sortie. Il faut aussi considérer, si les Etrangers ont grand besoin de ces sortes de Marchandises, ou bien s'ils peuvent en avoir d'ailleurs; car les Marchands, comme chacun sçait, étant fort âpres au gain, merveilleusement ingénieux en tout ce qui regarde leur profit, infatigables & intrépides, (c) quand il s'agit de courir les Mers & les Terres, & de s'exposer à mille périls pour s'enrichir; si les Impots sont trop grands, ils vont chercher d'autres Païs où ils puissent trafiquer plus avantageusement; ou bien ils ne font (d) plus négoce de ces sortes de marchandises.

(c) Voyez *Horat.* Lib. I. Epist. I. vers. 44.

(d) Voyez ce que dit *Gallien*, dans *Trebell. Pollion*, Cap. VI.

§. V. (1) ——— *Quantum graviorem amissa dolorem,*
Quam necdum quæsita movent. ———

CLAUDIAN. *de laudibus Stilichon.* Lib. I. v. 279, 280. & non pas *de Consulatu Mallii*, comme citoit nôtre Auteur. *Neque enim pauperior fit, qui non adquirat, sed qui de patrimonio suo deposuit.* DIGEST. Lib. XXIV. Tit. I. *De donationibus inter virum & uxorem*, Leg. V. §. 13. L'Auteur citoit encore HOMER. *Iliad.* Lib. I. vers 125, 126. TIT. LIV. Lib. V. Cap. XXIII. Lib. XXX. Cap XLIV. & PLUTARCH. *in Camillo*, Tome II. pag. 132, 133.

(2) Il y a une Déclamation de QUINTILIEN, où l'on remarque qu'il n'y a pas de contribution plus équitable, & dont on ait moins de sujet de se plaindre, que celle qui se fait par le moyen des Peages; parcequ'on la tire sur un gain avenir. Je vais rapporter en même tems ce qui precede, où la necessité des contributions en général est très-bien prouvée en peu de mots. *Sed Respublica quoque, cum qua queri poteris, habet quod respondeat. Primum illud; necessaria esse vectigalia civitati: exercitus stipendium accipiunt, bella quotidie geruntur, adversus barbaras & bellicosissimas gentes: defendimus ripas, & flumina, & litora: huc adjice & illud; templa exstruuntur; multum impendiorum sacra ducunt: aliquid & spectacula: opus est vectigalibus. Inter vectigalia porro quod æquius inveniri potest, & sine majore hominum querela? quanto illud injustius videri potest, quo parens hereditariis sibi vindicat? at plurimum in hoc vectigal confert negotiatio: quidquid est, de futuro lucro est.* Declam. CCCXLI. pag. 714. *Edit. Burman.*

(3) Ce sont deux vers de Mr. DESPREAUX, (Epit. I. vers 141, 142.) dont je me suis servi, à peu de chose près, parcequ'ils expriment heureusement la pensée d'un ancien Orateur, que nôtre Auteur citoit ici. Φόρος γὰρ ὑμῶν λαμβάνεται, οὐ τῆς χώρας, οὐδὲ τῶν βοσκημάτων, ἀλλὰ καὶ τῆς ἀνοίας τῆς ὑμετέρας. DIO CHRYSOSTOM. *Orat.* LXXIX. pag. 664. D. *Edit. Paris. Morell.*

En général, c'est à l'exaction des Impôts que convient surtout, à mon avis, une maxime d'HESIODE, qui porte, (c) *Que la moitié vaut mieux que le tout.* Car un Port, par exemple, est de peu de revenu, lorsqu'il n'y a pas un grand abord de Marchands. Surquoi il faut remarquer, que l'Empereur *Néron*, pour favoriser le Commerce, (4) *ordonna que les Vaisseaux des Marchands ne seroient point compris dans l'état de leur revenu, & qu'ils n'en payeroient rien à la République.* Le Souverain doit aussi rejetter les propositions des Fermiers & des Receveurs, qui inventent de tems en tems quelque nouveau droit pour leur propre intérêt, (f) & mettre d'ailleurs bon ordre à ce qu'ils n'usent pas de leurs duretez & de leurs vexations ordinaires, qui sont plus insupportables que les Impôts mêmes. C'est ainsi que l'Empereur *Néron* (5) *ordonna que les Edits de toutes impositions seroient publiez, ce qui n'avoit point été fait auparavant, & que ce qu'on auroit manqué à lever une année, ne pourroit s'exiger en l'autre: Que les Magistrats de Rome & des Provinces, recevroient les plaintes contre les Fermiers à toute heure, & les régleroient sur le champ.* On ne doit pas non-plus trop favoriser les intérêts du Fisc, (6) *en faveur duquel on prononce toûjours sous un méchant Prince.*

(c) Voyez ci-dessus Liv. VII. Ch. IX. §. 10. Note 1.

(f) Comme fit autrefois *Jules César*, au sujet des Fermiers d'*Asie*: *Dion Cassius*, Lib. XLII. page 212. B. *Edit. H. Steph.* Voyez *Digest.* Lib. XXXIX. Tit. IV. *De Publicanis*, &c. Leg. XII. *princ.*

Comment on doit taxer chaque Citoyen ?

§. VI. DANS l'imposition des Tributs, des Subsides, & des autres charges, il faut aussi bien prendre garde de ne donner à personne aucun sujet légitime de se plaindre. Pour cet effet on doit 1. *Ne pas charger inégalement les Citoyens.* Car, comme le remarque très-bien (a) HOBBES, *un Fardeau que tous portent également, est léger à chacun; mais si plusieurs retirent l'épaule, il devient pesant & même insupportable aux autres. Pour l'ordinaire, ce n'est pas tant le fardeau en lui-même, que l'inégalité de la charge, qui chagrine & rebutte les Hommes*, par l'injuste acception de personne, dont ils voyent que l'on use à leur préjudice, & par la jalousie secrete qu'ils conçoivent contre ceux qui jouïssent de quelque immunité. *D'ailleurs, ce que les Citoyens contribuent pour entretenir le fonds des revenus publics, n'étant autre chose que le prix par lequel ils achetent la paix que le Souverain leur procure; il est raisonnable que ceux qui jouïssent également des douceurs de la paix, payent une égale portion ou de leur argent, ou de leur travail & de leur service.* Ainsi les Immunitez & les Priviléges dont certaines personnes, ou certains Ordres de Citoyens, jouïssent en plusieurs Païs, ne sont justes qu'autant que ces gens-là rendent d'ailleurs à l'Etat (b) quelque service considérable, qui compense leur exemption de charges & de subsides. Pour établir, au reste, l'égalité dont il s'agit, il faut bien remarquer, *qu'elle ne consiste pas à payer des sommes égales, mais à porter également les charges imposées pour le bien de l'Etat*, ensorte que l'un ne soit pas plus chargé que l'autre; *c'est-à-dire, qu'il doit y avoir une juste proportion entre les charges que l'on supporte, & les avantages dont on jouït: car, quoique tous jouïssent également de la paix, les avantages que chacun en retire ne sont pas égaux; les uns acquérant plus de biens, & les autres moins; les uns aussi en consumant davantage, & les autres moins.*

(a) *De Cive*, Cap. XIII. §. 9.

(b) Voyez *Diod. Sic.* Lib. IV. Cap. LXXIII. au sujet de *Mathon*, & de *Pedalire*; & ce que dit *Isocrate*, dans l'Eloge de *Busiris*, au sujet des Priviléges des Prêtres d'*Egypte*, page 226. *Edit. H. Steph.*

(4) *Et ne censibus Negotiatorum naves adscriberentur tributumque pro illis penderent, constituunt.* TACIT. *Annal.* Lib. XIII. Cap. LI. Cela ne regardoit que les Marchands de Blé. Voyez JOSEPH AVERAN. *Interpr. Juris*, Lib. II. Cap. XIII. §. 15.

(5) *Ergo edixit Princeps, ut Leges cujusque publici occulta ad id tempus, proscriberentur: omissas petitiones non ultra annum resumerent: Romæ Prætor, per Provincias, qui pro Prætore aut Consule essent, jura adversus Publicanos extra ordinem redderent.* TACIT. *Annal.* Lib. XIII. Cap. LI. J'ai suivi la Version de d'*Ablancourt*.

(6) C'est ce que dit PLINE, pour louer l'Empereur *Trajan* de ce qu'il suivoit une maxime toute contraire. *Quæ præcipua tua gloria est, sæpius vincitur Fiscus, cujus mala causa numquam est, nisi sub bono Principe.... Numquam Principibus defuerunt, qui fronte gravi & tristi supercilio utilitatibus Fisci contumaciter adessent.* Panegyr. C. XXXVI. num. 4. & XLI. num. 3. Voyez HADRIEN JUNIUS, *Animadvers.* Lib. III. Cap. IX.

§. VI.

moins. Là-dessus HOBBES demande, *si les Citoyens doivent contribuer à proportion de ce qu'ils gagnent, ou à proportion de ce qu'ils consument? C'est-à-dire, s'il faut taxer les personnes, ensorte qu'on leur fasse payer à proportion de leurs revenus, ou bien les choses mêmes, ensorte que chacun contribue à proportion de ce qu'il consume?* Pour décider cette question, il faut dire d'abord, que chacun jouïssant en paix de ses biens à l'abri de la défense de l'Etat, on peut lui imposer des charges (1) à proportion de ses revenus, tant pour les taxes ordinaires, que pour les subsides extraordinaires. De-plus, l'Etat mettant en sureté la vie des Citoyens, qui est aussi chere aux Pauvres qu'aux Riches, on peut exiger également des uns & des autres des services militaires, comme aussi leur imposer également pour cette raison un tribut modique, comme cela se pratique dans la Capitation, où le Riche ne paye pas plus que le Pauvre. Mais la protection de l'Etat procurant encore aux Citoyens la liberté & la sureté du Commerce, à la faveur duquel ils peuvent gagner du bien par leur industrie; la difficulté consiste principalement à sçavoir, sur quel pié on doit régler la taxe des charges imposées pour cette raison. Ici le meilleur est, à mon avis, de taxer chacun à proportion de ce qu'il consume, & non pas à proportion de ce qu'il gagne. Car, outre que les Hommes dépensent le plus souvent selon le gain qu'ils font, si l'on taxoit chacun à proportion de ce qu'il gagne, lorsque ceux qui ont gagné également, ne se trouveroient pas avoir autant de bien les uns que les autres, comme on voit tous les jours que l'un conserve par une sage épargne ce qu'il a amassé, pendant que l'autre le dissipe en luxe & en dépenses superflues; en ce cas-là il arriveroit nécessairement, que ceux qui jouïssent également des avantages de la paix, ne porteroient pas également les charges de l'Etat. Supposons, par exemple, que deux hommes ayant gagné dans un an cent Ecus chacun, l'un en ait dépensé quarante, & l'autre quatre-vingt; comme l'un & l'autre a joui également de la protection publique, on pourroit s'imaginer qu'il est juste, par cette raison, que tous deux contribuent également. Mais en cela il y auroit deux inconvéniens; car il seroit fort difficile à l'Etat de sçavoir au juste combien chaque Citoyen a gagné tous les ans par son industrie, & on ne peut pas même faire si souvent une exacte perquisition des biens de chacun. D'ailleurs, si la taxe se faisoit au bout de l'an, lorsque chacun auroit réglé le compte de sa recette & de sa dépense, & cela à proportion de ce qu'il lui reste du gain de l'autre année; il faudroit que l'un payât le double de l'autre, quoique tous deux eussent également joui des avantages de la paix. D'où il arriveroit encore, que celui qui a été ménager, seroit plus chargé que l'autre qui a fait des dépenses superflues. Il vaut donc mieux taxer les choses mêmes qui se consument, afin que par ce moyen chacun paye imperceptiblement la part de ses biens qu'il doit à l'Etat, à proportion non de ceux qu'il a encore, mais de ceux qu'il a eu par un effet de la protection du Souverain; les droits que l'on paye à l'Etat étant ainsi regardez comme une partie du prix des choses que l'on consume (2).

Au reste, ce que nous avons déja dit des Impôts établis sur les marchandises, doit

§.VI. (1) C'est ce que *Servius Tullius*, un des anciens Rois de *Rome*, trouvoit autrefois fort juste, & tres-avantageux à l'Etat, Δικαιόν τε καὶ συμφέρον τῷ κοινῷ τὸ αὐτὸ ἡγύμενος, τοὺς μὲν πολλὰ κεκτημένους, πολλὰ εἰσφέρειν, τοὺς δ' ὀλίγα ἔχοντας, ὀλίγα. DIONYS. HALICARN. Lib. IV. pag. 215. *Edit. Sylburg.* Cap. IX. *Edit. Oxon.*

(2) D'ailleurs, ces contributions par voye d'*Accise*, sont un moyen d'arrêter les excez du Luxe. On n'a qu'à ne pas faire, par exemple, des Festins magnifiques, à ne pas porter des Habits somptueux; & par ce moyen on ne contribuera pas beaucoup. Que si on veut à quelque prix que ce soit, faire bonne chere, & satisfaire la vanité; on ne doit s'en prendre qu'à soi-même. C'est ce que l'on assure avoir entendu dire à nôtre Auteur en conversation. Voyez HOCHSTETERI *Collegium Pufendorfianum*, &c. Exercit. XI. §. 12.

aussi être appliqué aux Tributs, aux Subsides, & autres charges publiques. Ainsi TACITE (3) loüe avec raison, *Agricola*, de ce qu'il *adoucissoit la rigueur des Impôts par l'égalité des répartitions, & retranchoit toutes les inventions de l'Avarice, qui sont plus difficiles à supporter que l'Impôt même: car on faisoit attendre le Peuple à la porte des Greniers & des Magazins, le contraignant d'acheter le Blé bien chérement, pour le revendre après à bon marché. D'ailleurs, on obligeoit les Villes voisines à le porter aux Garnisons plus éloignées, avec beaucoup de peine & de dépense, à cause de la distance & de la difficulté des chemins; & pour l'intérêt de quelques Particuliers, on faisoit une servitude de ce qui étoit libre auparavant à chacun.*

Du Domaine éminent des Souverains.

§. VII. L'USAGE du *Domaine éminent* fait, comme nous l'avons dit, la troisiéme & derniere Partie du Pouvoir des Souverains, entant que tels, sur les biens renfermez dans l'étenduë des terres de leur domination. Ce droit est rejetté par quelques-uns, mais qui condamnent plûtôt le (1) nom que la chose même. La nature seule, disent-ils, de la Souveraineté, qui a été établie pour le Bien Public, autorise suffisamment le Prince à se servir, dans un besoin pressant, de tout ce que possédent ses Sujets; puisqu'en lui conférant l'Autorité Souveraine, on lui a donné en même tems le pouvoir de faire & d'exiger tout ce qui est nécessaire pour la conservation & l'avantage de l'Etat. Le terme de *Domaine* ou de *Proprieté* paroît aussi trop superbe, & les méchans Princes en peuvent abuser facilement, pour piller & ruïner leurs pauvres Sujets. Mais, quoiqu'il ne faille point disputer des mots, je ne vois pas, pour moi, qu'il y ait aucun inconvénient à se servir ici d'un terme particulier, pour désigner une partie du Pouvoir Souverain, considérée entant qu'on l'exerce d'une certaine maniere par rapport à certaines choses. Voyons donc en quoi consiste & sur quoi est fondé ce *Domaine éminent* (a).

(a) Voyez GROTIUS Liv. I. Chap. I. §. 6. Chap. III. §. 6. num. 4. Liv. II Chap. XIV. §. 7, 8. Liv. III. Chap. XX. §. 7. & Chap. XX. §. 7. & suiv.

C'est une maxime de l'Equité Naturelle, que quand il s'agit de fournir ce qui est nécessaire pour l'entretien d'une chose commune à plusieurs, chacun doit contribuer à proportion de la part qu'il y a, ensorte que personne ne soit considérablement surchargé au prix des autres. Mais comme il arrive souvent, ou que les besoins pressans de l'Etat ne permettent pas de lever la quotte-part de chaque Citoyen, ou que certaines choses qui appartiennent à quelques Particuliers, sont nécessaires pour le Bien Public: en ce cas-là le Souverain peut s'en servir à un tel usage; bien entendu que les Pro-

(3) *Frumenti & tributorum auctionem aequalitate munerum mollire, circumcisis quae in quaestum reperta, ipso tributo gravius tolerabantur: namque per ludibrium adsidere clausis horreis, & emere ultro frumenta, ac vendere parvo* [c'est ainsi que lit J. FRID. GRONOVIUS, au lieu de *pretio*] *cogebantur. Devortia itinerum & longinquitas regionum indicebatur, ut civitates à proximis hibernis in remota & avia deferrent, donec quod omnibus in promptu erat, paucis lucrosum fieret.* TACIT. in *Vit. Agricol.* Cap. XIX. Voyez CICER. *in Verrem*, Act. III. & ARISTOT. *Oeconom.* Lib. II. Cap. I. C'étoit une réponse bien dure que celle de *Pescennius Niger* aux habitans de la *Palestine*, qui lui demandoient quelque diminution de tributs: *Vous voudriez que je ne taxasse pas vos Terres, & moi je voudrois mettre un impôt sur votre air.* SPARTIAN. *Cap.* VII. Tout ceci est de l'Auteur, qui faisoit mention encore en passant d'une plaisante sorte de tribut que les *Incas* du *Perou* exigeoient des Pauvres, afin que personne ne fût entierement exempt de charges. Voyez GARCILASSO DE LA VEGA, *Hist. des Incas*, Liv. V. Chap. VI. & Liv. VIII. Chap. V. VI. Au reste, pour ce qui regarde en général la maniere dont un Prince doit s'y prendre afin que les revenus de l'Etat soient considérables, sans neanmoins fouler les Peuples, voyez CHARRON, *de la Sagesse*, Liv. III. Chap. II. §. 21. le PARRHASIANA, Tome I. pag. 274. & suiv. & la *Philosophie Pratique* de Mr BUDDEUS, Part. III. Cap. V. Sect. VII. Confèrez aussi ce qui a été dit ci-dessus, Liv. VII. *Chap.* IX. §. 10.

§. VII. (1) Voyez l'*Histoire du Droit Naturel*, par Mr. BUDDEUS, dans ses *Selecta Jur. Nat.* §. 31. Au reste, il faut se souvenir que toutes les choses qui se trouvent renfermées dans les terres d'un Etat, & qui n'ont point de Proprietaire particulier, sans être d'ailleurs laissées en commun par une Coûtume constante, appartiennent originairement à l'Etat. Voyez ci-dessus, Liv. IV. Chap. VII. §. 3. & suiv. & Mr. TITIUS, dans son *Specimen Juris Publici Romano-Germanici*, Lib. II. Cap. III. Comme aussi le *Jus Publicum Universale* de Mr. BOEHMER, Part. Spec. *Lib.* II. *Cap.* X.

prietaires soient dédommagez par les autres Citoyens de ce qui excede leur contingent. Par exemple, lorsqu'on veut fortifier une Ville, on prend la place des Jardins, des Terres, & des Maisons de plaisance des Particuliers, qui se trouvent situées dans l'endroit où il faut faire des Fossez, des Remparts, des Bastions, ou quelque autre Ouvrage. Dans un Siége, on abbat ou l'on ruïne les Maisons & les Arbres des Particuliers, s'il paroît que sans cela on en seroit incommodé, ou que l'Ennemi en tireroit quelque avantage. On employe aussi aux Fortifications d'une Ville les matériaux que des Particuliers avoient préparez pour leur usage. Lorsqu'il survient une Famine, on oblige ceux qui ont des Greniers remplis de Grain, à les ouvrir. On se sert, dans un besoin pressant, d'une somme qui avoit été mise en dépôt dans la Maison de Ville, & l'on prend même de l'argent dans les coffres des Particuliers, s'ils ne veulent pas de bon-gré le donner eux-mêmes (b) en forme de Prêt, comme il faut le leur demander auparavant. On ravage son propre Païs (2) lorsqu'il n'y a pas moyen (c) autrement de chasser l'Ennemi, & l'on détruit tout ce que l'on ne peut emporter, de peur qu'il n'en profite. On donne à un Débiteur du tems pour payer ses Dettes, ou même on les abolit entierement, (3) si l'on a besoin de son service en tems de Guerre. Ainsi ce *Domaine éminent*, dont il s'agit, n'a lieu que dans une nécessité de l'Etat. Surquoi un (d) Commentateur de GROTIUS dit, que cette nécessité a ses degrez, & qu'elle ne doit pas toûjours être extrême. Il ne faut pourtant pas lui donner une trop grande étendue, mais plûtôt en tempérer les privileges, autant (e) qu'il est possible, par les régles de l'Equité. Il s'ensuit de là encore, qu'un Prince ne peut jamais dispenser valablement aucun de ses Sujets des charges ausquelles ils sont tous astreints en vertu du *Domaine éminent*: (4) car tout Privilege renferme une exception tacite des cas de Nécessité, & il paroît de la de la contradiction à vouloir être Citoyen d'un Etat, & prétendre néanmoins avoir quelque droit dont on puisse faire usage au préjudice même du Bien Public.

Au reste, il est très-juste que ceux qui, en ces cas-là, ont employé ou sacrifié leurs biens à l'Utilité Publique, en soient dédommagez par l'Etat (5), autant qu'il est possible. Quelques-uns (f) ajoûtent néanmoins ici une exception, sçavoir, lorsque le dommage reçu étoit inévitable, ensorte qu'on avoit pû prévoir qu'on y seroit exposé; comme, par exemple, si en tems de Guerre on abbat une Maison des Faux-bourgs: car, puisque le Proprietaire sçachant bien que les Maisons situées en ces endroits-là sont sujettes à un tel accident, n'a pas laissé d'y bâtir, il est censé en avoir bien voulu courir le risque, & avoir tacitement consenti de souffrir la perte. A plus forte raison ne peut-on demander aucun dédommagement, lorsque tous les autres sont dans le même cas, ou que leur perte est égale; car il suffit que le Public ne cause point de dommage par sa faute à aucun Citoyen, & il ne s'est jamais engagé à dédommager les Sujets de toutes les pertes qu'ils pourroient faire.

§. VIII. OUTRE les trois sortes de droits dont nous venons de parler, les Souverains ont en plusieurs endroits le pouvoir de disposer de certains *Biens* que l'on ap-

(b) C'est ainsi que *Cyrus* emprunta de l'argent de ses Sujets, *Xenoph. Cyrop.* Lib. VIII. Cap. II. §. 9. & *seqq.* Edit. Oxon. Mais on ne peut gueres approuver ce que *Dion Cassius*, Lib. XLII. p. 235. B. *Edit. H. Steph.* rapporte de *Jules César*, quand même on supposeroit que son Autorité étoit légitimement acquise. Voyez ci-dessus, Liv. V. Chap. III. §. 6. *Note* 2.

(c) Voyez *Q. Curce*, Lib. III. Cap. IV. num. 4.

(d) *Becler*, in Lib. I. Cap. I. §. 6.

(e) Il y en a un exemple remarquable dans *Tite Live*, Lib. XXXI. Cap. XIII.

(f) *Joann. Christoph. Becmannus*, Meditat. Politic. *Diss.* XXI. §. 8.

Jusques où le Roi peut disposer des *biens publics*.

(2) Ou bien on l'inonde, pour empêcher l'Ennemi d'avancer dans le Païs; comme cela s'est pratiqué plusieurs fois dans les *Provinces-Unies*.

(3) Voyez un passage de TITE LIVE, cité ci-dessus Chap. III. de ce Livre, §. 23. Note 11. POLYB. *Excerpt. Legat.* CLXIV. Cap. I'4. page 1346. *Edit. Gronov.* SUETON. *in Jul. Cæsar.* Cap. XLII. & DIGEST. Lib. XVIII. *Tit. I I. De Lege Commissoria*, Leg. *VII*. Toutes citations de l'Auteur.

(4) Voyez le *Jus Publicum Universale* de Mr. BOEHMER, Part. Spec. *Lib. I. Cap. III.* §. 64, 65.

(5) Si ce n'est pour le présent, du moins à l'avenir; en un mot aussi-tôt que les affaires publiques le permettront. GROTIUS, Liv. III. Chap. XX. §. 7. num. 1. Voyez le paragraphe suivant, & ma Note là-dessus; comme aussi la Dissertation de Mr. HERTIUS, *De collisione Legum*, Sect. II. §. 26. dans le premier volume de ses *Commentat. & Opuscul.*

pelle *Publics*, parcequ'ils appartiennent à l'Etat, considéré comme tel; avec (1) cette différence, que dans quelques Royaumes il y en a qui sont destinez à l'entretien du Roi & de la Famille Royale, & d'autres qui doivent servir aux dépenses nécessaires pour la conservation de l'Etat (a). Les premiers s'appellent le *Fisc*, ou le *Domaine de la Couronne*; les autres le *Trésor public*, ou le *Domaine de l'Etat*. Le Roi a l'usufruit plein & entier du Domaine de la Couronne, ensorte qu'il peut absolument disposer à sa fantaisie des revenus qui en proviennent, & grossir même son *Patrimoine particulier* des épargnes qu'il en fait : à moins que les Loix du Royaume ne l'ayent réglé autrement. Mais pour ce qui est du Domaine de l'Etat, il n'en a que la simple administration, dans laquelle il doit se proposer uniquement le Bien Public, & agir avec autant de soin, de fidélité & d'économie, qu'un Tuteur à l'égard des biens de son Pupille. Du reste, (b) il ne peut légitimement aliéner ni les uns ni les autres, sans le consentement du Peuple.

(a) Voyez *Grotius* Liv. II. Chap. VI. §. 11. *Paul Warnefrid.* de gestis Longobard. *Lib.* III. *Cap.* XVI.

(b) Voyez le dernier paragraphe de ce Chapitre.

De-là il est aisé de juger à qui appartiennent les acquêts que le Roi fait pendant son régne : car s'ils proviennent des biens destinez aux besoins de l'Etat, ou des Impôts & des Subsides, ou qu'ils ayent été gagnez aux dépens de la vie des Sujets, & par les services qu'ils rendoient à l'Etat en s'acquittant des engagemens communs où sont tous les Citoyens, comme tels; il est clair, qu'ils doivent revenir au Trésor public, & non pas au Patrimoine particulier du Roi, ni au Domaine de la Couronne. Mais si un Roi a entrepris & soûtenu quelque Guerre à ses propres dépens, sans rien tirer du Trésor Public, & sans exposer ni charger l'Etat en aucune maniere; ou même s'il n'y a employé que les revenus du Domaine de la Couronne : il peut légitimement s'approprier les acquêts qu'il a faits dans une telle expédition (c); car tout ce qui provient d'une chose dont on a l'Usufruit, nous appartient de plein droit, ensorte qu'on peut en disposer comme on le juge à propos.

(c) Voyez *Grotius* Liv. I. Chap. III. §. 12. num. 2.

De l'aliénation du Royaume, ou de quelqu'une de ses parties.

§. IX. Voyons maintenant, si un Roi peut aliéner le Royaume, ou quelqu'une de ses parties. On comprend bien d'abord, qu'il s'agit ici des Royaumes établis par un consentement volontaire du Peuple, & non pas des Royaumes Patrimoniaux : car, à l'égard de ceux-ci, la chose ne souffre point de difficulté. Grotius a traité cette question en plusieurs (a) endroits, & voici à quoi se réduit son sentiment. Le Roi ne sauroit, de sa pure autorité, céder le Royaume à un autre; & s'il le fait sans le consentement du Peuple, les Sujets ne sont pas tenus de se soumettre à la domination du Prince en faveur duquel il s'est démis de la Couronne. Car, comme les Sujets ne peuvent pas dépoüiller le Roi malgré lui de la Couronne, lorsqu'ils la lui ont une fois donnée; le Roi n'est pas non-plus en droit de substituer à sa place un autre Souverain, sans le consentement des Sujets. Que s'il s'agit d'aliéner seulement une partie du Royaume, outre l'approbation du Roi, & celle des Peuples qui demeurent sous ses Loix, il faut aussi que le Peuple du Pays qu'on veut aliéner, y consente; & ce dernier consentement est encore plus nécessaire que les deux autres. En effet, ceux qui ont formé les Societez Civiles, ou qui sont entrez volontairement dans quelque Etat déjà formé, se sont engagez les uns envers les autres à ne reconnoître qu'un seul & même Gouvernement, tant qu'ils voudroient demeurer dans les terres de l'Etat où ils se joignoient

(a) Liv. I. Chap. IV. §. 10. Liv II. Chap. VI. §. 1. & *suiv.* sur quoi voyez le Comment. de *Boecler.* & Liv. III. Chap. XX. §. 5. & *suiv.*

§. VIII. (1) Denys d'Halicarnasse distingue entre Δημοσία κλήρος; &, Τῶν ἀεὶ βασιλέων κλῆρος. Lib. III. *Antiq. Roman.* Cap. I. *Edit. Oxon.* Voyez Seneq. *de Benefic.* Lib. VII. Cap. VI. Herodian. Lib. II. (Cap. IV. num. 32. *Edit. Boecler.*) Cap. XV. *Edit. Oxon.* 1678. Martinius, *Hist. Sin.* Lib. IV. Cap. XXIV. Garcilasso de la Vega, *Hist. des Incas*, Liv. V. Chap. XIV. Toutes citations de l'Auteur.

ensemble. Ainsi, en vertu d'une telle Convention chacun a acquis le droit de ne point être ni retranché de l'Etat, ni mis sous une domination étrangere, à moins qu'il ne vînt à y être justement condamné en punition de quelque Crime; comme d'autre côté, tous en général ont aussi acquis, en vertu de la même Convention, un droit sur chaque Particulier, en vertu duquel personne ne peut se soumettre à un Gouvernement étranger, ni se soustraire à celui de l'Etat, tant qu'il demeure dans les terres de son obéïssance. Car les Corps Moraux, tel qu'est un Etat, étant formez par le consentement des Membres qui les composent; c'est par l'intention de ceux qui les ont fondez, qu'il faut juger quel pouvoir a tout le Corps sur chacune des parties. Or on ne sçauroit raisonnablement présumer que les Fondateurs des Societez Civiles ayent prétendu que le Corps eût droit de retrancher à sa fantaisie quelques-unes de ses parties, & de les donner à un autre Maître. C'est ainsi que les Habitans de la (b) *Guyenne* ne vouloient point être détachez du Royaume d'*Angleterre*, (1) malgré la donation que *Richard II.* en avoit faite. Mais pour ce que l'on dit, qu'aucune partie de l'Etat ne peut se détacher du Corps, tant qu'elle demeure dans le même Pays, il faut excepter les cas où elle y est forcée par une grande nécessité, qui fait qu'il lui est impossible de se conserver sans se soumettre à une nouvelle domination. Car dans ces sortes de Conventions il y a toûjours une exception tacite de la force supérieure de cette extrême Nécessité, qui donne droit à chacun de se tirer d'affaires à quelque prix que ce soit. Ainsi on ne sçauroit raisonnablement blâmer une Ville, qui après s'être défenduë autant qu'elle a pû, aime mieux se rendre à l'Ennemi que d'être mise à feu & à sang. Car ceux qui ont formé les Societez Civiles avoient sans contredit avant cela un droit naturel de pourvoir à leur propre conservation de toutes les manieres imaginables, & c'est pour en venir à bout plus aisément qu'ils se sont joints plusieurs ensemble. Si donc l'Etat est dans l'impuissance de proteger & de défendre quelques-uns de ses Citoyens, ceux-ci sont dès-lors dégagez de l'Obligation où ils étoient envers lui, & rentrent dans leur ancien droit de pourvoir eux-mêmes à leurs besoins comme ils le jugeront à propos. L'Etat, d'autre côté, n'a pas plus de droit sur ses Membres, que les premiers Fondateurs de la Societé ne lui en ont accordé; & comme il ne s'est engagé à défendre les Particuliers, qu'autant qu'il n'en seroit point empêché par quelque Nécessité insurmontable; en ce cas-là, il est censé consentir que chacun se sauve comme il pourra. (2) Il n'en est pas ici comme des Membres du Corps Humain, dont on peut sacrifier quelqu'un directement & de propos déliberé, pour conserver tout le Corps; car ces Membres-là ne vivent & ne subsistent que par le Corps; au lieu que les Membres des Corps Moraux peuvent exister & vivre séparément. Ainsi le Corps n'a pas autant de droit sur eux, que le Corps Humain en a, pour ainsi dire, sur ses Membres. Que si un Roi est réduit à la nécessité de faire la paix avec un Ennemi plus fort que lui, à condition de lui céder une partie de ses Etats dont les Peuples ne veulent pas (c) changer de maître; il peut bien, à mon avis, retirer ses Garnisons, & ses Troupes qu'il a dans le Païs, & ne point empêcher que le Vainqueur ne s'en empare: mais il ne sauroit légitimement forcer les Habitans à reconnoître pour leur Souverain cette autre Puissance: desorte que s'ils se sentent en état de mesurer leurs forces contr'elle, ils ne font pas mal de lui résister, ou de s'ériger même en Corps d'Etat

(b) *Froissard*, Liv. IV. *Polyd.* & *Polydor. Virgil. Hist. Angl.* Lib. XX. page 534. *Edit. Lugd. Bat.* 1640.

(c) Comme les Habitans de la Ville de *Nisibis*, lorsque l'Empereur *Jovien* la céda aux *Perses*, par un Traité: *Ammian. Marcellin.* Lib. XXV. Cap. IX. & *Zosime*, Lib. III.

§. IX. (1) Ce Prince avoit donné la *Guyenne* au Duc de *Lencastre*. Voyez, outre les Auteurs citez en marge, l'*Histoire d'Angleterre* de feu Mr. DE RAPIN, Tom. III. sur l'année 1390. & 1396, page 306, 309.

(2) Voyez mes Notes sur GROTIUS, *Liv.* II. Chap. VI. §. 6.

séparé. Ainsi, quoiqu'en vertu d'une telle Convention, le Roi, & le Peuple qui lui reste, perdent tout leur droit sur ce Païs-là, le Vainqueur n'en devient légitime Souverain que par le consentement des Habitans mêmes, ou par le serment de fidélité qu'ils lui prêtent. Du reste, rien n'est plus vain sans contredit, que ce que disent quelques-uns, de tous les Royaumes en général, que les *biens incorporez à la Couronne sont absolument inalienables*; desorte que, selon eux, une paisible possession, pendant le plus long espace de tems, n'empêche pas qu'on ne puisse toûjours les redemander, & les reprendre de vive force à la premiere occasion (3). Mais il est beaucoup plus impertinent, d'attribuer ce privilege à un certain Royaume en particulier, & de prétendre qu'il ait droit d'enlever aux autres tout ce qu'il trouve à sa bienséance, sans que ceux-ci puissent jamais faire le moindre effort pour le recouvrer.

Un Roi ne peut ni engager, ni rendre feudataire son Royaume, sans le consentement du Peuple.

§. X. De ce que nous avons dit, il s'ensuit qu'il n'est pas permis à un Roi de rendre son Royaume feudataire de quelque autre Puissance, (1) sans le consentement du Peuple (a); car cela emporte une aliénation conditionnelle, qui fait passer le Royaume à un Etranger en cas de Félonie, ou au défaut d'Héritiers de la Famille Régnante. Par la même raison, le Peuple peut, au contraire, annuller une décharge de l'Hommage que le Roi a donnée, de sa pure autorité, à un Vassal du Royaume.

(a) Voyez *Grotius* Liv. II. Chap. VI. §. 9.

Il s'ensuit encore de là, qu'un Roi ne peut pas, sans l'approbation du Peuple, & surtout de celui du Païs dont il s'agit, engager la moindre partie de son Royaume, ensorte (2) qu'il en remette l'administration & la possession naturelle entre les mains du Créancier, jusques au payement de la dette; moins encore si l'Engagement est accompagné d'une *clause commissoire*. La raison de cela, ce n'est pas seulement que l'Engagement entraîne souvent après soi l'Aliénation (3); mais encore parceque le Peuple, en se choisissant un Roi, & l'établissant de sa pure volonté, a voulu être gouverné par lui, & non par aucun autre. D'ailleurs, ceux qui se sont joints ensemble pour ne former qu'un seul Peuple, sont censez avoir prétendu y demeurer inséparablement unis, sans qu'on pût les en démembrer malgré eux.

Il ne peut pas non-plus aliéner le Domaine de l'Etat, ni celui de la Couronne.

§. XI. Il est clair encore, que le Roi ne sçauroit, sans le consentement du Peuple, aliéner quoi que ce soit, ni du Domaine de l'Etat, ni même de celui de la Couronne, dont il n'a que l'usufruit, & qui doit servir à l'entretien de ses Successeurs. (a) Mais il faut bien distinguer ici entre le fonds même des biens, ou du Domaine de l'Etat, & les revenus qui en proviennent: car le Roi peut disposer des revenus comme il le juge à propos, quoiqu'il ne lui soit pas permis d'aliéner le fonds. Ainsi dans les Païs où le droit d'Alluvion est du Domaine de l'Etat, le Roi n'a pas à la vérité le pouvoir de céder ce droit à personne de sa pure autorité: mais rien n'empêche qu'il ne dispose comme bon lui semble, des morceaux de terre que la Riviere laisse à sec en se retirant, ou en changeant de lit, & qui sont mis au nombre des revenus de l'Etat. De même, le droit de Confiscation fait partie du Domaine de l'Etat, mais les biens confisquez appartiennent au Prince. Un Roi néanmoins, qui a le pouvoir d'imposer de nouvelles Contributions, lorsqu'il le juge à propos pour des raisons légitimes, peut dans un

(a) Voyez *Grotius ubi suprà*, §. 11, 12, 13.

(3) Voyez le *Schediasma* de Mr. Gundling *De jure oppignorati Territorii*, §. 25. *& seqq.*

§. X. (1) Voyez ce que dit Mr. Hertius, dans son Traité *De Feudis oblatis*, Part. II. §. 27. dans le III. Tome de ses *Comm. & Opuscule.*

(2) Et à plus forte raison, lorsqu'il transfere la Proprieté même du Païs engagé, sous clause fiduciaire de restitution; comme cela se pratique quelquefois. Voyez le Traité de Mr. Gundling, que je viens de citer, *De jure oppignor. Territorii*, §. 76, *& seqq.*

(3) Non seulement faute de payer la Dette; mais encore parceque, quand même on est en etat de payer, il n'est pas toûjours facile d'arracher d'entre les mains du Créancier le Païs qu'il tient en gage. Voyez la Note de Mr. Hertius.

besoin engager quelque partie du Domaine ; car le Peuple étant tenu de payer les Impôts & les Subsides qu'un tel Prince exige en pareil cas ; il doit aussi sans contredit racheter ce que le Roi a engagé dans le besoin ; puisque c'est tout un de donner de l'argent pour empêcher qu'on n'engage une chose, ou de la racheter après qu'on a été contraint de la mettre en gage. Et en ce cas là, quoique chaque Citoyen doive contribuer pour sa part au payement de la somme empruntée, aucun néanmoins ne peut (1) être regardé comme Débiteur en particulier de cette somme. Que si le Roi a fourni quelque chose de son propre Patrimoine, pour les besoins de l'Etat, le Domaine lui est comme hypothéqué pour la valeur de sa dette, jusques à ce que le Peuple l'ait acquittée.

Au reste, tout ce que nous venons de dire se doit entendre en supposant que les choses ne se trouvent pas autrement réglées par les Capitulaires, les Conventions, ou les Loix Fondamentales de l'Etat, qui ayent resserré ou étendu le Pouvoir du Prince ou du Peuple.

CHAPITRE VI.

Du Droit de la GUERRE.

§. I. CHAQUE personne qui vit dans l'indépendance de l'Etat de Nature, ayant, aussi-bien que le Corps d'une Societé Civile, un droit naturel & incontestable de se défendre contre les insultes d'un injuste Aggresseur, & de maintenir par la force l'usage de ses droits, lorsque les autres y donnent quelque atteinte, ou qu'ils refusent de lui rendre ce qui lui est dû ; il faut, à mon avis, examiner ici d'abord ce qu'il y a de commun entre les *Guerres des Particuliers*, & les *Guerres Publiques* ; après quoi nous verrons ce que les dernieres ont de singulier, ou par leur nature, ou selon les mœurs & les coûtumes des Nations. Division generale de cette matiere.

§. II. CE sont, comme nous l'avons vû ci-dessus, des maximes certaines & inviolables de la Loi Naturelle : Qu'il ne faut jamais faire du mal ni causer du dommage à personne injustement : Que chacun doit exercer envers autrui les Devoirs de l'Humanité ; & qu'il faut surtout faire de son pur mouvement ce à quoi l'on s'est engagé par quelque Convention. Lorsque les Hommes pratiquent ces Devoirs les uns envers les autres, c'est ce que l'on appelle *Paix*, qui est l'état le plus conforme à la Nature Humaine, le plus capable de la conserver, & celui dont l'établissement & le maintien est le but principal de la Loi Naturelle. (a) C'est même l'état propre de la Nature Humaine, considérée comme telle, puisqu'il vient d'un principe qui distingue les Hommes d'avec les Bêtes ; au lieu que la GUERRE est produite par un principe commun à tous les Animaux, car l'Instinct Naturel porte les Bêtes à se défendre, & à tâcher de se conserver : (1) mais elles ne sçavent ce que c'est que la Paix, dont l'idée renferme une exe- La Paix est l'état naturel & ordinaire des Hommes.

(a) Voyez Polyb. Lib. XII. C. XIV.

§. XI. (1) L'Auteur renvoyoit ici à ce passage de SENEQUE le Philosophe : *Si quis Patria mea pecuniam credat, non dicam me illius debitorem, nec hoc aes alienum profitebor aut candidatus, aut reus : ad exsolvendum tamen hoc, portionem meam dabo.* De Benefic. *Lib. VI. Cap XX.* Voyez GROTIUS, Liv. III. Chap. II. §. 2. num. 4.

CHAP. VI. §. II. (1) C'est à-peu-près, la pensée d'un ancien Docteur de l'Eglise Chrétienne. *In omnibus enim videmus animalibus, quia sapientia carent, conciliatricem sui esse naturam. Nocent igitur aliis, ut sibi prosint, nesciunt enim, quia malum est, nocere. Homo verò, qui scientiam boni ac mali habet, abstinet se à nocendo, etiam cum incommodo suo ; quod animal irrationale facere non potest : & ideo inter summas hominis virtutes innocentia numeratur.* LACTANT. *Instit. Divinar.* Lib. V. Cap. XVII. num. 30. *Edit. Cellar.*

cution volontaire de ce que l'on doit aux autres, & une abstinence de toute injure & de tout dommage, par un principe de quelque Obligation où l'on est à leur égard, & en vertu du droit qu'ils ont de l'exiger de nous; toutes choses qui supposent l'usage de la Raison. J'avoue que les Bêtes de somme subissent le joug, & se soumettent au travail qu'on leur impose; mais c'est uniquement par la crainte des coups, ou par les attraits de la pâture, & non par aucun principe d'Obligation, à quoi elles ne sont pas sensibles. Quelques-unes s'abstiennent aussi de faire du mal aux Hommes & aux autres Bêtes: mais c'est ou par impuissance, ou parcequ'elles n'y trouvent rien qui excite leurs désirs. D'autres enfin se caressent les unes les autres, ou s'entre-secourent; mais elles le font sans penser que rien leur en impose une nécessité indispensable.

Cependant, quoiqu'une bienveillance mutuelle soit le sentiment le (2) plus conforme à la Nature Humaine, & que la pratique des Devoirs de la Paix ait été de tout tems, & parmi toutes les Nations, le caractere distinctif des ames bien-nées; la Guerre ne laisse pas d'être permise, & quelquefois même nécessaire, lorsque quelqu'un veut malicieusement nous faire du mal, ou refuse de nous rendre ce qu'il nous doit: car alors le soin de nôtre propre conservation nous autorise à défendre, de quelque maniere que ce soit, nôtre personne ou nos biens, & à poursuivre nôtre droit (b) par les voyes de la Force, en faisant même du mal à l'Offenseur. Toute la différence qu'il y a ici entre les Gens-de-bien, & les Méchans, c'est (3) que *les derniers entreprennent la Guerre de gayeté de cœur, au lieu que les autres ne s'y portent que par nécessité.* Ajoûtez à cela, que la Nature a rendu non seulement les Hommes fort sensibles aux injures, mais encore les a comme (4) armez, en donnant à leurs Mains une adresse & une force qui les met en état de ne pas souffrir impunément les insultes.

(b) Voyez *Dict. Cret.* Lib. II. Cap. XXI. p. 48. Edit. Amstel. 1702.

Mais si la Nature permet la Guerre, ce n'est qu'à condition (5) que celui qui l'entreprend,

(2) C'est ce qui se trouve merveilleusement bien exprimé dans ce beau passage d'un ancien Orateur que l'Auteur citoit ici. „ De tout ce que la Nature a inventé pour les biens des Hommes, & pour leur „ fournir des secours contre les accidens de la Fortune, je ne vois rien de plus excellent & de plus efficace, que l'amitié & la Concorde. Car elle a mis „ d'abord dans nos Cœurs un désir de Societé, inconnu aux autres Animaux, qui nous a porté à aimer la „ compagnie de nos semblables, à former des Corps „ de Peuple, à bâtir des Villes. Et entre divers autres „ sentimens qu'elle a inspiré à nos Ames, elle nous a „ rendus susceptibles d'une Bienveillance mutuelle, „ qui est la chose du monde la plus utile. Car qu'y „ auroit-il de plus heureux que le Genre-Humain, „ si tous les Hommes pouvoient être Amis les uns des „ autres? On ne verroit ni Guerres, ni Séditions, ni „ Brigandages, ni Procez, ni Querelles, ni aucun des „ autres Maux qui venant des Hommes mêmes, se „ joignent à ceux ausquels la Fortune les rend sujets. „ DIEU a trouvé, que le bonheur seroit trop grand.) „ Mais au moins, de tout tems, & parmi toutes les „ Nations, ç'a été une maxime capitale & sacrée en „ quelque maniere, qu'il est digne d'une Ame bien „ née, de garder la foi, & de rendre amitié pour „ amitié. Car il n'appartient qu'à des Esprits du premier ordre, de sçavoir ainsi aimer, ou de mériter „ d'être aimez de cette maniere. *Neque enim reperio quid in rebus humanis excogitarit natura præstantius amicitiâ, quod concordiâ contra fortunam majus auxilium. Nam primùm præter cetera animalia induit nostris pectoribus quamdam societatem: qua mutuo gaudere congressu, contraherę populos, condere urbes edocuit, & cùm mentibus nostris varios imposuerit motus, nullum profectò meliorem benevolentiâ tribuit adfectum. Quid enim foret humano generi felicius, si omnes esse possent amici? Nam bella, seditiones, latrocinia, lites, ceteraque mala quæ hominibus ex se ipsis nata sunt, fortunæ accessissent. Id quia nimium Deo visum est, at certè honestis convenire mentibus, fidem colere, amoris gratiam referre, omnibus temporibus, omnibus gentibus præcipuum & quodammodo sacrum fuit: neque enim nisi optimis mentibus contingit, ut aut sic amare sciant, aut sic amari mereantur.* QUINTILIAN *Declam. IX. Cap. XVII.* page 201. *Edit. Burm.*

(3) Φαίνεται τοίνυν ὁ πόλεμος τοῖς μὲν δικαίοις ἀναγκαῖος ὤν, τοῖς δὲ ἀδίκοις ἑκούσιος. MAXIM. TYR. *Dissertat. XV.* page 146. *Edit. Davis.* Voyez BOECLER sur GROTIUS, Lib. I. Cap. III. §. 1.

(4) Voyez GROTIUS, Liv. I. Chap. II. §. 5. num. 5.

(5) Τέλος γὰρ, ὥσπερ εἴρηται πολλάκις, εἰρήνη μὲν πολέμου, σχολὴ δ' ἀσχολίας. ARISTOT. Politic. Lib. VII. Cap. XV. *Bellum autem ita suscipiatur, ut nihil aliud nisi pax quæsita videatur.* CICER. *de Offic.* Lib. I. Cap. XIII. *Justum est bellum, Samnites, quibus necessarium: & pia arma, quibus nulla nisi in armis relinquitur spes.* TIT. LIV. *Lib. IX. Cap. I.* L'Auteur citoit ici ARISTOT. Ethic. Nicom. *Lib. X. Cap. VII.* TACIT. *Hist.* Lib. IV. Cap. LXXVI. num. 3. *Edit. Rycq.* THEMISTIUS, Orat. X. *de Pace, ad Valent.* page 131. A. *Edit. Paris. Harduin.* Et il remarquoit qu'on ne doit

prend, se propose d'en venir par ce moyen à la Paix. D'ailleurs, quoique ceux qui nous font du tort, ou qui nous offensent, nous fournissent dès-lors, entant qu'en eux est, un juste sujet de Guerre; avant que de s'y engager, il faut peser attentivement le bien ou le mal qui en peut vraisemblablement provenir ou à nous-mêmes, ou à d'autres qui n'ont aucune part à l'action de l'Offenseur; car, quand il s'agit d'injures qui ne tendent pas à nous perdre entierement, on ne doit pas en tirer raison par les Armes, s'il y a lieu de craindre que par-là on n'attire sur soi, ou sur les siens, des maux plus grands, que le bien qu'on en pourroit espérer; ou si d'autres, avec qui l'on est en paix, se trouvent par-là exposez à des malheurs que la Loi de l'Humanité nous oblige de leur épargner, en laissant impunie l'injure qu'on a reçue. En un mot, toutes les fois qu'en voulant se faire raison d'une Injure on produiroit plus de mal que de bien, il est beau & raisonnable de s'abstenir de la Guerre.

§. III. Toute Guerre juste se fait (1) ou pour nous conserver & nous défendre, *Quels sont les justes sujets de la Guerre, tant Offensive, que Défensive.*

doit pas approuver ceux qui comme les *Cantabriens*, dont parle Silius Italicus, ne peuvent vivre sans Guerre, & tiennent la Paix pour un supplice:

> *Nec vitam sine Marte pati, quippe omnis in armis*
> *Lucis caussa sita, & damnatum vivere paci.*
>
> Lib. III. vers. 330, 331.

Ainsi il ne faut jamais refuser une Paix offerte de bonne foi, & dans laquelle l'Ennemi ne se propose pas de nous endormir, pour trouver dans la suite le moyen de nous accabler plus aisément. *Meâ quidem sententiâ, paci, quæ nihil habitura sit insidiarum, semper est consulendum.* Cicer. *de Offic.* Lib. I. Cap. XI. Voyez Grotius, Liv. III. Chap. dernier.

§. III. (1) Ἐπειδὰν πόλεμον ποιώμεθα, ὅ, τι ἐγκαλοῦντες ἀλλήλοις πάθημα, ἐρχόμεθα ἐπὶ τὸ πολεμεῖν; .... ἐξαπατώμενοί τι, ἢ βιαζόμενοι, ἢ ἀποστερούμενοι. „Quand nous faisons la guerre, de „quoi nous plaignons-nous, qui nous oblige à pren„dre les armes? .... Nous disons, qu'on nous a „trompez, qu'on nous a insultez, ou qu'on nous a „a pris notre bien. Platon, dans le *I. Alcibiade*, page 109. A. T. II. *Edit. H. Steph.* (412. F. *Edit. Wechel. Ficin.*) Voyez Grotius, Liv. II. Chap. I. §. 1, 2. Notre Auteur exclut ici tacitement du nombre des causes légitimes de la guerre, la *Punition* des actions criminelles, par lesquelles on ne se trouve pas offensé soi-même. Mais j'ai fait voir ci-dessus, (Chap. III. de ce Liv. §. 4. *Note* 5.) que les raisons sur lesquelles il se fonde ne sont rien moins que solides. Il est vrai que d'égal à égal on ne doit pas légérement prendre les armes, pour punir toutes sortes de Crimes qui ne nous regardent pas nous-mêmes; & qu'il faut y apporter les précautions dont Grotius traite, *Livre II. Chap. XX.* §. 40. *& suiv.* Surquoi on peut voir aussi les Notes. Cela a lieu surtout dans les *Guerres de Religion*, c'est-à-dire, celles que l'on entreprend contre ceux qui ont à cet égard quelque sentiment ou quelque pratique differente des notres, (*car du reste il est clair*, que l'on peut se défendre soi-même contre ceux qui voudroient nous empêcher de faire profession de la Religion que nous croyons la meilleure). Voyez la Dissertation de Mr. Buddeus, sur les *Croisades*, dans ses *Selecta Juris Naturæ & Gentium*, page 97, *& seqq.* Bien-loin qu'une simple différence de sentimens en matiere de quelques dogmes de Religion, fournisse un juste sujet de poursuivre par les armes, ou d'inquieter le moins du monde, ceux que l'on croit dans l'erreur; je ne doute pas que les Princes Protestans ne pussent en bonne conscience se liguer pour détruire l'*Inquisition*, & pour obliger les Puissances, qui la souffrent dans leurs Etats, à désarmer cette grande Cabale sous laquelle le Christianisme gémit depuis si long-tems, & qui, *sous un faux prétexte de zele*, exerce la tyrannie la plus horrible, & la plus contraire à la Societé Humaine. Ceux qui aiment à acquerir de la gloire par les Armes, ne sçauroient trouver une occasion plus belle, ni plus légitime, de signaler leur courage, supposé qu'ils eussent d'ailleurs assez de forces pour s'engager dans une telle entreprise; & jamais Héros n'auroit dompté des Monstres plus furieux, & plus funestes au Genre Humain, que celui qui viendroit à bout de purger la Terre de gens qui abusent si impudemment du beau prétexte de la Religion, pour avoir dequoi vivre dans une molle oisiveté, & pour tenir dans leur dépendance les Souverains aussi-bien que les Sujets. C'est ce que je disois dès la premiere Edition. Mr. le Chevalier de Folard trouve, qu'*en prêchant cette Croisade chimérique*, j'ai *oublié mon Ecriture Sainte*; ce que je n'aurois pas fait, dit-il, *si j'eusse lû le Livre du Pere* François Macedo, *Auteur grave, qui l'a intitulé*, Schema sacræ Congregationis S. Officii Romani. *Dequoi m'avisai-je aussi de maltraiter si fort les Inquisiteurs & leur Tribunal, que* Macedo *trouve clairement dans l'Ecriture. Il met sa premiere institution dans le Paradis Terrestre, & prétend que* Dieu *y fit la premiere fonction d'Inquisiteur, & qu'il la continua contre* Caïn, *& contre ceux qui bâtirent la Tour de* Babel, *& que* St. Pierre *agit en la même qualité contre* Ananias, *& qu'il la transmit aux Papes, qui en investirent* St. Dominique *& ses Successeurs; de sorte que voilà ce Saint dépossedé de l'inspiration & de l'établissement de l'Inquisition. Après cela, proposez des Croisades contre.* Observations sur Polybe, Liv. I. Chap. XVIII page 113. Tome I. *Edit. d'Amst.* Voilà assurément une autorité & des raisons foudroyantes. Il m'a pris d'abord quelque envie de badiner: mais il n'est pas donné à tout le monde de le faire avec grace; il faudroit pour cela avoir l'esprit & la vivacité de Mr. le Chevalier de *Folard*. Bien-loin d'ailleurs de me plaindre de lui, je suis bien fâché qu'il ait lui-même éprouvé les effets d'une *Inquisition*, (car il sçait bien qu'il y en a de plusieurs sortes) qui l'a empêché de continuër jusqu'au bout sa carriere, de la maniere qu'il l'avoit glorieusement commencée, & qui

nous & ce qui nous appartient, contre les entreprises d'un injuste Aggresseur; ou pour mettre à la raison ceux qui refusent de nous rendre ce qu'ils nous doivent (2) en vertu d'un droit parfait; ou enfin pour obtenir réparation du dommage ou du tort qu'ils nous ont fait, & pour avoir des suretez, à l'abri desquelles on n'ait désormais rien à craindre de leur part. Les Guerres ausquelles on est engagé pour le premier sujet, sont, à mon avis, des *Guerres Défensives*; (3) & celles qu'on entreprend pour les deux autres, des *Guerres Offensives*. Quelquefois néanmoins celui qui prend le premier les armes est censé agir défensivement; lors, par exemple, que l'on va attaquer un Ennemi qui avoit de tems en tems fait des courses sur nos terres, & qui s'étoit retiré promtement, aussi-tôt qu'il nous avoit vû paroître pour le repousser; ou lorsqu'on le (a) prévient au milieu des prépatatifs qu'il faisoit pour venir fondre sur nous.

(a) Voyez *Justin.* Lib. II. Cap. III. num. 12.

La justice des causes de la Guerre doit être claire & manifeste.

§. IV. MAIS la justice des (1) causes de la Guerre, surtout en matiere de Guerres Offensives, doit être claire & manifeste, ensorte qu'il n'y (2) ait point de doute, ni à l'égard du *fait*, ce qui arrive lorsqu'on n'est pas bien assuré qu'une chose ait été faite ou non, ou à quel dessein elle a été faite; ni à l'égard du *droit*, ce qui a lieu non seulement dans les questions problématiques, mais encore quand il paroît quelque

nous fait perdre pour le présent, tant de traits d'une noble & instructive sincérité.

(2) Surquoi il faut se souvenir de ce que l'on a remarqué ailleurs, que dans un cas de nécessité, le *droit imparfait* se change en *droit parfait*; desorte qu'alors le refus de celui qui ne veut pas nous rendre ce qu'il nous doit, fournit un juste sujet de Guerre.

(3) Dans le IV. Tome des *Observations choisies*, qui s'imprimoient à *Hall en Saxe*, Obs. VIII. on trouve quelques reflexions, que je vais rapporter, en me servant des termes mêmes de l'Extrait qu'en a donné Mr. BERNARD, *Nouv. de la Republ. des Lettr.* Septemb. 1704. page 304. & suiv. „ C'est aujourd'hui la coûtume „ d'excuser les Guerres les plus injustes, en disant „ que ce sont des Guerres purement Défensives. Il y a „ des gens qui croyent, que toute Guerre injuste doit „ être appellée Offensive; ce qui n'est pas vrai: car „ s'il y a des Guerres Offensives, qui soient justes, „ comme on n'en peut pas douter; il y a donc des „ Guerres Défensives qui sont injustes, comme lorsque „ nous nous défendons contre un Prince qui a raison „ de nous attaquer. Il ne faut pas croire non plus, „ que celui qui le premier fait tort à un autre, com„ mence par-là une Guerre Offensive; & que l'autre, „ qui veut qu'on lui fasse justice pour le tort qu'il a „ reçu, soit toûjours seulement sur la défensive. Il y „ a beaucoup d'injustice qui peuvent allumer une „ Guerre, & qui ne sont pourtant pas la Guerre, „ comme lorsqu'on a maltraité les Ambassadeurs d'un „ Prince, qu'on a pillé ses Sujets, &c. Si donc on „ prend les armes pour vanger une telle injustice, on „ commence une Guerre Offensive, mais une Guerre „ Juste; & le Prince qui a fait tort, & qui ne veut „ pas le réparer, fait une Guerre Défensive, mais „ injuste. La Guerre Offensive n'est donc injuste, „ que lorsqu'elle est entreprise sans une cause légi„ time; & alors la Guerre Défensive, qui dans d'au„ tres occasions pourroit être injuste, devient juste. „ En general donc le premier qui prend les armes, „ soit qu'il le fasse justement ou injustement, com„ mence une Guerre Offensive; & celui qui s'op„ pose à cette Guerre soit, qu'il ait ou qu'il n'ait pas „ raison de le faire, commence une Guerre Défen„ sive. Ceux qui regardent le mot de *Guerre Offensive* „ comme un terme odieux, & qui renferme toûjours „ quelque chose d'injuste, & qui considerent, au „ contraire, la *Guerre Défensive*, comme inséparable „ de l'équité; brouillent toute les idées, & embar„ rassent une matiere qui paroît d'elle-même assez „ claire. Il en est des Princes comme des Particuliers: „ le Demandeur, qui commence un procès, a quel„ quefois tort, mais il a aussi quelquefois raison: il „ en est de même du Défendeur. On a tort donc vou„ loir pas payer une somme qui est justement dûë; „ comme on a raison de se défendre de payer ce qu'on „ ne doit point. Mr. GUNDLING, qui sembloit avoir approuvé ceci, dans sa Dissertation *De efficientia Mentis*, &c. Cap. II. §. 14. a dit depuis, *Qu'il n'y a point de Guerre Offensive juste, à moins qu'on ne joue sur les termes.* Jus Naturæ ac Gent. Cap. IX. §. 6. Mais je ne sçai s'il n'y joue pas lui-même. On est d'accord pour le fond, & il s'agit de ce qu'on entend, selon l'usage ordinaire, indépendamment de la moralité des *Guerres Défensives* ou *Offensives*. Or il me semble, que sur ce pied-là celui qui commence les actes d'hostilité, agit *offensivement*; & celui qui les repousse, *défensivement*; lequel des deux qui ait raison, ou qui ait tort.

§. IV. (1) C'est-à-dire, des Raisons justificatives (*Causæ justificæ*) comme GROTIUS les appelle, *Liv. II. Chap. I.* §. 1. & Chap. XXII. & qu'il distingue des Motifs (*Causæ suasoriæ*) ou des raisons d'utilité par lesquelles on se détermine à prendre les armes, indépendamment du juste sujet qu'on peut avoir de faire la Guerre à quelqu'un. Il suffit maintenant de renvoyer aux endroits citez, aussi-bien que dans presque tout le reste de ce Chapitre, & des suivans, où notre Auteur traite assez légerement les questions qui regardent le *Droit de la Guerre & de la Paix*, sans doute parceque GROTIUS avoit deja presque épuisé la matiere. Au reste, si l'on veut voir l'application de ce qui est dit ici à des exemples remarquables, on n'a qu'à consulter la Dissertation de Mr. BUDDEUS, intitulée, *Jurisprudentiæ Historicæ Specimen*, §. 82. *& seqq.* où il examine la justice des Guerres des *Romains*.

(2) Voyez ci-dessus, Liv. I. Chap. III. §. 7, 8. & *Grotius*, Liv. II. Chap. XXIII. §. 1, 2, 3, 4, 5, 6, 13.

conflict entre le Droit rigoureux, & les Loix de la Charité, ou qu'on ne voit pas bien s'il est plus avantageux d'entreprendre la Guerre que de s'en abstenir. Quelque évidente même (a) que soit la justice de nos prétensions, & l'utilité que l'on a lieu d'espérer d'une Guerre ; il ne faut pas pour cela courir d'abord aux armes, mais tâcher auparavant de terminer l'affaire par quelque voye de douceur, comme par un (3) pourparler amiable entre les Parties, ou leurs Agens ; par un (4) compromis entre les mains d'Arbitres ; ou en se remettant à (5) la décision du sort. C'est (6) ce qui doit être observé surtout par celui qui demande une chose dont quelque autre est en possession : car toute Poffeffion fondée sur quelque titre, rend sans contredit la cause du possesseur plus favorable, tant que l'autre, qui lui conteste son droit, n'a pas clairement démontré le sien. Il faut aussi considérer, que c'est une grande folie aux Etats, aussi-bien qu'aux Particuliers, selon la réflexion d'un ancien (7) Orateur Grec, *d'imiter ceux qui voulant se battre, sont si fort acharnez l'un contre l'autre, que personne ne peut venir à bout de les réconcilier : mais après s'être bien escrimez, & bien maltraitez, ils se lassent enfin, & se retirent sans que personne les sépare.*

(a) Voyez *Grotius* Liv. II. Chap. XXIV.

§. V. GROTIUS (a) fait une exacte énumération des *causes injustes* de la Guerre, dont les unes sont telles incontestablement ; au lieu que les autres ont quelque apparence de raison, quoiqu'assez légére. Les premieres peuvent être rapportées à deux principaux motifs, sçavoir l'Avarice, ou le désir d'acquérir des choses superflues ; & l'Ambition, ou le désir d'étendre sa domination, & d'acquérir de la gloire (1) par des Conquêtes. On cache ordinairement avec beaucoup de soin l'Avarice, qui est regardée comme la marque d'une ame basse : mais plusieurs tirent vanité de leur Ambition, &

Enumération des *causes injustes* de la Guerre.

(a) Liv. II. Chap. XXII. §. 5. & *suiv.*

(3) Voyez ci-dessus, Liv. V. Chap. XIII. §. 3. & GROTIUS, Liv. II. Chap. XXIII. §. 7. & suiv. L'Auteur citoit ici ce que dit *Pallas*, dans VALERIUS FLACCUS, qu'il n'appartient qu'à des *Thraces*, à des Barbares brutaux, de courir d'abord aux armes.

An nullas praferre preces, nec fœdera Regis
Ulla sequi ? certe sed cuncta impellere pugna
Debuimus ? sic Thraces agunt, sic turbidus iste,
Si qua perit. Cuperem hac etiam nunc bella remitti,
Nec socias armare manus ———

Argonaut. *Lib.* V. vers. 663. & *seqq.*

(4) Voyez ci-dessus, Liv. V. Chap. XIII. §. 4. & suiv.

(5) Voyez ci-dessus, Liv. V. Chap. IX. §. 2, 3.

(6) Cette période est tirée de l'Abregé *des Devoirs de l'Homme & du Cit.* Liv. II. Chap. XVI. §. 3. Voyez GROTIUS, Liv. II. Chap. XXIII. §. 11, 12. où il fait deux Remarques importantes, & ce que notre Auteur même a dit ci-dessus, *Liv.* V. *Chap.* XIII. §. 6, 8.

(7) Ὁρῶ δὲ, ὡς τεταλαιπωρημένας διὰ τὸν πόλεμον, καὶ ὡς παραπλησίως ἔχουσι τοῖς ἰδίᾳ μαχομένοις. καὶ γὰρ ἐκείνους, αὐξανομένης μὲν τῆς ὀργῆς, οὐδεὶς ἂν διαλλάξειεν· ἐπὴν δὲ κακῶς ἀλλήλους διαθῶσιν, οὐδενὸς διαλύοντος, αὐτοὶ διέστησαν. ISOCRAT. Orat. ad Philipp. *page* 89. E. *Edit. H. Steph.*

§. V. (1) Au lieu que tous les Princes devroient avoir incessamment devant les yeux cette maxime que *Philiscus* proposoit à *Alexandre le Grand* son Disciple : Δόξης ὀρέγεσθε, ἀλλὰ μὴ ἔσο λοιμὸς, καὶ μὴ μεγάλη νόσος, ἀλλὰ εἰρήνη καὶ ὑγεία. „ Recherchez la Gloire, mais que ce soit en vûë de „ porter partout la paix & la prospérité, & non pas „ pour être un grand fleau du Genre Humain. ÆLIAN. *Var. Hist.* Lib. XIV. Cap. XI. Car quoique DIEU envoye ordinairement la Guerre aux Hommes, pour purger, s'il faut ainsi dire, la Terre, & décharger le monde d'une trop grande multitude d'Habitans, comme un ancien Poëte l'a remarqué :

Πόλεμον γὰρ εἰσήνεγκεν [Ζεὺς] Ἑλλήνων χθονὶ,
Καὶ Φρυξὶ δυστήνοισιν, ὡς ὄχλου βροτῶν,
Πλήθους τε κουφίσειε μητέρα χθόνα.

(EURIPID. Helen. v. 38, & *seqq.*

Cela n'autorise pas les Princes à entreprendre la Guerre pour cette seule raison. Les *Juifs* etoient aussi trés-mal fondez à croire, que pourvû que la Guerre eût été déclarée ensuite d'une délibération du *Sanhedrin*, ils pouvoient attaquer les autres Peuples, les dépouiller de leurs biens, & les subjuguer, uniquement pour augmenter la gloire & les conquêtes du Peuple d'Israël. SELDEN. *de J. N. & G. secund. Hebr.* Lib. VI. Cap. III. & XII. Tout ceci est de l'Auteur. Ajoûtons un beau passage de CICERON, sur les fausses idées que l'on a des Conquérans. *Sed ea animi elatio, qua cernitur in periculis & laboribus, si justitiâ vacat, pugnatque non pro salute communi, sed pro suis commodis, in vitio est. Non enim modò id virtus non est, sed potius immanitatis, omnem humanitatem repellentis.* „ Si cette grandeur d'ame, que l'on fait paroître à soûtenir les „ travaux, & à s'exposer aux périls les plus affreux, „ n'est accompagnée d'un grand fond de Justice ; & si „ on l'employe pour soi-même, & pour ses avantages „ particuliers, au lieu de l'employer pour le bien „ commun ; bien-loin que ce soit une Vertu, c'est un „ Vice, c'est une férocité toute pure, qui étouffe „ tous les sentimens de l'Humanité. *De Offic.* Lib. I. Cap. XIX. J'ai suivi le dernier Traducteur.

veulent faire passer leur humeur guerriere pour une marque de Grandeur d'ame : *Faire la Guerre* (2) *pour s'emparer du bien d'autrui, c'est*, selon eux, *une Vertu propre aux Rois.* Les autres causes injustes, mais qui paroissent avoir quelque fondement, sont, par exemple, (3) la crainte que l'on a de la puissance d'un Voisin ; l'utilité seule qui peut revenir de la Guerre, sans se mettre en peine si l'on a droit de l'entreprendre ; l'envie de s'établir dans un endroit plus commode ; le refus de ce qui nous est dû purement & simplement par les régles des Vertus distinctes de la Justice proprement ainsi nommée ; le prétexte de dépouiller quelqu'un d'une chose qu'il nous paroît indigne de posseder ; le desir de se délivrer soi-même de l'incommodité qu'on trouve dans l'obligation qu'impose un droit d'autrui légitimement acquis ; & autres motifs semblables.

Pour dire quelque chose en particulier de la crainte que donne la puissance ou l'aggrandissement d'un Voisin, cette raison toute seule ne fournit un juste sujet de Guerre, que quand on a une certitude morale des mauvais desseins qu'il forme secrétement contre nous : car une injure qui n'est que commencée autorise quelquefois à prendre les armes, tout comme si elle étoit achevée. Un simple soupçon nous autorise bien à prendre nos précautions, & à nous mettre de bonne heure en état de défense : mais il ne nous donne aucun droit d'attaquer, pas même pour demander simplement à celui qui nous est suspect, quelque sureté réelle, comme on parle, à la faveur de laquelle on se croye désormais à couvert de ses insultes. (4) En effet, tant qu'on n'a point été actuellement offensé par quelqu'un, & qu'on ne le surprend pas dans des machinations manifestes, on doit présumer qu'il continuera à s'acquitter de son devoir, surtout s'il nous en donne des assurances & par des protestations d'amitié, & par des promesses for-

(2) Notre Auteur employe ici tacitement des paroles, que Tacite met dans la bouche de *Tiridate*, & où on distingue la Vertu des Rois de celle des Particuliers, qui se borne à conserver ce qui leur appartient : *& sua retinere, privatæ domus ; de alienis certare, regiam laudem esse.* Annal. Lib. XV. Cap. I. *in fin.*

(3) Notre Auteur cite ici ce passage :

—— *Fuit hæc mensura timoris ;*
Velle putant quodcumque potest. ——
Lucan. *Pharsal. Lib. III.* v. 100, 101.

J'ai tiré de l'Abregé *des Devoirs de l'Hom. & du Citoyen, Liv. II. Chap. XVI.* §. 4.) cette énumération des Causes injustes de la Guerre : car l'Auteur se contentoit de renvoyer ici à Grotius. Au reste, Mr. Gundling soûtient fort & ferme, que la crainte seule de la puissance ou de l'aggrandissement d'un Etat, suffit pour lui déclarer la guerre. Il se fonde sur ce que, selon lui, l'Etat de Nature est un état de guerre : quiconque peut nuire à autrui, le veut ; & ainsi la crainte est toûjours certaine. Voyez la Dissertation intitulée, *Status naturalis* Hobbesii *in Corpore Juris Civilis defensus & defendendus.* Mais je doute fort que ceux qui compareront cette piéce avec ce que notre Auteur a dit ci-dessus, *Liv. II. Chap. II.* & *Chap. V.* §. 6. trouvent que le Défenseur d'Hobbes ait bien réhabilité ses principes, ou en eux-mêmes, ou par rapport au sens & aux vûës de ce fameux Philosophe Anglois. Sur la question dont il s'agit, Mr. Gundling presse beaucoup l'expérience qui fait voir, dit-il, qu'il n'y a jamais eu de grande Puissance, qui n'ait, tôt ou tard, opprimé tous les autres Etats plus foibles. Pour être assuré de la vérité de cette proposition générale, autant qu'on l'est de celle-ci, Tout Vin échauffe (comparaison dont Mr. Gundling se sert) il faudroit qu'il s'en fût prouvée non seulement par un détail de l'Histoire connuë de tous les Peuples, mais encore qu'il pût deviner ce qui s'est passé dans les tems ou les Païs inconnus. D'ailleurs, il peut y avoir, & il y a des Etats, dont la constitution même demande qu'ils ne cherchent ni à s'aggrandir, ni à entreprendre la guerre que dans une grande nécessité : supposé, comme il est possible, que ces Etats devinssent fort puissans par des conjectures favorables, & sans faire tort à personne ; pourquoi prendroit-on ombrage de leur aggrandissement ? Les exemples particuliers que Mr. Gundling allégue, ne sont nullement à propos, puisqu'ils regardent des cas dans lesquels ceux dont il s'agit ont suffisamment témoigné la disposition où ils étoient d'abuser de leur Puissance : car quoique ce fût contre d'autres, chacun dès-lors pouvoit penser à soi. On suppose ici toûjours une Puissance & légitimement acquise, & qui se soit toûjours tenuë dans les bornes de l'Equité. Or il sera bien difficile de prouver que la supposition soit impossible.

(4) Aulu-Gelle remarque, qu'il n'en est pas ici comme d'un Combat de Gladiateurs, dans lequel il faut mourir, ou tuer son homme : les dangers ausquels on est exposé de la part d'autrui, dans le cours ordinaire de la Vie, ne sont pas si inévitables, que l'on soit toûjours réduit à la nécessité de faire mal, pour prévenir celui que l'on peut recevoir. *Nam Gladiatori composito ad pugnandum pugna hæc proposita sors est, aut occidere, si occupaverit, aut occumbere, si cessaverit. Hominum autem vita non tam iniquis, neque tam indomitis necessitatibus circumscripta est, ut idcirco prior injuriam facere debeat, quam nisi fecerit, pati possit.* Lib. VII. Cap. III. L'Auteur citoit ce passage.

melles. Ainsi il seroit injuste d'exiger par force d'un tel Prince quelque sureté réelle pendant que lui se fie à nôtre bonne foi toute seule. Posé néanmoins qu'il y ait d'ailleurs un juste sujet de prendre les armes contre un Voisin qui devient trop puissant, cette raison peut & doit entrer en grande considération, lorsqu'on délibere si on lui déclarera la Guerre (b); l'experience faisant voir, que la plûpart des gens deviennent plus ambitieux & plus entreprenans, à mesure qu'ils acquiérent des forces.

(b) Voyez *Polyb.* L. I. C. LXXXIII. *App. Alex. in Lib.* page 32. Edit. H Steph *Senec. Oedip.* v. 542, 543. *Herodes*, Orat. de *Repub.* page 224. *lair.* Edit. Wech. *Procop.* Hist. Goth. Lib. IV. Cap. 20 *Bacon. serm. fid.* Cap. XIX. *Cumberl.* de Leg. Nat. Cap. II. §. 15. *in fin.*

Mais pour ce qui est de l'*utilité* toute (c) seule, il faudroit être bien impudent, pour prétendre qu'elle donne sur le bien d'autrui le même droit que la nécessité; d'autant plus qu'il seroit très-nuisible au Genre Humain, que chacun pût enlever à autrui tout ce qui l'accommoderoit, & qu'il trouveroit à sa bienséance, puisque les autres à leur tour se permettroient la même chose à son égard. Les autres prétextes, dont parle GROTIUS, sont sujets aux mêmes inconvéniens.

(c) Voyez *Thucyd.* Lib. I, Cap. LXXVI. *Edit. Oxon.*

Je ne saurois approuver non-plus ce que dit le fameux BACON Chancelier d'*Angleterre*, qu'une Coûtume comme celle (5) qu'ont les *Americains*, d'immoler des Hommes à leurs fausses Divinitez, & de manger de la chair humaine, est un sujet suffisant de déclarer la Guerre à de tels Peuples, comme à des gens proscrits par la Nature même. Pour bien décider cette question, il faudroit examiner, 1. Si un Prince Chrétien peut attaquer les *Indiens* simplement parcequ'ils se nourrissent de chair humaine, comme (6) de toute autre viande, ou parcequ'ils mangent ceux de leur Religion, ou parcequ'ils mangent les Etrangers? 2. A l'égard des derniers, il faudroit distinguer, s'ils vont dans les *Indes* en qualité d'Ennemis & de Corsaires, ou seulement comme des gens qui veulent y entrer & y voyager honnêtement, sans avoir dessein d'y faire aucun mal à personne; ou qui y ont été jettez par la tempête? Car ce n'est que dans le dernier cas qu'ils auroient droit de faire la Guerre à ces Peuples sauvages, pour avoir traité leurs compagnons d'une maniere si cruelle & si barbare.

§. VI. LA terreur & la force ouverte est le caractere propre de la Guerre, & la voye la plus commune dont on se sert contre un Ennemi. Il est permis néanmoins d'employer aussi la ruse & l'artifice (1), pourvû qu'on le fasse sans aucun manque de foi. C'est ce qu'un ancien Capitaine appelle, (2) *coudre la peau de Renard à celle de*

Il est permis d'user de ruses & de stratagemes contre un Ennemi.

(5) Notre Auteur citoit ici BACON, *de augmentis Scientiarum*, page 348. Je ne sçai de quelle Edition il se servoit: mais je ne trouve nulle part ce passage, dans l'Edition d'*Amsterdam* 1652. quoique je l'aye toute parcourue d'un bout à l'autre, & lû tous les endroits qui avoient quelque rapport avec la chose dont il s'agit. Je ne doute pas qu'ici, comme il fait quelquefois ailleurs, il n'ait cité un Ouvrage pour l'autre. Effectivement, depuis la seconde Edition de ces Notes, j'ai trouvé par hazard le passage dans le Dialogue *de Bello Sacro*, page 1310. des Oeuvres de BACON, imprimées à *Coppenhaguen*, en 1694. (Voyez page 284, 285, de cette Piéce, dans le Vol. VI. de l'*Edit. d'Amst.* 1730.) A l'égard de la chose en elle-même, Voyez la Note suivante.

(6) Si ces Antropophages mangeoient seulement la chair des Créatures Humaines qui meurent de mort naturelle, ou qui ont été tuées par d'autres qu'eux; quelque sauvage & barbare que fût une telle Coutume, elle ne donneroit aucun droit de les attaquer pour ce seul sujet: Mais puisqu'ils égorgent eux mêmes des Créatures Humaines, pour les manger, ou pour les sacrifier à leurs Idoles; c'est une chose si cruelle, si contraire à l'Humanité, si destructive de la Societé & du Genre Humain, qu'on ne peut que regarder comme juste & louable une guerre qui tendroit à en abolir l'usage, quand même ces gens-là ne le pratiqueroient qu'entr'eux, & qu'ils épargneroient les Etrangers. Si notre Auteur soûtient le contraire, c'est qu'il raisonne toûjours sur un principe dont nous avons prouvé ailleurs la fausseté. Voyez la Note 1. sur le §. 5. de ce Chap. & Chap. III. §. 4. Note 3.

§. VI. (1) *Agésilas* disoit, qu'il y a de l'impieté à violer injustement ce que l'on avoit promis par un Traité; mais qu'il n'est pas moins juste & glorieux, que doux & utile, de tromper un Ennemi. Ἔλεγε τοῖς φίλοις, ἀποστερεῖσθαι μὲν ἀδίκως, ἀσεβές· τοὺς δὲ πολεμίους παραλογίζεσθαι, οὐ μόνον δίκαιον καὶ ἐπίδοξον, ἀλλὰ καὶ ἡδὺ καὶ κερδαλέον. PLUTARCH. *Apophthegm. Lacon.* page 209. B. Voyez ci-dessus, Liv. IV. Chap. I. §. 12, & 19. & GROTIUS Liv. III. Chap. I. §. 6. comme aussi la *Cyropédie* de XENOPHON, Lib. I. Cap. VI. §. 19. *Edit. Oxon.* TIT. LIV. Lib. XLII. Cap. XLVII. SILIUS ITALICUS, Lib. I. vers. 219. Toutes citations de l'Auteur.

(2) Ὅπου μὴ ἐξικνεῖται ἡ λεοντῆ, τότε χρὴ καὶ τὴν

Lion. Ainsi on peut tromper l'Ennemi par de faux-bruits & de faux discours : mais on ne doit jamais violer les engagemens où l'on est entré envers lui par quelque Promesse ou par quelque Convention.

Jusques où l'on peut porter les Actes d'hostilité ?

§. VII. Pour ce qui est de la force ouverte, ou des actes violens d'hostilité que l'on exerce contre l'Ennemi, ou en sa personne, ou en ses biens, il faut distinguer le mal qu'on peut lui faire purement & simplement en vertu de l'état de Guerre, & la modération qu'exige l'Humanité. Comme la Loi Naturelle impose également à chacun l'obligation de pratiquer les Devoirs de la Paix, celui qui les viole le premier à nôtre égard, nous dispense, autant qu'en lui est, de les observer désormais envers lui ; & par cela seul qu'il se déclare nôtre Ennemi, il nous autorise à agir contre lui par des actes d'hostilité poussez à l'infini, ou aussi loin qu'on le jugera à propos : d'autant plus qu'on ne pourroit jamais obtenir la fin que l'on se propose dans les Guerres tant Offensives que Défensives, si l'on étoit indispensablement obligé de se tenir dans certaines bornes, & de ne se porter jamais aux dernieres extrémitez contre un Ennemi. C'est pourquoi les Guerres déclarées dans les formes renferment une espece de Convention qui se réduit à ceci : *Faites contre moi ce que vous pourrez, je ferai contre vous, de mon côté, tout ce qui me sera possible.* Cela a lieu non seulement lorsqu'un Ennemi travaille à nous perdre entierement, mais encore quand il ne veut nous faire du mal qu'à un certain point ; car il n'a pas plus de droit de nous faire la moindre injure, que la plus grande. Ainsi l'on peut agir contre lui non seulement jusques à ce que l'on se soit mis à couvert du danger dont il nous menaçoit, ou que l'on ait recouvré ce qu'il nous a enlevé injustement, ou que l'on se soit fait rendre ce qu'il nous devoit ; mais encore jusques à ce qu'il nous ait donné de bonnes suretez pour l'avenir : car cela même qu'il a fallu les lui arracher par la voye des Armes, montre bien qu'il est encore dans la disposition de nous faire du mal à la premiere occasion qu'il en trouvera. Et il n'est pas toûjours injuste de rendre plus de mal qu'on n'en a reçu ; car ce que disent quelques-uns, qu'il faut garder en cela une juste proportion, n'a lieu que dans les Tribunaux, où un Supérieur inflige des Peines à ceux qui dépendent de lui. Mais les maux que l'on cause à quelqu'un par droit de Guerre, ne sont pas des (1) Peines proprement ainsi nommées : car on ne les souffre pas en vertu de la Sentence d'un Supérieur considéré comme tel, & ils ne tendent pas non-plus directement à corriger l'Offenseur, & à détourner les autres du Crime par son exemple, mais uniquement à la défense de la personne lézée, & au maintien de ses droits. Or on peut, pour cet effet, mettre légitimement en usage tous les moyens qui nous paroissent les plus propres, contre un injuste Offenseur, qui par ses insultes nous a mis en droit de pousser à l'infini les actes d'hostilité, sans lui faire aucun tort, jusques à ce qu'on en vienne avec lui à un accommodement. La Loi de l'Humanité met néanmoins des bornes à l'usage de ce droit. Elle veut que l'on considere non seulement si tels ou tels actes d'hostilité peuvent être exercez contre un Ennemi, sans qu'il ait lieu de s'en plaindre ; mais encore s'ils sont dignes d'un Vainqueur humain, ou même d'un Vainqueur généreux. Ainsi, autant qu'il est possible, & que nôtre défense & nôtre sureté à venir nous le permettent, il faut suivre, dans les maux qu'on fait à un Ennemi, les régles que les Tribunaux Politiques observent dans la punition des Crimes, & dans la taxe des dom-

ἀλλοτρίας προσγράψειν. *Cleandrid.* dans Polyen, Strateg. Lib. II. Cap. X. num. 5.

§. VII. (1) Notre Auteur suppose toûjours son faux principe, qu'il n'y a point de Guerre qu'on puisse entreprendre uniquement pour cause de Punition. Voyez la Note 6. sur le paragraphe précedent.

mages & intérêts. Souvent même nôtre propre intérêt nous oblige à moderer la rigueur des droits de la Guerre, de-peur que, comme les armes sont journalieres, nous n'éprouvions quelque jour le même traitement (a) que nous aurons fait à un Ennemi. Au reste, si l'on veut sçavoir en quoi consistent ces tempéramens, aussi-bien que l'étendue des droits de la Guerre, & par rapport à l'Ennemi, & par rapport a ceux (a)

(a) Voyez *Diod. Sic.* Lib. XIV. Cap. XLVII. *Virgil. Æn.* X. 533. & *Anton. Gratian. de Bell. Cypr.* Lib. V. où celui-ci rapporte le discours de *Colamne* à des Prisonniers Turcs.

(a) Pour donner une idée de cette matiere, il faut dire quelque chose en général de la *Neutralité*, dont nôtre Auteur ne parle nulle part. J'emprunterai ici, à-peu-près, ce que dit Mr. BUDDEUS, dans ses *Elemens de Philosophie Pratique*, Part. II, Cap. V, Sect. VI, §. 36, *& seqq.* Il y a une *Neutralité générale*, & une *Neutralité particuliere*. La *Neutralité générale*, c'est lorsque, sans être Allié d'aucun des deux Ennemis qui se font la Guerre, on est tout prêt de rendre également à l'un & à l'autre les Devoirs ausquels chaque Peuple est naturellement tenu envers les autres. La *Neutralité particuliere*, c'est lorsqu'on s'est particulierement engagé à être neutre, par quelque Convention ou expresse, ou tacite. La derniere sorte de Neutralité est ou *pleine & entiere*, lorsque l'on agit également, à tous egards, envers l'une & l'autre Partie; ou *limitée*, ensorte que l'on favorise une Partie plus que l'autre, à l'égard de certaines choses & de certaines actions. On ne sçauroit légitimement contraindre personne à entrer dans une *Neutralité particuliere*; parce-qu'il est libre à chacun de faire ou de ne pas faire des Traitez & des Alliances, ou qu'on ne peut du moins y être tenu qu'en vertu d'une Obligation imparfaite. Mais celui qui a entrepris une guerre juste, peut obliger les autres Peuples à garder exactement la *Neutralité générale*, c'est-à-dire, à ne pas favoriser son Ennemi plus que lui-même. Voici donc à quoi se réduisent les Devoirs des Peuples Neutres. Ils sont obligez de pratiquer egalement envers l'un & l'autre de ceux qui sont en guerre, les Loix du Droit Naturel, tant Absolues que Conditionnelles, soit qu'elles imposent une Obligation parfaite, ou seulement imparfaite. S'ils rendent à l'un d'eux quelque service d'Humanité, ils ne doivent pas le refuser à l'autre; à moins qu'il n'y ait quelque raison manifeste qui les engage à faire en faveur de l'un quelque chose que l'autre n'avoit d'ailleurs aucun droit d'exiger. Mais ils ne sont tenus de rendre les services de l'Humanité à aucune des deux Parties, lorsqu'ils s'exposeroient à de grands dangers en les refusant à l'autre, qui a autant de droit de les exiger. Ils ne doivent fournir ni à l'un ni à l'autre, les choses qui servent à exercer des actes d'hostilité, à moins qu'ils n'y soient autorisez par quelque engagement particulier: & pour celles qui ne sont d'aucun usage à la guerre, si on les fournit à l'un, il faut les fournir aussi à l'autre. Ils doivent travailler de tout leur possible à faire ensorte que l'on en vienne à un accommodement, que la Partie lézée obtienne satisfaction, & que la guerre finisse au plûtôt. Que s'ils se sont engagez en particulier à quelque chose, ils doivent l'executer ponctuellement. D'autre côté, il faut que ceux qui sont en guerre, observent exactement envers les Peuples Neutres les Loix de la Sociabilité; qu'ils n'exercent contre eux aucun acte d'hostilité, & qu'ils ne souffrent pas qu'on les pille, ou qu'on ravage leur païs. Ils peuvent pourtant dans une extrême nécessité, s'emparer d'une Place située en Païs Neutre: bien entendu qu'aussi-tôt que le péril sera passé, on la rende à son maître, en lui payant le dommage qu'il en a reçu. Voyez ce que nôtre Auteur a dit, Liv. II. Chap. VI. §. dernier, à la fin; & *Grotius*, Liv. III. Chap. I. §. 5. & Chap. XVII. Au reste, pour ce qui regarde la question, si l'on peut empêcher que les Peuples Neutres ne trafiquent pendant le cours de la guerre avec nôtre Ennemi; il y a une Lettre de nôtre Auteur, qui fut publiée en 1701. dans un Livre imprimé à *Hambourg* sous ce titre JO. GRONINGII *Bibliotheca universalis Librorum Juridicorum*, &c. page 105. des Traitez qui sont à la tête de l'Ouvrage. Je vais la traduire & parcequ'elle est courte, & par la même raison que le celebre Mr. THOMASIUS, dans sa *Paulo plenior Hist. Jur. Natural.* a emprunté de ce Livre quelques autres Lettres dont une est de nôtre Auteur; c'est que ce Mr. GRONING étant un Compilateur de très mauvais goût, les exemplaires de sa rhapsodie ont servi aux Epiciers & aux Beurrieres, & par-là sont devenus rares. Il avoit formé, en 1692. le dessein de composer un Traité *De libera Navigatione*, qu'il publia depuis, je ne sçai quand; car je ne l'ai jamais vû. Avant que d'executer son projet, il consulta Mr. de PUFENDORF, & lui exposa en gros les principes sur lesquels il bâtiroit. Voici la réponse que nôtre Auteur lui fit de *Berlin.* » L'Ouvrage, MONSIEUR, » que vous promettez, touchant *la Liberté de la Navigation*, excite ma curiosité. C'est un beau Sujet, » & sur lequel personne, que je sçache, n'a encore » fait de Traité particulier. Je crains bien neanmoins, » à en juger par ce que vous touchez dans vôtre Let» tre, que vous ne trouviez des gens qui vous con» testeront vos idées. La question est certainement » du nombre de celles qui n'ont pas encore eté éta» blies sur des fondemens clairs & indubitables, qui » puissent faire régle par tout le monde. Dans tous les » exemples qu'on allegue, il y a presque toûjours » quelque chose de droit, & quelque chose de fait. » Chacun d'ordinaire permet ou defend le Commerce » maritime des Peuples Neutres avec ses Ennemis, » selon qu'il lui importe d'entretenir amitié avec ces » Peuples, ou qu'il se sent de forces pour obtenir » d'eux ce qu'il souhaite. Les *Anglois* & les *Hollandois*, peuvent dire sans absurdité, qu'il leur est per» mis de faire tout le mal qu'ils peuvent aux *François* » avec qui ils sont en Guerre; & par consequent » d'employer ce moyen le plus propre à les affoiblir, » qui consiste à traverser ou empêcher leur commerce: » Qu'il n'est pas juste que les Peuples Neutres s'en» richissent à leurs dépens, & en attirant à eux » un Commerce interrompu pour l'*Angleterre* & la » *Hollande*, fournissent à la *France* des secours pour » continuer la Guerre: D'autant plus que l'*Angleterre* » & la *Hollande* favorisent ordinairement d'une au» tre maniere le Commerce de ces peuples, & leur » donnent occasion de transporter & debiter ailleurs » les Marchandises de leur cru, ou de leur fabrique: » En un mot, qu'on veut bien leur laisser en son en» tier le Commerce qu'ils ont accoûtumé de faire en » tems de paix; mais qu'on ne doit pas souffrir qu'ils » l'augmentent à l'occasion de la Guerre, au préju» dice des *Anglois* & des *Hollandois*. Mais comme cette

qui lui fournissent quelque chose ; on trouvera là-dessus amplement dequoi se satisfaire, dans le Traité de GROTIUS *du Droit de la Guerre & de la Paix*, au troisiéme Livre.

Dans une Societé Civile, les particuliers n'ont pas droit de faire la Guerre.

§. VIII. VOILA pour ce qui regarde la Guerre en général. Voyons maintenant les questions qui se rapportent en particulier aux Guerres que les Etats, ou leurs Chefs, se font les uns aux autres.

Le droit de faire la Guerre, que chacun avoit dans l'indépendance de l'Etat de Nature, est ôté aux (1) Particuliers dans une Societé Civile : desorte qu'ils ne peuvent plus tirer raison eux-mêmes, comme ils l'entendent, des injures qu'ils ont reçuës, ni se faire rendre par force ce qu'on leur doit ; (2) mais il faut qu'ils implorent le secours du Magistrat, qui est chargé du soin de procurer aux personnes lézées la réparation du dommage, aussi-bien que les suretez nécessaires pour l'avenir, & de faire ensorte que chacun jouïsse de ses droits. Ce n'est pas qu'ici même il ne soit quelquefois permis aux Particuliers, de (3) se défendre eux-mêmes, sans attendre le secours du Magistrat. Mais alors la défense ne s'exerce pas, à proprement parler, par *droit de Guerre* : car ce droit renferme le pouvoir de prendre les armes toutesfois & quantes qu'on veut, & d'agir offensivement ou défensivement contre un Ennemi aussi longtems qu'on le juge à propos, jusques à ce qu'on termine la Guerre par quelque Traité. Au lieu que les Citoyens d'un Etat n'ont la permission de repousser la force par la force, que dans une nécessité extrême, & tant que le péril dure ; après quoi, pour rétablir la Paix entre l'Offenseur & l'Offensé, il n'est pas nécessaire qu'ils fassent entr'eux aucun accord ; l'autorité du Magistrat étant suffisante pour cela. Bien-plus : lors même que les Particuliers se sont raccommodez de leur pur mouvement, cela n'empêche pas que le Magistrat ne puisse punir l'injure qui avoit donné lieu à leur démêlé.

Il arrive pourtant quelquefois que les Particuliers rentrent dans tous les droits de la Défense

„ matiere du Commerce & de la Navigation ne dé„ pend pas tant de régles fondées sur une Loi gene„ rale, que sur les Conventions particulieres entre „ les Peuples ; pour pouvoir porter un jugement so„ lide de la question dont il s'agit, il faut examiner „ avant toutes choses, quels Traitez il y a eu là-des„ sus entre les Rois du Nord, & l'*Angleterre* ou la „ *Hollande*, & si celles-ci leur ont offert des condi„ tions justes & raisonnables. D'autre côté néanmoins „ si les Rois du Nord peuvent maintenir leur Com„ merce avec la *France*, en faisant escorter les Vais„ seaux Marchands par des Navires de Guerre, pourvû „ qu'il n'y ait point de Marchandises de contrebande, „ personne n'y trouvera à redire : la Loi de l'Huma„ nité & de l'Equité, entre Nations, ne s'étendant „ pas jusqu'à exiger que, sans aucune nécessité, un „ Peuple se prive de son *profit en faveur d'un autre*. „ Mais comme l'avidité des Marchands est si grande, „ que pour le moindre gain ils ne font aucun scru„ pule d'aller au-delà des justes bornes ; les Nations, „ qui sont en Guerre, peuvent faire visiter les Vais„ seaux des Peuples Neutres, & s'il s'y trouve des „ Marchandises défenduës, les confisquer de plein „ droit. D'ailleurs, je ne suis pas surpris que les „ Rois du Nord ayent plus d'égard à l'intérêt general „ de toute l'*Europe*, qu'aux plaintes de quelque Mar„ chands avides de gain, qui ne se soucient pas que „ tout aille sans-dessus-dessous, pourvû qu'ils satisfas„ sent leur avarice. Ces mêmes Princes jugent sage„ ment, qu'il n'est pas à propos pour eux de prendre „ des mesures précipitées, pendant que d'autres Peu„ ples travaillent de toutes leurs forces à réduire „ dans un état de juste *médiocrité* cette Puissance in„ solente, qui menace de mettre toute l'*Europe* dans „ ses fers, & en même tems de ruïner la Religion „ Protestante. Ce qui étant aussi de l'intérêt des Cou„ ronnes du Nord, il ne seroit ni juste, ni raisonna„ ble, que pour un petit profit à tems, elles troublas„ sent un dessein si salutaire, dont on tâche de venir „ à bout sans qu'il leur en coûte rien, & qu'ils cou„ rent aucun risque, &c. „ Voyez GROTIUS, *Liv.* III. *Chap.* I. §. 5. avec les Notes.

§. VIII. (1) Non seulement aux Particuliers, mais même au Corps entier d'un Peuple qui a passé sous la domination d'un autre, ou d'un Prince. Les anciens Rois de *Perse* néanmoins permettoient souvent à leurs Sujets de se faire la Guerre les uns aux autres. Voyez ESTHER, IX. 6. avec le Commentaire de Mr. LE CLERC, & ma *Défense du Droit de la Compagnie Holl. des Indes Orient.* Chap. dernier.

(2) Voyez DIGEST. Lib. IV. Tit. II. *Quod metûs causa gestum erit*, Leg. XI. XII. XIII. *Lib.* XLIII. Tit. XXIV. *Quod vi aut clam.* Leg. VII. §. 3. & la Loi qui a été citée ci-dessus, Chap. III. de ce Livre, §. 13. Note 3. comme aussi COD. Lib. I. Tit. IX. *De Judæis & Cælicolis*, Leg. XIV. Toutes citations de l'Auteur.

(3) Voyez ce que l'on a dit ci-dessus, Liv. II. Chap. V. §. 7, 8.

(4) Voyez

Défense permise à ceux qui conservent encore leur indépendance naturelle ; lors, par exemple, qu'un Citoyen se trouve dans quelque lieu qui n'appartient à aucun Etat, & qui demeure encore dans l'ancienne communauté des parties de la Terre. Mais ici il faut distinguer, si l'Aggresseur est Concitoyen, ou non, de la personne insultée ? Dans le premier cas, l'Offensé peut bien repousser par la force le danger présent ; mais pour ce qui est de la réparation de l'injure, il doit s'en remettre à leur Souverain commun : à moins que l'Aggresseur ne paroisse résolu à ne plus retourner dans sa Patrie, & qu'il n'y ait laissé aucuns biens sur lesquels on puisse se dédommager. Mais si c'est un Etranger qui nous insulte dans un lieu sans maître, rien n'empêche qu'on ne le poursuive à toute outrance ; quoique d'ailleurs on puisse, si on le trouve à propos, porter plainte à l'Etat dont il est Membre, & faire intervenir même le Souverain de qui l'on dépend soi-même, lequel a droit de tirer raison par les armes de l'injure qui a été faite à son Sujet, si le Souverain de l'Offenseur refuse de le punir, & de le contraindre à nous faire satisfaction. Lors donc qu'on vient à être attaqué en plein Océan, il n'est pas toûjours nécessaire d'agir contre l'Aggresseur au-delà de ce que demande la nécessité de se délivrer du danger présent ; puisque, quand il sera de retour chez lui, on peut l'appeller en Justice devant les Magistrats de la Jurisdiction desquels il dépend.

Il y a encore deux cas où il est permis à chacun de se défendre lui-même, comme il l'entend ; c'est lorsqu'on est insulté par des Concitoyens, qui foulent aux pieds l'autorité des Juges communs, ou lorsque les Juges refusent (4) manifestement de rendre justice ; surtout si l'on se retire en même tems hors des terres de l'Etat dont on étoit Membre. Cependant si le Juge s'excuse sur les circonstances du tems, & sur l'état des affaires publiques, qui ne lui permettent pas d'user de son autorité, nous exhortant à attendre un tems plus favorable pour demander satisfaction de l'injure, ou à la pardonner même pour le coup, en considération du Bien Public ; un bon Citoyen doit, à mon avis, relâcher alors de son droit, & se soumettre à la volonté de ses Supérieurs.

Des Guerres Solemnelles, ou Non-solemnelles.

§. IX. On distingue communément entre *Guerre Solemnelle*, & *Non-solemnelle* (a). La premiere, c'est celle qui se fait de part & d'autre par autorité du Souverain, & qui a été d'ailleurs (1) déclarée dans les formes. L'autre, c'est celle qui se fait, ou sans une Déclaration précédente, ou simplement contre des Particuliers. Les actes d'hostilité qui n'ont pas été précédez d'une Déclaration de Guerre dans les formes, passent presque pour des courses ou de purs brigandages ; & ceux qu'un Etat exerce contre des Particuliers, supposent en eux, ou un Crime de Rebellion, ou un genre de vie infâme, qui les fait regarder comme indignes du titre (2) d'*Ennemis*, ou de gens qui font la Guerre

(a) Voyez Grotius, Liv. I. Chap. III. §. 4. num. 1.

(4) Voyez ci-dessus, Liv. II. Chap. V. §. 7. Note 1.

§. IX. (1) La Déclaration de Guerre considerée en elle-même, & indépendamment des formalitez particulieres de chaque Peuple, n'est pas simplement du Droit des Gens, à entendre ce mot dans le sens que GROTIUS & d'autres lui donnent, mais du Droit même de Nature. Car la prudence & l'Equité Naturelle demandent également, qu'avant que de prendre les armes contre quelqu'un, on tente toutes sortes de voyes de douceur, pour éviter d'en venir à cette fâcheuse extrémité. Il faut donc sommer celui de qui l'on a reçu quelque tort, de nous en faire satisfaction au plûtôt, pour voir s'il ne voudroit pas penser à lui-même, & nous épargner la dure nécessité de poursuivre notre droit par les voyes de la force. (Voyez Mr. BUDDEUS dans ses *Element de Philosophie Pratique*, Part. II. Cap. V. Sect. IV. §. 8, 9. & dans sa Dissertation intitulée *Jurisprud. Historica Specimen*, §. 34.) D'où il paroît, que la Déclaration de Guerre n'a lieu que dans les Guerres Offensives ; car quand on est actuellement attaqué, cela seul nous donne lieu de croire que l'Ennemi est bien résolu de ne point entendre parler d'accommodement. Il s'ensuit encore de-là que l'on ne doit pas commencer les Actes d'hostilité immédiatement après avoir déclaré la Guerre ; mais qu'il faut attendre que celui de qui l'on a reçu du tort, ait refusé hautement de nous satisfaire, & se soit mis en devoir de nous attendre de pied ferme : autrement la Déclaration de Guerre ne seroit qu'une vaine cérémonie, sans aucun effet. Voyez sur toute cette matiere, GROTIUS Liv. III. Chap. III. avec les Notes de ma Traduction.

(2) Dans les Auteurs Latins, les Peuples & les Princes, par l'autorité desquels la Guerre se fait, sont

comme il faut. Les Guerres Civiles ne sont pas non-plus Solemnelles, lorsque les deux Partis se contestent l'un à l'autre la Souveraineté, ensorte qu'on ne sçait pas bien à qui elle appartient. Du reste, comme pour quelques injustices qui se commettent dans un Etat par autorité publique, on ne le regarde pas dès-lors comme une Societé de Brigands; une Societé de Brigands ne passe pas non-plus pour un Etat, quoiqu'ils observent entr'eux quelque espece de Justice.

Un Magistrat, consideré comme tel, n'a pas le pouvoir de faire la Guerre, sans consulter le Souverain.

§. X. ON demande si un Magistrat proprement ainsi nommé, a, comme tel, le pouvoir de faire la Guerre de son chef? Je répons que non, & la chose me paroît incontestable; car la Guerre étant une des affaires publiques les plus importantes, & les plus capables de mettre en danger tout l'Etat; donner à un Magistrat, consideré précisément comme tel, le pouvoir d'en décider de sa pure autorité (1), c'est l'ériger en Souverain. J'avoue, que tout Magistrat, par cela même que la Puissance Souveraine lui a confié l'administration de quelque partie des affaires publiques, est censé avoir reçu d'elle autant d'autorité qu'il lui en faut pour s'acquitter de son Emploi. D'où vient que par le Droit Romain, ceux qui avoient quelque Jurisdiction étoient revêtus, comme tels, de l'*Empire Mixte*, comme parlent les Jurisconsultes; (2) c'est-à-dire, du pouvoir de réprimer & de châtier jusqu'à un certain degré médiocre, toute personne de leur ressort qui refusoit de leur obéir, & de se soumettre à leur Sentence. Mais ce Pouvoir Coactif sur un petit nombre de Sujets rebelles aux ordres des Magistrats établis par leur Souverain commun, n'est pas une partie du droit de la Guerre; toute Guerre se faisant contre des Egaux, ou qui du moins prétendent l'être. Quand même il y auroit un si grand nombre de Citoyens rebelles au Magistrat, que les Gardes, Archers, ou autres Officiers qui sont à son commandement, ne suffiroient pas pour les mettre à la raison, & qu'il y auroit à craindre quelque désordre ou quelque soulévement général; le Magistrat fera toûjours fort bien d'attendre là-dessus les ordres de son Souverain. Ainsi il est faux, que comme le dit GROTIUS, (a) *tout Magistrat, à en juger indépendamment des Loix particulieres d'un Etat, ait droit de faire la Guerre, en cas de résistance, pour maintenir son autorité, aussi-bien que pour défendre le Peuple qui est mis sous sa protection:* (3) Car la défense du Peuple n'appartient proprement qu'au Souverain, & un Magistrat subalterne ne défend le Peuple, qu'en rendant la Justice aux Petits contre les Grands: fonction pour laquelle il n'est nullement nécessaire d'avoir le droit de faire la Guerre (4).

(a) Liv. I. Chap. III. §. 4. num. 2.

appellez *Hostes*, par opposition aux Brigands & aux Corsaires. Voyez CICER. *Philipp.* IV. Cap. VI. DIGEST. Lib. XLIX. Tit. XV. *De Captivis, & Postlimin.* &c. Leg. XIX. §. 2. Leg. XXI. §. 1. Leg. XXIV. & *Lib.* L. Tit. XVI. *De verbor. signific.* Leg. CXVIII. Toutes citations de l'Auteur.

§. X. (1) Par le Droit Romain, quiconque leve des Troupes, ou fait la Guerre, sans ordre du Prince, est déclaré Criminel de Leze-Majesté. *Eadem Lege (Julia Majestatis) tenetur, & qui injussu Principis bellum gesserit, delectumve habuerit, exercitum comparaverit.* DIGEST. Lib. XLVIII. Tit. IV. *Ad Legem Juliam Majestatis*, Leg. III. L'Auteur renvoyoit à cette Loi.

(2) C'est ce que l'on appelloit *Imperium non merum*, ou *Mixtum*, comme qui diroit *temperé, moderé*, par opposition à l'*Imperium merum*, qui est plus violent: car celui-ci appartenoit à ceux qui exerçoient une Jurisdiction Criminelle, ou qui avoient droit de Glaive. *Imperium aut merum est, aut mixtum. Merum est Imperium, habere gladii potestatem ad animadvertendum in facinerosos homines, quod etiam Potestas appellatur. Mixtum est Imperium, cui etiam jurisdictio inest, quod in danda bonorum possessione consistit.* DIGEST. Lib. II. Tit. I. *De Jurisdictione*, Leg. III. *Mandata Jurisdictione privato, etiam Imperium quod non est merum, videtur mandari: quia Jurisdictio sine modica coërcitione nulla est.* Lib. I. Tit. XXI. *De officio ejus cui mandata est Jurisdictio*, Leg. V. §. 1. On peut voir sur tout ceci, le beau Traité de Mr. NOODT. *de Jurisdictione & Imperio.*

(3) Mais voyez ce que j'ai dit sur l'endroit même de GROTIUS, *Note* 6.

(4) Il faut remarquer ici en passant, (ajoûtoit notre Auteur) que ce fut un acte de punition & non pas un acte d'hostilité, lorsque *Moïse* fit mourir environ trois mille hommes, à cause de l'Idolâtrie du Veau d'Or, EXOD. XXXII. 27. *& suiv.* Mais ce fut au contraire par droit de Guerre, plûtôt qu'en forme de Peine, que les *Israëlites* passerent au fil de l'épée vingt-cinq mille hommes de la Tribu de *Benjamin*, pour venger la brutalité que les Habitans de *Guibha* avoient

Il est à propos d'ajoûter ici quelque chose sur le pouvoir des Généraux & autres Officiers d'armée, qui commandent au nom & par ordre d'un Supérieur. Je dis donc, qu'un Général d'armée qui est envoyé à une expédition avec plein-pouvoir de son Maître, peut agir contre l'Ennemi offensivement, aussi-bien que défensivement, & de la maniere qu'il jugera la plus avantageuse. Mais il ne lui est permis ni d'entreprendre une nouvelle Guerre, ni de faire la Paix de son chef. Que si son pouvoir est limité, il ne doit jamais passer les bornes prescrites, à moins que d'y être inévitablement réduit par la nécessité de se défendre (5) : car en ce cas-là on peut toûjours repousser l'Ennemi de toutes sortes de manieres, lorsqu'il n'y a pas moyen de reculer honnêtement. Cette défense même ne consiste pas seulement à repousser ou à esquiver les attaques de l'Ennemi, mais encore à lui rendre la pareille. Ainsi, supposé qu'un Amiral ait ordre de se tenir sur la défensive, il ne lui est pas pour cela défendu quand il vient à être attaqué, de poursuivre & de foudroyer la Flotte ennemie, pour la dissiper ou la détruire, mais seulement d'aller le premier fondre sur elle. De même le Commandant d'une Armée sur terre, peut à son tour charger un Ennemi qui l'a attaqué, quoiqu'il eût ordre de n'attaquer pas lui-même ; & si cela arrive pendant qu'il est en marche, & qu'il ne trouve pas moyen de faire une retraite sure & honorable, il ne fera pas mal d'en venir alors à un combat. En général, les Gouverneurs de Provinces & de Villes, surtout s'ils ont des Troupes à leur commandement, peuvent se défendre de leur pure autorité contre tout Ennemi qui les attaque ; mais ils ne doivent jamais porter la guerre dans quelque autre Païs, sans un ordre exprès de leur Souverain.

Pour ce qui est des Capitaines & autres Officiers subalternes à qui l'on a commis la garde d'une Ville ou d'une Forteresse, ils doivent la défendre de toutes les manieres imaginables ; & cela pour l'ordinaire jusques à ce qu'ils se voyent sur le point d'être inévitablement passez au fil de l'épée, avec leur Garnison, sans qu'il en revienne aucun profit à l'Etat. D'où il paroit, quel jugement on doit porter de l'action de *Lucius Pinarius*, rapportée par (b) TITE LIVE. Ce Romain étant Gouverneur d'*Enna* en *Sicile*, & les Habitans lui ayant demandé les clefs de la Ville & de la Citadelle, (ce qu'il ne pouvoit leur accorder sans courir risque de perdre la tête,) comme il les vit disposez à le trahir & à livrer sa Garnison, il les prévint, & fit main basse sur les Rebelles ; en quoi il ne passa point, à mon avis, les bornes de son pouvoir, si ce n'est qu'il usa ensuite d'une trop grande rigueur après que le péril fût passé. Ce n'étoit pas une nouvelle Guerre qu'il entreprit de (c) son chef, il n'agissoit que par une suite de celle que le Peuple Romain avoit alors en *Sicile* contre les *Carthaginois* & leurs Alliez, dans le parti desquels les habitans d'*Enna* avoient complotté de se jetter.

(b) Lib. XXIV. Cap. XXXVII.

(c) Comme fit *Cn. Manlius* contre les *Galates* ; en cela d'autant plus blâmable que la Paix avoit été déja faite. Voyez *Tite Live*, Lib. XXXVIII. Cap. XLV. & *seqq.* Lib. XLI. Cap. VII. & *Florus*, Lib. II. *Cap.* XI.

Cependant si un Gouverneur de Province, surtout d'une Province fort éloignée de la Ville Capitale où le Souverain fait sa résidence, (6) a plein-pouvoir de faire la Guerre & la Paix avec ses Voisins ; les Guerres qu'il entreprend sont regardées comme faites par autorité publique : car on est censé faire soi-même ce dont on a donné

exercée à l'égard de la Concubine d'un Lévite de la Tribu d'*Ephraim.* JUGES, XIX. XX. quoiqu'ERASME soûtienne le contraire, *Lib.* VI. *Epist.* XXIX. Voyez là-dessus le Commentaire de Mr. LE CLERC.

(5) Ce n'est qu'en ce cas-là, ajoûtoit notre Auteur, qu'on peut suivre le conseil que CICERON donnoit autrefois à *Cn. Plancus*, de ne prendre conseil que de ses propres lumieres, & de se tenir lieu à lui-même de Senat. *Neve in rebus tam subitis, tamque angustiis, à Senatu consilium petendum putes.* Lib. X. *Epist. ad Famil.* XVI.

(6) Comme les Gouverneurs des *Indes*, pour les Rois d'*Espagne* & de *Portugal*, ou pour la Compagnie des *Hollandois*, &c.

pouvoir à quelqu'un. Mais, hors ce cas-là, lorsqu'un Gouverneur a déclaré la Guerre purement de son chef, sans y être autorisé ni par une concession générale, ni par un ordre particulier; il est libre au Souverain de ratifier, ou non, l'entreprise de son Ministre. S'il la ratifie, cette approbation rend la Guerre Solemnelle, par un effet rétroactif; desorte que tout le Corps de l'Etat en est alors responsable. Mais si le Souverain désavoue l'action du Gouverneur, les actes d'hostilité que celui-ci a commencé d'exercer, doivent passer pour de purs brigandages, dont la faute ne rejaillit en aucune maniere sur l'Etat, pourvû qu'en même tems on livre le Gouverneur, ou qu'on le punisse selon les Loix du Païs, en procurant d'ailleurs, autant qu'il est possible, la réparation du dommage qu'il a causé. C'est sur ce fondement que les Ambassadeurs des *Romains* (d) demandoient autrefois à *Hannibal*, si c'étoit de son chef, ou par autorité publique, qu'il venoit assiéger *Sagonte*, ville d'*Espagne?* Surquoi les *Carthaginois* répondirent avec raison, qu'il falloit avant toutes choses examiner, s'ils avoient pû assiéger cette Ville sans préjudice des Traitez qu'il y avoit entr'eux & les *Romains*; l'autre question étant fort inutile, tant qu'on n'auroit pas vuidé celle-ci.

(d) *Tite Live*, Lib. XXI. Cap. XVIII. Voyez ce qui est dit dans *Xenoph. Hist. Græc.* Lib. V. Cap. II. §. 23. & *seqq.* *Edit. Oxon.* au sujet de la Citadelle de *Cadmée*, dont *Phebidas* s'étoit emparé.

Une simple présomption de la volonté du Souverain ne suffit pas pour autoriser un Ministre a entreprendre quelque Guerre de son chef.

§. XI. UNE (1) simple présomption de la volonté du Souverain, ne suffit pas non-plus ici pour disculper un Gouverneur qui n'a aucun ordre ni général ni particulier; car il ne s'agit pas de conjecturer à quoi le Souverain se détermineroit lui-même, selon toutes les apparences, si on le consultoit dans le cas présent; mais il faut plûtôt considérer en général jusques où le Souverain permettroit d'agir sans attendre ses ordres, lorsque la chose souffre du retardement, ou est sujette à quelque doute, supposé qu'il voulût établir une Loi fixe. Or sans contredit un Souverain ne consentira jamais que ses Ministres puissent toutes fois & quantes qu'ils le jugeront à propos, entreprendre sans son ordre une affaire capitale & de la derniere conséquence, telle qu'est la Guerre, surtout la Guerre Offensive dont il est question proprement ici, & qui d'ordinaire laisse le tems de consulter le Souverain. Ainsi, quoiqu'il se trouve, en certaines circonstances, que le Souverain eût jugé lui-même à propos de déclarer la Guerre à un certain Ennemi; il ne peut néanmoins que désapprouver (a) l'action du Ministre qui a passé les bornes de son pouvoir.

(a) Voyez *Senec. de Ira*, Lib. I. Cap. XVI. & ce que l'on a rapporté ci-dessus, de *Cambyse*, Chap. III. §. 17. *Note* 7. Voyez pourtant *Tite Live*, Lib. XLIV. Cap. X.

En quel cas l'injure reçuë d'un Citoyen fournit un juste sujet de déclarer la Guerre à l'Etat dont il est Membre.

§. XII. AU RESTE, dans l'indépendance de l'Etat de Nature, on ne peut en venir à la Guerre contre personne que pour les injures qu'il a lui-même commises. Mais pour ce qui est des Societez Civiles, lorsque quelqu'un des Citoyens a fait du mal de son pur

§. XI. (1) C'est la décision de GROTIUS, Liv. I. Chap. III. §. 5. num. 3. Surquoi GRONOVIUS prétend, que ce Grand Homme ne devoit pas soûtenir absolument la négative, & qu'il falloit distinguer entre les Guerres Défensives & les Offensives: *Car*, ajoûte-il, *il n'y a point de doute qu'un Gouverneur de Province, surtout s'il a sur pied quelques Troupes, comme cela se pratique ordinairement dans les Provinces frontieres, ne puisse, sans passer les bornes de son pouvoir, résister à ses voisins lorsqu'ils l'attaquent, & repousser la force par la force, sans attendre un ordre particulier du Souverain.* Pour moi, je ne comprens pas comment ce Commentateur n'a pas pris garde que cette exception se sousentend ici d'elle-même? Quand *Grotius* ne s'en seroit pas expliqué ici, ce qu'il dit ailleurs des privileges de la Nécessité, suffiroit de reste pour qu'on ne dût pas lui attribuer une autre pensée. Mais ne dit-il pas formellement dans le paragraphe precédent, *num.* 3. *Si ita præsens sit periculum, ut tempus non ferat eum consuli qui supremum in Civitate jus habeat: hic etiam necessitas exceptionem porriget.* Après quoi il allegue l'exemple de *L. Pinarius*, rapporté par GRONOVIUS lui-même, & par notre Auteur; & dans l'endroit même dont il s'agit: *Sed hoc magis videndum, quid ille, ubi res moram fert. . . . se inconsulto cupiat fieri*; ce qui suppose manifestement, que quand la chose ne souffre point de délai, on n'est point obligé d'attendre les ordres de son Maitre, y ayant en ce cas-là une présomption tres-raisonnable qu'il nous laisse la liberté de faire ce que nous jugerons à propos. Toute la difficulté qu'il pourroit y avoir ici, ce seroit à l'égard de l'application aux cas particuliers: comme, par exemple, *Gronovius* defend contre *Grotius*, le jugement de CICERON, qui fit l'éloge d'*Octavius* & de *Brutus*, en ce que, de leur pure autorité ils avoient pris les armes contre *Marc Antoine*. Voyez ce que j'en ai rapporté dans la *Note* 6. sur l'endroit dont il s'agit.

mouvement à un Etranger, on s'en prend quelquefois à tout le Corps de l'Etat, ou à celui qui en est le Chef ; & voici en quels cas cette imputation a lieu (a). Il est certain qu'aucune Communauté n'est tenue du fait des Particuliers dont elle est composée, qu'autant qu'elle a commis ou négligé elle-même quelque chose qui influe sur l'action dont on la rend responsable : car, quelque sévéres que soient les menaces des Loix & du Souverain, elles laissent toûjours aux Sujets la Faculté Naturelle de contrevenir à leurs ordres. Or il y a deux raisons principales pour lesquelles on peut déclarer la Guerre à un Souverain pour tirer satisfaction des injures que l'on a reçuës de quelqu'un de ses Sujets, tant nouveaux-venus, que naturels du Païs. L'une, c'est parcequ'il a souffert que l'on fît du tort à l'Etranger : l'autre, parcequ'il donne retraite à l'Offenseur. Le premier fournit un juste sujet de Guerre, lorsque le Prince Souverain ayant connoissance du crime, & pouvant l'empêcher sans avoir à craindre de s'attirer par-là un mal plus fâcheux, ne l'a pas fait néanmoins. Ces deux conditions posées, qui sont (1) toutes deux absolument nécessaires, on est censé avoir commis soi-même ce que l'on n'a pas empêché de commettre. Or il y a présomption, (b) qu'un Souverain sçait tout ce que ses Sujets font notoirement, & qui est assez commun. Pour le pouvoir d'empêcher le mal, on le présume toûjours, à moins que le Souverain ne justifie clairement son impuissance. A l'égard de l'autre raison (2), si l'on est tenu de livrer un Coupable qui s'est réfugié chez nous uniquement pour éviter la Peine qu'il a à craindre de la part de celui qui le demande, c'est plûtôt en conséquence de quelque Traité particulier fait là-dessus avec un Voisin ou un Allié, qu'en vertu d'une Obligation commune & indispensable, à moins que celui à qui l'on donne retraite & que l'on protege, ne trame quelque chose dans nôtre Païs même contre l'Etat d'où il s'est sauvé.

(a) Voyez *Grotius*, Liv. II. Chap. XXI. §. 2. & *Tite Live*. Lib. XXIX. Cap. XVI. Lib. XXXV. Cap. XXXI. Lib. XLV. Cap. XXIII. & *Valer. Max*. Lib. VI. Cap. VI. §. 3, 5.

(b) Voyez *Lycurg. Orat. adv. Leocrat.* page 194, 195. *Edit. Wech Polyb.* Lib. IV. Cap. XXVII. au commencement, & le Droit Canon. C. I. & III. *Dist.* LXXXVI.

Du droit de Représailles

§. XIII. C'EST (1) encore un usage établi entre les Peuples, que les biens de cha-

§. XII. (1) C'est la décision du Droit Romain, au sujet des fautes d'un Esclave dont le Maitre étoit responsable. *Is autem accipitur* scire, *qui scit & potuit prohibere ; scientiam enim spectare debemus, quæ habet & voluntatem.* DIGEST. Lib. XLVII. Tit. VI. *Si familia furtum fecisse dicatur*, Leg. I. §. 1. Voyez ce qui a été dit ci-dessus, *Liv.* I. *Chap.* V. §. 14.

(2) J'ai tiré ceci de l'Abregé des *Devoirs de l'Hom. & du Cit. Liv. II.* Chap. XVI. §. 9. Mais comme le remarque Mr. TITIUS (*Observ.* DCXCVI) l'Auteur raisonne ici sur une fausse hypothése que nous avons refutée ailleurs (Chap. III. §. 4. Note 8.) je veux dire, sur son principe de l'exemption de toute Obligation, qui réponde, de la part d'un Criminel atteint & convaincu, au droit de lui infliger la Peine. Il vaut mieux dire donc, qu'indépendamment de toute Convention particuliere, on doit livrer celui qui s'est refugié sur nos Terres, supposé qu'il soit véritablement coupable, ou du moins le punir soi-même. Voyez GROTIUS, Liv. II. Chap. XXI. §. 3, 4, 5, 6. où il traite à fond cette matiere.

§. XIII. (1) Cette définition du droit de *Représailles*, est tirée de l'Abregé *des Devoirs de l'Hom. & du Citoyen*, Liv. II. Chap. XVI. §. 10. Car notre Auteur se contentoit de renvoyer ici à GROTIUS, Liv. III. Chap. II. On peut voir là (§. 2. *Note* 1.) ce que j'ai dit, pour montrer que les Représailles sont une suite de la constitution des Societez Civiles, & que leur usage est fondé sur une application des régles du Droit Naturel à cette constitution. Au reste, comme GROTIUS ne traite pas de ce Droit avec assez de précision, il est bon d'en donner une idee succincte, que j'emprunterai de Mr. BUDDEUS (*Elem. Philos. Pract.* Part. II. Cap. V. Sect. III. §. 6. *& seqq.*) Les *Représailles* étant une espece d'Acte d'hostilité, ou du moins le prélude de la Guerre ; il est clair que personne ne sauroit légitimement user de ce droit, qu'au nom & en l'autorité du Souverain, qui avant que d'en accorder la permission, doit bien examiner si l'intérêt public permet de se porter à cette extrémité. Il faut aussi que le sujet pour lequel on use de Représailles, soit bien clair, & la chose dont il s'agit, de grande conséquence : car il y auroit également de l'imprudence & de l'injustice, à accuser un Magistrat Etranger de connivence, ou d'un refus malicieux de rendre la Justice, dans une affaire obscure & litigieuse, ou de nulle importance, ou sans avoir de bonnes preuves de la mauvaise foi du Souverain à qui l'on s'est adressé, ou avant que d'avoir tâché de se faire raison par quelque autre voye plus douce, comme par une Compensation. Mais quelque juste sujet que l'on ait d'user de Représailles, on ne peut jamais directement pour cette seule raison faire mourir ceux dont on s'est saisi ; mais seulement les garder, sans les maltraiter, jusques à ce que l'on ait obtenu satisfaction : desorte que, pendant tout ce tems-là ils sont comme en ôtage. Pour les biens saisis par droit de Représailles, il faut en avoir soin jusques à ce que le terme auquel le payement devoit se faire, soit expiré ;

que Sujet répondent, pour ainsi dire, des dettes de l'Etat dont il est Membre, comme aussi du tort qu'il peut avoir fait en ne rendant pas justice aux Etrangers; ensorte que les intéressez peuvent se saisir des biens de tous les Sujets de cet Etat, qui se trouvent chez eux, & de leurs personnes mêmes. Ces sortes d'executions s'appellent des *Représailles*, & elles sont souvent un prélude de la Guerre. Pour en faire voir la justice, il faut ajoûter à ce que dit GROTIUS sur cette matiere, que comme tout le Corps de l'Etat prend sur son compte les injures faites par des Etrangers à quelqu'un de ses Citoyens; on a trouvé qu'il n'étoit point injuste de supposer d'autre part, que chaque Citoyen s'oblige subsidiairement pour les dettes de l'Etat, qui en cas de Représailles, est tenu de le dédommager de la perte qu'elles lui ont causé. Que si quelque peu de Citoyens en souffrent dans certaines circonstances, il faut mettre cela au nombre des inconvéniens inévitables dans une Societé Civile; mais qui sont bien peu de chose en comparaison de ceux où l'on auroit été continuellement exposé dans l'indépendance de l'Etat de Nature.

En quels cas on peut faire la Guerre pour autrui?

§. XIV. ON fait souvent la Guerre pour autrui (a), & ces sortes de Guerres sont légitimes (b), pourvû que celui en faveur de qui l'on s'y engage ait un juste sujet de prendre les armes, & que d'ailleurs on ait avec lui quelque liaison particuliere, qui nous autorise à traiter en Ennemi un Homme qui ne nous a fait à nous-mêmes aucun tort.

(a) Voyez *Grotius*, Liv. II. Chap. XXV.

(b) Autrement on pourroit appliquer ici la censure qui se trouve dans *Lucain*, Lib. IV. vers. 707. & *seqq*.

Parmi ceux que l'on peut & que l'on doit même défendre, il faut mettre au premier rang les Sujets de l'Etat; & cela non seulement parcequ'ils font comme partie du Chef de l'Etat dont ils sont Membres, mais encore parceque c'est en vûë de cette protection que les Hommes, auparavant libres, ont formé ensemble des Societez Civiles, (1) ou sont entrez dans celles qui étoient déja établies. Les Puissances ne doivent néanmoins prendre les armes pour tirer raison des injures faites à quelqu'un de leurs Sujets en particulier, que quand elles peuvent entreprendre la Guerre sans attirer un mal plus fâcheux sur tout le Corps de l'Etat, ou sur un plus grand nombre de Citoyens: car le Devoir des Souverains regarde l'intérêt du Tout plûtôt que celui de chaque Partie, & plus une Partie est grande, plus elle approche du Tout.

Après les Sujets, viennent les Alliez à qui l'on s'est engagé expressément par le Traité d'Alliance, de donner du secours dans le besoin. Mais on peut, sans préjudice de l'Alliance, défendre ses Sujets préférablement aux Alliez, quand il n'y a pas moyen de les secourir les uns & les autres en même tems: Car les engagemens de

après quoi on peut ou les ajuger au *Créancier*, ou les vendre pour l'acquit de la dette, en rendant à celui sur qui on les a pris, ce qui reste, tous frais faits. Mais il n'est permis d'user de Représailles, qu'à l'égard des Sujets proprement ainsi dits, & de leurs biens: car pour ce qui est des *Etrangers* qui ne font que passer, ou qui viennent seulement pour demeurer quelque tems dans le Païs, ils n'ont pas une assez grande liaison avec l'Etat dont ils ne sont Membres qu'à tems & d'une maniere fort imparfaite, pour que l'on puisse se dédommager sur eux du tort qu'on a reçu de quelque Citoyen perpétuel, & du refus que le Souverain a fait de nous rendre justice. Il faut encore excepter les *Ambassadeurs*, qui sont des personnes sacrées, même pendant une Guerre pleine & entiere. Mais pour ce qui est des Femmes, des Ecclésiastiques, des Gens de Lettres, &c. le Droit Naturel ne leur donne ici aucun privilége, s'ils ne l'ont d'ailleurs acquis en vertu de quelque Traité. Voyez la plûpart de tout ceci plus au long dans le Texte & les Notes du Chapitre de GROTIUS, qu'on a indiqué.

§. XIV. (1) C'est ainsi que les *Campanois*, après s'être donnez aux *Romains*, leur demandoient du secours comme une chose que ceux-ci ne pouvoient leur refuser. Voyez TITE LIVE, Lib. VII. Cap. XXXI. & FLORUS, Lib. I. Cap. XVI. Il faut remarquer pourtant (ajoûtoit notre Auteur), que si les *Campanois* avoient fait injustement la guerre aux *Samnites*, les *Romains*, quoique devenus leurs maîtres, ne pouvoient légitimement prendre leur défense qu'après avoir offert aux *Samnites* la réparation du dommage, & la restitution des frais de la guerre. Voyez sur ceci, la *Jurisprudentia Historica Specimen* de Mr. BUDDEUS, (parmi ses *Selecta Juris Nat. & Gent.* §. 29. & *seqq*.

l'Etat envers ses Citoyens l'emportent toûjours sur ceux où il entre envers tout Etranger. Lors donc qu'un Souverain promet du secours à quelque autre, il est censé ne s'engager qu'à ce qu'il pourra faire sans préjudice de l'Obligation où il est envers ses propres Citoyens. D'où il s'ensuit, qu'il faut être bien sot pour compter sur une Alliance qui n'est pas avantageuse à l'un & à l'autre des Alliez. De-plus, comme personne ne doit entreprendre de son chef aucune Guerre injuste ou téméraire, on n'est pas non-plus tenu d'assister ses Alliez dans une pareille Guerre. Et cela a lieu en quelque maniere dans les Guerres même Défensives : car, si nôtre Allié voyant bien qu'avec toutes nos forces jointes aux siennes, il n'est pas en état de tenir tête à celui qui l'attaque, & pouvant s'accommoder avec lui à des conditions supportables, ne laisse pas de vouloir courir à une ruïne certaine, on ne doit pas pour cela se résoudre follement à périr avec lui, en secondant ses foibles efforts. Ce n'est qu'en ce sens qu'on peut admettre la maxime de GROTIUS, qui dit (c) qu'*on n'est pas obligé de donner du secours à un Allié, lorsqu'il n'y a aucune espérance d'un bon succès : car,* ajoûte-t-il, *toute Alliance se contracte en vûë de quelque bien, & non pas pour en souffrir du mal.* Ces paroles entenduës sans quelque restriction, (2) rendroient les Alliances fort inutiles : car à quoi bon chercheroit-on à s'allier avec quelqu'un, si en cette union il ne devoit s'exposer à aucun péril où à aucune perte, pour nous secourir ?

(c) Liv. II. Chap. XXV. §. 4. num. 1.

Les *Amis* (3), c'est-à-dire, ceux avec qui l'on est uni par une bienveillance & une affection particuliere, tiennent ici le troisiéme rang. Car, quoiqu'on ne leur ait point promis certains secours déterminez par un Traité formel, l'Amitié emporte par elle-même un engagement réciproque de s'entre-secourir autant que le permettent des Obligations plus étroites ; & cela avec plus d'empressement que ne le demande la simple liaison de l'Humanité.

Cette conformité d'une même nature peut néanmoins suffire pour nous autoriser à prendre la défence de quelqu'un contre les injures & les insultes manifestes d'un tiers, d'autant plus que nôtre intérêt, & même le Bien Public, demandent souvent qu'on ne laisse pas impunément insulter les autres. Comme on demandoit un jour à *Solon*, quelle Ville lui sembloit la plus heureuse & la mieux policée, il répondit (4) que *c'étoit celle dont les Citoyens étoient si unis, que ceux qui n'avoient pas été outragez sentoient l'injure faite à leurs Compatriotes, & en poursuivoient la réparation aussi vivement que ceux qui l'avoient reçuë.* Il ne faut pourtant pas s'imaginer, que dans l'indépendance de l'Etat de Nature chacun ait toûjours droit de prendre les armes pour réprimer & pour venger les injures qu'il voit faire à tout autre, par

(2) Mais la restriction est contenuë dans les paroles mêmes de GROTIUS. Car, dès-là qu'il suppose *qu'il n'y ait aucune espérance d'un bon succès*, il reconnoit l'obligation de secourir un Allié, pourvû qu'il y ait quelque espérance. Et cette espérance, si grande qu'elle soit, n'est qu'une espérance, par conséquent toûjours accompagnée de péril, & sujette à être frustrée.

(3) Mr. BUDDEUS dit, qu'il faut, sinon préférer aux Amis, du moins mettre au même rang, ceux qui sont de même Religion que nous : Dissert. *de comparatione Obligationum quæ ex diversis hominum statibus oriuntur*, §. 60. Mais il n'oublie pas de remarquer en même tems §. 62. que sous prétexte de défendre & de favoriser la Religion qui nous paroit véritable, il ne faut pas se croire tout permis contre ceux d'une autre Religion, quelle que ce soit : maxime détestable, que tout le monde blâme avec raison dans la conduite des *Catholiques Romains* ; mais dont, ajoûte-t-il, ceux qui détestent le plus la tyrannie de l'Eglise Romaine, ne paroissent pas entierement desabusez.

(4) Ἐρωτηθεὶς γὰρ (ὡς ἔοικεν) ἥτις οἰκεῖται κάλλιστα τῶν πόλεων, Ἐκείνη (εἶπεν) ἐν ᾗ τῶν ἀδικουμένων οὐχ ἧττον οἱ μὴ ἀδικούμενοι προβάλλονται καὶ κολάζουσι τοὺς ἀδικοῦντας. PLUTARCH. *in Solon.* page 88. D. J'ai suivi la version de Mr. DACIER. L'Auteur citoit encore ici EURIPID. *in Supplic.* vers. 267, 268. & QUINTIL. *Inst. Orat.* Lib. IV. Cap. I. page 200. *Edit. Burm.*

cette seule raison qu'il est de l'intérêt public qu'on ne laisse pas opprimer l'Innocent, & que chacun s'intéresse à ce qui regarde autrui. Car celui qui est injustement attaqué pouvant lui-même repousser la force par la force, si l'on épouse sa querelle, au lieu d'une Guerre il en naîtra deux; desorte que par-là la Societé Humaine sera doublement troublée. Il est même contre l'Egalité Naturelle, de se rendre soi-même, sans en être requis, l'arbitre des démêlez & des querelles d'autrui. Outre que cela ouvriroit la porte à un grand nombre d'abus, n'y ayant presque personne que l'on ne pût attaquer sous ce prétexte. Pour être donc en droit de prendre les armes contre celui qui fait quelque injure à un tiers avec lequel on n'a point de relation particuliere, il faut que l'Offensé nous appelle lui-même à son secours; ensorte que nous agissions alors en son nom, & non pas de nôtre chef.

Mais peut-on entreprendre une Guerre en faveur des Sujets d'un autre Prince, pour les délivrer de l'oppression de leur Souverain (d)? Le plus sûr est, à mon avis, (5) de dire que cela n'est permis que dans le cas où la tyrannie est montée à un tel point, que les Sujets eux-mêmes peuvent légitimement prendre les armes pour secouer le joug du Tyran qui les opprime.

(d) Voyez *Grotius, ubi suprà,* §. 8.

Jusques où les Nations ont porte les droits & la licence de la guerre?

§. XV. PLUSIEURS (1) Nations, comme (a) GROTIUS le fait voir amplement, n'ont mis aucunes bornes au droit que nous avons dit que la Loi Naturelle donne d'agir contre un Ennemi. Surquoi il faut remarquer, que bien que les Généraux d'Armée défendent souvent aux Soldats de porter les actes d'hostilité au-delà d'un certain point, & leur commandent d'épargner certaines choses; si l'on punit alors ceux qui ont contrevenu à ces Loix, ce n'est pas qu'ils ayent par-là fait du tort à l'Ennemi, mais uniquement pour avoir violé les ordres de leur Commandant, & afin de maintenir la Discipline Militaire qui demande beaucoup de séverité. De même, ceux qui dans une Guerre Publique & Solemnelle, ont poussé le carnage & les pilleries au-delà de ce que la Loi Naturelle permet, ne passent pas d'ordinaire dans le monde pour des Meurtriers ou des Voleurs, & ne sont pas punis ni regardez comme tels, lorsqu'ils viennent dans un Pays Neutre. La raison pourquoi les choses sont sur ce pié-là, c'est non seulement parceque l'on n'a que faire de tirer vengeance des Crimes qui n'ont pas été commis sur nos terres; mais encore parcequ'il semble y avoir entre les Peuples une Convention tacite, en vertu de laquelle chacun est tenu de ne pas se mêler de ce qui se passe dans les Guerres des autres, ausquelles il n'a aucune part. (2) En effet, pourquoi est-ce que les Peuples qui ne sont Alliez d'aucun des Ennemis, iroient sans nécessité épouser la querelle de l'un ou de l'autre? Ajoûtez à cela, que dans les Guerres même les plus légitimes, il est bien difficile de déterminer jusques où il suffit de porter les actes d'hostilité pour se défendre, & pour obtenir la réparation du dommage, ou les suretez nécessaires pour l'avenir. Ainsi il vaut mieux laisser tout cela à la Conscience de ceux qui se font la Guerre, que de s'attirer des querelles fâcheuses, en s'ingérant de condamner l'un ou l'autre des Partis. D'autant plus

(a) Liv. III. Chap. IV. & *seqq.*

(5) Les Princes les plus jaloux des droits de la Souveraineté sur leurs propres Sujets, ont quelquefois soûtenu la justice du secours donné à ceux d'autrui en des cas semblables. On a vû défendre cette Thése en *France*, lorsque la *Catalogne* se fût soustraite à la domination du Roi d'*Espagne*. Consultez ici entr'autres, SILHON, *Ministre d'Etat*, II. Part. Liv. II. Disc. V. VI.

§. XV. (1) Ce paragraphe est le XVI. dans l'Original; car le XV. le XVII. & le XIX. ne contenant que de simples renvois à GROTIUS, je les ai retranchez, avec d'autant plus de raison, que j'avois deja dit quelque chose, dans les Notes précédentes, sur les matieres qu'ils indiquent. Les Chapitres de GROTIUS, ausquels notre Auteur renvoye, sont les III. IV. V. du Livre III.

(2) Voyez ce que j'ai dit sur GROTIUS, *Liv. III. Chap. IV.* §. 4. *Note* 1.

§. XVI.

plus que ceux qui entrent en Guerre, se donnent eux-mêmes réciproquement, par une espece de Convention tacite, une liberté entiere d'exercer ou de temperer la fureur des Armes, selon que chacun le jugera à propos.

S'il est permis de faire assassiner un Ennemi.

§. XVI. ON demande ici entr'autres choses, s'il est permis de faire assassiner un Ennemi (1)? GROTIUS (a) distingue entre les *Assassins qui violent par-là leurs engagemens* exprez ou tacites, comme font les Sujets à l'égard de leur Prince; les Soldats Etrangers, à l'égard de celui au Service duquel ils se sont enrôlez; les Vassaux, à l'égard de leur Seigneur; les Réfugiez ou les Transfuges, à l'égard de celui qui les a reçus: & les *Assassins qui n'ont aucun engagement avec celui qu'ils vont tuer.* Rien n'empêche qu'on n'employe ces derniers: (b) mais pour les autres qui ne sçauroient executer sans perfidie la commission dont ils se chargent, les Nations un peu civilisées tiennent à infamie d'employer leur bras pour se défaire d'un Ennemi. Cependant, lorsqu'il s'agit de Rebelles, ou d'un Chef de Brigands & de Corsaires, les Princes les plus pieux ne font pas difficulté de proposer de grandes récompenses à quiconque voudra les trahir; & par la haine que l'on a pour ces sortes de gens, on trouve légitime contr'eux l'usage de toutes sortes de voyes.

(a) Liv. III. Chap. IV. §. 18.

(b) Voyez *Th. Morus*, Utop. Lib. II. *page* 163. & *seqq.* Edit. Basil. 1555. où l'on ne fait point de telle distinction.

C'est à-peu-près par les mêmes principes que l'on décide ordinairement la question générale, s'il est permis de se servir à la Guerre de tous ceux qu'on trouve? Car on distingue entre les Déserteurs, ou les Traîtres qui s'offrent d'eux-mêmes; & ceux que l'on corrompt par des promesses ou des récompenses. GROTIUS dit (c), que selon le Droit des Gens, on peut se servir des premiers; mais non pas des derniers. Cette décision n'est pourtant pas sans difficulté. Car, posé un juste sujet de Guerre, on a droit certainement d'ôter à l'Ennemi tout ce qui lui est de quelque secours, & de lui causer tout le dommage possible. Or je ne vois pas pourquoi, quand l'occasion s'en présente, il ne seroit pas permis de le faire en gagnant ses Sujets par argent, ou autre semblable attrait. De l'aveu de tout le monde, on peut, par exemple, donner une fausse allarme pour obliger une Garnison à se rendre; auquel cas la Garnison n'est pas entierement excusable: Et en effet les Loix de la Discipline Militaire punissent de mort ceux qui se laissent tromper de cette maniere, comme s'ils avoient été d'intelligence avec l'Ennemi; la Crédulité & la Lâcheté n'étant pas moins contraires aux Devoirs d'un bon Soldat, que la Trahison & la Perfidie. Quoique la Force ouverte soit le moyen le plus naturel & le plus légitime, de nuire à un Ennemi; la Ruse & l'Artifice n'est pas toûjours illicite. J'avouë que les Traîtres & les Déserteurs commettent eux-mêmes une action très-criminelle: mais le Crime ne semble réjaillir en aucune maniere sur celui qui les y a sollicitez. Car en vertu dequoi seroit-on obligé de ne pas se servir pour défendre ses droits, de la voye la plus commode qui se présente; seulement afin d'empêcher que ceux qui, par leurs injustices ont rompu avec nous tout commerce de Devoirs réciproques, n'ayent pas occasion de blesser leur Conscience, en trahissant nôtre Ennemi? Pourquoi ne pourroit-on pas attaquer par le charme des Pistoles ceux contre qui on a vainement tiré des coups de Canon? D'autant plus que, malgré toutes les sollicitations, il est libre à ceux que l'on sollicite de demeurer exposez à éprouver de nôtre part des actes d'hostilité, ou

(c) Liv. III Chap. I. §. 21, 22. Voyez pourtant la Declamation CCLV. de *Quintilien*, où l'on soûtient, qu'il ne faut pas recevoir les Déserteurs de l'Armée Ennemie.

§. XVI. (1) Car il est permis de tuer un Ennemi partout où on le trouve, & il n'importe qu'on se serve pour cela d'un grand nombre de gens, ou d'une seule personne. Voyez GROTIUS, dans l'endroit cité; & la Dissertation de Mr. BUDDEUS, intitulée, *Jurisprudentia Historica Specimen*, §. 49. & *seqq.* J'ai traité la question plus distinctement, & à mon avis, plus exactement, sur le Chapitre de GROTIUS, §. 18. *Note* 11.

de se raccommoder avec nous en nous rendant service contre le Parti qu'ils abandonnent. Autre chose est, lorsqu'on débauche les Esclaves ou les Sujets de quelqu'un avec qui l'on est en paix ; car on fait mal alors pour deux raisons, qui n'ont pas lieu dans le cas dont il s'agit ; l'une, c'est qu'on n'a aucun droit de prendre ce qui appartient à une personne avec qui l'on n'est point en guerre ; l'autre, c'est qu'on ne pouvoit légitimement faire aucun mal à l'Esclave même, ou au Sujet, s'il eût refusé de se mettre à nôtre service. Comme donc un Ennemi n'a, par rapport à nous, aucun droit de Proprieté qui nous impose une Obligation indispensable de ne pas lui prendre son bien, il n'a non-plus sur ses Sujets aucune Autorité inviolable par rapport à nous. Ce qui nous fournit la réponse à une objection tirée de ce qu'il n'est pas permis de pousser les autres à aucune action qu'ils ne puissent commettre sans crime, & que l'on péche soi-même, lorsqu'on fournit à autrui l'occasion de pécher : car cette maxime semble n'avoir lieu qu'entre ceux qui sont en paix. L'état de Guerre où l'on entre avec un Ennemi, fait qu'en poursuivant son droit contre lui, on ne doit pas se mettre en peine si on lui donne occasion de pécher ou non. Ainsi, quoique l'argent qu'on offre, ou les promesses qu'on fait à un homme du Parti ennemi, le portent véritablement à déserter ou à trahir son Maître ; sa perfidie ne peut pas nous être justement imputée, comme si nous participions à ce qu'il y a de criminel dans l'action ; parceque la Guerre, tant qu'elle dure, rompt tout commerce de Devoirs réciproques avec l'Ennemi, & qu'en prenant les armes contre nous, il nous a donné, entant qu'en lui étoit, une permission sans bornes d'exercer contre lui toutes sortes d'actes d'hostilité. D'ailleurs, puisque l'on peut perdre entierement l'Ennemi lorsque l'intérêt de la Guerre le demande, pourquoi seroit-ce un Crime de lui donner simplement occasion de pécher ? Car de ce qu'on doit garder la foi à l'Ennemi, il ne s'ensuit nullement, comme le prétendent quelques-uns, qu'on ne puisse pas légitimement solliciter ses Sujets à le trahir. Tout ce qu'il y a, c'est qu'il faut bien prendre garde de ne pas se nuire à soi-même, par l'exemple qu'on donne aux autres ; & il faut avoüer, que c'est un acte de grande générosité, de s'abstenir tant qu'on le peut, de ces sortes de voyes. Il est certain aussi, que ceux-là mêmes qui aiment la trahison & qui en profitent, haïssent le Traître, & se défient toûjours de lui (d).

(d) Voyez *Valer. Max.* Lib. VI. Cap. V. §. 7. & *Procop.* Hist. Goth. Lib. I. Cap. VIII. dans la Harangue de *Pester* & *Asclepiodate.*

Comment on acquiert la Proprieté des choses que l'on prend sur l'Ennemi.

§. XVII. Dans une Guerre juste, on (1) acquiert, par le Droit Naturel, & l'on peut retenir en conscience, des choses (2) que l'on a prises sur l'Ennemi, ce qui nous est dû, ou l'équivalent, y compris les frais de la Guerre ausquels l'Ennemi nous a engagez pour n'avoir pas voulu nous satisfaire, & même ce que l'on juge nécessaire de garder comme une sureté pour l'avenir (a). Ainsi, lorsque la confiance que l'Ennemi avoit en ses forces l'a porté à nous faire du tort & à nous insulter, on peut fort bien, après l'avoir vaincu, l'affoiblir, & le dépouiller de ses richesses superflues, afin qu'il soit désormais plus retenu à nôtre égard. Mais, selon la Coutume reçuë des Peuples, quiconque fait la Guerre dans les formes & avec autorité publique, devient

(a) Voyez *Grotius*, Liv. III. Chap. VI. §. 1, 2.

§. XVII. (1) *Voyez ci-dessus, Liv. IV. Chap. VI. §. 14* où l'on explique comment se fait l'Acquisition des choses prises sur l'Ennemi.

(2) Pourvû qu'elles soient à lui : car il n'en est pas de même de celles qui se trouvent dans son País, mais qui appartiennent à des Etrangers, avec lesquels il est en paix ; à moins qu'ils ne les lui eussent envoyées à dessein de le secourir dans la Guerre présente. Pour ce qui est de la charge des Vaisseaux appartenans à l'Ennemi, elle est censée lui appartenir toute entiere, & par conséquent être de bonne prise, tant que les Etrangers n'ont pas reclamé & justifié clairement les effets qu'ils peuvent y avoir. Voyez Grotius, Liv. III. Chap. VI. §. 5, 6.

maître absolument & sans restriction de tout ce qu'il peut prendre sur l'Ennemi, quoique la valeur du butin excede de beaucoup les prétensions qui ont été le sujet de la querelle, & le dommage ou les frais de la Guerre.

Les *choses mobiliaires* (b) sont censées *prises*, du moment qu'elles sont à couvert de la poursuite de l'Ennemi; & les *Immeubles*, lorsque celui qui les tient se trouve en état de chasser l'Ennemi, s'il vouloit s'en remettre en possession. Mais il faut bien remarquer ici, que pendant tout le cours de la Guerre, le droit qu'on acquiert sur les choses dont on a dépouillé l'Ennemi, n'est valable que par rapport à un tiers Neutre; car l'Ennemi peut reprendre ce qu'il a perdu, toutes fois & quantes qu'il en trouve le moyen; jusques à ce que, par un Traité de Paix, il ait renoncé à toutes ses prétensions.

(b) Voyez *Grotius, ubi supra.* §. 3, 4.

Au profit de qui revient le butin fait à la guerre.

§. XVIII. On demande, si les choses prises dans une Guerre Publique & Solemnelle, appartiennent à tout le Corps du Peuple, ou aux Particuliers qui en sont Membres, ou à ceux qui ont fait eux-mêmes le butin (a)? Voici en peu de mots, de quelle maniere il faut, à mon avis, décider cette question. Il est certain, que c'est au Souverain seul qu'appartient le droit de faire la Guerre, ce qui renferme le pouvoir d'obliger les Citoyens à prendre les armes, & de les mener en campagne, comme aussi celui d'exiger d'eux de l'argent, & toutes les autres choses nécessaires pour la Guerre. Mais, comme on entreprend la Guerre ou pour quelque raison qui regarde tout l'Etat, ou pour faire rendre ce qui est dû à quelque Particulier; il est clair, que dans le dernier cas il faut commencer par dédommager celui en faveur de qui l'on a pris les armes. Que s'il y a quelque chose de reste, ou si l'on s'est engagé à la Guerre pour quelque sujet qui intéresse le Public; comme c'est toûjours par l'autorité du Souverain qu'elle se fait, c'est aussi à lui qu'est acquis premierement & originairement tout le Butin, qui que ce soit qui le fasse, soit Etrangers à sa solde, soit Sujets, quand même ceux-ci serviroient sans gages. Cependant, puisqu'il n'y a presque point de Citoyen à qui la Guerre ne soit onéreuse, ou par les contributions, ou par les services militaires qu'on exige de lui; il est de l'Equité & de l'Humanité du Souverain, de faire ensorte que chacun se ressente des avantages qui reviennent de la Guerre, aussi-bien que des charges & des incommoditez. Pour cet effet, on peut ou donner à ceux que l'on fait marcher en campagne, une paye des (b) deniers publics; ou partager entr'eux le Butin, ou laisser à chacun ce qu'il a pris; ou faire du Butin un fonds qui soit destiné à décharger désormais les Citoyens ou en tout, ou en partie, des charges & des impôts. Pour ce qui est des Etrangers, le Souverain n'est tenu que de leur payer exactement leur solde, & s'il leur donne quelque chose au-delà, c'est ou par pure libéralité, ou en récompense de quelque belle action, ou pour les encourager à bien faire leur devoir.

(a) Voyez *Grotius*, Liv. III. Chap. VI §. 2, 8. & *suiv.*

(b) Voyez T. Liv. Lib. IV. Cap. LX. & Lib. V. C. IV.

GROTIUS, qui traite fort au long cette question, (c) distingue entre les *Exploits militaires véritablement publics*, & les *Exploits faits d'autorité privée* à l'occasion d'une Guerre Publique. Dans les derniers, selon lui, les Particuliers acquierent pour eux-mêmes premierement & directement ce qu'ils prennent sur l'Ennemi: au lieu que, dans les premiers, tout ce que l'on prend est acquis au Peuple. Mais il y a lieu de douter, si tout ce que les Particuliers prennent sur l'Ennemi de leur chef & sans ordre du Souverain, leur appartient par cela seul qu'ils s'en sont emparez eux-mêmes; car c'est une partie du droit de la Guerre, (1) que de choisir ceux qui doivent agir

(c) *Ubi supra.*

§. XVIII. (1) *Caton* disoit, que quiconque n'est pas enrôlé & mis au nombre des Soldats, n'a aucun droit de se battre avec l'Ennemi. *Negat enim* [Marcus Cato] *jus esse, qui miles non sit, pugnare cum hoste.* CICER. *de Offic.* Lib. I. Cap. XI. L'Auteur qui remarquoit cela, renvoyoit aussi à ZIEGLER, sur GROTIUS, Lib. III.

offensivement contre l'Ennemi, & de leur prescrire jusques où ils doivent porter les actes d'hostilité. Ainsi aucun Particulier ne sauroit légitimement faire des courses sur les terres de l'Ennemi, ni lui enlever quoique ce soit, sans ordre du Souverain, à qui il appartient par conséquent de permettre ou de défendre le pillage, (2) autant qu'il le juge à propos; & de laisser tout le Butin, ou une partie seulement, à ceux qui l'ont fait. Ainsi tout le droit que les Particuliers ont ici, dépend toûjours originairement de la volonté du Souverain.

Comment on acquiert par droit de guerre les *choses incorporelles*?

§. XIX. POUR ce qui regarde en particulier l'Acquisition des *choses incorporelles* par droit de Guerre, il faut remarquer qu'on n'en devient maître que quand on est en possession (1) du sujet auquel elles sont comme attachées. Or elles accompagnent ou les *Personnes*, ou les *Choses*. On attache souvent, par exemple, aux Fonds de terre, aux Rivieres, aux Ports, aux Villes, aux Païs, & autres choses semblables, certains droits qui les suivent toûjours à quelque Possesseur qu'elles parviennent: ou plûtôt ceux qui les possédent ont par cela seul certains droits sur d'autres choses ou d'autres personnes. Or ici il faut voir, si les droits attachez à ces sortes de choses viennent d'une *Convention personnelle*, ou d'une *Convention réelle*; c'est-à-dire, si celui qui y a le premier attache quelque droit, a établi qu'il suivroit toûjours le Possesseur, quel qu'il fût, & à quel titre qu'il eût acquis la chose; ou s'il a prétendu seulement, que ce droit n'eût son effet que quand telles ou telles personnes posséderoient la chose à certain titre: car, dans le dernier cas, on n'acquiert pas le droit avec la chose, par cela seul qu'on l'a prise sur l'Ennemi, à moins que cette maniere de la posseder n'ait été déclarée, dans la premiere institution, un titre suffisant pour s'approprier le droit qui y est attaché.

(a) Voyez *Grotius*, Liv. III. Chap. VII. §. 4. & Chap. VIII. §. 4.

Les *droits* (a) *qui conviennent directement & immédiatement à une Personne*, regardent ou d'autres Personnes, ou seulement certaines choses. *Ceux qu'une Personne a sur une autre Personne*, ne s'acquierent que par le consentement de celle-ci; laquelle n'est pas censée avoir prétendu donner quelque pouvoir sur elle à tout autre, mais seulement à tel ou tel. Ainsi lorsqu'on a pris le Roi du Peuple avec qui l'on est en guerre, on n'est pas pour cela seul devenu Maître de son Royaume. Si un Mari ou

Cap. VI. §. 12. Au reste, il ne dit rien des Alliez, qui, comme chacun voit, doivent avoir leur part au butin, quand même il n'y auroit point là-dessus de Convention expresse entr'eux, & celui au secours duquel ils sont venus. Voyez GROTIUS, Liv. III. Chap. VI. §. 23.

(2) Il étoit défendu aux *Lacédémoniens* (comme le remarquoit notre Auteur un peu plus haut) de dépouiller les Ennemis (c'est-à-dire, ceux qu'on avoit tuez:) Ὅτι ἀπείρητο Λακεδαιμονίοις σκυλεύειν τὸν πολέμιον. ÆLIAN. *Var. Hist.* Lib. VI. Cap. 6. Voyez là-dessus la Note de feu Mr. PERIZONIUS. Parmi les *Grecs* en général (comme le dit notre Auteur) quand on déclaroit la guerre à un autre Peuple, on faisoit savoir par un Crieur Public, qu'il étoit permis de faire du Butin sur ceux de cette Nation: sur quoi il cite POLYBE, Lib. IV. Cap. XXVI. XXXVI. Dans le premier endroit, il n'est parlé que d'une résolution publique de déclarer la guerre: Διότι χωρὶς κοινοῦ δόγματος ἀδικήματι καὶ πε[illegible] πάντας &c. Dans l'autre, il s'agit seulement des *Lacedémoniens*: Ἐκήρυξαν οἱ Λακεδαιμόνιοι τὸ λάφυρον κατὰ τῶν Ἀχαιῶν, &c.

§. XIX. (1) Ainsi (comme le remarque ici Mr. HERTIUS) pour avoir pris, parmi le Butin, quelque Billet d'obligation, sans tenir le Créancier à qui il est fait, on n'acquiert pas pour cela le droit d'exiger la Dette. Le même Auteur dit, qu'il en est de même quand on s'est saisi du Créancier, parceque le droit venant d'un Contract, est personnel. Mais cela n'est vrai, qu'en supposant que le Prisonnier de guerre conserve sa Liberté. Car aujourd'hui même dans les Païs où l'on fait Esclaves ceux que l'on prend, on acquiert, comme autrefois, avec la personne, tous ses biens, de quelque nature qu'ils soient, au nombre desquels sont les Dettes actives, quelque fondées qu'elles soient sur un Contract. Tout ce qu'il y a, c'est que cela n'a lieu que par rapport aux Peuples Neutres, qui comme tels, doivent tenir les actes d'hostilité pour justes de part & d'autre: au lieu que le Peuple même, du parti duquel étoit le Prisonnier, les suppose toûjours injustes, & ne laisse à l'Ennemi par un Traité de Paix, que ce qu'il a pû prendre à moins qu'il n'ait stipulé expressément quelque chose de plus. Voyez au reste, sur le premier cas, JOACH. BURGERI, *Sing. Observ.* Cent. I. Obs. XXVI.

un Pere tombent entre les mains des Ennemis, ceux-ci n'acquierent par-là aucune autorité sur la Femme ou les Enfans. Que si l'on a pris la Femme & le Mari tout ensemble, on acquiert alors un droit sur la Femme, non parceque l'on tient son Mari, sous la puissance de qui elle étoit, mais uniquement parcequ'on l'a prise elle-même; & on n'auroit pas moins de pouvoir sur elle, si on l'avoit prise toute seule. Mais seule, ou avec son Mari, on n'acquiert jamais sur elle le même pouvoir qu'a le Mari en vertu de l'union Conjugale, mais seulement celui que le droit des Armes donne sur les Prisonniers de Guerre.

A l'égard des *droits personnels sur les choses*, il faut distinguer, si le Prisonnier de Guerre est Membre d'une Societé Civile, ou s'il vit dans l'indépendance de l'Etat de Nature. Dans le dernier cas, par cela seul qu'on est maître de la Personne, on est censé s'être saisi en même tems de tous ses biens, ou du moins avoir acquis le droit de les prendre à la premiere occasion; n'y ayant aucun autre qui puisse légitimement nous en empêcher. Mais dans les Societez Civiles, (2) il est établi par l'Usage, que les biens d'une personne ne sont pas perdus avec elle, & que le droit qu'elle y avoit, passe à d'autres Concitoyens, ou, à leur défaut, acquis au Domaine de l'Etat. Si donc un Citoyen vient à tomber entre les mains des Ennemis, ceux-ci n'acquierent point en même tems les biens de cette personne qui ne sont pas tombez entre leurs mains; mais ces biens reviennent à ceux que les Loix du Païs appelloient à la Succession, si le Prisonnier fût décédé de mort naturelle. Que si l'on prend un homme avec tous ses biens, on les acquiert alors purement & simplement, parcequ'on s'en est saisi, & non pas à cause que l'on tient leur ancien Proprietaire: desorte que, par rapport au droit qu'on a sur ces biens, c'est tout un de prendre, ou non, en même tems celui à qui ils appartenoient.

§. XX. POUR illustrer ceci, il ne sera pas inutile de dire quelque chose sur une Cause célébre, que l'on suppose avoir été autrefois portée devant les (a) *Amphictyons.* (1) *Alexandre le Grand* ayant pris & ruiné la Ville de *Thébes*, trouva l'acte d'un Contract, par lequel les *Thessaliens* reconnoissoient devoir aux *Thébains* cent talens que ceux-ci leur avoient prêtez; & comme les *Thessaliens* lui avoient aidé dans cette expédition, il leur remit volontairement la dette. Les *Thébains* étant depuis rétablis par *Cassandre*, redemandent leur argent aux *Thessaliens*, & un ancien Orateur leur prête ces raisons: *Que devant les Tribunaux Civils, le droit de la Guerre n'étoit pas un titre recevable, & que ce dont on est devenu maître par les Armes, ne se peut retenir que par les Armes: Que le Vainqueur n'acquiert que ce qu'il peut saisir & empoigner, pour ainsi dire, & qu'ainsi il ne sauroit s'emparer par les armes d'un droit, qui est une chose incorporelle: Qu'il y a cette différence entre un Héritier & un Vainqueur, que le premier acquiert les droits de celui à qui il succede, aussi-bien que les*

Si une Dette peut être acquise par droit de guerre.

(a) Assemblée generale des Députez de tous les Peuples de la Grece.

(2) Voyez la Note précédente.

§. XX. (1) *Cum Thebas everteret* Alexander, *invenit tabulas, quibus centum talenta mutua* Thessalis *dedisse* Thebanos *continebatur. Has, quia erat usus commilitio* Thessalorum, *donavit his ultro: postea restituti à* Cassandro Thebani *reposcunt* Thessalos. *Apud* Amphictyonas *agitur .... Dicamus in primis in eo quod in judicium deduci potest, nihil valere jus belli, nec armis erepta, nisi armis posse retineri ... Tum secundo gradu, non potuisse donari à victore jus, quia id demum sit ejus, quod ipse teneat: jus, quod sit incorporale, apprehendi manu non posse .... Ut alia sit conditio heredis, alia victoris: quia ad illum jus, ad hunc res transeat ..... Jus publici crediti transire ad victorem non potuisse: quia, quod populus crediderit, omnibus debeatur; &, quamdiu quilibet unus superfuerit, esse eum totius summæ creditorem:* Thebanos *autem non omnes in* Alexandri *manu fuisse .... Non in tabulis esse jus.* QUINTIL. Instit. Orat. Lib. V. Cap. X. page 411, 412. *Edit. Burm.* Mr. *Titius*, dans les *Observat. in Compend. Lauterbach.* Obs. 1438. & avant lui FRANÇOIS HOTOMAN, *Quæst. Illustr.* V. ont pris ici le parti des *Thessaliens.* Mais il seroit facile de faire voir, que ni l'un ni l'autre ne disent rien qui détruise les raisons de GROTIUS & de notre Auteur.

Choses qui tombent sous les sens, au lieu que l'autre ne devient maître que des Choses qu'il peut prendre: Que ce qui est dû au Peuple, est dû à chaque Citoyen; & qu'ainsi, tant qu'il en reste un seul, la Dette subsiste. Mais les *Thessaliens* pouvoient répondre, 1. Qu'on n'est pas en droit de redemander ce dont on a été dépouillé par quelque acte légitime d'hostilité: Or, selon la Coûtume établie entre les Peuples, on tient pour juste tout acte d'hostilité qui s'exerce dans une Guerre Publique & selon les formes, ensorte qu'après la Paix faite l'ancien maître n'a plus rien à prétendre à tout ce qu'il a perdu dans le cours de cette Guerre. 2. Que le droit de la Guerre est un bon titre à alléguer devant les Tribunaux Civils: car si, après que la Paix est faite, on vient à contester quelque chose qui avoit été prise sur l'Ennemi, il suffit certainement au Possesseur de faire voir qu'il s'est emparé de cette chose, & qu'il l'a acquise par droit de Guerre. 3. Que ce qui a été ainsi acquis dans une Guerre en forme, appartient au Possesseur, après qu'elle est finie, à plus juste titre encore qu'auparavant; surtout lorsque la Paix a été faite par un Traité entre les deux Parties; car alors on consent tacitement de part & d'autre, que chacun demeure légitime Possesseur de tout ce qu'il n'est pas tenu de rendre en vertu de quelque clause expresse du Traité. 4. Que l'on peut acquérir, avec la personne du Prisonnier de guerre, les droits mêmes qui sont fondez proprement & immédiatement sur des choses dont on n'est pas en possession, pourvû que le Prisonnier nous cede ses droits par un consentement exprès ou tacite: consentement que l'on peut tirer de lui, de gré ou de force, en le menaçant d'un mal plus fâcheux, s'il refuse de le donner. Comme donc je puis ceder à un autre ce qui m'est dû par un tiers, ensorte que le Débiteur sera desormais aussi indispensablement tenu de payer celui à qui j'ai transféré mon droit, qu'il étoit obligé auparavant de me satisfaire: de même, si un Prisonnier de guerre me cede sa Dette, le Débiteur dès-lors change de Créancier, & c'est à moi qu'il a affaire désormais. Or *Alexandre* pouvoit sur ce pié là contraindre les *Thébains* à lui ceder leur Dette, quand même il auroit laissé subsister la Ville de *Thébes*; & il étoit censé en effet avoir succedé à leur droit, du moment qu'il devint maître de *Thébes* & de tout ce qui lui appartenoit; desorte qu'il dépendoit de lui, ou de faire payer les *Thessaliens*, ou de leur quitter les cent talens. Rien n'empêchoit même qu'il n'obligeât les *Thébains* à remettre eux-mêmes immédiatement cette dette aux *Thessaliens*. Si donc il tint quittes les derniers, ce n'étoit pas tant afin que la République de *Thébes*, qui étoit entierement détruite, ne redemandât pas un jour aux *Thessaliens* ce qu'elle leur avoit prêté, que pour leur donner des assurances qu'il ne leur demanderoit rien lui-même. 5. Qu'il est faux, que tant qu'il reste un seul Citoyen, les Dettes contractées envers l'Etat subsistent toûjours, ensorte que ce Citoyen ait le même droit qu'avoit l'Etat dont il a été Membre. Car ceux qui restent après l'entiere destruction du Corps d'un Etat, n'en étant plus Membres, ne sauroient s'attribuer les mêmes droits qu'il avoit. Or il est clair, qu'*Alexandre* détruisit entierement la République de *Thébes*, & qu'ainsi ceux qui rebâtirent ensuite cette Ville formerent un Peuple tout nouveau, qui ne pouvoit pas prétendre rentrer dans les droits particuliers des anciens *Thébains*, par cela seul qu'il occupoit le même Païs, & qu'il n'avoit acquis aucun autre titre en vertu duquel il pût exiger la Dette des *Thessaliens*. 6. Enfin, que les *Thessaliens* n'avoient pas recouvré l'acte de leur obligation par une simple possession sans titre; mais qu'il leur avoit été volontairement délivré par celui qui étant devenu maître de tout ce qui appartenoit aux *Thébains*, avoit bien voulu leur remettre cette Dette.

Comment on acquiert le droit de commander aux Vaincus ?

§. XXI. ON acquiert encore par les armes le droit de commander aux Peuples vaincus, aussi-bien qu'aux Particuliers. (1) Mais afin que cet empire soit légitime, & que les Vaincus soient obligez en conscience de s'y soumettre, il faut qu'ils ayent promis au Vainqueur ou expressément ou tacitement, de le reconnoître pour leur Maître, & que lui de son côté ne les traite plus en Ennemis.

Comment on recouvre ce qui avoit été pris à la guerre.

§. XXII. AU RESTE (1) on recouvre quelquefois les choses dont on avoit été dépoüillé par l'Ennemi, & les gens qu'il avoit faits Prisonniers de Guerre. En ce cas-là voici, à mon avis, ce qui est le plus conforme à l'Equité Naturelle.

Ceux qui échappent des mains de l'Ennemi, de quelque maniere que ce soit, sans lui avoir donné parole de ne pas se sauver, doivent rentrer seulement dans leur premier état; mais encore dans tous leurs biens & dans tous leurs droits. Pour ce qui est des Choses, si on les recouvre pendant la Guerre ou par soi-même, ou par le moyen des Sujets ou des Soldats de l'Etat; il est juste qu'elles retournent à leurs anciens Maîtres, tant les Mobiliaires que les Immeubles; pourvû qu'on sçache bien à qui elles appartiennent. Car le Souverain étant tenu de mettre en sureté & de défendre les biens de ses Sujets, autant qu'il lui est possible, il doit aussi leur faire recouvrer ce qu'ils ont perdu; & il n'importe que ce soient les Soldats qui l'ayent repris sur l'Ennemi, car ils ne sont que les Ministres de l'Etat; & ce qu'ils prennent est au

§. XXI. (1) Ce paragraphe est tiré de l'Abregé *des Devoirs de l'Hom. & du Cit.* Liv. II. Chap. XVI. §. 14. car l'Auteur se contentoit de renvoyer ici à GROTIUS, Liv. III. Chap. VIII. Voyez ci-dessus, Liv. VII. Chap. VII. §. 3, 4. & GROTIUS, Liv. III. Chapp. VII. VIII. & XV. comme aussi Mr. BUDDEUS, dans ses *Elemens de Philosophie Pratique*, Part. II. Cap. V. Sect. VI. §. 9. *& seqq.* Voici quels sont là dessus les principes de Mr. LOCKE, dans son Traité du *Gouvernement Civil*, II. Part. Chap. XVI. Un Conquerant, dit-il, même dans une juste Guerre, n'acquiert aucun pouvoir sur ceux qui ont été les compagnons de sa Conquête. Ce n'est que sur ceux qui ont actuellement concouru, ou consenti à lui faire une injuste guerre. Le pouvoir qu'il acquiert sur ceux qu'il subjugue, est tout-à-fait despotique à l'égard de leurs vies; mais non à l'égard de leurs possessions. La raison de ce dernier chef, qui semble d'abord paradoxe, est que l'on peut tuer ceux qui ont pris les armes injustement, pour ôter la vie, s'ils avoient pû, à ceux qui les ont vaincus: mais cela étant une faute personnelle de ceux qui ont fait une guerre injuste, leur posterité ne doit pas s'en ressentir. Or c'est ce qui arriveroit, si l'on se saisissoit de tous leurs biens destinez à l'entretien de leurs Enfans, que l'on reduiroit aussi à la mendicité, à cause de la faute de leurs Peres. Tout ce qu'un Conquerant peut faire avec justice, c'est de se dédommager s'il a souffert de la perte. Ainsi les Peuples, dont on a opprimé les Prédécesseurs & la Patrie, par force, ont toûjours droit, selon Mr *Locke*, d'en revenir, & d'employer la même voye pour recouvrer leur liberté. En effet, il seroit absurde de dire qu'un Prince a droit de prendre tout ce qu'il peut, & que dès qu'il l'a possedé quelque-tems, les Peuples qui naîtront dans les Païs Conquis, pendant tous les siecles à venir, sont par avance soumis, de Droit Divin, à sa domination, sans que ces Peuples puissent jamais ôter à ses Descendans ce qu'un de leurs Prédécesseurs a pris par force. „ La verité est, (ajoûte Mr. LE CLERC, de qui j'avois emprunté cet Extrait) qu'il y a de grandes difficul„tez sur cette matiere, à cause des malheurs des „Guerres Civiles, que l'on doit tâcher d'éviter au„tant qu'il est possible. Mais il semble que tout le „Droit que l'on peut établir dans cette occasion, „étant fondé sur le Bien Public qui est la Souverai„ne Loi, il faut voir si ce qu'on entreprend fera pro„bablement plus de mal que de bien à la Societé. Si „cela est, ce qu'on fait devient injuste; mais si le „bien qui en revient, est beaucoup plus grand que „le mal, l'entreprise pourra être nommée juste. BIBLIOTH. UNIVERS. Tome XIX. page 586. La raison principale de Mr. LOCKE, considerée en elle-même, est si peu démonstrative, qu'elle ne convient ni aux guerres justes dont il parle, ni aux guerres injustes, en supposant, comme fait notre Auteur, un consentement exprès, ou tacite, des Peuples Vaincus, & une paisible possession du Vainqueur. Si un Pere a perdu son droit sur ses biens, il ne peut le transmettre à ses Enfans. Voyez ce que j'ai dit ci-dessus, *Liv.* VII. *Chap.* VII. §. 3. *Note* 4. Mr. LOCKE s'objecte lui-même, §. 176. qu'en laissant aux Descendans la liberté de revenir des engagemens de leurs Ancêtres, toutes les fois qu'ils en trouveront l'occasion favorable, *il naîtra de là des troubles sans fin*; & il ne leve pas une si grande difficulté. Mais il faut avouer, que quelque excellent que soit en gros ce Traité *Du Gouvernement Civil*, l'Auteur y a quelquefois un peu trop devant les yeux le Gouvernement de sa Patrie, dont la Constitution ne tire point à consequence pour tous les autres Etats. Il ne distingue pas aussi assez entre l'usage qu'un Vainqueur peut faire de ses droits en conscience, & celui qu'il a à la rigueur; ensorte que ses Vaincus sont *obligez* de s'y soumettre, pour le bien même de la tranquilité du Genre Humain.

§. XXII. (1) Voyez sur ce droit de *Postliminie*, que l'on acquiert par un *retour* dans son Païs, ou dans celui de ses Amis ou Alliez (*ex reditu in limen*) GROTIUS, Liv. III. Chap. IX. & XVI. avec mes Notes: & Mr. BUDDEUS, dans ses *Elem. Phil. Pract.* II. Part. Cap. V. Sect. VI. §. 25, *& seqq.*

profit de l'Etat, & non pas pour eux-mêmes. Or il seroit injuste que l'Etat gardât pour lui les biens dont on avoit dépoüillé ses Sujets; il faut donc qu'il les rende à leurs anciens maîtres (a).

(a) Voyez I. *Samuel*, XXX. 23. & *suiv.* & *Homer.* Iliad. Lib. XI. vers. 681. & *seqq.*

Comment on dépouille l'Ennemi des Peuples qu'il avoit conquis.

§. XXIII. Lorsqu'un Peuple entier secouë, ou par ses seules forces, ou avec le secours de quelque Allié, le joug d'un Ennemi qui l'avoit conquis; il recouvre sans contredit sa liberté & son ancien état. En ce cas-là, si une partie des biens qui lui appartenoient, demeure encore entre les mains des Ennemis, il conserve le droit de les leur reprendre, tant qu'il n'y a point encore de Traité de Paix par lequel il les leur ait cedez. Que si un tiers, agissant en son propre nom, délivre ce Peuple par ses armes victorieuses, de la domination de l'Ennemi qui l'avoit conquis; le Peuple délivré ne fera alors que changer de maître, (1) & entrera sous les Loix de son Libérateur. Il faut dire la même chose d'une partie du Peuple. Mais si une Province vient à être reconquise par le Peuple du Corps duquel elle avoit été détachée, ou par quelqu'un de ses Alliez; elle sera réunie à son ancien Corps, & elle rentrera pleinement dans tous ses droits. On peut néanmoins convenir avec ses Alliez, de leur laisser les Pays qui nous appartenoient autrefois, & qu'ils ont repris eux-mêmes sur nôtre Ennemi commun. C'est ainsi que *Démétrius* (a) aimoit mieux ceder son Royaume à *Philippe*; s'il pouvoit le reconquerir, que de le laisser aux *Romains*. Mais quand même un Peuple conquis auroit lui-même chassé, par ses seules forces, les Troupes de l'Ennemi, il ne laisseroit pas pour cela d'être tenu de se rejoindre à son ancien Corps, & il ne pourroit pas, sous ce prétexte, s'ériger désormais en Etat séparé; à moins que le Corps, dont il a été détaché, n'eût renoncé manifestement à toutes ses prétensions.

(a) *Justin.* Lib. XXIX. Cap. II.

CHAPITRE VII.

Des Conventions *que l'on fait avec des Ennemis*, pendant le cours de la Guerre.

Il y a deux sortes de Conventions qui supposent l'etat de guerre.

§. I. Parlons maintenant des Conventions Publiques qui supposent l'Etat de Guerre. Il y en a de deux sortes: les unes *qui laissent subsister l'Etat de Guerre*, & qui ne font que tempérer un peu la rigueur des actes d'hostilité: les autres *qui le font cesser entierement*. Mais avant que de traiter en particulier des unes & des autres, il faut dire quelque chose en général sur la validité de la premiere sorte des Conventions Publiques.

Si les Conventions, qui ne tendent pas à rétablir la Paix, sont valides?

§. II. Grotius (a) soûtient que toutes les Conventions généralement, que l'on fait avec un Ennemi, doivent être gardées avec une fidélité inviolable. La chose est évidente à l'égard des Conventions qui tendent à rétablir la Paix; mais il y a quelque difficulté par rapport à celles qui laissent subsister l'état de Guerre. De ce qu'une personne est capable de sçavoir ce qu'elle fait, & de donner un consentement véritable, il ne s'ensuit pas nécessairement que ses Promesses donnent toujours quelque droit à tout autre à qui elle les fait, ni qu'elles lui imposent à elle-même une Obligation

(a) Liv. III. Chap. XIX.

§. XXIII. (1) Il faut excepter ici le cas d'un Peuple Allié de quelques autres par une Confédération perpetuelle; comme il arriva dans la guerre de M. DC. LXXII. à quelques-unes des *Provinces-Unies*, qui furent reconquises sur les *François*. Voyez la Note de Mr. Hertius, sur *Liv.* VII. *Chap.* V. §. 21.

Obligation indispensable. Car la Violence & la Force ouverte étant le caractere distinctif de l'état de Guerre, consideré comme tel; il semble que la fidélité dans les Conventions, qui est l'instrument propre & naturel de la Paix, ne peut avoir lieu (1) dans les actes où il ne s'agit ni de rétablir la Paix, ni de la conserver; & qui même semblent plûtôt entretenir l'état de Guerre, que tendre à le faire cesser. D'ailleurs, quiconque entre en traité, doit supposer que l'autre Contractant se fie à lui. Or il implique contradiction, de prétendre qu'un homme se fie à nous, pendant que l'on continuë d'être ouvertement son Ennemi; c'est-à-dire, que l'on se montre toûjours disposé à lui faire du mal de toutes sortes de manieres. Car l'état de Guerre donnant par lui-même le droit de pousser à l'infini les actes d'hostilité, les protestations qu'on fait de les suspendre ou de les moderer, sans vouloir pour cela cesser de regarder entierement sur le pié d'Ennemi celui envers qui l'on s'engage, semblent se démentir elles-mêmes. Ainsi on ne sçauroit appliquer ici le principe que nous avons établi ailleurs, que du moment qu'on traite avec quelqu'un, on renonce par cela même *à toutes les exceptions tirées de sa personne*, qui pourroient nous faire appréhender un manque de parole. Car, si c'est tout-de-bon que les deux Ennemis y renoncent, dès-là ils ne sont plus en état de Guerre: mais s'ils agissent en qualité de gens qui témoignent toûjours être dans le dessein de demeurer Ennemis, cela seul donne lieu de présumer qu'ils ne font que se dresser des embuches, & que chercher à s'endormir l'un l'autre, pour joüer quelque mauvais tour à celui qui sera assez sot pour se reposer là-dessus; comme l'expérience (b) l'a fait voir souvent. Lors même que quelqu'un se trouve duppé par une telle Convention, il n'acquiert par-là aucun nouveau droit contre celui qui l'a trompé, (2) puisque l'état de Guerre autorise par luj-même toutes sortes d'actes d'hostilité. Que si l'on se réduit à dire, qu'il faut tenir

(b) Voyez, par exemple, ce que *Procope* rapporte de *Totilas*, à l'égard de *Narsès*: *Hist. Goth.* Lib. IV, *Cap.* 29.

CHAP. VII. §. II. (1) *Malgré tout ce que notre Auteur dit ici*, il me semble que ces sortes de Conventions doivent être aussi religieusement observées, qu'aucune autre. Ses raisons ne prouvent rien, parcequ'elles prouvent trop; car enfin, si le Droit Naturel ne nous imposoit pas une Obligation indispensable de tenir ce dont nous sommes volontairement convenus avec un Ennemi, pendant le cours de la Guerre; s'il étoit permis, par exemple, de rompre de gayeté de cœur une Tréve bien concluë, d'arrêter, sans en avoir aucune raison, des gens à qui l'on avoit donné des passeports, &c. je ne vois pas quel mal il y auroit à tromper l'Ennemi sous prétexte même de parler de Paix. Quand on entre en négociation pour ce dernier sujet, on ne cesse pas dès-lors d'être Ennemis: ce n'est proprement qu'une espece de Tréve dont on convient, pour voir s'il y auroit moyen de s'accommoder. Les négociations manquent-elles d'un heureux succès? ce n'est pas une nouvelle guerre que l'on commence, puisque les differends pour lesquels on avoit pris les armes, n'ont point été encore terminez; on ne fait que continuer les actes d'hostilité qu'on avoit un peu suspendus. Ainsi on ne pourroit pas plus compter sur la bonne foi de l'Ennemi en matiere des Conventions qui tendent à rétablir la Paix, qu'à l'égard de celles qui consistent seulement à moderer ou à suspendre les actes d'hostilité; & ce seroit une source perpetuelle de défiances, qui rendroit les guerres éternelles, & qui formeroit un obstacle invincible à toute sorte de Paix. Tout ce que notre Auteur dit, prouve donc seulement, que l'on doit bien prendre ses précautions avant que de donner parole à un Ennemi; parceque les Hommes sont sujets à manquer de foi pour leur propre intérêt, surtout lorsqu'ils ont affaire à des gens qui leur veulent du mal, ou qu'ils haïssent eux-mêmes. Mais du moment qu'on a conclu le Traité, il faut le tenir exactement, jusques à ce que le terme soit expiré, ou que l'Ennemi violant lui-même ses engagemens, nous dispense par-là de tenir les nôtres. Notre Auteur ne s'accorde pas ici avec lui-même: car il a établi ci-dessus, *Liv. IV. Chap. I.* §. 19. la nécessité indispensable de tenir *les Conventions faites avec un Ennemi, pour finir ou pour* SUSPENDRE *les actes d'hostilité*. Mais je ne comprends pas comment on a pû dire, pour justifier notre Auteur, qu'il avoit changé de sentiment dans ce même Chapitre; surquoi on renvoye aux paragraphes 4. & 12. (ou 11. de ma Traduction) Voyez J. SCHNAIDERI *Dissertat. De Fide Perfidis servandâ*, §. 19. (Hal. 1721.) Il faudroit, qu'en écrivant ces paragraphes il eût oublié ce qu'il avoit dit dans le premier. Celui qui a fait cette Dissertation, semble lui-même n'avoir pas lû le commencement du Chapitre, puisqu'il cite seulement les *Elementa Jurisprud. Univers.* Lib. I. Defin. XII. §. 22. d'où néanmoins tout ceci est copié.

(2) C'est supposer ce qui en est question. Car s'il est vrai que toutes les Conventions faites avec un Ennemi soient valides & obligatoires, il s'ensuit de là manifestement, que celui qui les viole donne à l'autre un nouveau sujet de plainte, & par conséquent un nouveau droit.

ces sortes de Conventions, de-peur que le dépit de se voir trompé ne porte l'Ennemi à agir contre nous avec plus de fureur; on reconnoît par cela même, que toute la force d'un tel engagement n'est fondée que sur l'intérêt des Contractans. J'avouë que l'on n'est pas obligé d'user actuellement contre l'Ennemi de tous les droits de la Guerre, & que souvent même il est beau & loüable d'épargner ceux que l'on pouvoit traiter avec la derniere rigueur. Mais cela n'empêche pas, que comme il est permis de faire la Guerre pour défendre ou poursuivre ses droits par la force, lorsqu'on n'a pû en venir à bout par des voyes de douceur; il ne soit très-conforme à la Nature, de prendre le chemin le plus court pour arriver à cette fin. (c) Comme donc les Conventions qui tendent seulement à moderer ou à suspendre les actes d'hostilité, ne font qu'entretenir (3) la Guerre, il est clair qu'elles sont contraires à la Nature.

(c) Voyez *Hobbes, de Cive*, Cap. III. §. 27.

Quoiqu'il en soit, une des choses que l'usage reçu des Nations civilisées a établies en faveur de la gloire des Armes, & pour l'honneur des Guerriers, c'est que l'on doit tenir pour valides ces sortes de Conventions; comme, par exemple, lorsque l'on fait une Trêve de quelques jours ou de quelques heures, pour enterrer les Morts de part & d'autre; lorsque l'on donne à quelqu'un des Ennemis un Passeport ou un Saufconduit, (d) pour aller & venir en sureté par les lieux dont on est le maître; lorsque l'on promet d'épargner entierement certains Lieux, certaines Personnes ou certaines Choses, de suspendre pour quelque tems les actes d'hostilité, de ne pas se servir de certaines Armes ou de certaines manieres de nuire, de laisser le commerce libre (e) entre les Marchands de l'un & de l'autre Peuple, &c. En effet, l'Ambition & l'Avarice ayant rendu fort fréquentes les Guerres non-nécessaires, on a trouvé à-propos, pour l'intérêt du Genre Humain, d'établir quelque espece de commerce entre les Ennemis mêmes, & de réduire en art les Loix de la Guerre; afin que, par ce moyen, les Innocens du moins ne souffrissent pas tant des actes d'hostilité. Ajoûtez à cela, que les Guerriers qui se mettent sur le pié de manquer à leur parole, ou de tromper l'Ennemi par les Traitez, se font par-là d'ordinaire beaucoup de tort à eux-mêmes; outre qu'ils ne sçauroient dupper plus d'une fois ceux qui ne sont pas tout-à-fait sots. Il n'est pourtant pas de la Prudence, de compter beaucoup sur ces sortes de Conventions, ou de s'endormir si fort là-dessus, que l'on donne occasion à l'Ennemi de nous joüer quelque mauvais tour. Ainsi le meilleur est de ne pas s'y engager

(d) Voyez *Grotius*, *Liv. III.* Chap. XXI. §. 14. *& suiv.*

(e) Comme font les *Turcs*, & les *Persans*, lorsqu'ils sont en guerre. Voyez *Adam. Olearius*, Itin. Persic. Lib. V. *Cap. XX.*

(3) Ces Conventions ne contribuent pas directement & par elles-mêmes à entretenir la guerre. Quand un Ennemi voit, que l'autre tireroit seul avantage d'une Convention *qu'il propose*, pour se renforcer ou se remettre; il n'a garde, s'il est sage, d'y toper. Chacun trouve ordinairement son compte à ces sortes de Traitez, ou du moins ne croit pas en recevoir du préjudice. Ainsi ils ne reculent point la Paix. Au contraire, ils servent à modérer la fureur des Armes, qui sans cela n'auroit souvent aucunes bornes: ils empêchent qu'on ne l'étende pas à des choses qui ne sont d'aucune utilité pour hâter la Paix, & qu'on ne foule entierement aux pieds les Loix de l'Humanité, que les Ennemis mêmes doivent observer entr'eux, autant que le permet le but légitime de la guerre. La raison que notre Auteur allégue un peu plus haut, tirée de ce qu'on craint d'irriter l'Ennemi en lui manquant de parole, & de s'attirer par-là du mal; ne prouve pas qu'on se croye uniquement obligé, par cette raison d'intérêt, à garder la foi donnée. C'est aussi mal-à-propos, que notre Auteur cite St. Ambroise, comme s'il etoit dans ce principe. Cet ancien Docteur de l'Eglise insinuë au contraire clairement, que la raison pourquoi on cherche à se venger avec plus de vigueur, d'un Ennemi perfide, c'est qu'on s'y croit autorisé par cet acte même de perfidie, contraire aux régles de la Justice, qui doivent être observées sans distinction de tems, de lieux, de personnes, & par conséquent entre les plus grands Ennemis. Je vais rapporter le passage, pour faire voir que je défends, quand je le puis, les Peres de l'Eglise, avec la même indifférence & la même liberté, que je blâme leurs erreurs & leurs faux raisonnemens. *Quanta autem Justitia sit, ex hoc intelligi potest, quòd nec locis, nec personis, nec temporibus excipitur, quæ etiam hostibus reservatur: ut si constitutus sit cum hoste aut locus, aut dies, prælio, adversus Justitiam putetur aut loco prævenire, aut tempore. . . . Si quidem vehementioribus hostibus & infidis, & his qui amplius læserint vehementior refertur ultio.* Offic. Lib. I. Cap. XXIX.

sans nécessité, & sans être en état de rendre la pareille, au cas qu'on nous manque de parole, ou du moins sans en avoir en main de bonnes suretez.

Ce que c'est qu'une *Trêve?* & de combien de sortes il y en a?

§. III. ENTRE les Conventions qui laissent subsister l'état de Guerre, une des principales, c'est la TREVE, par laquelle on convient de suspendre pour un tems, de part & d'autre, les actes d'hostilité. Il y a de deux sortes de *Trêve*: l'une pendant laquelle les Armées ne laissent pas de demeurer (1) toûjours sur pié, avec tout l'appareil de la Guerre; & celle-là est ordinairement fort courte: l'autre, pendant laquelle chacun met bas les armes, & se retire chez soi. La derniere peut avoir, & a ordinairement, un terme assez long, & elle ressemble fort à une Paix pleine & entiere; surtout si le Traité porte expressement, que pendant ce tems-là on parlera ensemble de Paix. Cette sorte de Trêve est ordinairement générale, pour tous les Païs qui sont sous la domination de l'un & de l'autre Peuple; on peut néanmoins la restreindre, & on la restreint en effet quelquefois à certain Païs: par exemple, les Peuples d'*Europe*, qui ont des terres dans les *Indes Orientales* ou *Occidentales*, font Trêve en *Europe*, sans discontinuer la Guerre dans les *Indes*.

De la durée de la Trêve.

§. IV. D'OU' il paroît, comment on peut répondre à la question, s'il faut regarder comme une trêve un Traité, qui porte, que l'on fait la Paix, par exemple, pour trente ou quarante ans? Pour moi, il me semble que toute Paix est éternelle de sa nature; je veux dire, que toutes les fois qu'on fait la Paix, on convient, de part & d'autre, de ne prendre jamais plus les armes au sujet des démêlez qui avoient allumé la Guerre, & de les tenir désormais pour entierement terminez, ou du moins d'en remettre la décision à des Arbitres, ou bien de s'accommoder ensemble à l'amiable. Ainsi cette Paix n'est point censée rompue, lorsque les mêmes Peuples viennent ensuite à reprendre les armes l'un contre l'autre pour un nouveau sujet: car l'idée d'une Paix éternelle n'emporte pas un engagement où l'on entre de souffrir désormais toutes les injures de l'ancien Ennemi, sans lui résister jamais. Si donc le différend qui avoit fait naître la Guerre, n'est pas entierement terminé, & que l'on fasse la Paix seulement (a) pour un certain tems; ce n'est au fond qu'une Trêve, pendant laquelle on doit agir les uns envers les autres tout de même que si l'on étoit en pleine paix. Il est pourtant ridicule de faire une Trêve pour (1) cent ans, comme on dit que *Romulus* (b) la fit avec les *Véiens*; n'y ayant point d'injure qui ne s'efface d'elle même, & dont la poursuite n'ait prescrit, après un si long espace de tems.

(a) Comme pour 50. ans. Voyez *Justin.* Lib. III. *Cap. VII.* num 13. 14.

(b) *Tit. Liv.* Lib. X. Cap. XV. (*Denys d'Halicarnasse* appelle cela seulement un Traité σπονδὰς, Lib. II. Cap. LV) Voyez d'autres exemples, des *Acarnaniens* avec les *Ambraciotes*, dans *Diod. Sicul.* Lib. XII. *Cap. LX.* de *Théodose* II. avec les *Perses*, *Sozomen.* Hist. Eccl. *Lib. IX.* C. IV. *Ferdinand le Catholique* avec *Alfonse* V. *Roi de Portugal*, Connestag. *De unione Lusitan.* Lib. I.

* La Trêve laisse subsister le sujet de la guerre.

§. V. * TOUTE Trêve laissant donc subsister l'état de Guerre, & par consequent les prétensions qui ont obligé de prendre les armes, il est clair qu'on ne sauroit, sans une absurdité manifeste, exiger de celui avec qui on la fait, qu'il renonce désormais à toutes ses prétensions par rapport à nous. (a). Car, sur ce pié-là, que manqueroit-il qui empêchât qu'on ne conclût une véritable Paix? Ou pourquoi voudroit-on se reserver la liberté de renouveller la Guerre au bout d'un certain tems, sans aucun sujet?

(a) Voyez *Baudius, de Induciis Belli Belgici*, page 103, 104. *Edit. Lugd. B.* 1617.

† Après le terme de la Trêve expiré, il n'est pas besoin d'une nouvelle Declaration de guerre

§. VI. † LA nature même de la Trêve donne lieu de conclure, que si l'on veut re-

§. III. C'est apparemment (ajoûtoit notre Auteur) de cette sorte de Trêve qu'a voulu parler le Jurisconsulte PAUL, dans cette définition qu'il donne après VARRON; Induciæ *sunt, cùm in breve, & in præsens tempus convenit, ne invicem se lacessant.* DIGEST. Lib. XLIX. Tit. XV. *De captivis, & de postliminio*, &c. Leg. XIX. §. 1. Voyez GROTIUS, Liv. III. Chap. XXI. §. 1.

§. IV. (1) Il est parlé dans TITE LIVE, *Lib. VII. Cap. XX.* d'une autre Trêve de cent ans, que les *Romains* firent avec les *Ceritiens*. Mais (disoit ici notre Auteur) c'étoit une veritable Paix, comme l'Historien même l'appelle: & le Sénat voulut seulement lui donner le nom de Trêve, dans l'Arrêt qu'il fit là-dessus, pour ne pas paroître perdre quelque chose de son autorité, s'il pardonnoit purement & simplement une injure si manifeste.

prendre les armes après le terme expiré, il n'est pas besoin d'une nouvelle (1) Déclaration de Guerre (a). Cependant, lorsqu'il s'agit d'une longue Trêve, qui fait disparoître tout l'appareil de la Guerre, & qui renferme ordinairement, ou doit renfermer du moins, cette clause, que l'on traitera cependant de la Paix pleine & entiere; il est, sinon absolument nécessaire, du moins honnête & généreux, de ne reprendre les armes qu'après avoir fait quelque Déclaration conditionnelle, pour témoigner hautement que l'on n'aime point la Guerre, & qu'il ne tient pas à nous que la Paix ne se fasse pour une bonne fois.

(a) Voyez *Grotius*, Liv. III. C. XXI. §. 3.

Il n'y a point de Trêve faite simplement par une Convention tacite.

§. VII. Il faut remarquer encore, que toute Trêve qu'on est indispensablement tenu de garder, ne se fait jamais que par une Convention expresse, ou du moins par des actes de paix & d'amitié si formels & si significatifs de leur nature, qu'ils ne puissent être rapportez à un autre principe qu'à un dessein bien sincere de suspendre pour un tems les actes d'hostilité: comme, d'autre côté, un Traité de Paix ne se réduit jamais par lui-même à une Trêve, à moins qu'il n'y ait là-dessus quelque clause expresse. Ainsi, de cela seul qu'on s'est abstenu pour quelque tems d'exercer des actes d'hostilité, (1) l'Ennemi auroit tort d'en conclure que l'on consent à une Trêve. Et si, lorsqu'il s'est endormi là-dessus, on vient le charger tout-à-coup, il ne peut pas nous accuser à juste titre, d'avoir violé une Convention tacite proprement ainsi nommée.

Du commencement & de la fin de la Trêve.

§. VIII. Pour ce qui est du tems que la Trêve dure, je ne saurois approuver la pensée de (a) Grotius, qui prétend, que le terme d'où l'on commence à compter, n'est pas compris dans l'espace de la suspension d'armes. Le commencement d'une chose en fait partie sans contredit. Si donc on est convenu que la Trêve sera de dix jours à compter depuis le premier de Juillet, tout le monde entendra par-là, que ce permier jour de Juillet est un des dix ausquels la Trêve est bornée. La (1) Remarque Grammaticale, sur laquelle Grotius se fonde, n'est pas toûjours véritable.

(a) *Ubi suprà*, §. 4.

Quels Actes militaires sont permis, ou non, pendant la Trêve?

§. IX. Pendant (1) la Trêve, tous les actes d'hostilité doivent cesser, & à l'é-

§. VI. (1) Car ce n'est pas une nouvelle guerre. L'usage de ce principe s'étend à divers autres cas. Mr. Hertius en donne un exemple remarquable, après Richard Zouche, *Jur. & Judic. Fecial.* Part. II. Sect. IX. *Quaest.* 47. qui l'avoit lui-même pris d'Alberic Gentil, *De Jure Bell.* Lib. II. Cap. XII. *page* 303. 304. Dans un Traité de Paix, conclu entre l'Evêque & Prince de *Trente* & les *Vénitiens*, il avoit été convenu, que chacun seroit remis en possession de ce qu'il possedoit avant la présente & derniere guerre. Au commencement de cette guerre, l'Evêque avoit pris un Château des *Venitiens*, que les *Venitiens* reprirent depuis. L'Evêque refusoit de le rendre, sous prétexte qu'il avoit été repris après plusieurs Tréves, quelques-unes assez longues, qui s'étoient faites pendant le cours de cette guerre. Les Auteurs citez décident, avec raison, en faveur des *Venitiens*, contre une Consultation d'Alciat, qui prononça pour l'Evêque.

§. VII. (1) C'est ainsi qu'il faut entendre les *Induciae tacitae*, dont parlent les Auteurs Latins. Voyez Tit. Liv. Lib. II. Cap. XVIII. & LXIV. Lib. XXIII. Cap. XLVI. & Justin. Lib. VI. Cap. VII. num 1. Car cela veut dire seulement, que les deux Armées se tenoient en repos pendant un certain tems, tout de même que si elles étoient convenues d'une Trêve. L'Auteur faisoit cette remarque.

§. VIII. (1) C'est que la préposition Latine *à*, qui en cette rencontre répond à notre *depuis*, sépare les deux termes ausquels elle se rapporte, de ce qui est entre-deux; desorte que, selon Grotius, lorsqu'on dit, *depuis le premier de Juin jusqu'au premier d'Août*, ces deux jours doivent être pris exclusivement. Mais, dit notre Auteur, cette préposition renferme aussi souvent les deux termes, comme dans ces façons de parler si communes, *à capite ad calcem: ab ovo ad mala.* Joignez ici ce que j'ai dit sur Grotius, *Note* 6. Au reste, quoique les Chefs des deux Armées Ennemies doivent discontinuer les actes d'hostilité du moment qu'ils ont conclu la Trêve; les Sujets de l'un & l'autre parti ne sont tenus de l'observer que quand elle leur a été notifiée. Mais tous les actes d'hostilité qu'ils peuvent avoir commis pendant ce tems-là, sont de nul effet, ensorte qu'on doit dédommager ceux qui en ont souffert. Voyez Grotius, Liv. III. Chap. XXI. §. 5.

§. IX. (1) Ce paragraphe est le 10. dans l'Original: car j'ai retranché le 9. & le 13. parcequ'ils ne contiennent que de purs renvois à Grotius, lesquels j'ai placez plus commodement dans les Notes.

gard des Personnes, & à l'égard des Choses. Mais il faut remarquer, que de quelque maniere & à quelles conditions que la Trêve se fasse, les actes militaires purement défensifs n'ont rien d'illicite, quand même on auroit demandé & obtenu la Trêve sous un autre prétexte. Ainsi supposé, par exemple, que la Trêve n'ait été faite que pour enterrer les Morts, on pourra fort bien, sans contrevenir à sa parole, se retirer, pendant ce tems-là, dans quelque poste plus sûr, ou se bien retrancher. De même, si, dans une Trêve avec des Assiégez, il est stipulé seulement que les Assiégeans suspendront leurs attaques; cela n'empêche pas que, pendant ce tems-là, les premiers ne puissent faire entrer dans la Place des troupes de renfort, & des munitions. La raison, que GROTIUS (a) allegue, pour prouver le contraire, n'est pas concluante. Ces sortes de *Trêves*, dit-il, *étant avantageuses à l'une des Parties, il n'est pas juste qu'il en revienne du préjudice à l'autre, qui les a accordées.* Mais personne ne prétendant pour l'ordinaire renoncer lui-même au droit de se défendre, celui qui a consenti à une telle Trêve, ne doit s'en prendre qu'à lui-même de l'imprudence qu'il a euë d'accorder une chose qui donne lieu à son Ennemi de prendre de nouvelles forces (2).

(a) *Ubi suprà*, §. 10.

De ceux qui se trouvent, malgré eux, sur les terres de l'Ennemi, après le terme de la Trêve expiré.

§. X. CEUX qui, par quelque accident imprévu, se trouvent malheureusement sur les terres de l'Ennemi, après que le terme de la Trêve est expiré, peuvent, comme GROTIUS (a) le fait voir, être retenus (1) Prisonniers, tout de même que si étant venus en tems de Paix, ils y avoient été surpris par une Guerre subitement allumée.

(a) *Ubi suprà*, §. 9.

De l'infraction de la Trêve.

§. XI. SI (a) la Trêve vient à être rompue d'un côté, il est libre à l'autre Partie, qui est lésée par cette infraction, de reprendre les armes sans autre formalité; à moins qu'elle ne trouve bon de se tenir en repos jusqu'au terme marqué. Mais si l'on est convenu d'une espece d'amende payable par le premier qui romproit la Trêve, & que le contrevenant y ait satisfait; l'autre en ce cas-là n'a pas droit de recommencer, avant le terme, les actes d'hostilité; car la raison pourquoi on paye l'amende, c'est uniquement afin que l'accord subsiste d'ailleurs en son entier. Au contraire, si celui qui est lézé, reprend lui-même les armes, il est censé par cela seul tenir quitte l'autre de l'amende dont ils étoient convenus. Mais il est contre le but du Traité, de rentrer d'abord en action contre l'infracteur de la Trêve, avant que d'être assuré

(a) Voyez *Grotius, ubi suprà*, §. 11, 12.

(2) *Agésilas* accusa autrefois de parjure *Tissapherne*, Commandant de l'armée des *Perses*, lequel, pendant une Trêve, dont ils étoient convenus ensemble pour parler de Paix, assembla de nouvelles troupes. Voyez CORN. NEPOS, *in Agesil.* Cap. II. & XENOPHON, *Orat. de laudib. Agesil.* Cap. I. §. 10, 11. *Edit. Oxon.* Mais (disoit notre Auteur) si *Tissapherne* tâcha effectivement de porter son Maître à un accommodement avec les *Lacédémoniens*; cette précaution qu'il prit, en cas que ses propositions n'eussent aucun succès, ne suffit pas pour lui donner à juste titre le nom de Parjure. Voyez MONTAGNE, *Essais*, Liv. I. Chap. VI. Pour ce qui est de la question en elle-même, l'opinion de notre Auteur n'est pas la mieux fondée, comme je l'ai fait voir sur le paragraphe même de GROTIUS, qu'il refute, *Note* 1. Voyez aussi Mr. GUNDLING, Cap. XXXVI. §. 135. de son *Jus Nat. & Gent.* qui est une 2. Edition imprimée en 1728.

§. X. (1) Mr. BUDDEUS, dans ses *Elémens de Philosophie Pratique*, Part. II. Cap. V. Sect. VII. §. 26. croit qu'il est de l'Humanité de laisser aller ces gens-là à qui il n'a pas tenu qu'ils ne sortissent du Païs; personne n'étant responsable d'un cas fortuit. J'ajoûte, qu'il y a bien de la différence entre ceux qui se trouvent sur les terres d'un autre Etat, lorsqu'il vient tout d'un coup à déclarer la Guerre à leur Souverain; & ceux qui après la Trêve, restent dans le Païs de l'Ennemi par un accident imprévu. Il n'y a point eu de Convention entre les premiers & le Souverain sur les terres duquel ils sont; au lieu que les autres ne font que demander ce qui est une suite manifeste de l'execution du Traité de Trêve. Car puisqu'en vertu de cet engagement on étoit tenu de les laisser aller & venir en toute liberté, pendant tout le tems de la Trêve; on doit aussi, à mon avis, leur accorder la même permission après la Trêve même, s'il paroît manifestement qu'une force majeure, ou un cas imprévu, les a empêchez d'en profiter durant l'espace reglé: autrement, comme ces sortes d'accidens peuvent arriver tous les jours, on ne s'empresseroit guéres de stipuler une telle permission, qui n'empêcheroit pas qu'on ne fût toûjours dans la crainte d'être surpris, & qui seroit comme un piege pour faire tomber bien des gens entre les mains de l'Ennemi.

qu'il ne veut pas payer l'amende stipulée : car en insérant une telle clause on ne prétend pas, pour l'ordinaire, donner le choix à celui envers lequel on manquera de parole, ou de recevoir l'amende, ou de recommencer les actes d'hostilité (1).

Du Rachat des Prisonniers de guerre.

(a) Voyez *Grotius*, ubi supra, §. 23. & seqq.

§. XII. LE (a) rachat des Prisonniers de Guerre est, avec raison, une cause extrémement favorable parmi les *Chrétiens*, surtout lorsqu'il s'agit de Captifs qui sont tombez entre les mains des Barbares & des Infidéles; jusques-là, que pour avoir dequoi payer leur rançon (1), on tire quelquefois des Eglises les Vases sacrez. Les anciens (2) *Romains*, au contraire, sembloient ne compter plus les Prisonniers parmi les Citoyens, & ils les laissoient aux Ennemis, comme des Membres retranchez de la République.

Des Conventions que les Generaux d'Armée font avec l'Ennemi.

(a) *Liv. II*. Chap. XXII.

§. XIII. A L'ÉGARD des (1) Conventions que les Généraux d'armée, & autres Officiers de Guerre, font avec l'Ennemi, il faut ajoûter à ce que dit (a) GROTIUS, qu'ils ne peuvent, de leur pure autorité, consentir qu'à une Trêve de courte durée; car c'est au Souverain à accorder celle qui fait disparoître entierement tout l'appareil de la Guerre.

De celles que font les simples Particuliers.

(a) *Procop. Hist. Goth.* Lib. II. *Cap. I.* Voyez une coûtume des anciens *Anglois* & *Ecossois*, rapportée par Buchanan, Lib. IX. pag. 320. *Edit. Holl.*

§. XIV. LES Particuliers traitent aussi quelquefois avec l'Ennemi; & l'on trouvera dans (1) GROTIUS, jusques où ces Conventions sont valides. L'Histoire nous a conservé un exemple remarquable de deux Soldats, l'un *Goth*, & l'autre *Romain* (a), qui étant tombez dans une même fosse, se promirent la vie l'un à l'autre : accord qui fut approuvé par les *Goths*.

---

§. XI. (1) Mais on consent seulement, que la Partie lézée reprenne les armes avant le terme de la Tréve, au defaut du payement de l'amende. Ajoûtez encore ici ce que j'ai dit sur le §. 12. de l'endroit de GROTIUS cité, *Note* 1.

§. 12. (1) *Nam si necessitas fuerit in redemptione captivorum, tunc & venditionem præfatarum rerum divinarum, & hypothecam, & pignorationem fieri concedimus: quoniam non absurdum est, animas hominum quibuscunque vasis, vel vestimentis præferri.* COD. Lib. I. Tit. II. *De De sacrosanctis Ecclesiis*, &c. Leg. XXI. Voyez aussi le DROIT CANON, Caus. XII. Quæst. II. Can. XIII. XIV. XV. & le troisième Plaidoyer de Mr. PATRU. Une des principales questions que l'on fait au sujet des Prisonniers de Guerre, c'est de sçavoir si l'argent ou les autres choses qu'un Prisonnier de guerre a tenues cachées, lui appartiennent, ensorte qu'il puisse s'en servir pour le payement de sa rançon? GROTIUS, (*ubi suprà*, §. 28.) soûtient qu'oui. Car, dit-il, l'Ennemi ne pouvoit pas avoir pris possession de ce dont il n'avoit aucune connoissance, & le Prisonnier n'étoit tenu en aucune maniere de le lui découvrir. C'est ainsi que décida *George Castriot*, ou *Scanderbeg*, à l'égard d'un jeune homme qui étant convenu de donner deux cens Ecus pour sa rançon, les tira aussitôt de son habit; comme le rapporte MARIN BARLET, dans la Vie de ce fameux Prince, *Lib.* VII. Notre Auteur citoit cet exemple, en forme de supplément à ce que dit GROTIUS. J'ai traité la question, en ce même endroit, plus distinctement, *Note* 2. Voyez au reste, sur tout ceci, la Dissertation de BOECLER, intitulée, *Miles Captivus*, dans le I. Vol. de ses Dissertations mêlées, publiées en 1700.

(2) Voyez HORAT. Lib. III. Od. V. *vers.* 13, & *seqq.* TIT. LIV. Lib. XXII. Cap. LIX. LXI. SILIUS ITALIC. Lib. X. vers. 654, 655. EUTROP. Lib. III. Cap. VI. num. 2. *Edit. Cellar.* QUINTIL. Declam. CCCXXXIX. PLATON ne vouloit pas non plus qu'on reçût les Prisonniers, quand même l'Ennemi offriroit de les renvoyer sans rançon. *De Republ.* Lib. V. page 453. A. Tome II. *Edit. H. Steph.* (page 662. B. *Edit. Wechel. Francof.*) Toutes citations de l'Auteur.

§. XIII. (1) Le Souverain est obligé de tenir les Conventions faites par ses Generaux, Commandans, & autres Officiers de guerre, lorsqu'elles ne renferment rien au-delà du pouvoir que leur donne leur Emploi, ou de l'étenduë des Commissions particulieres dont ils sont chargez, soit qu'elles s'exercent à la vûë de tout le monde, ou qu'elles soient seulement connues de ceux avec qui ils traitent. Que si une Convention ayant été faite sans ordre, le Souverain la ratifie ensuite, par un consentement exprès ou tacite; il est clair qu'en ce cas-là il doit la tenir, tout de même que si elle avoit été concluë d'abord par son autorité. Lors même qu'un Officier a passé ses ordres secrets, le Souverain ne laisse pas d'être obligé par une telle Convention : autrement on pourroit éluder l'execution de toutes sortes de Traitez. Voyez le Chapitre de GROTIUS, qui est cité à la marge.

§. XIV. (1) Ces sortes de Conventions ne doivent passer pour valides, que quand elles sont autorisées par un consentement exprès, ou tacite de l'Etat, ou du Souverain; & en ce cas-là le Souverain peut contraindre ceux qui les ont faites à les tenir. Les Loix mêmes qui défendent de telles Conventions, doivent ici, comme ailleurs, être expliquées ensorte qu'elles n'exigent rien qui soit au-dessus des forces du commun des Hommes. Voyez GROTIUS, *Liv. III. Chap.* XXIII.

CHAPITRE

CHAPITRE VIII.

Des CONVENTIONS *qui tendent à* RETABLIR LA PAIX.

§. I. GROTIUS (a) a traité avec tant d'étendue des CONVENTIONS QUI TERMINENT LA GUERRE, que nous ne pouvons que glaner après une si riche moisson. La premiere question qui se présente ici, c'est si ces sortes de Conventions peuvent être annullées par l'exception d'une crainte injuste, qui les a arrachées ? GROTIUS (b) dit, que quoiqu'on doive en conscience restituer tout ce que l'on a pris dans une Guerre injuste, le Droit des Gens rend valides ces sortes de Conventions à l'égard des Guerres Publiques & déclarées dans les formes : autrement, dit-il, il n'y auroit pas moyen de mettre ni bornes ni fin aux Guerres injustes, qui sont si fréquentes, & qu'il importe fort au Genre Humain de terminer à quelque prix que ce soit. On ne sauroit douter de la nécessité indispensable de restituer un butin mal acquis : mais ce pretendu Droit des Gens, en vertu duquel GROTIUS soûtient que l'on ne peut pas opposer au Vainqueur l'exception d'une crainte injuste, n'est pas encore bien prouvé. Et quand même il auroit quelque fondement, il semble qu'on pourroit en abandonner ici les maximes, sans que la tranquillité du Genre Humain y perdît beaucoup; car, selon GROTIUS, c'est une suite propre de toute Guerre Solemnelle, qu'elle fait acquérir la *Proprieté* (1) *extérieure*, comme il parle, de tout ce que l'on a pris sur l'Ennemi, quelle que soit la *Raison justificative* qui avoit obligé à prendre les armes. Si donc, après avoir été vaincu, on déclare de nouveau la Guerre au Vainqueur, sans autre raison que cette crainte injuste qui nous avoit fait consentir à la Paix, (2) on pourra non seulement recouvrer ce que l'on a perdu; mais encore acquérir à juste titre tous les biens de l'Ennemi qui tombent entre nos mains. Ainsi celui qui a extorqué quelque chose par une crainte injuste, seroit bien sot de croire s'en mieux assurer la possession par une autre voye que par la Force même qui la lui a procurée. Il n'y auroit pas moins d'imprudence, si après avoir réduit son Ennemi, par une crainte injuste, à la nécessité de faire la Paix sous des conditions dures & désavantageuses, on ne l'obligeoit point à les executer, pendant qu'on est encore supérieur, & si se reposant sur la parole du Vaincu, on (c) le laissoit en état de nous rendre la pareille. Il est donc plus vrai de dire, à mon avis, que lorsqu'après avoir offert un pourparler amiable à un Ennemi qui nous attaque injustement, (3) & avoir ainsi ainsi témoigné qu'on vouloit éviter

Si l'on peut se dispenser de tenir un Traite de Paix, auquel on n'avoit consenti que par l'effet d'une crainte injuste ?

(a) Liv. III. *Chap.* XX.

(b) Liv. II. Chap. XVII. §. 19. & Liv. III. Chap. XIX. §. 11.

(c) Voyez *Guicciardin*, Hist. Lib. XVI. à la fin, & Lib. XVII. au commenc.

CHAP. VIII. §. I. (1) GROTIUS entend par-là un droit de Proprieté valable devant le Tribunal Humain, ensorte que personne ne peut légitimement user de violence *pour se faire rendre* ce que l'on possede de cette maniere; & que même les autres doivent, autant qu'en eux est, nous maintenir dans notre possession; sans que pour cela on soit dispensé en conscience de restituer, quand on sçait, ou l'on peut sçavoir l'injustice de l'acquisition. Voyez *Liv. III. Chap. VII.* §. 6. & *Chap. X.* §. 5.

(2) La conséquence n'est pas juste, car personne ne doute qu'on ne doive tenir sa parole; & dans le cas dont il s'agit, le fait est certain qu'on l'a donnée. Ainsi il ne peut y avoir d'incertitude dans la raison justificative tirée uniquement de la crainte injuste, qu'en supposant ce qui est en question: Et par conséquent il demeure vrai, que les Princes & les Peuples n'ayant point de Juge commun à qui il appartienne de connoitre & de décider de la Justice de la guerre, on ne pourroit jamais compter sur aucun Traité de Paix, si l'exception d'une crainte injuste avoit ici lieu ordinairement. Je dis *ordinairement*: car il y a des cas où l'injustice est de la derniere évidence, comme sont quelques-uns de ceux que GROTIUS allegue, *Liv.* II. *Chap.* XXII. Voyez ce que j'ai dit sur le même Auteur, *Liv.* III. *Chap.* XIX. §. 11. *Note* 1.

(3) Dans le cas, que notre Auteur pose ici, il y a une raison manifeste qui ne laisse aucun lieu de dou-

d'entrer en Guerre avec lui, on est réduit, par la supériorité de ses armes, à faire une Paix désavantageuse; rien n'empêche qu'on ne se dispense, si on le peut surement, d'executer les articles d'un *tel* Traité, & qu'on n'oppose aux demandes du Vainqueur l'exception de la crainte injuste par laquelle il nous a contraints d'en passer par où il a voulu; ou que du moins, avec le tems, on ne tire satisfaction de cette injure, à la premiere occasion favorable qui s'en présentera. Sur ce principe, POLYBE soûtient que les *Carthaginois* étoient bien fondez dans la seconde *Guerre Punique*, parcequ'ils ne faisoient par-là que tirer raison de ce qu'autrefois, pendant quelques troubles domestiques, les *Romains* leur avoient enlevé la *Sardaigne*, & extorqué de grosses sommes d'argent: *Ils profiterent de l'occasion*, dit (4) cet Historien, *pour se venger de ceux qui s'étoient servis eux-mêmes les premiers de l'occasion pour les dépouiller de leur bien.* Autre chose est, lorsqu'en prenant les armes l'un contre l'autre, on a fait ensemble une espece de Convention tacite, qui tient du Contract des Jeux de Hazard; ce qui arrive, (5) lorsque, dans une affaire litigieuse, on en vient d'abord à la Guerre, sans vouloir de part ni d'autre tenter aucune voye de terminer le différend à l'amiable, ou que l'on remet à la décision des armes la satisfaction des injures, & le succès des prétensions, dont on pouvoit avoir raison par les voyes de la Justice, ou par un paisible accommodement; car, en ce cas-là, il est clair qu'on prend pour Arbitre le sort des Armes, & que chacun des Combattans semble dire lui-même au moment qu'il entre en Guerre: *Je veux me faire raison à la pointe de l'épée, ou risquer plûtôt de perdre au-delà de ce que je pretens.* Quand on a du malheur

ter de l'injustice de l'Aggresseur. Dès-là qu'on lui a offert d'entrer dans la discussion du droit qu'il peut avoir de prendre les armes contre nous, on a témoigné être tout prêt de le satisfaire, quand il nous auroit convaincus de la justice de ses prétensions & de ses demandes. Ainsi en refusant une telle proposition, il se condamne lui-même. Il donne tout lieu de croire qu'il se défie de sa cause; & c'est alors tout comme s'il faisoit la guerre sans sujet. Aussi la chose n'arrive-t-elle pas fort souvent, parmi des Peuples civilisez. Ceux qui entreprennent les guerres les *plus* injustes, sont quelquefois ceux qui sont les plus faciles à accorder préalablement des conférences, parcequ'ils ont pris leurs mesures pour colorer leurs prétendus griefs par toutes les subtilitez de la chicane, où ils sont sûrs de trouver toûjours mille faux-fuïans. On peut même dire, que de là naissent les plus grandes difficultez, qui rendent douteuse l'injustice, laquelle sans cela seroit de la derniere évidence pour tout le monde. Car le plus grand nombre de gens n'étant pas assez éclairez, ou assez attentifs, pour démêler le vrai d'avec le faux, il s'en trouve toûjours beaucoup, qui se laissent éblouïr à des raisons revêtues de quelque chose de spécieux, quoique frivole, soit pour le droit ou pour le fait, sur quoi l'on fonde des pretensions injustes.

(4) Καιρῷ γὰρ πεισθέντες, ἠμύναντο τοὺς σὺν καιρῷ βλάψαντας. Lib. III. Cap. XXX. *in fin.* Mais POLYBE lui-même rapporte les raisons justificatives des *Romains*, sçavoir la ruine de *Sagonte*, & l'infraction du Traité fait avec le Consul *Lutatius*, &c Voyez Mr. GUNDLING, *De Efficientiâ Metûs*, &c Cap. II. §. 24. Cet habile Jurisconsulte semble pourtant pousser trop loin la difficulté de reconnoitre l'injustice de la guerre, entre ceux qui vivent dans l'indépendance de l'Etat de Nature. Il s'inscrit en faux trop positivement contre les exemples que GROTIUS allégue, Liv. II. Chap. XXII. §. 3. de Guerriers, qui n'ont & ne témoignent avoir d'autre régle de justice, que la Force & l'Interêt. Je voudrois bien qu'on m'alleguât quelque prétexte tant soit peu plausible, sous lequel *Alexandre le Grand* ait été courir le monde, & faire la guerre à des Peuples qui n'avoient jamais entendu parler de lui.

(5) Les raisons, que nous avons alleguées, font voir, que pour l'ordinaire, l'affaire doit être regardée comme litigieuse & qu'ainsi l'idée d'une transaction par laquelle on remet la décision du différend à un évenement incertain, peut être appliquée ici ordinairement, comme une suite non de l'intention actuelle des Parties, mais de celle quelles doivent avoir: Et elles doivent l'avoir, parcequ'autrement on ne seroit jamais sûr que la guerre fût finie, ou qu'elle ne se rallumât à la premiere occasion. Il est vrai, que celui qui a au fond le meilleur droit n'est pas toûjours le Vainqueur; Dieu ne jugeant pas à propos, dans le cours ordinaire de sa Providence, de favoriser toûjours le succès des Armes justes. Mais, outre que nous laissons ici en son entier l'obligation où est en conscience celui qui a tort, de ne pas profiter de ses avantages; il y a beaucoup moins d'inconvénient à faire dependre cette Obligation, par rapport à l'effet extérieur, de la pure volonté du Vainqueur injuste, que si sous prétexte de la justice, que chacun peut croire mal-à-propos être de son côté, on rendroit tous les Traitez de Paix inutiles. Or en tout ce qui regarde les Régles du Droit Naturel commun à tous les Hommes, il faut aussi-bien qu'en matiere de Loix Civiles, prendre le parti qui est sujet à moins d'inconvénient.

(6) Ur

heur dans une Guerre où l'on s'étoit engagé sur ce pié-là, on ne peut pas plus se plaindre que le Vainqueur nous fasse du tort en nous imposant des conditions desavantageuses, qu'un homme qui est blessé dans un Duel où il étoit allé de son pur mouvement. Et il faut alors dire, comme *Sosie* à *Mercure* dans l'*Amphitryon* de Plaute: (6) *Tout ce que tu voudras, tu peux me battre, s'il te plait, tu es le plus fort.*

§. II. Une autre question fort célebre que l'on agite ici, c'est si un Souverain ou un Etat doit tenir les Traitez de Paix & d'accommodement qu'il a faits avec des Sujets rebelles (a)? Pour expliquer là-dessus ma pensée en deux mots, je dis, que lorsqu'un Souverain a réduit & dompté par les armes ses Sujets rebelles, c'est à lui à voir comment il les traitera: Mais s'il est entré avec eux dans quelque accommodement, il est censé par cela seul leur avoir pardonné tout le passé; desorte qu'il ne sçauroit légitimement se dispenser de tenir sa parole, sous prétexte que c'est à des Sujets rebelles qu'il l'a donnée. En vertu du Traité d'accommodement, les Rebelles redeviennent Membres de l'Etat, & promettent de nouveau à leur Souverain une fidelle obéïssance, à condition qu'il observera de son côté exactement ce à quoi il s'est engagé envers eux; desorte que ce Traité a force de Chartre ou de Loi Fondamentale de l'Etat, surtout dans les Monarchies. Cependant ceux qui se rebellent pour obtenir de leur Prince, par force, ce qu'ils souhaitent, doivent bien penser à ce que remarque un Historien Moderne que, *du* (b) *moment que les Sujets ont violé les engagemens où ils étoient envers leur Souverain, ils n'ont plus de protection ni de ressources à esperer.*

Si un Traité de Paix fait avec des Sujets rebelles est valide?

(a) Voyez *Grotius* Liv. III. C. XIX. §. 6. *& suiv.* où il soûtient au long l'affirmative.

(b) *Gramond* Hist. Gall. Lib. II. page 130. *Edit. Elzevir.*

§. III. Dans les Traitez de Paix on cede quelquefois à l'autre Partie certaines choses qui sont à des Particuliers, & la nature du *Domaine éminent* de l'Etat, suffit pour faire voir jusques où le Souverain peut disposer à cet égard des biens de ses Sujets (a). En vertu de ce *Domaine éminent*, le Souverain a droit, dans une nécessité pressante de l'Etat, ou même pour lui procurer quelque grand avantage, d'aliener les biens des Particuliers, à quelque titre qu'ils les ayent acquis; ensorte néanmoins que l'Etat doit les en (1) dédommager des deniers publics, ou sur le champ, ou du moins aussi-tôt qu'il en aura le moyen; déduction préalablement faite de leur quotte-part. Dans une Monarchie, c'est au Roi à décider, s'il faut ainsi sacrifier les biens d'un Particulier; & alors il peut faire contribuer tout le Corps des Citoyens à la réparation de ce Dommage, dont chacun est obligé de porter sa part. Mais les Etrangers, à qui l'on cede ces biens, n'ont que faire de s'informer, s'il étoit ou non, de l'intérêt public, qu'on les leur cedât: cela seul qu'ils les tiennent du Roi, les en rend légitimes Proprietaires. Car, outre qu'on présume ordinairement que tout ce que le Roi fait est bien fait, il n'y auroit pas moyen de conclure aucun Traité valide avec les Etrangers, si les actes du Chef de l'Etat n'étoient constamment réputez la volonté de tout le Corps. Au reste, les Loix de la Societé (b) demandent aussi que les autres Citoyens dédommagent chaque Particulier, non seulement de la perte de ces biens que l'on cede à l'Ennemi; mais encore de tous les autres maux que l'Ennemi lui a causez; surtout s'il n'a rien contribué à la Guerre par sa propre faute. Cepen-

Jusques où un Prince peut dans un Traité de Paix ceder les biens des Particuliers de ses Etats.

(a) Voyez *Grotius* Liv. III. Chap. XX. §. 7, 8, 9, 10.

(b) Voyez *Digest.* Lib. XVII. Tit. II. *Pro socio*, Leg. LII. §. 4. & tout le Titre *Ad Leg. Rhod. de jactu*, Lib. XIV. Tit. II.

(6) *Ut lubet, quod tibi lubet fac, quoniam pugnis plus vales.*

Plaut. *Amphitr.* Act. I. Scen. I. vers. 240. L'Auteur citoit ici Digest. Lib. IX. Tit. II. *Ad Leg. Aquil.* Leg. VII. §. 4. & Lib. XLVII. Tit. X. *De injur.* &c. Leg. III. §. 3. Voyez ce que l'on a dit ci-dessus, Liv. V. Chap. IX. §. 3.

§. III. (1) Voyez ce que j'ai dit sur Grotius, dans l'endroit cité en marge §. 7. *Note* 1, 2.

dant l'expérience ne fait que trop voir, que les pauvres Sujets sont presque partout obligez de souffrir patiemment ces pertes, & de les regarder comme de simples malheurs dont personne n'est responsable envers eux.

Le terme marqué pour l'execution des articles du Traité de Paix, doit être entendu à la derniere rigueur.

(a) Voyez Grotius ubi suprà, §. 25.

§. IV. Si dans un Traité de Paix on fixe un certain terme pour l'accomplissement des conditions dont on est convenu, (a) ce terme doit être entendu à la derniere rigueur; ensorte qu'après qu'il est expiré, le moindre retardement n'est pas excusable, à moins qu'on n'ait été empêché d'effectuer plûtôt ses engagemens par une force majeure, ou qu'il paroisse manifestement que ce délai ne vient d'aucune mauvaise intention. La raison en est, qu'il peut arriver tous les jours de grandes révolutions, même en un petit espace de tems. Si donc on accordoit quelque délai à celui qui doit executer les conditions de la Paix, il pourroit aisément trouver l'occasion de se dispenser de tenir ses engagemens. Ajoûtez à cela, qu'une Armée coûte beaucoup à entretenir, & qu'il n'est pas sûr de la congedier avant que de voir l'execution des Articles de la Paix.

Des Combats qui decident des conditions de la Paix.

(a) Voyez Grotius ubi suprà, §. 42. & suiv.

§. V. Quelquefois (a) on remet (1) la décision des Articles de la Paix au succès d'un Combat entre deux ou trois, ou un plus grand nombre de personnes choisies en égal nombre de part & d'autre, ou même entre deux Armées entieres. C'est une question importante & difficile de sçavoir, si l'on fait bien d'exposer les intérêts de tout un Etat au hazard de ces sortes de Combats? Il semble d'un côté, que par ce moyen on épargne le sang humain, & qu'on abrége les malheurs de la Guerre. De l'autre, on peut dire avec quelque apparence de raison, qu'il vaut mieux soûtenir une Guerre, même sanglante, que de risquer d'un seul coup la liberté & le salut de l'Etat par un Combat décisif; d'autant plus que les armes étant journalieres, on peut après avoir perdu une ou deux Batailles, se relever par une troisiéme. Cependant, (2) si l'on n'a d'ailleurs aucune espérance de bon succès, encore même qu'on mît en campagne toutes les forces de l'Etat; rien n'empêche, à mon avis, qu'on n'embrasse ce parti, comme le moindre de deux maux ausquels on est inévitablement exposé. Mais lorsque les Princes se font la (b) Guerre pour leurs intérêts particuliers, & non pas pour ceux de l'Etat; (3) chacun des deux Etats peut aisément consentir, qu'ils

(b) Voyez en un exemple dans Diodore de Sicile, Lib. IV. Cap. LX.

§. V. (1) Voyez la Dissertation de Mr. Buddeus, intitulée, *Jurisprudentia Historica Specimen*, §. 21. jusqu'au 30. exclusivement: & mes Notes sur l'endroit de Grotius, cité en marge. Cette coûtume étoit si fort établie, parmi les Anciens, qu'on a vû quelquefois des Princes, pour n'avoir pas voulu s'y soumettre, perdre la Couronne, & être obligez de la ceder à quelqu'autre. C'est ainsi que la Posterité de *Thesée* déchut du Royaume d'*Athénes*. Conon, Lib. XXXIX. apud Phot. Cod. 186. Voyez la Dissertation *de Praetorio*, de Mr. Perizonius pag. 6, 7. *Edit.* 1696.

(2) Mr. Hertius objecte, qu'en ce cas-là celui qui sera si superieur en forces, & qui par-là croira tenir en main la Victoire, n'aura garde de négliger un avantage certain, pour remettre la décision au succès incertain d'un Combat de peu de personnes. Et il faut avouer, que comme la Prudence le demande, il y a aussi grande apparence qu'on n'a guéres fait de telle Convention, que quand chacun croyoit les forces de son Ennemi à-peu près égales. Il n'est pourtant pas impossible que le plus fort ne connoisse pas toute sa superiorité. Et après tout, quand ces sortes de Combats étoient devenus fréquens par la mode, on pouvoit bien ne pas y regarder de si près; surtout quand il se présentoit des Champions, de la valeur desquels on avoit une haute idée. Pour ce qu'ajoûte Mr. Hertius, que quelque foible qu'on se sente, si l'on est bien convaincu de la justice de sa cause on ne doit point desesperer, mais se confier au secours du Ciel, qui peut proteger & protege ordinairement l'Innocence destituée de secours suffisans, aussi-bien que quand elle est puissamment armée: tout cela n'empêche pas qu'on ne puisse, & qu'on ne doive profiter des voyes humaines les plus sûres qu'on a en main. La confiance en la Providence Divine, ne les exclut nullement: elle en suppose plûtôt l'usage, & Dieu peut aussi-bien y répandre sa benediction.

(3) Λέγων [ὁ Ἀλβανὸς] ὅτι τοῖς μὲν ἡγουμένοις τῶν στρατοπέδων, ὅταν ἰδίαν κατασκευάζωνται δυναστείαν, καλὸς καὶ ἀναγκαῖος ἐστὶ ὁ περὶ τῆς ἀρχῆς πρὸς ἀλλήλους ἀγών; ταῖς δὲ πόλεσιν αὐταῖς, ἐπειδὰν περὶ τῶν πρωτείων διαφέρωνται πρὸς ἀλλήλας, οὐ μόνον σφαλερὸς, ἀλλὰ καὶ αἰσχρὸς ὁ διὰ μονομαχίας κίνδυνος, ἐάν τε τῆς κρείττονος λάβωνται τύχης, ἐάν τε τῆς χείρονος.

vuident leurs démêlez par un Combat singulier ; quoique les Princes eux-mêmes ne doivent pas en venir à cette extrêmité pour maintenir des droits obscurs & litigieux. Surquoi il faut remarquer, que ceux qui remettent à un Combat la décision de leurs démêlez, peuvent bien transiger de leurs droits, mais non pas de ceux d'autrui. Si donc un Roi, qui ne possede pas son Royaume comme un bien propre & patrimonial, veut exposer sa Couronne au hazard d'un tel Combat ; son engagement sera nul & de nul effet, à moins qu'il ne soit accompagné du consentement du peuple, & de celui des personnes déja au monde, qui ont droit par les Loix à la Succession.

Il arrive ici souvent quelque contestation pour sçavoir qui est le Vainqueur ? Surquoi il faut remarquer, qu'ordinairement ces sortes de Combats sont décisifs. Si donc il n'y a que deux combattans, celui-là doit passer pour Vainqueur qui a tué son homme, ou qui du moins l'a réduit à rendre les armes, & à se (c) reconnoître vaincu. S'il y a plusieurs combattans de part & d'autre, (d) les premiers qui auront tué ceux de l'autre parti, ou qui les auront mis en fuite, & hors d'état de se défendre, seront réputez Vainqueurs. Mais lorsque deux Armées entieres en viennent aux mains, ce n'est pas pour l'une ni pour l'autre, une marque assurée de victoire que d'avoir fait quelque butin sur l'Ennemi, de lui avoir laissé enterrer ses Morts, d'avoir couché sur le champ de bataille, & présenté de nouveau le combat ; quoique toutes ces circonstances jointes à d'autres indices plus évidens, servent beaucoup à faire voir que les Ennemis ont pris la fuite. Et certainement dans un doute, la présomption est plus forte contre celui qui a abandonné le champ de bataille. Mais lorsqu'il n'y a de part ni d'autre aucune marque assurée de victoire, les choses demeurent au même état qu'elles étoient avant la bataille ; desorte qu'il faut, ou en revenir à la Guerre, ou entrer dans quelque nouveau Traité.

(c) Comme fait *Turnus*, dans *Virg. Æn.* XII. 931. *& seqq.*

(d) Voyez un exemple remarquable d'un Combat entre des gens choisis par les *Lacédémoniens*, & ceux d'*Argos* ; où il faut sans contredit prononcer en faveur des derniers : *Herodot.* Lib. I. Cap. 82. & *Plutarch. in Parall.* Voyez *J. Meurs. Misc. Lacon.* Lib. IV. Cap. 13.

§. VI. POUR sureté de la Paix, on y fait non seulement intervenir d'ordinaire le Serment ; mais encore on donne de part & d'autre des (1) *Otages*. Surquoi il faut remarquer, outre ce que l'on trouve dans (a) GROTIUS, que si un Otage devient Héritier & Successeur de celui qui l'avoit donné, il n'est plus tenu alors de demeurer en Otage, quoique le Traité subsiste encore après la mort de son Prédécesseur : (2) car ce cas étoit tacitement excepté. Mais il doit mettre quelqu'un à sa place, si l'autre Partie le demande.

Des Otages.

(a) Liv. III. Chap. XX. §. 52. & suiv.

§. VII. QUELQUEFOIS aussi d'autres Princes ou Etats, surtout ceux qui ont été Médiateurs de la Paix, se rendent Garants de son observation de part & d'autre, par une espece de Cautionnement qui emporte un Traité d'Alliance, en vertu duquel ils (a) s'engagent à donner du secours au premier qui sera insulté par l'autre, contre les articles & les conditions de la Paix. Mais ils ne sont pas tenus de prendre la défense de l'un ni de l'autre, si la Guerre vient à recommencer contr'eux pour quelque nouveau sujet.

Des Garants de la Paix.

(a) Voyez *Diod. Sic.* Lib. IV Cap. LV. *in fin.*

DION. HALICARN. *Antiq. Roman.* Lib. III. page 149, 150. *Edit. Sylb.* Cap. XII. page 144. *Edit. Oxon.* Voyez ce que j'ai remarqué sur GROTIUS, Liv. III. Chap. XX. §. 43. *Note* 10.

§. VI. (1) Voyez ce que l'on a dit ci-dessus, Chap. II. de ce Livre, §. dern. & la Dissertation de Mr. BUDDEUS, intitulée *Jurispr. Hist. Specim.* §. 54. & *seqq.* comme aussi mes notes sur l'endroit de GROTIUS.

(2) Il n'y a nulle apparence, que le Prince qui a donné pour Otage celui qui doit être son Successeur, ait prétendu qu'au cas qu'il vint à mourir lui-même l'Etat fût privé de son Chef, & l'Etat lui-même au nom duquel le Prince, Héritier présomptif, a été mis en ôtage, ne peut être censé y avoir consenti.

CHAPITRE IX.

Des ALLIANCES, *&* *des* CONVENTIONS PUBLIQUES FAITES SANS ORDRE DU SOUVERAIN.

Combien il y a de sortes d'*Alliances?*

(a) Voyez *Grotius* Liv. II. Chap. XV. §. 1. *& suiv.*

§. I. PARLONS maintenant de ces sortes de Traitez Publics, (a) ausquels on (1) donne en particulier le nom d'ALLIANCES. Il y en a de deux sortes, par rapport à leur matiere: les unes *qui regardent des choses à quoi on étoit déja tenu par le Droit Naturel*: les autres *qui ajoûtent un nouvel engagement aux Devoirs de la Loi Naturel*, ou qui du moins en déterminent la généralité à quelque chose de précis & de particulier.

Des Alliances qui regardent des choses ausquelles on étoit deja obligé par le Droit Naturel.

(a) Voyez *Grotius* *ubi suprà*, §. 5.

§. II. IL FAUT mettre au premier rang (a) les Alliances où l'on s'engage purement & simplement à se rendre les Devoirs de l'Humanité, ou à ne point se faire de mal (1) les uns aux autres. Parmi les Anciens, on regardoit ces sortes d'Alliances comme absolument nécessaires entre ceux qui n'étoient liez ensemble par aucun Traité; car, nonobstant l'évidence de la régle du Droit Naturel, qui porte, *Que la Nature ayant mis une parenté entre tous les Hommes, personne ne doit faire du mal à autrui, sans qu'on lui en ait donné sujet par quelque offense ou par quelque injure*; cette maxime étant effacée alors de l'esprit de la plûpart des gens, on croyoit qu'il ne falloit observer les Devoirs de l'Humanité qu'envers ses Concitoyens, & qu'on pouvoit fort bien regarder tous les Etrangers sur le pié d'Ennemis, & leur faire du mal toutes fois & quantes qu'on y trouvoit quelque profit. Mais, parmi les Peuples civilisez, qui font profession de suivre les Loix du Droit Naturel, ces sortes d'Alliances ne

CHAP. IX. §. I. (1) Je n'ai point trouvé de terme plus propre pour exprimer le Latin *Fœdera*. Le mot de *Traité* auroit été trop général; car on voit bien que l'Auteur exclut ici les Conventions faites pendant la guerre, soit pour moderer ou suspendre les actes d'hostilité, soit pour parler simplement de Paix, & les Traitez de Paix même, considerez comme tels, puisqu'il en a fait la matiere des Chapitres précedens. D'ailleurs, il dit lui même dans le §. 3. de ce Chap. *Utraque Fœdera inirè pariſſimum ſolent* OB ALIQUAM SOCIETATEM *contrahendam*, &c. Ainsi le mot d'*Alliance* peut bien convenir ici, quoiqu'on le restreigne souvent aux Traitez par lesquels plusieurs Princes ou Etats s'unissent, se confederent, ou se liguent pour se défendre les uns les autres, ou pour attaquer ensemble un Ennemi commun. Au reste, notre Auteur remarquoit ici, que PLINE (*Hist. Nat.* Lib. VII. Cap. LVI. *Sect.* 57. *Hard.*) attribue à *Thésée* l'invention des *Alliances*: ce qui, ajoûte-t-il, ne sçauroit être admis qu'en ce sens, que *Thésée* fut le premier qui introduisit dans la *Grece* l'usage de faire des Alliances, ou bien qui y ajoûta simplement certaines formalitez, & certaines cérémonies, pour les rendre plus solemnelles.

§. II. (1) Voyez GENES. XXI, 23. Dans un Traité des *Lacédémoniens* avec le Roi de *Perse*, il y avoit cette clause: *Que tout les Païs, & toutes les Villes, dont le Roi étoit en possession, & qui avoient été possedées par ses Ancêtres, demeureroient sous sa puissance.* Ὁπόσην χώραν καὶ πόλεις βασιλεὺς ἔχει, καὶ οἱ πατέρες οἱ βασιλέως εἶχον, βασιλέως ἔστω. THUCYD. Lib. VIII. Cap. XVIII. *Edit. Oxon.* Mais on ne trouve point dans le reste du Traité, qui est fort court, les paroles suivantes, que notre Auteur rapportoit tout de suite en caractere Italique: *Que les Lacedemoniens & leurs Alliez, ne pourroient point aller dans ces endroits-là, pour faire la Guerre, ou causer du dommage de quelque autre maniere, & qu'ils n'en exigeroient non plus aucun impôt; En un mot, que le Roi disposeroit seul de ses Etats.* Notre Auteur a ici joint ensemble des paroles de deux Traitez, comme s'ils n'étoient qu'un: car ces dernieres sont dans le même Livre, *Cap.* XXXVII. excepté la fin, *En un mot*, &c. Et il y a aussi la même clause réciproque, en faveur des *Lacédémoniens*. Voilà (ajoûtoit notre Auteur) un exemple des Alliances dont il s'agit; à moins qu'on ne prenne cette clause pour une simple rénonciation des *Lacédémoniens* à toutes les prétensions qu'ils pouvoient avoir sur l'*Asie*: car du reste, l'*Asie* appartenant au Roi de *Perse* indépendamment de ce Traité, il avoit en vertu de cette Proprieté toute seule, le pouvoir de disposer de ses terres comme il le jugeoit à propos, & le droit d'exiger qu'aucun autre ne les envahît. L'Auteur renvoyoit encore au Traité de Paix conclu entre les *Athéniens*, & les *Perses*, rapporté par DIODORE DE SICILE, Lib. XII. Cap. IV. & dans lequel il est dit, *Qu'il sera permis à toutes les Villes Greques d'Asie de jouir de leur Liberté & de leurs Loix.*

sont nullement nécessaires (2). Tout ce qu'il y a, c'est que les Peuples, aussi-bien que les Particuliers, peuvent honnêtement se faire les uns aux autres des protestations particulieres d'amitié, lorsqu'ils commencent à contracter ensemble quelque affaire (3), ou à entrer dans quelque liaison. Du reste, des gens (4) tant soit peu raisonnables devroient presque rougir, de faire un Traité dont les Articles se réduisent à une simple promesse de ne pas violer directement les maximes incontestables du Droit Naturel ; (b) comme si la vûë seule du Devoir, sans un engagement exprès, n'étoit pas capable de faire impression sur eux. A la vérité on colore quelquefois ces Traitez du beau nom d'Amitié. Mais les Loix de l'Amitié, proprement ainsi nommée, demandent bien plus de choses que les Loix de l'Humanité toute seule ; car, quoique les Devoirs de l'Amitié ne soient pas déterminez, comme les engagemens où l'on est entré par une Convention ; un Ami est tenu en général, comme chacun sçait, de faire part volontiers de ses biens à son Ami, de prendre un soin particulier de sa conservation & de ses intérêts, de lui donner ses bons avis, de le consoler, de le secourir, de détourner, autant qu'il peut, les maux qui le menacent ; & en tout cela il doit agir avec plus d'affection & d'empressement, qu'il ne feroit en faveur de ceux à qui il rendroit quelque service par un pur principe d'Humanité. GROTIUS (c) rapporte ici les Alliances par lesquelles on stipule un droit d'Hospitalité, & un droit de Commerce dans les terres l'un de l'autre ; autant que tout cela est dû à autrui (5) par le Droit Naturel.

(b) Voyez *Digest.* Lib. II. Tit. XIV. *De Pactis* Leg. L.

(c) *Ubi suprà*, §. 5. num. 3.

§. III. LES Alliances, par lesquelles on s'engage à quelque chose de plus que ce qui d'ailleurs étoit pleinement dû en vertu du Droit Naturel, commun à tous les Hommes (a) ; se divisent en *Alliances Egales*, & *Alliances Inégales*.

Des Alliances Egales ; & de leurs differentes sortes.

(a) Voyez *Grotius ubi suprà*, §. 6.

Les *Alliances Egales* sont celles que l'on contracte avec une entiere égalité de part & d'autre (1) ; c'est-à-dire, dans lesquelles non seulement on promet de part & d'au-

(2) Voyez ci-dessus, Liv. II. Chap. II. §. 11.

(3) L'Auteur appliquoit ici, mais mal-à-propos, ces paroles de CICERON, qui, comme toute la suite du discours le fait voir, ne regardent que les recommandations favorables, par lesquelles il est bon de s'introduire dans l'amitie de quelqu'un. *Sed tamen in omnibus novis conjunctionibus interest, qualis primus aditus sit, & quâ commendatione quasi amicitia fores aperiantur.* Epist. ad Famil. *Lib.* XIII. Ep. X.

(4) Notre Auteur suppose ici les mêmes sentimens & les mêmes dispositions dans les deux Parties. Du reste, il ne condamne nullement ceux qui se croyant indispensablement obligez, sans aucun Traité, de ne faire aucun tort à personne, ne laissent pas de prendre leurs sûretez contre les autres, dont il se défient avec raison, en tâchant de prevenir leurs insultes par des Traitez qui les lient plus fortement. Ainsi tombent les objections que fait ULRIC OBRECHT, *Diss. De Sponsore Pacis*, Cap. I. §. 3.

(5) Voyez ci-dessus, Liv. III. Chap. III. §. 9. 11. 12. GROTIUS cite ici ces paroles d'*Arco* dans sa Harangue aux *Achéens*, comme renfermant la distinction des *Alliances* qui ne concernent que ce qui etoit deja dû par le Droit Naturel, & de celles qui ajoûtent quelque chose aux Devoirs de la Loi Naturelle : *Nemo novæ societatis aut novi fœderis, quo nos temerè illigemus, conscribendi est auctor : sed commercium tantùm juris prabendi repetendique sit, ne interdictione finium nostrorum & nos quoque regno arceamus : ne servis nostris aliquò fugere liceat. Quid hoc adversùs Romana fœdera est?* (TIT. LIV. *Lib.* XLI. Cap. XXIV.) Surquoi notre Auteur faisoit voir ici, par la suite du discours, que la pensée d'*Arco* est seulement, que ceux qui stipulent simplement les uns des autres quelques Devoirs d'Humanité, ne sont pas proprement *Alliez*, & que les *Achéens* pouvoient fort bien, sans prejudice de leur Alliance avec les *Romains*, rétablir par un tel Traite la liberte du Commerce avec les *Macédoniens* pour leur propre avantage, & surtout afin que leurs Esclaves fugitifs ne trouvassent pas une retraite sûre en *Macedoine*. Mais cela suppose toûjours la distinction dont il s'agit : autrement il n'auroit pas ete necessaire de mettre en question, Si, selon l'usage reçu, ce Traité pouvoit être regarde comme une nouvelle Alliance, dont les Romains eussent lieu de prendre ombrage, & qui eût quelque chose de contraire à celle où ils étoient entrez avec l'*Achaye*.

§. III. (1) ISOCRATE les appelle Συνθῆκαι ; & les autres Προστάγματα, c'est-à-dire, *Loix, Commandemens*. Τίς γὰρ οὐκ οἶδεν, ὅτι Συνθῆκαι μέν εἰσιν, αἵτινες ἂν ἴσως καὶ κοινῶς ἐν ἀμφοτέροις ἔχωσι· Προστάγματα δὲ, τὰ τοὺς ἑτέρους ἐλαττοῦντα παρὰ τὸ δίκαιον ; » Qui ne sçait que » les Alliances sont des Traitez où l'on stipule de » part & d'autre des conditions egales ? Au lieu que » ceux qui renferment des conditions desavantageu» ses & iniques au préjudice de l'une des Parties, ne » sont autre chose que des Loix qu'on lui impose-

tre des choses égales ou purement & simplement, ou à proportion des forces de chaque Allié ; mais encore on s'y engage sur le même pié, ensorte qu'aucune des Parties ne se reconnoît inférieure à l'autre en quoi que ce soit. Ces Alliances, aussi-bien que les *Alliances Inégales*, se font en vûë de quelque société, qui regarde ou le *Commerce* ou la *Guerre*, soit Offensive soit Défensive ; ou d'autres choses. A l'égard du *Commerce* on peut contracter une Alliance Egale en diverses manieres : par exemple, en stipulant que les Sujets de part & d'autre seront francs de tout impôt, & de tous droits d'entrée ou de sortie, lorsqu'ils viendront sur les Terres ou dans les Ports de l'autre Allié ; ou qu'ils ne payeront que sur le pié de ce qui est établi dans le tems du Traité ; ou qu'on n'exigera jamais d'eux au-delà d'une certaine taxe ; ou qu'on ne leur demandera pas davantage qu'aux gens mêmes du Païs, ou aux autres Alliez, &c. Dans les *Alliances Egales*, qui concernent la *Guerre*, on stipule, par exemple, que chacun fournira à l'autre une égale quantité de Troupes, de Vaisseaux, ou d'autres choses qui servent aux Expéditions militaires ; & cela ou dans toutes sortes de Guerres, tant Offensives que Défensives, ou dans les Guerres Défensives seulement. Quelquefois aussi on ne se promet du secours l'un à l'autre que dans une certaine Guerre particuliere, ou contre certains Ennemis, ou contre tous ceux qui ne sont pas Alliez de l'un ou de l'autre. Enfin, il y a d'autres choses à l'égard desquelles on fait des *Allances Egales* ; par exemple, lorsque l'on s'engage à ne point avoir de Place forte sur les frontieres l'un de l'autre ; à ne point accorder de protection, ni donner retraite aux Sujets l'un de l'autre, ou même à faire prendre & renvoyer à l'autre Puissance, ceux qui viendront se réfugier dans nôtre Païs ; à ne point donner passage aux Ennemis l'un de l'autre, &c.

§. IV. Les * *Alliances Inégales* (a) sont celles, au contraire, dans lesquelles ce que l'on promet de part & d'autre n'est pas égal, ou bien qui rendent l'un des Alliez inférieur à l'autre.

L'inégalité des choses stipulées de part & d'autre, est tantôt du côté de la Puissance la plus considérable, & tantôt du côté de l'Allié inférieur en dignité. Le premier cas arrive, lorsque le plus puissant Allié promet du secours à l'autre, sans en stipuler aucun de lui ; ou lorsqu'il lui promet un plus grand secours que celui qu'il exige à son tour. L'autre cas a lieu, lorsque l'Allié inférieur s'engage à faire en faveur de la Puissance Supérieure en dignité, plus que celle-ci ne lui promet de son côté. Ces dernieres sortes d'Alliances donnent quelquefois atteinte à la Souveraineté de l'Allié inférieur ; comme cela paroît dans le Traité des (b) *Romains* avec les *Carthaginois*, après la seconde *Guerre Punique* : car il étoit porté, *que les Carthaginois ne pourroient faire la Guerre à personne, ni au-dedans ni hors de l'Afrique, sans le consentement du Peuple Romain*. Mais la Souveraineté de l'Allié inferieur demeure en son entier, lorsque la condition onéreuse qu'on lui impose n'est pas permanente, c'est-à-dire, qu'il peut y satisfaire une fois pour toutes ; comme si dans un Traité de Paix l'une des Parties s'engage à payer l'Armée de l'autre, à lui rembourser les frais de la Guerre, à lui donner une certaine (c) somme d'argent en forme d'amende ; ou si l'un est tenu de raser les Fortifications de quelqu'une de ses Places, ou une Citadelle, ou d'abandonner certains endroits, ou de donner des Otages, des Vaisseaux, des (d) Armes, &c. Il y a

* Des *Alliances Inégales*.

(a) Voyez *Grotius ubi suprà*, §. 7

(b) Voyez *Tite-Live*, Lib. XXX. Cap. XXXVII. num. 4. Voyez aussi ce qu'*Appien d'Alexandrie* dit de la *Grande Armenie*, dans sa Préface, p. 2. A. *Edit. H. Steph.* & le Traité de *Pierre* Ambassadeur de l'Empereur *Justinien*, avec *Theodat*, Roi des *Goths en Italie*, dans *Procop.* Hist. Goth. Lib. I. Cap. 6.

(c) Voyez le Traite de Trêve fait entre *Justinien* & *Chosroës* Roi des *Perses*, dans *Procop.* Hist. Goth. Lib. IV. Cap. 15.

(d) C'est ainsi que *Porsenna*, Roi d'*Etrurie*, stipula des *Romains*, qu'ils ne se servissent de Fer que pour la charrue. *Plin. Hist. Nat.* Lib. XXXIV. Cap. XIV. Voyez *I. Sam. XIII*, 19, 20.

» *Panegyr.* pag. 78. A. *Ed. H. Steph.* Nôtre Auteur retranchoit ici les mots παρὰ δίκαιον, comme n'étant pas nécessaires. Il a voulu dire apparemment, que de ce qu'il y a de l'inégalité, & même une grande inégalité, au désavantage de l'une des Parties, il ne s'ensuit pas que les conditions soient injustes & déraisonnables en elles-mêmes.

même des conditions onéreuses, qui, quoique perpetuelles, n'emportent aucune diminution de la Souveraineté; comme, par exemple, quand le Traité porte, que l'un des Alliez tiendra pour Amis tous les Amis de l'autre, & pour Ennemis, tous ses Ennemis; mais non pas celui-ci à son tour ceux du premier; que l'un n'aura point de Place forte en certains endroits, ou n'y lévera aucunes Troupes, ou n'y ménera (e) point d'Armée, ou n'y bâtira point de Ville, ou ne fera pas voile dans certaines Mers, ou seulement avec un certain nombre de Vaisseaux, &c. Je n'excepte pas la clause, par laquelle (1) l'un des Alliez (f) est tenu de reconnoître la prééminence de l'autre, & de lui témoigner quelque déférence ou quelque respect dans toutes les occasions. On a néanmoins remarqué avec raison, que si celui qui est au-dessus de l'autre en dignité, le surpasse aussi beaucoup en forces & en puissance, il ne manque guéres d'usurper peu-à-peu une Autorité ou une Domination, proprement (2) ainsi nommée; surtout si l'Alliance est perpétuelle, & qu'elle l'autorise à mettre garnison dans les Places de l'Allié inférieur.

(e) Voyez le Traité des *Romains* avec les *Latins*, dans *Denys d'Halicarn.* Lib. VIII. Cap. XV. *Edit. Oxon.*

(f) Voyez ce que dit *Isocrate* (dans son *Panégyrique*) de la maniere, dont les *Athéniens*, qui tenoient le premier rang de la *Gréce*, en agissoient avec leurs Alliez, *pag.* 62. C. *Edit. H. Steph.*

§. V.* On demande lequel des Alliez doit être secouru préférablement aux autres, lorsqu'il se trouve que plusieurs font la Guerre en même tems; Grotius (a) répond fort bien à cette (1) question. Il faut ajoûter seulement, que tous les Traitez par lesquels un Prince s'engage à assister des Etrangers, renferment cette exception tacite,

* En quel cas on peut renoncer à une Alliance? & quel Allié doit être secouru, préférablement aux autres?

(a) Liv. II. Chap. XV. §. 13. Voyez aussi *Simler. de Rep. Helvet.* Lib. I. page 165. *Edit. Elzev.* dans les Traitez des huit anciens Cantons.

§. IV. (1) C'est la décision du Droit Romain. *Liber autem populus est is, qui nullius alterius populi potestati est subjectus, sive is fœderatus est: item sive æquo fœdere in amicitiam venit, sive fœdere comprehensum est, ut is populus alterius populi majestatem comiter conservaret: hoc enim adjicitur, ut intelligatur, alterum populum superiorem esse; non ut intelligatur, alterum non esse liberum: quemadmodum clientes nostros intelligimus liberos esse, etiamsi neque auctoritate, neque dignitate, neque jure omni nobis pares sunt, sic eos, qui majestatem nostram comiter conservare debent, liberos esse intelligendum est.* Digest. Lib. XLIX. Tit. XV. *De Captivis, & de Postliminio*, &c. Leg. VII. §. 1. Mais le paragraphe suivant, qui est du même Jurisconsulte nommé *Proculus*, semble contredire les paroles qui viennent d'être citées; puisqu'il porte, que les Citoyens des Etats Alliez sont appellez en Justice devant les Tribunaux Romains, qui leur font leur procès, & les punissent comme ils le jugent à propos. *At fiunt apud nos rei ex civitatibus fœderatis, & in eos damnatos animadvertimus.* Or n'est-ce pas là une preuve manifeste de sujettion & de dépendance? Voyez-en des exemples dans Tit. Liv. Lib. XXIII. Cap. VII, *& seqq.* Lib. XXXIII. Cap. XLVII. & Lib. XXXVIII. Cap. XXXI. Pausan. *in Achaic.* au sujet de la trahison de *Callicrate*, page 215, 216. *Edit. Wech.* (Cap. XV, XVI. *Edit. Lips.*) & Polyb. *Excerpt. Legat.* CV. Grotius, (Liv. I. Chap. III. §. 21. num. 5. *& suiv.*) après avoir distingué quatre sortes de cas différens qui peuvent survenir ici, ne répond rien après tout à la difficulté. (Voyez aussi Anton. Matth. *de Crimin.* in *Tit. ad Leg. Jul. Majestat.* Cap. I. §. 5, 6.) Le plus court est de dire, que le §. 1. de cette Loi doit être entendu du tems que le Peuple Romain avoit encore quelque égard pour ses Alliez, & traitoit autrement ceux qui avoient recherché son amitié, que ceux qu'il s'étoit acquis par ses Conquêtes. Voyez Cicer. *de Offic.* Lib. II. Cap. VIII. & Tit. Liv. Lib. XXVI. Cap. XLIX.) Mais dans la suite le bonheur de ce Peuple l'ayant énorgueilli, il fit également éprouver aux uns & aux autres la pesanteur de son joug. Voyez Tit. Liv. Lib. XLII. Cap. I. & ce qu'Appien dit de *Sylla*, Lib. I. *De Bell. Civ.* page 414. *Edit. Steph.* (689. *Edit. Amst.*) C'est de ces derniers tems qu'il faut entendre le second paragraphe de la Loi dont il s'agit, & l'on voit assez qu'il devoit y avoir dans l'Original bien des choses entre ces paroles & les précedentes. Voilà en abregé, & avec quelque ordre, ce que notre Auteur disoit, avec assez de confusion, sur cette Loi, & dans cet endroit, & ci-dessus, Liv. VII. Chap. V. §. 18. à la fin; car je n'ai pas jugé à propos de dire deux fois la même chose. Consultez ici ce que j'ai remarqué, après Mr. le Baron de Spanheim, sur Grotius, *Liv. I. Chap. III. §. 21. Note* 25.

(2) Voyez Boden. *de Republ.* Lib. V. Cap. VI. & Grotius *Liv. I. Chap. III. §. 21. num.* 11. Isocrate dit, qu'il n'y a pas bien loin de là à l'esclavage, & que ceux qui ont un peu à cœur la liberté, doivent éviter ces sortes d'Alliances. Καίτοι χρὴ τοὺς βουλομένους ἐλευθέρους εἶναι, τὰς μὲν ἐκ τῶν ἐπιταγμάτων συνθήκας φεύγειν, ὡς ἐγγὺς ἀνδραποδισμοῦ οὔσας. In *Archidam.* pag. 124. C. *Edit. H. Steph.* toutes citations de l'Auteur.

§. V. (1) Sa décision se réduit à ceci. Lorsque deux Alliez se font la guerre injustement de part & d'autre, il ne faut secourir aucun des deux. Mais si la cause d'un Allié est légitime, on doit lui donner du secours non seulement contre les Etrangers, mais encore contre un autre Allié; à moins qu'il n'y ait dans le Traité quelque clause expresse qui ne nous permette pas de prendre la défense du premier contre le dernier, quoique celui-ci ait tort. Que si plusieurs de nos Alliez se liguent ensemble contre un Ennemi commun, il faut leur donner du secours à tous également, autant que cela est possible. Mais lorsqu'il n'y a pas moyen de les assister tous en même tems, il faut donner la préférence au plus ancien Allié. Voyez mes Notes sur cet endroit de Grotius; & la Dissert. de Mr. Buddeus, intitulée, *De comparatione obligationum quæ ex variis hominum statibus oriuntur.*

autant qu'il pourra la faire commodément, sans préjudice des intérêts de son propre Royaume, qui doivent l'emporter même sur toute considération de son intérêt particulier, & sur les liaisons les plus étroites du sang & de la parenté (b). Comme donc tout Prince est dans une Obligation indispensable de procurer l'avantage de ses Sujets, préférablement à celui de quelque autre que ce soit : (2) les Conventions qu'il fait avec les Etrangers, ne sont plus d'aucune force, du moment qu'elles paroissent manifestement contraires à l'intérêt des Peuples. D'ailleurs, toute Alliance (3) se fait pour le bien commun des Alliez; desorte que celui qui reçoit quelque Dommage de ce que les intérêts de l'autre ne lui permettent plus de continuer l'Alliance, ne doit s'en prendre qu'à lui-même, puisque (4) devoit avoir examiné avec plus de soin quels étoient les intérêts de son Allié, qui par leur changement font expirer l'Alliance. Il est pourtant du devoir d'un bon Allié, (c) lorsqu'il commence à s'appercevoir que ses affaires ne lui permettent plus de demeurer dans l'Alliance, d'en avertir l'autre au plûtôt, afin qu'il puisse prendre là-dessus ses mesures. D'où vient que dans les Alliances pour la Guerre, on ne manque pas de stipuler avec beaucoup de soin, qu'aucun Allié ne pourra traiter avec l'Ennemi commun, sans la participation & le consentement des autres. Clause néanmoins, qui, selon quelques-uns, renferme toûjours cette restriction tacite, que chacun pourra s'accommoder en son particulier, s'il voit que les autres rejettent des propositions raisonnables qui leur sont faites : car en ce cas-là ceux-ci péchent contre le but manifeste de l'Alliance, & ainsi ils dispensent l'autre désormais de l'Obligation d'agir avec eux d'un commun accord. Mais il faut bien prendre garde de ne pas étendre trop loin cette exception : autrement, sous prétexte que les autres Alliez refusent d'accepter des propositions raisonnables, il seroit aisé d'éluder les engagemens de l'Alliance, & un seul des Alliez pourroit s'ériger en Juge des autres (d).

(b) Voyez *Aul. Gell.* Lib. II. Cap. XXIX.

(c) Voyez *Eurip. Iphig. in Taur.* verf. 605, 606. [Passage qui néanmoins ne convient pas ici directement.]

(d) Voyez *Jo. Labard.* Hist. Gall. L. V. p. 313. Edit. Paris. 1671.

Des Confédérations perpétuelles; & des Alliances réelles ou Personnelles. Regles pour connoître, si une Alliance faite avec une République est Réelle, ou Personnelle.

§. VI. De (1) toutes les *Alliances*, tant *Egales* qu'*Inégales*, qui se font pour divers sujets, les plus ordinaires sont celles où l'on s'engage pour s'entresecourir dans la Guerre ou Défensive ou Offensive, & celles qui regardent le Commerce. Mais les plus étroites, ce sont celles qui consistent dans une Confédération de plusieurs Etats unis ensemble à perpétuité, pour régler d'un commun accord les affaires qui concernent leur intérêt commun.

Il

(2) FRANÇOIS I. disoit *que l'Obligation du Serment prêté à Rheims, en vertu duquel les Rois de France sont tenus de ne point aliéner le Patrimoine de la Couronne, étoit antérieure à tout autre engagement.* GUICCIARDIN. Lib. XVII. vers le commencement, *page* 159. *Tome* II. de l'Original, *Edit. Genev.* 1645. Voyez BACON. *de Sapientia Veter.* Cap. V. Citations de l'Auteur.

(3) ARISTOTE le reconnoit. Δοκοῦσι γὰρ αἱ συμμαχίαι ταῖς πόλεσι γενέσθαι ἕνεκα τοῦ συμφέροντος. Ethic. Nicom. *Lib.* VIII. Cap. V. Voyez aussi *Rhetoric.* Lib. III. *Cap.* XIV. Notre Auteur cite quelques autres passages, où il s'agit plûtôt de l'abus qu'on fait de ce principe, en violant les engagemens les plus sacrez, toutes les fois qu'on y trouve son intérêt: POLYB. Lib. II. *Cap.* XLVII. ISOCRAT. Orat. ad Philip. page 91. B. Edit. H. Steph. VALER. FLACC. Lib. IV. verf. 744. ANDR. MAUROCEN. *Hist. Venet.* Lib. I. POLYBE remarque néanmoins, (comme le disoit encore ici notre Auteur), que pendant l'espace de CXL. années, les *Rhodiens* ne voulurent faire aucune Alliance avec les *Romains*, quoiqu'ils leur envoyassent souvent du secours dans plusieurs guerres. La raison en est, selon ce grave Historien, qu'ils ne vouloient en ne s'engageant avec personne, laisser à tous les Princes l'espérance d'en recevoir du secours, ou de contracter un jour quelque Alliance avec eux; desorte que par-là ils gagnoient la bienveillance de chacun. *Excerpt. Legat.* XCIII. *Cap.* VI. THOM. MORUS allegue une autre raison, pourquoi les Peuples de son *Utopie* ne vouloient faire aucune Alliance; c'est parcequ'ils voyoient que les Princes sont peu religieux à en tenir les engagemens: *Lib.* II. *page* 159. *Edit. Basil.* 1555. Toute cette Note est de l'Auteur. Voyez ci-dessus *Chap.* VI. de ce Livre, §. 14.

(4) *Qui cum alio contrahit, vel est, vel debet esse non ignarus conditionis ejus.* DIGEST. Lib. L. Tit. XVII. *De diverf. Reg. Juris*, Leg. XIX. *princ.* Citations de l'Auteur.

§. VI. (1) Cet *à linea* est tiré de l'Abregé des *Devoirs de l'Homme & du Citoyen*, Liv. II. *Chap.* XVII. §. 6.

(2) Bien-

Il y a une autre division célébre des *Alliances*, en (a) *Personnelles*, & *Réelles*. Les premieres sont celles que l'on fait avec un Roi considéré personnellement, ensorte que le Traité expire avec lui. Les autres, ce sont celles où l'on ne traite pas tant avec le Roi même, ou avec les Chefs du Peuple, qu'avec tout le Corps de l'Etat, & qui par conséquent subsistent après la mort même de ceux qui le gouvernoient dans le tems que le Traité fut conclu. De sçavoir maintenant à laquelle de ces deux classes il faut rapporter telle ou telle Alliance en particulier, c'est dequoi on pourra juger par les Régles suivantes.

(a) Voyez *Grotius*, Liv. II. Chap. XVI. §. 16, 17, 18.

Il est certain, que toute Alliance faite avec une République est *Réelle* de sa nature, & dure par conséquent jusqu'au terme dont on est convenu par le Traité, quoique les Magistrats, qui avoient eu charge de le conclure, soient morts auparavant, ou que la forme du Gouvernement vienne a être changée, fût-ce de Démocratie en Monarchie : car en ce cas-là le Peuple ne laisse pas de demeurer le même, & le Roi, comme on le suppose, étant établi par le consentement du Peuple qui abolit le Gouvernement Républicain, est censé accepter la Couronne avec tous les engagemens que le Peuple, qui la lui donne, avoit contractez, comme libre & se gouvernant par lui-même. Ajoûtez à cela, que le Souverain ayant seul le pouvoir de faire des Alliances, & le Corps de l'Etat étant le sujet commun de la Souveraineté ; l'Autorité Souveraine d'un Roi choisi par un Peuple Libre, doit être reputée la même que celle qu'avoit auparavant le Peuple, lorsque les affaires publiques se décidoient en dernier ressort dans l'Assemblée générale de tous les Citoyens. Il faut néanmoins excepter ici les Alliances contractées en vûë de la conservation du Gouvernement présent ; comme si deux Républiques se liguent pour leur défense mutuelle contre ceux qui voudroient entreprendre de leur ravir leur liberté ; car si l'un de ces deux Peuples consent depuis volontairement à changer la forme de l'Etat, l'Alliance finit d'elle-même, parceque la raison surquoi elle étoit fondée, ne subsiste plus alors.

Mais, quoique régulierement toute Alliance faite avec un Peuple Libre soit *Réelle*, on ne peut pas dire au contraire, (2) que toute Alliance contractée avec un Roi soit *Personnelle*, & expire avec lui ; car un Traité n'est pas personnel, par cela seul (3) qu'il se fait au nom d'une certaine personne : mais souvent cette circonstance marque seulement que celui dont il est fait mention, est l'instrument du Traité, en la personne avec qui l'on traite immédiatement (4). Cependant il est certain qu'il y a des Alliances que les Rois font personnellement, ensorte qu'ils entendent qu'elles finissent avec eux ; & d'autres, dont ils ont dessein de transmettre les engagemens à

(2) Bien-loin de là, dans un doute même, la présomption est, qu'un Traité Public est réel ; comme je l'ai dit sur GROTIUS, dans l'endroit cité. §. 16. *Note* 6.

(3) C'est une Régle du Droit Romain, que notre Auteur citoit ici : *Utrum autem in rem, an in personam pactum factum est, non minus ex verbis, quàm ex mente convenientium æstimandum est ; plerumque enim (ut & PEDIUS ait) persona pacto inseritur, non ut personale pactum fiat, sed ut demonstretur cum quo pactum factum est*, DIGEST. Lib. II. Tit XIV. *De pactis*, Leg. VII. §. 8.

(4) D'où il s'ensuit, que comme après le changement du Gouvernement Démocratique en Monarchique, l'Alliance ne laisse pas de subsister avec le nouveau Roi ; de même si le Gouvernement devient Républicain, de Monarchique qu'il étoit, le Traité fait avec le Roi n'expire pas pour cela, à moins qu'il ne fût manifestement personnel. Mr. HERTIUS allegue ici le jugement de *Claudius* (ou plûtôt *Clausus*) personnage considérable du pays des *Sabins*, qui soûtint seul, contre l'opinion de tous ceux de sa Nation, que les *Sabins* ne pouvoient, sans violer l'Alliance faite avec *Tarquin le Superbe*, & confirmée par Serment, déclarer la guerre aux *Romains* : Ἀλλὰ καὶ ἐν τῷ κοινῷ μόνος ἀντέλεγε τοῖς ἀξιοῦσι τὰς σπονδὰς λελύσθαι [ἐπεὶ δὲ βασιλεὺς Ταρκύνιος ἐξέπεσε τῆς ἀρχῆς πρὸς ὃν ἐποιήσαντο τοὺς ὅρκους.] DION. HALICARN. *Antiq. Rom.* Lib. V. Cap. XL. page 295. *Edit. Oxon.* Voyez ci-dessous, *Chap.* XII. §. 1.

leurs Successeurs. Il faut donc chercher quelques caracteres ausquels on puisse connoître si une Alliance contractée par un Roi est Personnelle ou Réelle.

On juge si les Alliances faites par un Roi sont Personnelles ou Réelles. 1. Par la teneur même de chaque Traité.

(a) *Ubi suprà*, §. 16.

§. VII. GROTIUS (a) trouve plus à propos de renvoyer ici à la teneur même de chaque Traité, que d'établir quelques Régles générales. Selon lui, on doit donc tenir pour une *Alliance Réelle*, celle dont le Traité porte expressément, (1) qu'elle sera perpétuelle; ou qu'on la fait pour le bien du Royaume; ou qu'on traite avec le Roi, (2) *pour lui & ses Successeurs*; ou qu'elle durera pendant (3) un certain tems limité. De-plus, il y a d'autres clauses & d'autres termes, qui, aussi-bien que la nature même de la chose sur quoi roule le Traité & le Motif, ou les vûës des Contractans, peuvent quelquefois fournir des conjectures assez fortes pour faire juger si l'Alliance est Personnelle ou Réelle. Que s'il y a des conjectures également vraisemblables de part & d'autre, il faut tenir pour Réelles les Alliances qui roulent sur quelque chose de Favorable; & pour Personnelles, celles qui regardent quelque (4) chose d'odieux ou d'onéreux pour l'une des Parties. Les Traitez de Commerce, par exemple, ont pour objet une chose Favorable. Les Alliances pour la Guerre ne sont pas toutes Odieuses; mais les Défensives tiennent plus du Favorable, & les Offensives approchent davantage de l'Odieux.

2. Par les Régles generales.

§. VIII. MAIS on peut établir ici quelques Régles plus distinctes & plus précises, pour servir à décider en général, si les Successeurs sont obligez de maintenir les Alliances faites par leurs Prédécesseurs?

Premierement, il est certain que les Successeurs doivent garder les Traitez de Paix faits par leurs Prédécesseurs; car aussi-tôt qu'on a executé ponctuellement les conditions du Traité, la Paix efface entierement les injures qui avoient allumé la Guerre.

2. Il n'y a point de doute non-plus, qu'un Successeur ne doive garder toutes les Conventions légitimes, par lesquelles son Prédécesseur a transferé actuellement quelque droit à un tiers.

3. Il est constant encore, que si l'autre Allié ayant déja executé quelque chose à quoi il étoit tenu en vertu du Traité, le Roi vient à mourir, avant que d'avoir effectué à son tour ses engagemens, son Successeur doit indispensablement y suppléer: Car ce que cet Allié a executé sous condition de recevoir l'équivalent, ayant tourné à l'avantage de l'Etat, ou du moins ayant été fait dans cette vûë, il est clair que si

§. VII. (1) Dans l'Alliance renouvellée entre les *Romains* & les *Latins*, l'an de la fondation de *Rome* 261. (ou 263.) il étoit porté: *Qu'elle dureroit tant que le Ciel & la Terre auroient la même situation*: Ῥωμαίοις καὶ ταῖς Λατίνων πόλεσιν ἁπάσαις εἰρήνη πρὸς ἀλλήλους ἔστω, μέχρις ἂν οὐρανός τε καὶ γῆ τὴν αὐτὴν στάσιν ἔχωσι. DION. HALICARN. Lib. VI. Cap. XCV. *seu penult.* On ne peut exprimer la perpétuité en termes plus forts. Mais quelquefois le Traité la désigne formellement; comme il paroît par deux exemples que rapporte DIDIER HERAULT, *De Auctorit. Rerum judicat.* Lib. II. Cap. XVIII. *in fin.* tous deux tirez des Annales de *Charles* VI. par JEAN JUVENAL DES URSINS. *Il* (le Duc d'*Anjou*) *retira les Alliances faictes par feu de bonne mémoire son Pere le Roi* Charles V. *lesquelles furent jurées & promises par serment solemnellement fait par les Rois, Princes & Barons du Pays; lesquelles n'estoient point seulement personnelles, mais* REELLES *de pays à pays, plus pour avoir honneur, que pour avoir mestier d'eux* (c'est-à-dire pour avoir *besoin* d'eux. Voyez BOREL, *Recherches & Antiq. Franc. & Gaul.* pag. 316.) .... *Et furent* ALLIANCES PERPETUELLES *pour eux & leurs Successeurs, & de pays à pays, de peuple à peuple, tant* REELLES, *que personnelles*; c'est-à-dire, *Charles* VI. & le Roi d'*Angleterre*.

(2) Voyez-en un exemple remarquable dans ma *Défense du Droit de la Compagnie Hollandoise des Indes Orientales*, Chap. III. *& suiv.*

(3) Quand on détermine un certain tems, on sçait bien que le Roi avec qui l'on traite peut mourir avant le terme, & même au premier jour; auquel cas l'Alliance ne serviroit presque de rien. Ainsi il s'ensuit de là manifestement, que le Roi s'est engagé non seulement pour lui, mais encore pour ses Successeurs pendant tout le tems limité; à moins qu'il n'y ait d'ailleurs des preuves évidentes que le Traité est purement personnel.

(4) Mais j'ai fait voir ci-dessus, combien cette distinction est peu libre, *Liv.* V. *Chap.* XII. §. 12.

l'Etat n'effectuë pas ce que l'autre Partie avoit stipulé, celle-ci acquiert alors le même droit qu'un homme qui a payé ce qu'il ne devoit pas; & qu'ainsi le Successeur du Roi défunt est tenu, ou de dédommager entierement l'autre Partie de ce qu'elle a fait ou donné, ou de tenir lui-même ce à quoi son Prédecesseur s'étoit engagé.

4. Pour ce qui est des Traitez dont les conditions n'ont été executées en aucune maniere de part ni d'autre, ou ne le sont qu'en partie, mais ensorte que ce qui a été fait de part & d'autre est égal; voici, à mon avis, une Régle générale pour en juger comme il faut. Si le Roi avoit contracté entant que Chef de son Peuple, & en vûë du bien de l'Etat, (1) l'Alliance doit passer pour Réelle, & par conséquent pour obligatoire à l'égard même du Successeur, qui est devenu le Chef du Peuple avec les mêmes droits & les mêmes charges que son Prédecesseur, dont le Traité obligeoit tout le Corps du Peuple. Mais lorsque le Traité tend directement à l'avantage personnel du Roi ou de sa Famille, il est clair qu'aussi-tôt qu'il vient à mourir, ou que sa Famille est éteinte, l'Alliance finit d'elle-même. Il a néanmoins passé en coûtume, que les Successeurs doivent renouveller, du moins en termes généraux, des Alliances reconnuës manifestement pour Réelles; usage que l'on a établi, afin que le Successeur ne prétendît pas se dispenser de garder l'Alliance sous prétexte que l'Etat n'en a encore retiré aucun avantage, d'autant plus que le Successeur pouvant avoir d'autres idées touchant les intérêts de son Royaume, que n'en avoit son Prédécesseur, il se croiroit aisément en droit de renoncer à une Alliance qu'il trouveroit n'être plus avantageuse à l'Etat (a).

(a) Voyez *Jo. Labord.* Hist. Gall. Lib. V. p. 74, 75.

Il faut remarquer encore, que si après avoir fait ensemble plusieurs Traitez différens, on les renouvelle en général; cela doit être entendu principalement du dernier en datte; les actes postérieurs dérogeant toûjours aux précédens (2).

Si les Alliances subsistent à l'egard d'un Prince qui a été chassé de son Royaume par ses Sujets?

§. IX. ON demande ici encore, si lorsqu'un Roi, avec qui l'on avoit fait Alliance, vient à être chassé de son Royaume par ses Sujets, on doit encore après cela lui donner du secours en vertu du Traité? GROTIUS (a) soûtient l'affirmative, (1) & il se fonde sur ce que le Roi Allié conserve toûjours son droit à la Couronne, quoiqu'il n'en soit plus en possession. Pour moi, j'avoue bien que si dans le Traité il y a une clause expresse qui porte qu'on le fait pour la défense de la personne même du Roi ou de sa Famille, on doit sans contredit lui aider à recouvrer son Royaume. Mais lorsque le but du Traité a été uniquement l'avantage de l'Etat, il y a grand sujet de douter, si un Roi chassé par ses Sujets peut demander du secours contr'eux, précisément en vertu de l'Alliance? Car il ne paroît pas qu'on ait pensé à un tel cas, & le secours est censé n'avoir été stipulé que contre les Ennemis étrangers. Cela n'empêche pas néanmoins qu'on ne puisse, si on le juge à propos, secourir le Roi légitime pour le mettre en état de chasser l'Usurpateur; de même qu'on peut assister une République Alliée contre les entreprises d'un Citoyen ambitieux qui travaille à la réduire sous sa domination, tant qu'il n'a point acquis de titre légitime à la Souve-

(a) *Ubi suprà*, §. 17.

§. VIII. (1) Voyez le Chapitre suivant §. 8.

(2) Voyez ce que l'on a dit ci-dessus, *Liv. V. Chap.* XII. §. 6. au commencement & *Note* 2.

§. IX. (1) GROTIUS dit seulement, que le Traité n'expire pas pour cela: & il a apparemment en vue le cas auquel le Roi dépossedé trouveroit moyen de recouvrer ses Etats; car alors l'autre Allié ne pourroit pas se prévaloir de cette interruption de possession, pour regarder l'Alliance comme rompue, quand même l'Usurpateur & les Rebelles auroient témoigné y consentir. Du reste GROTIUS dit lui-même au §. 18. (comme fait ici notre Auteur) que l'Allié peut aider le Roi légitime à rentrer dans ses Etats, *sans préjudice de l'Alliance contractée avec lui*, pendant qu'il étoit encore en possession: ce qui suppose manifestement que ce secours ne lui étoit pas dû directement en vertu de l'Alliance; autrement il seroit ridicule de mettre en question si l'Alliance est violée par-là.

raineté. En effet, quand on traite avec des personnes envisagées sous certaines qualitez de *Roi*, par exemple, & *de ses Successeurs*: on entend parler d'un droit proprement ainsi nommé, & non pas d'une simple usurpation, c'est-à-dire, qu'on suppose un Roi ou des Successeurs qui soient en possession de la Couronne à juste titre, & non pas simplement par l'effet d'une injuste violence.

Si le nom d'*Alliez* s'étend à ceux qui ne le sont pas encore?

§. X. C'est encore une question célébre, de sçavoir, si dans un Traité qui porte que l'on n'attaquera point les Alliez l'un de l'autre (a), le mot d'*Alliez* renferme seulement ceux qui l'étoient dans le tems du Traité (1), ou bien s'il faut l'étendre à ceux qui depuis sont entrez dans l'Alliance? Il y eut là-dessus autrefois une grande (b) contestation entre les *Romains* & les *Carthaginois*, lorsqu'*Hannibal* alla assiéger la ville de *Sagonte*, que les *Romains* avoient reçue dans leur Alliance depuis le Traité fait avec les *Carthaginois*, avec une clause comme celle dont il s'agit. La décision de Grotius sur ce cas revient à ceci: Que sans préjudice du Traité, les *Carthaginois* pouvoient attaquer *Sagonte*, & les *Romains* aussi pouvoient la défendre. Car rien n'empêche qu'un des Alliez ne secoure celui qui est attaqué par l'autre: d'où vient qu'ordinairement dans les Traitez d'Alliance, on fait mention (c) expresse de ce cas-là, lorsqu'on veut en disposer autrement. Il faut avoüer néanmoins, que quand un tel cas arrive (d), c'est un grand acheminement à une rupture; chacun étant aussi sensible aux coups qu'il reçoit sous le nom d'autrui, qu'à ceux qu'on lui porte directement; surtout lorsque les Terres de celui qui donne du secours à ses Alliez, deviennent le théâtre de la Guerre.

(a) Voyez *Grotius ubi suprà*, §. 13.

(b) *Polyb.* Lib. III. Cap. XXVII. *Tit. Liv.* Lib. XXI. Cap. XIX.

(c) Voyez le Traité conclu entre les *Romains* & les *Carthaginois*, du tems de la Guerre de *Tarente*, dans *Polybe*, Liv. III. Chap. XXV.

(d) Voyez *Justin*. Lib. III. Cap. VII. num. 14, 15.

Un Traité ne se renouvelle pas tacitement. Comment on peut rompre l'Alliance?

§. XI. Lorsqu'une Alliance a été faite pour un certain tems marqué dans le Traité, elle ne se renouvelle point tacitement; & cela non seulement, parce (a) qu'il n'y pas présomption, que sans un nouveau sujet on veuille continuer un engagement qui renferme quelque chose d'onereux; mais encore, parceque sur ce pié-là on ne pourroit jamais sçavoir combien doit durer une Alliance. Lors donc qu'après le terme expiré on exerce encore (1) quelques actes qui paroissent conformes aux engagemens du Traité, ils doivent passer plûtôt pour de simples marques de bienveillance, que pour un renouvellement tacite de l'Alliance; l'Amitié toute seule subsistant sans contredit entre ceux qui ne sont plus Alliez.

(a) Voyez *Grotius*. Liv. II. Chap. XV. §. 14.

Enfin, c'est une suite de la nature de toutes les Conventions en général, que, (b) du moment qu'une des Parties manque aux engagemens où elle étoit en vertu de l'Alliance, l'autre est dispensée de tenir les siens. On peut néanmoins convenir que la violation de quelqu'un des Articles du Traité ne rompra pas entierement l'Alliance, bien entendu que l'autre Partie ne reçoive par-là aucun dommage (2) positif, & que d'ailleurs elle soit dispensée de l'execution des engagemens qui répondoient de son côté, à ceux en matiere desquels on lui a manqué de parole.

(b) Voyez *Grotius ubi suprà*, §. 15.

A quoi est tenu un Ministre qui a conclu, sans ordre de son Souverain, un Traité qui n'est pas ensuite ratifié?

§. XII. Les Ministres (1) font quelquefois sans ordre de leur Souverain,

§. X. (1) Voyez ce que j'ai dit sur cette question dans mon Grotius à l'endroit cité, *Notes* 5. & 6.

§. XI. (1) A moins que ces Actes par eux-mêmes ne puissent souffrir d'autre interprétation qu'un renouvellement d'Alliance, comme le remarque Grotius dans l'endroit cité. Voyez ce que j'ai dit là-dessus, *Note* 2. D'où il paroîtra, que Mr. Hertius a tort de passer en fait, qu'on ne peut guéres concevoir de cas où cela ait lieu.

(2) Ou qu'on le répare, s'il s'y en trouve;

§. XII. (1) Comme notre Auteur n'explique nulle part expressément le *droit des* Ambassadeurs, & qu'il n'en a dit qu'un mot en passant, Liv. I. Chap. III. il ne sera pas hors de propos d'en traiter ici en général & succinctement, puisque c'est par le moyen de ces Ministres que se négocient & se concluent ordinairement les Traitez. J'emprunterai à-peu-près de Mr. Buddeus, *Elem. Phil. Practic.* II. Part. Cap. IV. Sect. V. §. 19, *& seqq.* dequoi donner une idée courte & nette de cette matiere;

(2) quelque Traité concernant les affaires publiques; & en ce cas-là le Souverain n'est pas obligé de le tenir. Il se présente ici, entr'autres, une question difficile & importante, (1) sçavoir, à quoi est tenu le Ministre envers l'autre Partie, lorsqu'il a conclu le Traité purement & simplement, & que le Souverain refuse ensuite de le ratifier. Cette question fut agitée autrefois avec beaucoup de chaleur, au sujet (3) de la Paix que *Lucius Véturius*, & *Spurius Posthumius* avoient faite avec les *Samnites*, sans ordre du Peuple ni du Sénat Romain, après la malheureuse journée des *Fourches*

(1) Voyez *Grotius ubi suprà*, §. 16.

par les principes du Droit Naturel, commun à tous les Hommes, & non pas du *Droit des Gens*, pris dans le sens de GROTIUS, (Liv. II. Chap. XVIII.) pour une Convention tacite de tous les Peuples: ou du plus grand nombre. On peut donc faire voir, que ces sortes de Ministres doivent être regardez comme des personnes sacrées & inviolables, indépendamment de cette prétendue Convention. On ne sçauroit douter qu'il n'importe extrémement à tous les Hommes & à tous les Peuples, non seulement de finir les querelles & les guerres, mais encore d'établir & d'entretenir entr'eux l'Amitié & le Commerce. Or les Ambassadeurs sont nécessaires pour procurer ces avantages. Donc DIEU qui veut sans contredit tout ce qui contribue à la conservation & au bien de la Société Humaine, ne peut que défendre par la Loi Naturelle, de faire aucun mal à ces sortes de personnes. On offense un Ambassadeur, ou *en refusant de le recevoir*, d'une maniere accompagnée d'outrage, ou en lui *faisant du mal*, soit en sa personne, soit en ses biens, soit en son honneur, soit en ses domestiques, &c. On n'est pas obligé à la rigueur de recevoir des Ambassadeurs Etrangers; mais la Prudence & l'Humanité veulent qu'on ne le refuse pas sans quelque juste sujet, comme, par exemple, si leur Maitre nous a déja duppez sous prétexte d'Ambassades, & que l'on ait lieu de soupçonner une semblable tromperie; ou si celui qui nous envoye des Ambassadeurs nous a trahi, ou s'est rendu coupable envers nous de quelque autre crime atroce; ou si l'on sçait avec certitude, que sous prétexte de négociations, l'Ambassadeur ne vient que pour causer quelque sédition, ou pour espionner, &c. Que si une fois on a reçu un Ambassadeur, il ne faut lui faire du mal en aucune maniere, pas même par droit de *Talion*, ou de *Représailles*; puisque par cela seul qu'on l'a reçu sous ce caractere, on a renoncé, par rapport à lui, aux droits que l'on pourroit avoir à cet égard. Les Ambassadeurs doivent donc être *sacrez & inviolables*, *c'est-à-dire*, autant que le demande le but & la nature de leur Emploi. Ainsi un Ambassadeur ne peut pas être puni par la Puissance auprès de laquelle il est envoyé; car comme il représente son Maitre, il traite en cette qualité d'égal à égal avec la Puissance chez qui il exerce ses fonctions. Que s'il a commis quelque crime, & que la chose vaille la peine de demander la réparation du dommage, ou que l'on ait intérêt de le faire punir, il faut s'adresser à son Maitre: Et alors si le Maitre refuse de nous faire satisfaction, on peut user contre lui de tous les droits qu'on a contre un Prince qui tolere & approuve hautement les crimes de ses Sujets. Lors même que la chose presse, il est permis de se saisir d'abord de sa personne, comme d'un Ennemi déclaré, de le tenir en prison, & de le faire même mourir, si cela est nécessaire pour notre conservation; car on ne doit pas tout souffrir des Ambassadeurs, & le but de leur Emploi ne le demande pas. Ce caractere n'empêche pas non-plus, que s'ils passent sur les Terres d'un Ennemi de leur Maitre pour se rendre auprès d'une autre Puissance, cet Ennemi doive les respecter, & ne leur faire aucun mal; car il n'est pas nécessaire pour le but des Ambassades, que leurs droits s'étendent si loin, à moins qu'il n'y ait là-dessus quelque Convention particuliere. Ce que l'on vient de dire des Ambassadeurs, doit être appliqué en quelque maniere à *leurs Domestiques*, & *à toute leur suite*. Si quelqu'un des Domestiques a fait du mal, on peut demander à leur Maitre qu'il nous le livre, autrement il se rend complice de son crime; & en ce cas-là il nous donne droit d'agir contre lui de la même maniere que s'il avoit commis un crime propre & personnel. Il ne peut pourtant pas punir lui-même ses Domestiques; car ce droit ne servant de rien au but de son Emploi, il n'y a pas lieu de présumer que son Maitre le lui ait donné. A l'égard de *ses biens*, on ne peut pas les faire saisir en gage par voye de Justice; car cela supposeroit qu'il releve de la Jurisdiction du Souverain auprès duquel il est en Ambassade; mais s'il ne veut pas payer ses dettes, on doit agir avec lui comme nous avons dit qu'il falloit s'y prendre pour tirer satisfaction du dommage & du tort qu'il nous a fait. Pour ce qui est du *droit des Franchises*, il n'est nullement une suite de la nature & du but des Ambassades. Cependant, si on l'a une fois accordé aux Ambassadeurs d'une certaine Puissance, rien ne nous autorise à le révoquer, tant que le bien de l'Etat ne le demande pas. On ne doit pas non-plus, sans de fortes raisons, refuser aux Ambassadeurs les autres sortes de droits, & les honneurs qui sont établis par un commun consentement des Souverains; car alors ce seroit une espece d'outrage. Voilà, à-peu-près, ce que je disois dans la premiere Edition de cet Ouvrage. Mais depuis la seconde, j'ai eu occasion d'examiner la matiere plus à fond & plus exactement, dans mes Notes sur GROTIUS, *Liv. II. Chap. XVIII.* & surtout dans celles que j'ai jointes à ma Traduction du Traité de l'illustre Mr. de BYNKERSHOEK, *Du Juge compétent des Ambassadeurs*, publiée en 1723. & rimprimée en 1730. à la suite du Traité de WICQUEFORT, intitulé, *l'Ambassadeur & ses fonctions*.

(2) On exprime cela en Latin par un seul mot, *Sponsio*. Mais nous n'avons, que je sçache, aucun terme de notre Langue qui y réponde. Voyez GROTIUS, Liv. II. Chap. XV. §. 3.

(3) Voyez TITE LIVE, Lib. IX. Cap. VIII. & *seqq.* & la Dissertation de Mr. BUDDEUS, intitulée, *Jurispr. Historica Specimen*; aussi-bien que celles de Mr. THOMASIUS, *De Sponsione Caudina & Numantina*, qui sont les VI. & XIV. du Recueil de ses Disputes soutenuës à *Leipsic*. J'en ai rapporté le précis sur ce sujet, dans mes Notes sur l'endroit du Chapitre de GROTIUS, cité en marge.

Candines. Surquoi je dis, que le Sénat & le Peuple Romain n'étoient tenus à la rigueur, ni de ratifier ce Traité, ni de remettre les choses au même état qu'elles étoient auparavant : il suffisoit qu'on livrât ces Consuls qui avoient agi de leur pure autorité. (b) Mais, à en juger par les maximes de l'Equité naturelle, le Peuple Romain, à mon avis, devoit certainement ratifier le Traité, quoiqu'il eût été fait sans son ordre. Car ces Consuls avoient eu une présomption raisonnable du (4) consentement du Peuple, puisqu'ils ne pouvoient pas autrement sauver tant de milliers de Citoyens, & la fleur même du Peuple ; outre que les conditions du Traité ne renfermoient d'ailleurs rien de trop dur ou d'insupportable, & que les Ennemis avoient tenu de leur côté ce à quoi ils s'étoient engagez, comme équivalent à la Paix que les Consuls avoient obtenue d'eux. La fierté du Peuple Romain ne pouvoit pas à la verité digerer la maniere ignominieuse dont on avoit traité son Armée, en la faisant passer sous le joug ; & il faut avouer que ce fut une grande folie au Général des *Samnites*, d'irriter si fort cet Ennemi superbe, par un affront qui ne servoit de rien à l'affoiblir. Mais d'autre côté, l'Armée Romaine le méritoit bien, pour s'être témerairement engagée dans un lieu qu'elle ne connoissoit pas, sans l'avoir fait reconnoître pas ses espions. Avec tout cela il valoit mieux (c) se résoudre à souffrir ce traitement honteux, que de laisser périr les forces de la République. Souvent même l'Etat ratifie les Promesses & les autres actes de ses Généraux d'armée, pour ne (d) rien diminuer de leur crédit & de leur autorité, ou de la haute idée qu'on a de leur habileté & de leur prudence. Mais ce Peuple fier & superbe ne vouloit pas considerer qu'il n'avoit point de privilége particulier qui l'exemtât de souffrir une fois lui-même les mauvais traitemens dont il avoit usé si souvent envers les autres. Les *Samnites* cependant firent une action généreuse, de ne pas recevoir les Consuls que les Romains vouloient leur livrer, pour avoir passé leurs ordres (e).

(b) Voyez *Valer. Maxim.* Lib. IV. Cap. VIII. §. 1. & J. *Mariana, Hist. Hispan.* Lib. XXI. Cap. XII.

(c) Voyez ce que dit *Lentulus*, dans *T. Live*, Lib. IX. Cap. IV.

(d) Voyez *Tacit.* Annal. XII, 18.

(e) Mais ce que fit *Posthumius*, (*T. Liv.* IX, 10. à la fin) est ridicule. Voyez au reste la réflexion que fait *Tite Live*, à la fin du Chap. XI.

Si le silence du Souverain donne lieu de présumer qu'il ratifie un Traité fait sans son ordre?

§. XIII. LORSQUE le Souverain vient à être informé du Traité conclu par un de ses Ministres sans son ordre, (a) son silence tout seul n'emporte pas une ratification tacite, à moins qu'il ne soit accompagné de quelque acte ou de quelqu'autre circonstance qui ne puisse vraisemblablement souffrir d'autre explication.

(a) Voyez *Grotius* ubi suprà, §. 17.

CHAPITRE X.

Des CONTRATS *& autres* CONVENTIONS *ou* PROMESSES DES ROIS.

Plan des matieres contenues dans ce Chapitre.

§. I. IL ne reste plus qu'à examiner ici quelques Questions que l'on agite ordinairement au sujet des CONTRATS ET AUTRES CONVENTIONS OU PROMESSES DES ROIS. On peut les rapporter à ces trois chefs (a). 1. Si les Rois ont quelque privilége particulier en vertu duquel ils puissent, de leur pure autorité, se dégager eux-mêmes

(a) Voyez *Grotius* Liv. II. Chap. XIV.

(4) Voyez ce que GUICCIARDIN rapporte (*Hist.* Lib. XII. vers le commencement, *page* 63. Tome II. de l'Original, *Edit. Genev.* 1645.) du Traité que *La Trimouille* conclut à *Dijon* avec les *Suisses*, sans ordre du Roi de *France* son Maître. Le Chevalier TEMPLE (dans ses *Remarques sur l'Etat des Provinces-Unies*) dit qu'en 1668. il conclut en cinq jours trois Traitez avec les *Etats Généraux*, sans que ceux-ci eussent, selon la coûtume, consulté leurs Provinces ; parceque ces Traitez étoient fort nécessaires pour le bien de la Republique. Cependant si les Provinces n'eussent ratifié ces Traitez, il y alloit de la tête de ceux qui les avoient faits, page 111. Edit. d'Utrecht 1706. Tout ceci est de l'Auteur.

de leur parole ? 2. Si un Roi peut se dispenser de tenir les engagemens où il est entré envers ses Sujets ? 3. Enfin, jusqu'où les Contrats & les Promesses des Princes obligent leurs Successeurs ?

§. II. ON demande donc ici d'abord, si un Roi qui a le pouvoir de restituer en entier ses Sujets, lorsqu'*ils ont été lézez* dans quelque Contrat, ou de les absoudre de leur Serment pour de justes causes, (1) peut aussi se relever lui-même ou se dispenser de l'un & de l'autre, lorsque par crainte ou par surprise, ou pendant qu'il étoit encore en bas âge, il a fait quelque Contrat qui tourne à son préjudice, ou quelque Serment téméraire (a) ? Cette question prise selon le sens propre & ordinaire des termes dans lesquels elle est conçue, implique contradiction manifeste. Car ces mots, *restituer en entier*, *absoudre d'un Serment*, marquent des actes qui s'exercent non seulement envers autrui, mais encore qui partent d'un Supérieur. Il vaut donc mieux exprimer la question de cette maniere : Si, lorsqu'un Roi se trouve *lézé* dans un Contrat de quelque maniere que ce soit, il peut de sa pure autorité, déclarer que son engagement est nul à cause du vice de l'accord ? Sur quoi je dis, que ceux qui vivent dans l'indépendance de l'Etat de Nature, ne reconnoissant aucun Tribunal qui ait droit de décider de leurs démêlez, peuvent de leur pure autorité, se dédire des engagemens d'un Contrat où ils se trouvent injustement lézez, ou se faire dédommager de la lézion, pourvû qu'elle soit manifeste : car dans un doute, ils doivent s'en remettre au jugement d'Arbitres. Si donc un Roi vient à reconnoître quelque (b) vice dans un Contrat auquel il a consenti, il n'est pas nécessaire qu'il se fasse relever par un autre, de cet engagement qui est nul de lui-même ; il lui suffit de déclarer qu'il ne veut pas le tenir. Cependant, comme il peut arriver qu'un Contractant de mauvaise foi, prenne pour prétexte de sa perfidie quelque vice qu'il suppose avoir trouvé dans le Contrat, on a eu raison dans les Societez civiles, de déterminer les actes qui sont regardez comme nuls en eux-mêmes, & ceux qui doivent être déclarez invalides par voye de Justice, après meure connoissance de cause.

Comment un Roi peut se relever lui-même des engagemens contractes envers quelque Etranger ?

(a) Voyez Grotius, ubi suprà, §. 1, 2, 3, 4, 5.

(b) Voyez ce que dit *Louis XIII.* dans *Gramond*, *Hist. Gall.* Lib. II. *pag.* 122. *Edit. Elzevir.*

§. III. MAIS lorsque le Contrat est entre le Roi & quelqu'un de ses Sujets, il faut distinguer divers cas, selon lesquels on doit répondre différemment à la question.

Comment il se releve des engagemens contractes envers ses propres Sujets ?

La Minorité d'un Roi est censée durer tant que ses Tuteurs ont la Régence du Royaume. Pendant tout ce tems-là il ne sçauroit entrer par lui-même dans aucun engagement avec les Etrangers. Si donc il se trouve lézé dans un Contrat qu'il a fait, étant Mineur, avec quelqu'un de ses Sujets, je ne vois pas pourquoi il ne devroit pas joüir lui-même du bénéfice des Loix qu'il accorde aux autres : car la foiblesse de son âge ne permet pas de présumer qu'il ait renoncé validement à l'exception de Minorité. Mais il n'en est pas de même des Conventions légitimes que les Tuteurs du Roi ont faites en son nom avec les Etrangers : (1) car si sous prétexte de la Minorité du Roi elles pouvoient ensuite être revoquées, personne ne voudroit ni ne pourroit se fier aux Promesses d'un Roi Mineur. Tout ce qu'il y a, c'est que les Tuteurs sont responsables de leur administration s'ils n'ont pas bien pris leurs mesures avant que de s'engager pour leur Pupille.

Lorsque dans une Monarchie Limitée, le Peuple encore libre a stipulé certaines choses du Roi à qui il déferoit la Couronne, (2) il n'y a point d'exception valable

CHAP. X. §. II. (1) Voyez mes Notes sur les paragraphes de GROTIUS, citez en marge.

§. III. (1) Voyez la Dissertation de Mr. HERTIUS, *De Tutela Regia*, Sect. II. §. 12. pag. 478. Tome I. *Commentat. & Opuscul.*

(2) Voyez ci-dessus, *Liv. VII. Chap.* VI. §. 2.

de crainte de surprise ou de lézion, qui le dispense de se conformer exactement à ces Loix Fodamentales de l'Etat; car si elles lui paroissoient trop dures, il n'avoit qu'à refuser la Couronne, personne ne le forçoit de l'accepter. Et l'on ne sçauroit raisonnablement présumer, qu'un Peuple soit si imprudent ou si peu soigneux de ses intérêts, que d'imposer à son Prince des conditions qui rendent la Souveraineté imparfaite, ou sans force & sans vertu.

En quel sens les Contracts des Rois sont au-dessus des réglemens des Loix Civiles.

§. IV. De-plus, il faut remarquer, que bien que les Rois, en traitant avec leurs Sujets non en qualité de Souverains, mais comme feroit un simple Particulier, soient censez ordinairement avoir eu devant les yeux les Loix Positives de l'Etat, qui réglent la validité de ces sortes d'actes; cependant, comme ils sont au-dessus des Loix Civiles, rien ne les oblige indispensablement à suivre la maniere dont elles réglent les choses, même dans les Contrats où ils agissent, comme de Particulier à Particulier. Si donc ils font de propos déliberé, & avec pleine connoissance, quelque Contrat d'ailleurs invalide par les Loix Civiles, ils sont censez l'avoir déclaré valide dans l'affaire dont il s'agit, autrement ce ne seroit qu'un jeu, ou un acte de nul effet. Ainsi, ce fut injustement que *Philippe II.* Roi d'*Espagne* (a), pour faire perdre à ses Creanciers ce qu'il leur devoit, se prévalut des Loix qu'il y avoit sur l'*Usure*. Neanmoins, s'il se trouve dans un tel Contrat une lézion énorme, que le Roi n'avoit pas prévûe d'abord, il pourra l'annuller, ou du moins le réformer selon les régles de l'Equité naturelle.

(a) Voyez *Grotius, Hist. Belg.* Liv. V. pag. 260. & *Du Droit de la Guerre & de la Paix, ubi suprà*, §. 2. num. 3.

Un Roi ne sçauroit se dispenser de tenir tout Serment valide qu'il a fait.

§. V. Pour ce qui regarde (1) les Sermens d'un Roi, il est clair (a), que s'il les a dûement faits, & qu'il n'y ait rien d'ailleurs qui les rendent nuls, il ne sçauroit légitimement se dispenser de les tenir, sous prétexte qu'il peut quelquefois rescinder ceux de ses Sujets. Car les Sermens des Sujets renfermoient déja par eux-mêmes cette restriction tacite, (2) qu'ils ne seroient point valides, au cas que le Souverain n'y consentît pas. Mais il seroit absurde de dire, que le Prince en jurant, s'est reservé la liberté de tenir ou de ne pas tenir son Serment: car en ce cas-là il est clair qu'il n'y auroit point eu d'engagement véritable.

(a) Voyez *Grotius, ubi suprà*, §. 3.

Comment un Sujet a action en Justice contre son Roi?

§. VI. Au reste, quoiqu'en conscience un Roi soit aussi indispensablement obligé de tenir ses Promesses & ses Conventions qu'un simple Particulier, il y a cette différence considerable entre l'Obligation du Roi envers ses Sujets, & celle de ses Sujets envers lui, qu'il peut aisément les contraindre à s'acquitter de ce qu'ils lui doivent, au lieu qu'un Sujet, comme tel, n'a aucun moyen de se faire payer, lorsque son Roi les refuse. Que si les Princes donnent action en Justice (1) contr'eux-mêmes

§. V. (1) Notre Auteur à la fin du §. 3. examine en passant (comme il le dit lui-même) si le Roi *David* pouvoit révoquer la parole qu'il avoit donnée avec Serment à *Semeï*, de ne point le faire mourir, & il soûtient que non: Car, ajoûte-t-il, ce Prince n'avoit été ni surpris, ni forcé, ce fut un trait de Politique dont il se servit pour ramener le Peuple à son devoir par un Acte si insigne de Clémence. D'ailleurs cette impunité qu'il donna à *Semeï*, ne renfermoit par elle-même rien d'illicite, & le Roi pouvoit, sans faire tort à personne, pardonner un outrage qui le regardoit personnellement. Notre Auteur traitoit ensuite la question, si *David* ne fit rien de contraire à son Serment, lorsqu'en mourant il donna à son fils *Salomon* des ordres qui tendoient à perdre *Semeï*? Mais comme il a deja expliqué sa pensée là-dessus, (Liv. IV. Chap. II. §. 13.) je ne repeterai par ici ce que l'on a vu ailleurs presque dans les mêmes termes.

(2) Voyez ci dessus, *Liv. IV. Chap. II.* §. 24.

§. VI. (1) En ce cas-là (ajoûtoit notre Auteur) on doit se souvenir des paroles suivantes que *Sisimithrès* dit au Roi *Hydaspe*, dans l'*Histoire Ethiopique* d'Heliodore: Τὰς ὑπεροχὰς οὐ δυσωπεῖ τὸ δίκαιον, ἀπεκρίνατο αὐτὸν ὁ Σισιμίθρης, ἀλλ' εἷς ἐστιν ὁ βασιλεύων ἐν ταῖς κρίσεσι, ὁ τοῖς εὐλογωτέροις κρατῶν. C'est-à dire, selon la version d'Amiot: *Justice ne revere, ny ne recognoist aucune prééminence, ne dignité: ains en jugement celuy seul est le Roy, qui a le meilleur droit, & qui allègue de meilleures raisons.* Lib. X. page 471. Edit. Bourdelot. Les paroles suivantes méritent d'être rapportées, selon la version du même Traducteur: *Voire mais, replique le Roy, nostre loy & coustume, ne*

mêmes & devant leurs propres Tribunaux, à un Sujet qui leur demande quelque chose comme lui étant dûe par Contrat, c'est seulement afin que le Sujet prouve clairement la dette, & non pas comme si le Souverain pouvoit être contraint par voye de Justice à tenir parole ; desorte que ses poursuites sont fondées sur l'Equité naturelle plûtôt que sur le Droit Civil. Il faut avouer pourtant, qu'il n'y aura point de Roi, qui ose refuser de satisfaire ceux de ses Sujets à qui il doit quelque chose en vertu d'un engagement valide, pour peu qu'il soit sage, & qu'il fasse réflexion que son éminente Dignité, & sa conservation même, est fondée sur la bonne foi des Conventions ; & que rien n'est plus honteux à un Prince établi pour rendre la Justice aux autres, que de la fouler lui-même aux pieds, lorsqu'elle se trouve contraire à son intérêt particulier.

Comment un Souverain peut dépouiller ses Sujets du droit qu'ils avoient acquis par quelque Contract ?

§. VII. MAIS un (a) Roi peut dépouiller ses Sujets du droit qu'ils ont acquis par quelque Contrat, soit en forme de Punition, ou en vertu du *Domaine éminent* : bien entendu en ce dernier cas, que quelque nécessité de l'Etat le demande absolument, & qu'on dédommage des deniers publics, (1) s'il est possible, celui à qui l'on a ôté quelque chose. On peut aussi, à plus forte raison, differer le payement d'une Dette, dans une nécessité pressante où l'Etat a besoin d'argent. D'où il paroît quel jugement on doit porter de l'abolition des dettes que fit *Solon* à *Athenes*, & à laquelle il donna le nom de (b) *Décharge*, pour en adoucir la dureté.

(a) Voyez *Grotius* *ubi suprà*, §. 7.

(b) Σεισάχθεια. *Plutarch. in Solon*, pag. 86. Tome I. *Edit. Wechel.* Voyez *Cicer. de Offic.* Lib. II. Cap. XXIV.

* Comment un Roi transmet à ses Successeurs les Obligations où il est entré par quelque Contract particulier ?

§. VIII. * POUR venir maintenant à la derniere question, sçavoir, si un Roi peut transmettre à ses Successeurs les engagemens où il est entré par quelque Contrat particulier ; il faut distinguer les *Royaumes Patrimoniaux*, d'avec les *Royaumes établis par un consentement volontaire du Peuple*, & desquels par conséquent les Princes n'ont qu'une espece d'Usufruit. Dans les premiers, le Successeur héritant de tous les biens du Roi défunt, est censé aussi chargé de ses Dettes, & de toutes les Obligations qui n'étoient pas absolument personnelles. Dans les autres, selon (a) GROTIUS, le nouveau Roi n'entre à cet égard dans aucune *Obligation directe & immédiate*, c'est-à-dire, précisément entant que Successeur ; puisqu'il tient son droit à la Couronne du Peuple même & non pas de son Prédécesseur. Mais cela n'empêche pas qu'il ne soit tenu des dettes de son Prédécesseur *médiatement*, c'est-à-dire, entant que Chef de l'Etat, sur qui tombent directement les Dettes contractées par le Roi défunt. En effet, les Rois ont le pouvoir d'obliger le Corps de l'Etat par les Dettes qu'ils contractent, puisque sans cela ils ne sçauroient subvenir aux besoins de l'Etat, du soin duquel ils sont chargez. Ce pouvoir ne s'étend pas, je l'avoue, à l'infini ; mais seulement aussi loin que le demande la nature même de la Souveraineté. Il ne faut pas neanmoins, d'autre côté, le borner (b) si fort, que de prétendre que l'Etat ne doive prendre sur son compte les Dettes du Roi, que quand elles ont actuellement tourné à l'avantage du Public. Mais il suffit que le Roi ait eu des raisons fort apparentes de faire ce pourquoi il a emprunté de l'argent ; quoique le succès n'ait pas répondu à ses esperances. Ainsi, tous les Contrats d'un Roi qui ne sont pas manifestement injustes ou déraisonnables, (car, dans un doute, la présomption est toûjours en faveur du Roi)

(a) *Ubi suprà*, §. 10. *& suiv.*

(b) On le peut à l'égard des Magistrats inférieurs. Voyez *Digest.* Lib. XII. Tit. I. *De reb. creditis*, &c. Leg. XXVII.

ne vous permet d'être Juges des Rois, sinon quand ils ont procès contre leurs Sujets, & non pas contre des Etrangers. Les gens de bien, repondit Sisimethres, ne doivent pas seulement regarder à quelles personnes ils plaident, quand il est question de justice : mais aussi à leur conscience & à leurs ames. Voyez ci-dessus, *Liv.* VII. *Chap.* VI. §. 2.

§. VII. (1) Voyez ci-dessus, *Chap.* V. de ce Livre, §. 7.

Roi) obligent le Corps de l'Etat ; & par conséquent le Successeur, entant que Chef de l'Etat. Bien-plus, lors même que le Peuple vient à s'ériger en République, il ne laisse pas pour cela d'être tenu des Dettes de son ancien Roi, (1) par la même raison que, si un Peuple libre se soumettoit au Gouvernement Monarchique le plus absolu, le Roi élu seroit chargé des Obligations contractées auparavant par le Peuple.

Ces principes sont beaucoup plus naturels que la distinction que plusieurs font ici entre une *grande lézion* & une *médiocre*. Car, en matiere de Gouvernement, le succès est une marque fort équivoque, puisqu'il arrive mille cas imprévûs qui font échouer les projets les mieux concertez.

Si les *Donnations* des Rois sont toûjours irrévocables ?

§. IX. On doit (a) appliquer les mêmes principes aux *Donnations* des Rois ; c'est-à-dire, que si elles ont été faites pour des raisons apparentes (1), les Successeurs ne doivent pas les casser. Mais il faut encore distinguer de quels fonds elles ont été faites ; car si c'est des biens propres & particuliers du Roi, elles sont entierement irrévocables. Mais si c'est des revenus du Domaine de l'Etat, il faut certainement examiner si elles ont été faites pour quelque bonne raison & avec mesure ; car quand un Prince a épuisé les Finances par son ambition démesurée, & par des largesses excessives envers des gens de néant, ou qui ont toûjours été inutiles à l'Etat ; pourquoi ne subviendroit-on pas aux besoins du Royaume, en faisant rentrer dans le Trésor Public ce qui en avoit été tiré mal-à-propos (b) ?

Il faut dire la même chose des (2) *Priviléges* & des *Immunitez* : car on peut les révoquer, si la concession en a été faite sans mesure, & si elle est contraire au bien de l'Etat, qui doit l'emporter sans contredit sur un droit acquis par la facilité inconsiderée du Prince. Du reste, ces sortes de Priviléges, lorsqu'ils tendent à la charge des autres Citoyens, doivent toûjours être interprétez à la derniere (3) rigueur.

(a) Voyez *Grotius*, *ubi suprà*, §. 13.

(b) Voyez *Boecler* sur *Grotius*, pag. 107. dans la Dissert. *de Dominio eminent.* & *Laur. Valla*, *de rebus gestis Ferdin. Arragon.* Lib. III.

§. VIII. (1) Voyez ci-dessous, *Chap. dernier*, §. 2.

§. IX. (1) L'Auteur citoit ici CICER. *de Offic.* Lib. III. Cap. XXII. SUETON. *in Galb.* Cap. XV. & *in Tit.* Cap. VIII. TACIT. Hist. Lib. III. Cap. LV. num. 4. PLIN. Lib. X. Epist. LXVI. le DROIT CANON, Caus. XXV. Quæst. I. C. XV. ZONARAS, au sujet de *Basilius le Macédonien* ; & HIER. OSORIUS, *de reb. gestis Eman.* Lib. I. La plûpart de ces citations se trouvent aussi dans GROTIUS, *Liv.* II. *Chap.* XIV. §. 12.

(2) On peut voir là-dessus les *Observat. select. ad rem Litterariam spectant.* imprimées à *Hall en Saxe*, Tome III. Obs. XIII. XIV. XV. ou l'Extrait que Mr. BERNARD en donne dans la REPUBL. DES LETTRES, Août, 1704. page 190, & suiv. Voyez aussi la *Bibliotheque Choisie* de Mr. LE CLERC, Tome I. page 47, & suiv. Ajoûtons, que la revocation la plus légitime des Priviléges est une chose fort délicate, & qui demande beaucoup de prudence. Car, pour appliquer ici des paroles de Mr. de LA BRUYERE. *Il y a des conjonctures où l'on ne peut trop ménager le Peuple. Vous pouvez aujourd'hui ôter à cette Ville ses franchises, ses droits, ses priviléges ; mais demain ne songez pas même à reformer ses enseignes.* Caracteres, *Chap. Du Souverain*, page 454. Tome I. *Edit. d'Amst.* 1731. Il y a, comme le remarquoit plus bas notre Auteur, des Priviléges qui ne sont accordez que pour aussi long-tems qu'on le jugera à propos ; & ce n'est qu'à l'égard de ceux-là qu'on peut admettre ce qui fut répondu autrefois aux *Celtibériens* de la part du Sénat Romain, dans APP. D'ALEXANDR. Que quand le Sénat Romain accordoit quelque exemtion de Tributs & de charges militaires, il ne le faisoit qu'avec cette exception, que le privilége dureroit autant qu'il plairoit au Sénat & au Peuple Romain : Δίδωσι δ' ἡ Βουλὴ τὰς τοιάσδε δωρεὰς, ἀεὶ προστιθεῖσα, κυρίας ἔσεσθαι μέχρι ἂν αὐτῇ καὶ τῷ Δήμῳ δοκῇ. Bell. Hispan. pag. 279. *Edit. H. Steph.* Il faut dire la même chose de ce qu'on rapporte de *Louis* XII. Roi de *France*, qu'après la réduction des *Génois*, *il cassa toutes les conventions qui avoient été faites auparavant entre lui & icelle Cité, leur octroyant derechef presque toutes les mêmes choses ; mais en forme de privilége, & non point de convention, afin qu'il fût toûjours en sa puissance de les en priver.* GUICCIARDIN, Liv. VII. Chap VI. de la vieille Version de HIERÔME CHOMEDEY. En effet, (comme le dit Mr. LE CLERC, dans l'endroit que j'ai cité,) *on ne peut faire dépendre la durée de toutes sortes de Priviléges, du caprice changeant des Princes, sans exposer la Societé à des brouilleries qui seroient difficiles à appaiser..... Quelle estime pourroit-on même faire de ces Priviléges qui ne dureroient qu'autant qu'il plairoit au Souverain ? Ainsi en élevant les Princes au-dessus des Priviléges, on leur fait autant de tort qu'au Peuple.*

(3) L'Auteur citoit ici DIGEST. Lib. XLIII. Tit. VIII. *Ne quid in loco publico vel itinere fiat*, &c. Leg. I. §. 16. & DEMOSTHEN. Orat. *adv. Leptin.* Il a eu apparemment en vuë l'endroit de cette Harangue, où l'Orateur dit, que les Contributions & les charges qu'on exige pour les besoins de la guerre, & pour le salut de la République, sont exceptées dans

CHAPITRE XI.

Comment on vient à N'ETRE PLUS CITOYEN *ou* SUJET *d'un Etat.*

§. I. ON CESSE d'être CITOYEN d'un Etat en plusieurs manieres. Une de ces manieres, c'est, selon quelques-uns, lorsque le Roi vient à abandonner son Royaume ou à mourir sans Successeur: car alors, dit-on, chaque Citoyen rentre dans l'indépendance de l'Etat de Nature. Mais, à mon avis, il résulte de là seulement un Interregne. (1) Ainsi, quoique l'engagement des Citoyens envers leur Roi décédé sans Héritiers, ne subsiste plus, il ne laisse pas d'être encore unis par la premiere des deux Conventions originaires qui forment une Societé Civile.

On ne laisse pas d'etre toûjours Citoyen du même Etat, quoique le Roi vienne à abandonner le Royaume, ou à mourir sans Successeur.

§. II. LA maniere la plus commune de cesser d'être Citoyen d'un Etat, c'est lorsque de son pur mouvement, & avec la permission de l'Etat même dont on étoit Membre, on va s'établir dans un (a) autre.

Mais on cesse d'être Citoyen, lorsque l'on se retire ailleurs.

(a) Voyez *Grotius*, Liv. II. Chap. V. §. 24.

Or cette liberté de se retirer ailleurs est plus ou moins grande, selon la maniere dont on étoit devenu Membre de l'Etat. Ceux qui ont conquis dans une Guerre dûement faite, ou que la nécessité a contraints de se mettre eux-mêmes sous la domination d'un autre Etat, n'ont ici de liberté, qu'autant que les Loix de cet Etat leur en donnent. Lorsqu'un homme, renonçant de lui-même à l'indépendance de l'Etat de Nature dans laquelle il avoit vécu jusques-là, comme les anciens Peres de Famille, ou après avoir été dégagé de la domination à laquelle il étoit soumis, est entré volontairement dans un Etat; c'est encore des Loix du Païs que dépend la liberté qu'il peut avoir de se retirer ailleurs. Il y a des Etats d'où il n'est pas permis de sortir sans une permission expresse du Souverain. En d'autres on ne peut obtenir cette permission, qu'en donnant, par exemple, une certaine somme d'argent, ou en laissant une partie de ses biens. A *Argos* (b) les Loix défendoient sur peine de la vie, de quitter le Païs. Mais lorsqu'il n'y a point de Loi là-dessus, c'est par la Coûtume, ou par la nature même des engagemens communs des Sujets, qu'il faut juger de la liberté que chacun a à cet égard. Tout Citoyen peut légitimement faire ce qui est permis par la Coûtume. Il y a plusieurs Etats si peuplez, qu'on travaille plûtôt à diminuer le nombre des Habitans, qu'à les empêcher de se retirer où ils veulent. Si la Coûtume n'a rien établi là-dessus, & qu'il n'en soit fait d'ailleurs aucune mention dans la Convention par laquelle on s'est soumis à l'Etat; il y a lieu de présumer que toute personne libre, en entrant dans une Societé civile, s'est tacitement reservé la permission d'en sortir quand elle voudroit, (1) & qu'elle n'a pas prétendu s'assujettir à demeurer toute sa vie dans un certain Païs; mais plûtôt se regarder toûjours comme *Citoyen* (c) *du Monde*. En effet, par cela seul qu'on entre dans un Etat, on ne re-

(b) *Ovid* Metam. Lib. XV. vers. 28, 29.

(c) Ainsi que faisoit *Socrate*: apud *Plutarch. de Exsilio* pag. 600. F. & *Arrian*. Diss. Epict. *Lib.* I. *Cap.* IX. Voyez aussi *Valer. Flacc.* Argon. Lib. VII. vers. 227. & *seqq.*

les immunitez accordées à quelques Particuliers. *Τῶν γὰρ εἰς τὸν πόλεμον, καὶ τὴν σωτηρίαν τῆς πόλεως, εἰσφορῶν καὶ τριηραρχιῶν, ὀρθῶς καὶ δικαίως οὐδεὶς ἐστ' ἀτελὴς ἐκ τῶν παλαιῶν νόμων· οὐδ' οὓς οὗτος ἔγραψε τοὺς ἀφ' Ἁρμοδίου καὶ Ἀριστογείτονος.* Page 364. A. B. *Edit. Basil.* 1572. Pour ce qui est de la Loi du DIGESTE, il s'agit d'autre chose. Voyez-en l'explication dans le Commentaire de Mr. NOODT, page 9. de la derniere Edition de ses Oeuvres.

CHAP. XI. §. I. (1) Voyez ci-dessus, *Liv.* VII. *Chap.* VII. §. 7.

§. II. (1) PLATON, dit qu'à Athénes il étoit permis à chaque Particulier, après avoir examiné les Loix & les coûtumes de la République, s'il n'y trouvoit pas son compte, de se retirer ailleurs, où il lui plairoit, avec tout son bien. Voyez le *Criton*, page 51. D. *Edit. Serran.*

nonce pas entiérement au soin de soi-même & de ses propres affaires; au contraire, on cherche par-là une protection puissante, à l'abri de laquelle on puisse vivre & travailler en sûreté à se procurer les nécessitez & les commoditez de la vie. Comme il arrive souvent que le Gouvernement du Païs ne s'accommode pas avec notre intérêt particulier (d), ou que l'on peut vivre ailleurs plus commodément; que cependant il ne seroit pas juste de prétendre que l'on réformât les Loix & le Gouvernement selon la fantaisie ou les intérêts de quelque peu de Particuliers; il faut qu'il leur soit permis de se retirer en quelqu'autre endroit, où ils esperent de mieux faire leurs affaires. D'ailleurs, il y a des gens qui ne trouvent pas occasion de faire valoir leurs talens dans l'Etat (2) dont ils sont originaires. D'autres éprouvent la verité de ce Proverbe de l'Evangile: (e) *Qu'aucun Prophete n'est bien reçu en sa Patrie*; soit parceque des esprits envieux & malins sont jaloux de voir élevez au-dessus d'eux par leur mérite, des Compatriotes qui leur étoient autrefois égaux ou même inferieurs, soit parceque l'on fait plus (f) de cas des choses éloignées, que de ce que l'on trouve chez soi. Vouloir refuser à de telles personnes la permission de s'aller établir ailleurs, ce seroit une aussi grande tyrannie, que de défendre à des gens libres d'aspirer jamais à une condition plus relevée que celle de leurs Parens. Les Etats mêmes peuvent retirer un grand avantage de cette liberté qu'on laisse aux Citoyens de passer de l'un à l'autre, puisque par-là on a occasion d'attirer chez soi des Etrangers d'un grand mérite, & qui feront honneur à l'Etat. Les *Romains* recevoient tous ceux qui venoient chez eux d'ailleurs, & ils ne forçoient personne d'y rester. CICERON (3) loue fort ce sage établissement, & il l'appelle *le fondement le plus ferme de la Liberté, qui consiste à pouvoir ou retenir son droit ou y renoncer, comme on le juge à propos.* Et il ne serviroit de rien de dire, que les Peres de Famille, qui ont fondé les Societez civiles, se sont engagez tacitement chacun envers tous les autres, à réunir ensemble leurs forces pour toûjours; car, dans toute autre sorte de Societé, chaque Membre peut y renoncer, pourvû qu'il ne le fasse pas de mauvaise foi, ni hors de saison, ou au préjudice des autres, surtout si la Societé n'est pas contractée pour un certain tems limité.

(d) Voyez *Diod. Sic.* Lib. I. Cap. 67. *Cicer. Tusc. Quæst.* V, 37.

(e) *Luc* IV, 24.

(f) Voyez dans *Diogene Laërce*, Lib. IV. §. 60. un mot du Philosophe *Bion*, [mais qui ne fait rien ici.]

Quelles Régles on doit observer, lorsqu'on veut sortir d'un Etat?

§. III. Il y a pourtant certaines maximes de Devoir ou de Bienséance dont on ne sçauroit honnêtement se dispenser lorsqu'on veut sortir d'un Etat. Comme pour l'ordinaire il importe à l'Etat de sçavoir le nombre de ses Citoyens, il faut donner avis de sa retraite, à moins qu'on n'ait des raisons manifestes de croire que l'Etat ne s'en soucie point. Ceux qui se sont chargez de quelque Emploi particulier, surtout pour un certain tems, comme les Ambassadeurs, les Officiers de Guerre, ou les simples Soldats qui sont en campagne, &c. ne doivent pas quitter le païs sans un consentement exprès de l'Etat. De-plus, il ne faut pas s'en aller à contre-tems, & dans des circonstances où l'Etat a un intérêt particulier que l'on reste; par exemple, (comme le dit (a) GROTIUS) *lorsque l'Etat est fort endetté; à moins que l'on ne veuille, avant que de quitter le païs, payer sa quotte-part des Dettes; ou quand le Souverain s'est engagé*

(a) *Ubi suprà*, num. 14. Voyez *Lysias*, Orat. adv. *Leocrat.* Ce n'est pas être bon Citoyen, que de faire comme ceux dont parle *Horace*, Lib. I. Od XXXV. vers. 26, 27, 28.

(2) Ausquels (ajoûtoit notre Auteur) on peut appliquer ce que dit un Poëte Latin, qu'on voit des branches entees sur un autre arbre, s'élever plus haut que celles qui sortent de l'arbre même:

Vidi ego transfersos alieno in robore ramos
Altius ire suis ——— ——— ———
STAT. *Sylv.* Lib. II. Sylv. I. *vers* 201, 202.

(3) *O jura præclara, atque divinitus jam inde à principio Romani nominis à Majoribus nostris comparata.... ne quis invitus civitate mutetur, neve civitate maneat invitus! Hæc sunt enim fundamenta firmissima nostræ libertatis, sui quemque juris & retinendi, & dimittendi, esse dominum.* Orat. *pro L. Corn Balbo*, Cap. XIII. L'Auteur citoit ici encore DIGEST. Lib. XLIX. Tit. XV. *De Captivis & Postliminio*, Leg. XII. §. 9.

dans une guerre, comptant sur le nombre des Citoyens, surtout, si l'on est à la veille d'un Siége, à moins que le Citoyen qui veut se retirer ailleurs, n'ait quelqu'autre personne pour mettre à sa place, & qui soit aussi capable que lui d'aider à l'Etat.

Au reste, il faut bien remarquer, que quand on parle ici de *sortir d'un Etat*, cela veut dire que l'on se retire hors des terres de la domination de cet Etat, & non pas que demeurant toûjours sur ses terres, on puisse prétendre n'être plus désormais soumis à ses Loix; (1) car cela seroit contraire à la constitution de toute Societé Civile (b).

(b) La maniere dont *Mariana* rapporte (Lib. XIII. Cap. XI. *de Reb. Hisp.*) que les Grands d'*Espagne* prétendoient autrefois se dégager de l'Obligation où ils étoient envers leur Patrie, n'est pas non plus bien légitime.

De ce que nous avons dit, il paroît encore quelle est la vertu & l'effet des *Lettres Avocatoires*, par lesquelles un Etat rappelle les Naturels du Païs de chez les Etrangers où ils servent. Car, si une personne qui n'avoit point d'engagement particulier dans un Etat, où il est permis à un chacun d'en sortir quand bon lui semble, s'est allée établir dans un autre, le Souverain du premier n'a plus aucun pouvoir sur elle; & par conséquent tous ses Avocatoires sont nuls & sans force, quand même ils menaceroient de quelque note d'infamie ceux qui n'obéiront pas au plûtôt. Mais l'Etat conserve encore son droit sur un Sujet qui est sorti du Païs contre les Loix, ou contre les engagemens particuliers où il étoit entré, ou qui a encore des biens dans le Païs, surtout s'ils consistent en Immeubles; ou enfin, qui étoit allé seulement pour voyager dans les Païs Etrangers (c).

(c) Voyez en passant la Loi de *Solon* au sujet des Etrangers que l'on devoit recevoir à *Athénes*; dans *Plutarch.* pag. 91. F.

Il est clair encore, que si un ancien Citoyen vient à être revêtu par le nouvel Etat où il est entré, du caractere d'Ambassadeur auprès de l'Etat dont il étoit Membre autrefois, il doit alors sans contredit jouir de tout les droits & de tous les priviléges des Ambassadeurs, dont un des principaux est d'être exempt de toute Jurisdiction de la Puissance auprès de laquelle il exerce cet Emploi. (2) Car si l'Etat ne veut pas faire cet honneur à un homme qui a été autrefois sous sa domination, il peut refuser de le recevoir comme Ambassadeur. Bien-plus, si un Citoyen encore dans le Païs, s'engage au vû & au sçû de son Etat, avec une autre Puissance qui lui confie le soin de ménager ses affaires en qualité d'Ambassadeur ou de Ministre Public, l'Etat est censé alors tenir quitte son Sujet des engagemens où il étoit envers lui; deux Obligations de cette nature ne pouvant pas être attachées en même tems à un seul & même Sujet. Desorte qu'un tel homme étant dès-lors regardé comme ayant quitté sa Patrie, par une fiction de droit, y jouira désormais des avantages & des priviléges d'Ambassadeur Etranger.

Si l'on peut sortir de l'Etat en troupes?

§. IV. GROTIUS (a) soûtient que les Citoyens ne peuvent pas sortir de l'Etat (b) en troupes: *car*, dit-il, *si cela étoit permis, la Societé Civile ne sçauroit subsister*. Mais cette opinion n'est pas sans difficulté. (1) Car si chacun en particulier a la liberté de

(a) *Ubi suprà.*

(b) Voyez *T. Live*, Lib. XLI. Cap. VIII. IX.

§. III. (1) Mr. HERTIUS allégue ici l'exemple des *Phalburger*, (ou plûtôt *Pfalburger*) d'*Allemagne*, contre lesquels les Empereurs furent obligez de faire plusieurs Constitutions. C'etoient des gens, qui sans sortir des Terres d'un des Etats d'*Allemagne*, acquéroient le droit de bourgeoisie dans quelqu'autre Etat, & sous ce prétexte, refusoient de porter les charges du lieu où ils avoient tous leurs biens. Voyez la Dissertation du même Auteur *De Subjectione Territoriali*, §. 20. dans le II. Tome de ses *Comment. & Opusc.* & le *Jus Public. Rom. German.* de Mr. STRUVIUS, Cap. XXVI. §. 46. comme aussi Mr. GUNDLING sur le DIGESTE, Lib. I. Tit. V. *in fin.*

(2) Voyez le Traité *du Juge compétent des Ambassadeurs*, par Monsieur de BYNKERSHOEK, *Chap.* XI. où cette question est traitée plus exactement & plus à fond.

§. IV. (1) Mr. WERNHER, Professeur en Droit à *Wittemberg*, répond à notre Auteur, (dans ses *Elementa J. N. & Gent.* Cap. XXVI. §. 4.) que de ce que les particuliers d'un Corps, pris un à un, ont tels ou tels droits, il ne s'ensuit pas toûjours que la multitude entiere les ait aussi; parcequ'il peut y avoir quelque raison qui empêche de permettre à un grand nombre de gens ce que l'on accorde à un petit nombre; comme cela a lieu ici, où l'on voit bien qu'il est de l'intérêt de l'Etat que ses Citoyens ne se retirent pas en troupes. D'ailleurs, cela est contraire à la convention primitive qui forme les Societez Civiles, & en vertu de laquelle les Citoyens sont tenus de ne

se retirer ailleurs, pourquoi plusieurs à la fois ne pourroient-ils pas sortir de l'Etat & s'aller établir ailleurs quand cela les accommode, & qu'ils peuvent le faire sans manquer à ce que nous avons dit ci-dessus qu'on doit observer en un tel cas? En vain objecteroit-on que l'Etat est affoibli par-là; car, puisque, comme on le suppose, il n'a aucun droit de nous retenir malgré nous; on ne lui fait aucun tort en le privant par notre départ, d'un avantage encore à venir, que l'on n'étoit pas tenu de lui procurer. D'ailleurs, il n'est pas plus nécessaire qu'un Etat ait un certain nombre de milliers de Citoyens, ou qu'il soit toûjours formidable à ses Voisins, qu'il n'est nécessaire qu'un Particulier possede tant de milliers d'Ecus ou d'arpens de Terre: quoiqu'on ne doive rien ôter de tout cela par des voyes illicites, ni à cet Etat, ni à ce Particulier. Ainsi la raison de GROTIUS ne paroît pas fort solide: car, quoiqu'un Etat s'affoiblisse considérablement, ou se détruise même enfin par le grand nombre de gens qui l'abandonnent à la fois, la Societé Civile n'est pas pour cela entiérement anéantie parmi les Hommes; tout ce qu'il y a, c'est qu'un Etat (c) profite du débris de l'autre, ou qu'il s'en forme un tout nouveau. Depuis la multiplication du Genre Humain, la Nature a voulu qu'il y eût dans le monde des Societez Civiles; mais non pas que tel ou tel Etat en particulier fût toûjours florissant, & ne vînt jamais à être détruit. Il est vrai que les Citoyens qui abandonnent leur Etat par troupes, doivent aussi-bien que ceux qui s'en vont un à un, sortir en même tems des terres de son obéïssance; autrement il y auroit une grande confusion de Jurisdictions, si des Villes & des Provinces entieres pouvoient, quand il leur plairoit, se dégager de la Sujettion à leur Souverain, pour se donner à un autre, ou pour s'ériger en Corps d'Etat particulier.

(c) Comme *Séleucie* se forma des ruïnes de *Babylone*, & *Ctésiphon* de celles de *Séleucie*. Voyez *Plin.* Hist. Nat. Lib. VI. C. XXVI. Sect. 30. *Hard.*

S'il est permis de passer dans un autre parti par une désertion feinte?

§. V. EXAMINONS ici en passant une question qui se présente, sçavoir, si l'on doit approuver la conduite de ceux qui, par une désertion feinte, passent dans le parti d'un autre Etat, en vûe de lui causer quelque dommage considérable, pour le bien de celui d'où ils font semblant de sortir? A la verité, c'est une grande imprudence (a) que de se fier légérement à de telles personnes; & je ne voudrois pas fort blâmer, d'autre côté, ceux qui, (b) après avoir profité de la trahison, ont puni les Traîtres comme ils le méritoient. Mais il faut avouer aussi, qu'on ne peut pas honnêtement, & en bonne conscience tromper qui que ce soit, par cette seule raison qu'il n'est pas assez en garde contre les embuches qu'on lui dresse; & nous avons fait voir ailleurs, qu'on ne doit jamais commettre de Crime pour rendre service à sa Patrie. Or, c'est sans contredit un Crime énorme, de prêter serment de fidélité à quelqu'un, pour avoir occasion en le trahissant de lui faire plus de mal; & tous ceux qui ont eu quelque sentiment d'honneur & de probité, ont détesté la maxime de cet (c) Ancien, qui disoit, qu'*il falloit amuser les Hommes par des Sermens, comme on amuse des Enfans avec des Osselets.* Si donc un Transfuge a expres-

(a) Voyez *I. Sam.* XXIX, 4.

(b) Voyez *Vopiscus, in Aurelian.* Cap. XXIII.

(c) Les uns attribuent ce mot à *Lysandre*; les autres, à *Philippe de Macédoine.* Voyez *Elien*, V. H. Lib. VII. Cap. XII.

rien faire qui tende à détruire l'Etat. Et il ne sert de rien de dire, qu'un Etat profite des débris de l'autre: Car la Convention, dont il s'agit, se rapporte à l'avantage de l'Etat particulier dans lequel on entre; & & ce n'est pas par rapport à l'intérêt de chaque Societé particuliere qu'il faut juger de l'étendue des engagemens & des Devoirs des Citoyens. Voilà de quelle maniere cet Auteur défend ici l'opinion de GROTIUS. Mais, comme je l'ai remarqué sur ce même endroit, *Note* 5. il ne peut gueres arriver qu'un grand nombre de Citoyens à la fois veuillent quitter leur Patrie, & & s'aller établir ailleurs, qu'en deux cas, qui l'un & l'autre les y autorisent, de leur nature, en vertu d'une exception tacite, qui l'emporteroit même sur les Loix les plus expresses. Du reste, pour quelque raison que les Sujets soient tentez de sortir de l'Etat, on auroit beau faire, on ne les retiendroit guéres par force: plus on le leur défendroit, & plus on leur en donneroit envie. Le meilleur moyen d'empêcher leur désertion, c'est de les gagner par la douceur, & en leur faisant trouver leur intérêt à rester.

ſément promis fidelité & obéïſſance à ceux dans le parti deſquels il eſt paſſé ; il ne ſçauroit, ſans crime, manquer à ſes engagemens pour rendre ſervice à ceux de chez qui il eſt ſorti par une déſertion vraye ou feinte. En vain objecteroit-on que le Transfuge ne fait aucun tort à ceux qui ſe laiſſent ainſi tromper, puiſqu'il ſçavoit bien qu'il ne pouvoit innocemment embraſſer leurs intérêts, & qu'ainſi ſon engagement étoit nul. Mais il n'eſt pas beſoin ici d'examiner ſi l'on péche ou non en ſe ſervant des Transfuges. Car de ce que l'on péche en profitant du ſervice de quelqu'un, il ne s'enſuit pas qu'il ait droit par cela ſeul de nous faire du mal. Un Aſſaſſin, par exemple, ne peut pas tuer une perſonne qui lui a donné de l'argent pour commettre un meurtre, ſous prétexte que celle-ci n'eſt pas moins coupable que lui. C'eſt à la verité une opinion commune, que (1) *l'on reçoit des Transfuges par Droit de Guerre* ; c'eſt-à-dire, (d) que l'on ne fait rien de contraire aux Loix de la Guerre, en recevant ceux du parti de l'Ennemi qui ſe rangent du nôtre. Mais il y a lieu de douter, ſi l'on doit entendre cela ſimplement du *droit extérieur* de la Guerre, comme parle GROTIUS, ou bien du *droit intérieur*, c'eſt-à-dire, de celui qui eſt exactement conforme aux Loix de la Nature & de la Conſcience. Pour moi, il me ſemble que ſi l'on veut ſoûtenir qu'il ſoit abſolument permis de profiter des avantages qu'un Transfuge nous procure, on ne doit pas tant faire fond ſur la preuve que GROTIUS allégue, tirée de l'exemple de DIEU, qui ſe ſert des Impies, & du Diable même, comme d'autant d'inſtrumens pour executer ſes deſſeins ; on ne doit, dis-je, pas tant appuyer là-deſſus, que ſur le droit (2) que donne la juſtice d'une guerre qui tend uniquement à repouſſer les injures qu'on a reçues, ou à pourſuivre ſon droit. Quand on a une cauſe ſi favorable, il ſemble qu'on ne doit pas trop s'informer ſi ceux qui ont abandonné le parti de nos Ennemis, *y ont été* pouſſez par des raiſons honnêtes ou deshonnêtes. Ainſi, comme on peut préſumer qu'elles ſont juſtes & légitimes, on ne ſe rend point complice en conſcience du crime de la déſertion en recevant ces gens-là. Quoiqu'il en ſoit, il eſt clair que perſonne ne ſçauroit ſans crime, faire ſervir la ſainteté de la foi donnée, à tromper ceux qui s'y fient. D'ailleurs, l'engagement d'un Transfuge, qui n'allégue aucune raiſon plauſible de ſa déſertion, doit être par cela même regardé comme vain & de nulle force, puiſqu'il tend à commettre un crime, ou à le continuer ; deſorte que ceux qui comptent ſur un tel engagement, (3) agiſſent avec beaucoup d'imprudence. Auſſi voit-on que les Transfuges, qui veulent tenir quelque rang un peu conſidérable dans le parti qu'ils embraſſent, ou qui, par une déſertion feinte, cherchent l'occaſion de nuire à ceux qui les reçoivent, alléguent ordinairement pour prétexte les mauvais traitemens & les injures inſupportables qu'on leur a fait dans le parti qu'ils abandonnent ; comme cela ſe voit, par exemple, dans la feinte déſertion de *Zopyre* (e) auprès des *Babyloniens*, & dans celle de *Sextus Tarquin* auprès des (f) *Gabiens*. Au reſte, on ne regarde pas comme des Transfuges ceux qui, ſans rien promettre aux Ennemis, ſe gliſſent ſécrétement parmi eux pour leur jouer quelque mauvais tour ; & on ne peut pas dire, que par cela ſeul qu'ils entrent dans les terres occupées par l'Ennemi, ils s'engagent tacitement

(d) C'eſt ainſi qu'expliquent cette Loi *Cujas*, Obſ. IV, 9. & *Grotius*, Liv. III. Chap. I. §. 22.

(e) Voyez *Herodot*. Lib. III. Cap. 154. & *ſeqq*. *Juſtin*. Lib. I. C. X.

(f) *T. Live*, Lib. I. Cap. LIII. LIV. Voyez encore l'hiſtoire du Transfuge qui trompa *M. Craſſus*, & qui eſt diverſement nommé par *Florus*, Lib. III. Cap. XI. *num*. 7. par *Appien*. pag. 140. & *ſeqq*. *Edit. H. Steph*. & par *Plutarque*, in Craſſ. *pag*. 555. comme auſſi celle du fourbe *Sinon*, dans *Virg*. *Æn*. Lib. II. verſ. 57. & *ſeqq*.

§. V. (1) *Transfugam jure belli recipimus*. DIGEST. Lib. XLI. *De adquir. rerum dominio*, Leg. LI.

(2) Voyez le Chap. VI. de ce Livre, §. 16. avec ma Note, où je renvoye à celles ſur GROTIUS.

(3) Voyez TITE LIVE, Lib. XXII. Cap. XXII. comme auſſi le diſcours d'*Indibilis*, dans le même Auteur, Lib. XXVII. Cap. XVII. celui de *Cn. Marcius* aux *Volſques*, dans DENYS d'*Halicarnaſſe*, Lib. VIII. & celui de *Ségeſte*, dans TACITE, Ann. Lib. I. Cap. LVIII. Voyez auſſi AMMIAN MARCELLIN. Lib. XVIII. Cap. XI. à la fin. Toutes citations de l'Auteur.

à ne commettre contre lui aucun acte d'hostilité : car cet engagement tacite n'a lieu que par rapport à ceux qui viennent en tems de Paix.

Si l'Etat ou le Souverain peut chasser, quand il lui plait, de ses terres quel de ses Sujets il veut ?

§. VI. Nous avons examiné, s'il est permis à un Citoyen de sortir de l'Etat ? On demande encore, si l'Etat de son côté, peut, quand il lui plaît, chasser un Citoyen sans qu'il l'ait merité par aucun Crime ? Ciceron (a) regarde avec raison comme un des fondemens de la Liberté, qu'*aucun Citoyen ne soit obligé malgré lui à sortir de l'Etat*. En vain objecteroit-on, que pour rendre les choses égales, il faut que si chaque Citoyen a la liberté de se retirer ailleurs quand il lui plaît, l'Etat à son tour ait pouvoir de le chasser quand bon lui semble. La raison de la différence est claire ; car quiconque entre dans un Etat, attache, du moins pour le présent, tous ses intérêts, tous ses biens & toute sa fortune à la protection de cet Etat ; desorte qu'il seroit ruiné, ou que du moins ses affaires y perdroient beaucoup s'il pouvoit être chassé à tout moment par pur caprice. Comme donc cela lui seroit fort fâcheux & fort préjudiciable, il est censé avoir stipulé de l'Etat, qu'il ne pourroit être chassé du Païs sans l'avoir mérité par quelque Crime (1). Mais il n'importe au contraire que peu ou point à l'Etat, que les Citoyens du commun ayent ou n'ayent pas la liberté de se retirer ailleurs comme bon leur semble : car lorsqu'on voit quelque Citoyen distingué qui peut être fort utile au Public, on sçait bien d'ordinaire le lier par des engagemens particuliers, qui ne lui permettent plus de sortir du Païs sans le consentement de l'Etat. Et l'Etat ne doit pas être jaloux de ce que ses Sujets ont à cet égard un peu plus de liberté qu'il n'en a par rapport à eux : Car le Souverain peut aisément mettre à la raison un Sujet qui ne se conforme pas à sa volonté ; au lieu que si un Sujet ne se trouve pas bien du Gouvernement, il ne lui reste d'autre ressource que la patience ou la retraite. D'ailleurs les Etats ont en main un moyen moins odieux d'éloigner les Citoyens suspects ou inutiles, & de dégager le Païs d'un trop grand nombre d'Habitans, c'est d'envoyer ailleurs des *Colonies* (b), dans lesquelles même chacun s'enrôle d'ordinaire volontairement, soit par l'espérance de vivre plus commodément dans le Païs où il va se transplanter, ou parcequ'il est bien aise de sortir d'un Païs où l'on le regarde de mauvais œil. Ces Colonies peuvent se former & se forment ordinairement en différentes manieres ; car tantôt elles demeurent toûjours attachées au Corps de l'Etat qui les a établies ; tantôt elles sont simplement tenues de témoigner du respect pour l'Etat d'où elles sont sorties, desorte qu'elles ont avec lui une espece d'Alliance Inégale ; tantôt enfin, elles font un nouvel Etat qui va du pair avec l'autre (c).

(a) Dans le passage cité ci-dessus, §. 2. *Note* 8.

(b) Voyez *Isocrat.* Orat. ad *Philipp.* pag. 106. E. Edit. *H. Steph.* & in *Panathen.* pag. 47. *Vell. Paterc.* Lib. I. Cap. I. *Dion. Halicarn.* Lib. I. Cap. 27. *Strab.* Lib. V. pag. 336. *Edit. Amst. Paul. Warnefrid. de gest. Longobard.* Lib. I. C. II. *Bacon Serm. fid.* Cap. XXXIII. Voyez aussi au sujet du *Ver sacrum* des Anciens, *Tit. Liv.* Lib. XXXIV. C. XLIV. *Dion. Halic.* Lib. I. Cap. XVI. & Lib. II. Cap. I. *Justin.* L. XXIV. C. IV. *Festus*, sur ce mot, & sur celui de *Mamertini* : *Plin.* Lib. III. C. XIII. *Hist. Nat.* & *Strab.* Lib. V. p. 149. *Edit. Amst.*

(c) Voyez *Garcilasso de la Vega.* Liv. VII. Chap. I.

Du *Bannissement*.

§. VII. On ne cesse donc d'être Citoyen d'un Etat malgré soi, que quand on est banni à perpétuité, en punition de quelque Crime vrai ou faux, pour lequel on a été condamné en Justice : Car, du moment que l'Etat ne veut plus reconnoître quelqu'un pour un de ses Membres, & qu'il le chasse de ses terres, il le tient quitte des engagemens où il étoit entant que Citoyen, & il ne conserve plus sur lui aucune Jurisdiction, comme le soûtient (1) *Iolas*, dans une Tragédie d'Euripide, au sujet des *Héraclides*, qui avoient été bannis d'*Argos*. Si l'on est banni pour un Crime supposé, c'est un cruel (a) outrage. Que si le Crime étoit veritable, c'est une Peine bien

(a) A moins que l'on ne soit de l'humeur de cet impudent *Marius* dont parle *Juvenal*, Sat. I, 49.

§. VI. (1) Voyez ce que l'Auteur a dit ci-dessus, Liv. I. Chap. IX. §. 2. où il apporte aussi une exception.

§. VII. (1) Ἐπεὶ γὰρ Ἄργους οὐδὲν ἔσθ' ἡμῖν ἔτι. *Heraclid.* vers. 186. Voyez Grotius, Liv. II. Chap. V. §. 25.

(2) Orat.

bien rigoureuſe, juſques-là que quelques-uns (b) l'ont jugée plus cruelle que la mort même. En effet, quand même par-là on ne perdroit pas ſes biens en même tems, c'eſt toûjours un grand embarras d'être obligé de les tranſporter ailleurs. Il n'eſt pas moins fâcheux de ſe ſéparer des perſonnes avec qui l'on avoit des liaiſons étroites (c). Enfin, c'eſt une choſe fort ignominieuſe d'être jugé indigne de demeurer dans un Etat : car ce que dit (2) CICERON, pour faire voir que l'Exil n'eſt pas une punition véritable, ſe rapporte uniquement aux idées & aux Coûtumes des *Romains*. Une perſonne néanmoins qui a été juſtement bannie de ſon païs, a non ſeulement dequoi ſe (d) conſoler par la vûe de ſon innocence; mais encore elle peut quelquefois dire aſſez raiſonnablement, comme fit *Diogene*, lorſqu'on lui reprochoit que ceux de *Sinope* l'avoient chaſſé de leur Païs : *C'eſt moi* (e), *qui les ait condamnez à demeurer chez eux.*

(b) Voyez *Philon, de Abrahamo, pag.* 359. A. *Edit. Pariſ.*

(c) Voyez *Oppian. Halieut* Lib. I. verſ. 274. *& ſeqq.*

(d) Voyez *Stobée*, Serm. XXXVIII.

(e) *Diog. Laert.* Lib. VI. § 49. *Edit. Amſtel.*

Comment on ceſſe d'être Citoyen d'un Etat, par l'effet d'une force ſupérieure de la part de l'Ennemi ?

§. VIII. UNE autre maniere de ſortir d'un Etat malgré ſoi, c'eſt lorſque, par la force des Armes, on eſt réduit à la néceſſité de ſe ſoumettre à une domination étrangere, ſoit que l'on demeure toûjours dans le Païs, ou que l'on ſoit tranſporté ailleurs. (1) Or, il eſt clair que cela eſt permis non ſeulement à chaque Citoyen, du moins tant qu'il n'a point d'autre engagement particulier avec l'Etat; (a) mais encore aux Villes & aux Provinces entieres, lorſqu'il ne paroît pas d'autre moyen de ſe ſauver.

(a) Voyez *Grotius*, Liv II. Chap VI. §. 5.

Si un Citoyen qui a été livré par l'Etat à quelque autre Puiſſance, ſans que celle-ci l'ait voulu recevoir, demeure toûjours Citoyen du premier ?

§. IX. IL arrive encore quelquefois qu'un Etat, pour ſe mettre à couvert de la Guerre, (1) livre un de ſes Sujets qui a fait quelque injure à un autre Etat. On demande, ſi celui qui a été ainſi livré, mais que l'Etat à qui on l'envoyoit, n'a pas voulu recevoir, demeure toûjours Citoyen de l'Etat qui l'a livré (a) ? Un ancien Juriſconſulte ſoûtenoit que non; (2) parceque livrer un Citoyen, c'eſt comme ſi on le

(a) Voyez *Grotius*, Liv. II. Chap. XXI §. 4. num. 6. *& ſuiv.*

(2) Orat. *pro A. Cæcina*, Cap. XXXIV. *Exſilium non ſupplicium eſt, ſed perfugium portuſque ſupplicii.* Voyez auſſi POLYB. Lib. VI. Cap. XII. C'eſt que, par les Loix anciennes, on ne pouvoit ôter à aucun Citoyen, malgré lui, le droit de bourgeoiſie. Voyez la Harangue du même Orateur, *Pro domo ſua*, Cap. XXIX. Or les Magiſtrats & les Tribunaux Politiques ne pouvoient pas, à cauſe des défenſes de la Loi *Porcienne* & de la Loi *Semprouienne*, pûnir de mort un Citoyen Romain, ſans le conſentement du Peuple. Pour ne pas laiſſer donc les crimes impunis, ſans donner d'ailleurs aucune atteinte au droit que chacun avoit de ne pas être chaſſé de l'Etat, on défendoit à chacun de fournir quoique ce fût : pas même du feu ni de l'eau à ceux qui étoient condamnez pour des crimes dignes de mort; deſorte que par-là ils étoient contraints de ſortir de l'Etat, & ils ſembloient néanmoins ſe bannir eux-mêmes volontairement, pour éviter la peine. Voyez ce que dit CESAR, dans SALLUSTE *Bell. Catilin.* Cap. L. page 261. *Edit. Waſſ.* Les *Ethiopiens* avoient une coûtume toute opposée, au rapport de DIOD. DE SICILE, Lib. III. Cap. V. Il faut au reste (ajoûtoit ici notre Auteur) prendre garde de ne pas en venir à impoſer la peine du Banniſſement, lorſque cela pourroit être prejudiciable à l'Etat; comme ſi celui, que l'on bannit, peut devenir un Ennemi dangereux. D'où vient que quelques Peuples, les *Turcs*, par exemple, & les *Moſcovites*, ne banniſſent perſonne. La même choſe avoit lieu parmi les anciens *Juifs*; mais ils le faiſoient pour une autre raiſon, ſçavoir, de peur que celui qui ſeroit banni, ne changeât de Religion. Au reſte, il y a de la différence entre être *banni*, & *relégué* : car la derniere punition qui eſt moins rigoureuſe, n'exclut pas entierement des droits de Citoyen; mais impoſe ſeulement la néceſſité de demeurer en un certain lieu, ou de ne point entrer dans certains endroits des terres de l'Etat. Voyez BRISSON. *Selečt. Antiq.* Lib. III. Cap. V. ANT. MATTH. *de crimin.* ad Tit. *de Pæn.* Cap. I. §. 6. 10. Tout ceci eſt de l'Auteur. Voyez encore les *Probabilia Juris* de Mr. NOODT, Lib. III. Cap. III. & XII.

§. VIII. (1) Voyez ci-deſſus, *Liv.* VII. *Chap.* VII. §. 4. Chap. VIII. §. 10. & *Liv.* VIII. *Chap.* V. §. 9.

§. IX. (1) Comme les *Grecs* demanderent autrefois aux *Thébains*, après la bataille de *Platée*, de leur livrer *Timégénide* & *Attagin*, Chefs de la faction qui avoit favoriſé les *Perſes*. HERODOT. Lib. IX. Cap. 85. Citation de l'Auteur.

(2) *Quem* [deditum hoſtibus] *hoſtes ſi non recepiſſent, quæſitum eſt, an Civis Romanus maneret? Quibuſdam exiſtimantibus manere, aliis contrà : quia quem ſemel Populus juſſiſſet dedi, ex civitate expuliſſe videretur : ſicut faceret, cum aqua & igni interdiceret. In qua ſententia videtur* Publius Mucius *fuiſſe. Id autem maximè quæſitum eſt in* Hoſtilio Mancino, *quem* Numantini *ſibi deditum non acceperunt : de quo tamen Lex poſtea lata eſt, ut eſſet Civis Romanus, & Præturam quoque geſſiſſe dicitur.* DIGEST. Lib. L. Tit. VII. *De Legationibus*, Leg. XVII. Voyez ce que j'ai dit ſur tout ceci, & aſſez au long, ſur GROTIUS; *Liv.* II. *Chap.* XXI. §. 4. *Note* 16. & *Liv.* III. *Chap.* IX. §. 8. Mr. NOODT, qui a depuis traité la matiere, dans le reſte de ſon Commentaire ſur le DIGESTE, *ad Tit. de Tutor. & Curator. dat.* page 551, *& ſeqq.* avouë, que l'opinion de *Q. Mucius Scævola* paſſa d'abord en régle de droit : mais il veut qu'enſuite celle de *Brutus* prévalut; & il l'infére de cette Loi même. J'avouë néanmoins, que je ne vois rien encore qui détruiſe les raiſons que j'ai alléguées dans les Notes auſquelles je viens de renvoyer.

bannissoit. Mais dans l'affaire d'*Hostilius Mancinus* (b), que les *Numantins* avoient renvoyé, la plûpart des Sénateurs furent d'un avis contraire, par cette raison entr'autres, que ce qui n'est pas accepté est censé n'avoir pas été donné. Pour moi, voici ce que je pense sur cette question. L'Etat qui a été offensé, avoit droit, sans contredit, de poursuivre par les armes, comme Ennemi, le Sujet de l'autre Etat. Celui-ci en livrant son Sujet, le met sous la puissance de l'Etat offensé, & lui donne droit de traiter le Coupable comme s'il eût toûjours dépendu de lui. Si cet Etat accepte le Citoyen étranger, l'autre Etat est dès-lors dépouillé de tout son droit sur ce Sujet, puisqu'il a lui-même consenti qu'il passât sous un autre domination. Mais si l'on renvoye le Citoyen offert, l'Etat qui l'avoit livré, peut alors ou le bannir entierement, ou le punir d'une autre maniere selon l'énormité du fait. Que si le Coupable n'a été ni reçu par l'autre Etat, ni banni du sien, il ne perd nullement le droit de Citoyen qu'il avoit dans celui-ci (3). Car, en livrant quelqu'un, on ne renonce point par cela seul purement & simplement à tous les droits qu'on avoit sur lui; mais seulement au cas, que celui à qui on le livre, accepte l'offre qu'on lui en fait. Ainsi, le Sujet livré n'est pas non-plus par cela seul privé de ses droits, à moins qu'il n'y ait là-dessus quelque Loi expresse, qui déclare retranchez de la Societé Civile tous ceux qui se trouveront dans ce cas-là.

(b) Voyez les Supplémens de *Freinshemius* sur *T. Live*, Lib. LV.

De ce que nous avons dit, il s'ensuit encore, que si l'offre ayant été acceptée, celui qui a été livré retourne ensuite par quelque hazard dans sa Patrie, (4) il n'y tiendra plus rang de Citoyen, à moins qu'il ne soit réhabilité; car le droit de *postliminie* n'est que pour ceux qui sont tombez entre les mains de l'Ennemi sans le consentement de l'Etat dont ils étoient Membres, & non pas pour ceux dont l'Etat s'est lui-même défait en faveur d'autrui.

CHAPITRE XII.

Des CHANGEMENS *& de la* DESTRUCTION DES ETATS.

Un Peuple ne laisse pas d'être le même, quoique la forme de son Gouvernement ait été changée.

§. I. L'ETAT reçoit du CHANGEMENT en trois manieres; car il s'y fait quelquefois des révolutions qui n'empêchent pas que ce ne soit toûjours le même Etat: quelquefois les révolutions vont jusqu'à faire que ce n'est plus le même Etat: quelquefois enfin elles le détruisent entierement.

La premiere sorte de changement arrive lorsqu'on introduit une nouvelle forme de Gouvernement, comme si une Monarchie dégénere en Aristocratie, ou si une Aristocratie ou une Démocratie s'érigent en Monarchie (a). Car en ces cas-là la *forme essentielle* de l'Etat demeure la même, il n'y a de changé que la *forme accidentelle*; c'est-à-dire, celle qui résulte du (1) *Sujet propre de la Souveraineté*. Ainsi, c'est toûjours le même Peuple, soit qu'il ait pour Chef un Roi, ou les Principaux de la Nation, ou l'Assemblée générale de tous les Citoyens. Lors même qu'un Peuple Libre vient à être conquis par un Roi, il ne laisse pas d'être toûjours le même Peuple, pourvû que le Vainqueur qui en est devenu maître, le veuille désormais gou-

(a) Voyez *Grotius*, Liv. II. Chap. IX. §. 8.

(3) C'est ce que CICERON soûtient, alléguant sur ce sujet l'exemple de *Mancinus*. *Ut religione Civitas solvatur, Civis Romanus traditur: qui cùm est acceptus, est eorum, quibus est deditus, si non accipiunt, ut Mancinum* Numantini, *retinet integram causam & jus civitatis*. Orat. *pro Cæcina*, Cap. XXXIV. *Nam neque deditionem, neque donationem sine acceptione intelligi posse*. Topic. Cap. VIII. Voyez aussi *de Oratore*, Lib. I. Cap. XL. Lib. II. Cap. XXXII.

(4) *An qui hostibus deditus, reversus, nec à nobis receptus, Civis Romanus sit, inter* Brutum & Scævolam *variè tractatum est. Et consequens est, ut civitatem non adipiscatur*. DIGEST. Lib. XLIX. Tit. XV. *De Captivis, & de Postlimin.* &c. Leg. IV.

CHAP. XII. §. I. (1) Voyez ci-dessus, Liv. VII. Chap. V. §. 1.

verner comme un Royaume à part, & non pas comme une Province annexée à ses anciens Etats. En effet, toute Communauté qui a sa Souveraineté particuliere, est ce que l'on appelle un *Peuple*: & il n'importe, eu égard à l'essence d'un tel Corps, que le Roi qui gouverne ait un Pouvoir Absolu ou Limité; car c'est toûjours un seul Corps.

§. II. DE ce que nous venons de dire, il paroît, comment on doit résoudre une question proposée par *Aristote*; sçavoir, si lorsqu'un Peuple passe du Gouvernement Absolu d'un Monarque, ou d'une Oligarchie, au Gouvernement Populaire; l'Etat ainsi devenu libre (a) doit garder les Traitez, les Contrats, & les autres actes du Roi, ou des Grands sous la domination desquels il étoit auparavant? Ceux qui soûtenoient la négative, se fondoient sur ce que (1) l'Etat ne pouvant être tenu que de son propre fait, n'étoit point obligé d'effectuer les engagemens d'un Monarque Absolu, ou d'un petit nombre de Grands, dont l'Autorité avoit été fondée uniquement sur la Force, & non pas sur quelque chose qui se rapportât au Bien Public; desorte qu'alors ce n'étoit pas proprement un Etat. Mais c'est-là sans contredit une raison frivole. Car, pour ne pas répéter ce que nous avons dit ailleurs (b) du caractere des *Tyrans*, une Tête malade ne laisse pas pour cela d'être une Tête: ainsi ce que les Chefs de l'Etat ont fait, quelque vicieux & déréglez qu'ils fussent, est censé fait par tout le Corps de l'Etat. Voudroit-on donc qu'un Etat malade ne fût plus du nombre des Societez Civiles? Au reste, cette question fut autrefois agitée parmi les *Athéniens*, après qu'on eût chassé les *Trente Tyrans*, qui avoient emprunté de l'argent aux *Lacédémoniens* au nom du Peuple d'*Athénes*. Comme les *Lacédémoniens* redemandoient leur argent, il fut résolu, à la pluralité des suffrages, que l'Equité & le bien de la Paix vouloit qu'on payât cette Dette des deniers publics; (2) *le Peuple Athénien ayant mieux aimé*, comme le dit DÉMOSTHÉNE, *contribuer pour l'acquit d'une Dette contractée par des Tyrans, que de souffrir qu'une Convention Publique ne fût pas executée*. Bien-plus, lors même qu'un Peuple vient à être réduit en forme de Province, & qu'il n'est plus par conséquent un Corps d'Etat, il n'est point dispensé pour cela de payer ce qu'il avoit emprunté auparavant: car il n'étoit pas Débiteur précisément entant que Corps d'Etat, mais entant que possédant certains biens en commun; desorte que la Dette est attachée à ces biens, à quelque Possesseur qu'ils passent.

Les Dettes Publiques ne s'anéantissent point par les changemens qui arrivent dans un Etat.

(a) Voyez *Grotius, ubi suprà*, num. 2, 3.

(b) Liv. VII. Ch. VIII. §. 3. & *suiv*.

§. III. LA chose ne souffre donc point, à mon avis, de difficulté, quand il ne s'agit que des Dettes contractées pour les besoins de l'Etat. Mais il est plus difficile de décider si cela a lieu généralement à l'égard de tous les actes & de tous les engagemens d'un Usurpateur qui a été chassé? Voici là-dessus ce qui me paroît le plus raisonnable.

Jusques où sont valables les actes & les engagemens d'un Usurpateur, après qu'il a été chassé?

§. II. (1) L'Auteur donnoit ceci pour deux raisons différentes: & cependant lui-même il ne le refute ensuite que comme une seule raison. La vérité est, qu'il n'y a qu'une seule raison, avec sa preuve: Car si l'Etat est dispensé, selon ceux dont ARISTOTE rapporte le sentiment, d'acquitter les Dettes, & de maintenir les autres actes d'un Monarque absolu, ou d'un petit nombre de Grands qui s'étoient emparez du Gouvernement: c'est parceque selon eux, il n'est pas censé avoir fait ce qui a été fait par un tel Roi & de tels Magistrats. Et la raison pourquoi il n'est pas censé l'avoir fait, c'est que la domination de ces gens-là n'étoit pas fondée sur l'utilité commune, mais uniquement sur la supériorité de leurs forces; & par conséquent qu'elle n'étoit pas légitime: d'où l'on inféroit que le Peuple ne devoit pas avouer ce qu'ils avoient fait en son nom, mais sans son consentement. Ἀπορῶσι γάρ τινες, πόθ᾽ ἡ πόλις ἔπραξε, καὶ πότε οὐχ ἡ πόλις· οἷον ὅταν ἐξ ὀλιγαρχίας ἢ τυραννίδος γένηται δημοκρατία. τότε γὰρ οὔτε τὰ συμβόλαια ἔνιοι βούλονται διαλύειν, ὡς οὐ τῆς πόλεως, ἀλλὰ τοῦ τυράννου λαβόντος· οὔτ᾽ ἄλλα πολλὰ τῶν τοιούτων, ὡς ἐνίας τῶν πολιτειῶν τῷ κρατεῖν οὔσας, ἀλλ᾽ οὐ διὰ τὸ κοινῇ συμφέρον. Politic. *Lib.* III. *Cap.* I. in fin. *Edit. Heins.*

(2) Φασὶ τὸν δῆμον ἑλέσθαι συνεισενέγκειν αὐτὸν καὶ μεταχεῖν τῆς δαπάνης, ὥστε μὴ λῦσαι ὡμολογημένων μηδέν. *Orat. contra Leptin.* vers le commencement, *page* 873. B. *Edit. Basil.* 1572. ISOCRATE (comme le remarquoit encore notre Auteur) parle aussi de ce fait, dans son *Aréopagitique*, page 153. *Edit. H. Steph.*

Si celui qui avoit envahi un Etat a fait quelque Alliance avec d'autres Etats contre un Ennemi commun, & qu'il leur ait ensuite donné ou vendu une partie du Butin; l'Alliance, la Donation & la Vente subsistent, même après l'expulsion de l'Usurpateur. Car en vertu de ces actes, les autres Etats ont acquis un droit valable, puisqu'ils ont traité avec l'Usurpateur comme avec le Chef de l'Etat, dont il avoit en main le Gouvernement, & que ces actes tendoient à l'avantage du Peuple, sans renfermer d'ailleurs en eux-mêmes aucun vice capable de les annuller. Du reste, ils n'avoient que faire de s'embarrasser si celui avec qui ils traitoient étoit en possession du Gouvernement à titre juste ou injuste.

Mais si l'Usurpateur a vendu à quelqu'autre Etat des biens extorquez ou ravis injustement aux Citoyens opprimez, ceux-ci pourront-ils les revendiquer ensuite, lorsque le tems le permettra? Un (a) Auteur Moderne prétend, que si les Acheteurs ont sçu par quelle voye le Vendeur avoit acquis de tels biens, ils doivent reconnoître leur faute, & se résoudre à perdre ce qui n'avoit pû être légitimement ni vendu ni acheté; que s'ils ont ignoré le vice de l'acquisition, leur bonne foi ne les dispense pas pourtant de restituer la chose à son véritable Maître. Il faut avouer que cette décision est fort plausible devant le Tribunal de la Conscience. Mais, à considerer les idées & l'usage commun des Peuples, je ne vois pas en vertu dequoi ceux qui ont été ainsi dépouillez de leurs biens, pourroient les redemander aux Etrangers qui les ont achetez; car, tant que l'Usurpateur ne se soûtient que par la Force, il est regardé comme Ennemi de l'Etat; & par conséquent ce qui a été transporté dans un autre Etat, du Butin que l'Usurpateur a fait sur les Citoyens, ne peut pas être revendiqué non-plus que les autres (1) choses mobiliaires acquises par droit de Guerre. Que si la domination de l'Usurpateur est devenue légitime par le consentement des Citoyens qui s'y sont soumis ou expressément ou tacitement; les Etrangers peuvent alors tenir pour légitimement confisquez, les biens dont il avoit dépouillé les Citoyens. En effet, comme les Etats Neutres, par cela même qu'ils sont tels, se réglent ordinairement & doivent se régler sur le fait, laissant à quartier le droit entre deux Princes ou Peuples qui sont en Guerre; ce qui les autorise à regarder les actes d'hostilité comme légitimes de part & d'autre: de même, ce n'est pas aux Etrangers à se mêler de ce qui se passe dans un autre Etat par rapport aux révolutions du Gouvernement.

(a) *Boecler.* Dissert. *De eo quod agit Civitas*, Tome I. Diss. Academ. *page* 866.

Mais pour ce qui regarde les actes d'un Usurpateur, dont l'effet est renfermé au-dedans de l'Etat même, (2) le Souverain légitime qui rentre dans ses droits, peut annuller ces actes autant qu'il le juge à propos pour le bien Public. Et cela a lieu non seulement en matiere des Loix que l'Usurpateur a établies, mais encore à l'égard de ses Donations, ou autres Aliénations de biens dont il ne pouvoit disposer en faveur de personne, sans préjudice de l'Etat & des Loix du País.

Quel rang doit avoir, parmi les autres Puissances, un Etat dont le Gouvernement a été changé, ou son nouveau Chef?

§. IV. Une autre question que l'on agite ici, c'est, quel rang doit tenir parmi les autres Puissances un Royaume érigé en République, ou un Prince qui a acquis la Souveraineté d'un Peuple auparavant Libre? Grotius (a) répond simplement, que le Peuple doit, après cette révolution, avoir le même rang qu'avoit son Roi; & le Roi, le même rang qu'avoit autrefois le Peuple. (1) Mais, à mon avis, il faut distinguer si le Roi, par exemple, qui est devenu maître d'une République, demeure Membre de la même Assemblée, ou du même Corps d'Etats Confédérez; ou bien

(a) Liv. II. Chap. IX. §. 8. *num.* 4.

§. III. (1) Voyez Grotius, Liv. III. Chap. IX. §. 14.

(2) Consultez encore ici Grotius *Liv.* II. *Chap.* XIV. §. dernier. Mr. Hertius allégue ici l'exemple des *Atheniens*, qui annullerent tous les actes publics & particuliers, qui avoient été faits sous les *Trente Tyrans*: Demosthen. *Orat. adv. Timocrat.* page 469. B. Et de l'Empereur *Honorius*, qui en fit de même à l'égard du tems de l'usurpation, d'*Heraclien*: Cod. Theodos. Lib. XV. Tit. XIV. *De infirmandis his quæ sub Tyrannis aut Barbaris gesta sunt.*

§. IV. Mais Grotius ne parle que d'Etats *Confédérez*, demeurant tels.

s'il veut désormais renoncer à la Société, & ménager à part ses affaires. Dans le premier cas, il ne sçauroit sans contredit prétendre d'autre rang que celui qu'avoit le Peuple dont il est devenu Souverain, quelque grande que soit la splendeur & la Majesté de la dignité Royale. Par la même raison, un Peuple qui s'est érigé en République, a droit de prétendre dans l'Assemblée commune, le même rang, que ses Rois y occupoient. Mais si le Roi ou le Peuple, se séparent entierement du Corps des Etats Confédérez, ils ne seront point tenus alors de céder le pas à ceux qui avoient autrefois la préséance dans l'Assemblée commune; (2) tous les Souverains étant naturellement égaux.

§. V. 2. La seconde sorte de changement, c'est-à-dire, celui qui fait qu'un Etat ne paroît plus le même, arrive principalement en deux manieres: car quelquefois d'un seul Etat il s'en forme deux ou plusieurs distincts; quelquefois au contraire deux ou plusieurs Etats se réunissent en un. Dans le premier (a) cas, la division se fait, ou par un consentement mutuel des parties de l'Etat qui se séparent, ou par droit de Conquête. On consent à faire plusieurs Etats d'un seul, lorsqu'on envoye des *Colonies*, sur le pié que le pratiquoient autrefois les *Grecs*: car les Colonies de presque tous les Peuples d'*Europe*, aussi bien que celles des anciens *Romains*, demeurent toûjours Membres de l'Etat d'où elles sortent; au lieu que celles des *Grecs* formoient autant d'Etats séparez & indépendans (b), quoiqu'elles fussent tenues de témoigner un respect tout particulier pour l'Etat qui leur avoit donné la naissance, & de regarder leur ancienne Patrie comme leur Mere. Il faut avouer néanmoins, qu'à parler exactement, l'Etat en lui-même n'est point changé, pour avoir envoyé quelque Colonie: tout ce qui résulte de là, c'est que l'Etat en produit un autre de même qu'un Animal en engendre un autre, sans cesser pour cela d'être le même Individu. Au reste, une Colonie de cette nature n'est point obligée d'acquitter les Dettes contractées par l'Etat d'où elle est sortie; à moins qu'il n'y ait eu là-dessus quelque Convention expresse, par laquelle la Colonie s'y soit engagée en partant: car ces Dettes sont directement & immédiatement attachées aux biens de l'Etat, ausquels on suppose que la Colonie n'a plus de part. Et quoique les Membres de la Colonie puissent avoir quelque avantage des dépenses pour lesquelles on avoit emprunté cet argent; la Patrie en les congédiant, & se démettant de tout son pouvoir sur eux, déclare hautement par cela seul, qu'elle ne leur demandera jamais rien sous ce prétexte. Mais si un Royaume se divise en deux ou plusieurs Etats par un commun consentement des Provinces qui se séparent, alors il est juste que les Dettes, aussi-bien que le Trésor & le Domaine Public, se partagent également: toutes choses néanmoins qui sont ordinairement réglées par quelque Convention expresse, sans quoi il ne peut guéres arriver que la séparation se fasse volontairement.

De la révolution qui arrive lorsque d'un Etat il s'en forme plusieurs.

(a) Voyez *Grotius*, ubi suprà §. 10.

(b) Voyez *Thucyd.* Lib. I. Cap. 34. *Henr. Vales. ad excerpta Peiresc.* p. 6, 7. & *Hobbes de Cive*, Cap. IX. §. 8.

§. VI. L'autre sorte de changement, qui fait qu'un Etat n'est plus le même, c'est, comme nous l'avons dit, lorsque deux ou plusieurs Peuples s'unissent, non par une Alliance ou une Confédération perpétuelle, ni par la dépendance d'un Roi commun; mais ensorte que de deux ou plusieurs Etats, il en résulte un seul. Grotius (a) croit, qu'en ce cas-là les droits qu'avoit auparavant chacun des Etats réunis, ne se perdent pas, mais deviennent communs à tout le Corps, aussi-bien que les Dettes & les autres charges; à moins qu'on n'en dispose autrement par quelque Convention. Il faut bien remarquer pourtant, que cela n'arrive que quand deux ou plusieurs Peuples s'unissent de telle maniere qu'ils forment désormais un seul & même Etat, où tous joüissent d'un droit égal, & vivent sous les mêmes Loix, comme si

De la réunion de plusieurs Etats en un.

(a) Ubi suprà, §. 9. Voyez *Tit. Liv.* Lib. I. Cap. LII. au commencement.

(2) Voyez ci-dessus, *Chap.* IV. de ce dernier Livre, §. 20, & suiv.

deux Peuples différens, dont le Gouvernement étoit Démocratique, se soumettent à un même Roi, pour ne composer ensemble désormais qu'un seul Royaume; ou si deux Royaumes, abolissant l'une & l'autre leurs Loix Fondamentales, & ôtant la Couronne aux Familles Régnantes qui la possedoient depuis long-tems, fondent ensemble un seul Royaume: car en ces cas-là les anciens Etats ne subsistent plus entant que tels, & il en naît un tout nouveau. Mais lorsque l'un des Etats, qui s'unissent ensemble, conserve son ancien Gouvernement avec les terres qu'il occupoit, pendant que les Citoyens de l'autre, sortant de leur Païs, vont s'établir dans le sien pour y vivre sous les mêmes Loix; le dernier à la verité n'est plus un Etat, mais le premier sans contredit demeure toûjours le même, quoique par cette jonction il s'accroisse considérablement. Du reste, l'union de plusieurs Etats différens, dont chacun demeure ce qu'il étoit, ne sçauroit se faire que par une étroite & perpétuelle Confédération, (1) d'où résulte un Corps composé de plusieurs Etats distincts, & non pas un seul Etat proprement ainsi nommé.

En quel sens les peuples sont immortels?

(a) Voyez *Grotius, ubi suprà*, §. 3.

(b) Voyez *Virg. Georg.* Lib. IV. vers. 205. & *seqq.* & *Lucian de Amorib.* page 188. *Ed. Amst.* Tome I.

§. VII. Enfin, un Etat est entierement détruit, lorsque le Corps du Peuple vient (a) à se dissoudre, ou à s'éteindre tout-à-fait. Car le commun Proverbe, qui porte, que *les Rois (1) sont mortels, mais que les Etats sont immortels*, ne signifie pas que les Peuples ne puissent être ni éteints, ni dissipez par quelque accident violent & extraordinaire; mais seulement qu'ils ne sont pas comme une Personne Physique, ou comme chaque Homme, qui périt au bout d'un certain tems, par un effet inévitable de la constitution naturelle; au lieu que quand les Membres d'un Etat meurent, ou quittent le Païs, il en succede perpétuellement d'autres, ou par (b) la propagation de l'espece des Naturels du Païs, ou par la substitution des Etrangers qui viennent s'établir dans l'Etat; desorte qu'à cause de cette succession perpétuelle, le Peuple est toûjours censé le même, & joüit des mêmes droits, quoique les Particuliers, dont il étoit composé, ayent été plusieurs fois remplacez par d'autres. Selon les anciens Philosophes, *il y (2) a des Corps composez de parties séparées, comme une Flotte, une Armée: d'autres qui ont leurs parties attachées ensemble par l'industrie humaine, comme une Maison, un Navire: d'autres enfin, dont les parties sont naturellement unies, tels sont tous les Animaux.* On peut faire une division plus exacte, de cette maniere. Un *Corps* en général est tout ce qui a des parties unies ensemble par quelque constitution ou quelque liaison durable, qui fait qu'il est *un*, & qu'on le regarde comme tel.

§. VI. (1) Voyez ci-dessus, *Liv.* VII. *Chap.* V. §. 18.

§. VII. (1) *Principes mortales, Rempublicam aeternam esse.* Tiber. *apud.* TACIT. Annal. Lib. III. Cap. VI. Voyez aussi. T. LIVE, Lib. XXVIII. Cap. XXVIII. *num.* 11, 12. PLUTARQUE, dit qu'un *Etat* est comme un Animal, qui ne devient pas différent de lui-même par les changemens qui lui arrivent avec le tems, & qui a divers âges, sans changer pour cela de nature; mais qui a toûjours les mêmes proprietez essentielles, & est responsable ou louable de tout ce qu'il fait, ou qu'il a fait, comme tel, tant que le lien qui le forme, subsiste en son entier: desorte que concevoir un Etat, comme différent, par cela seul que les Membres qui le composoient sont une nouvelle Génération, & que les Siécles ont changé, c'est comme si d'un seul Homme on faisoit plusieurs Personnes distinctes, selon qu'il est Enfant, adolescent, ou vieillard. Ἓν γάρ τι πρᾶγμα καὶ συνεχὲς ἡ Πόλις, ὥσπερ ζῶον, οὐκ ἐξιστάμενον αὑτῆς ταῖς καθ' ἡλικίαν μεταβολαῖς, οὐδ' ἕτερον ἐξ ἑτέρου τῷ χρόνῳ γινόμενον, ἀλλὰ συμπαθὲς ἀεὶ καὶ οἰκεῖον αὑτῇ, καὶ πᾶσαν ὧν πράττει κατὰ τὸ κοινὸν ἢ ἔπραξεν αἰτίαν καὶ χάριν ἀναδεχόμενον, μέχρις ἂν ἡ ποιοῦσα ταῖς ἐπιπλοκαῖς κοινωνία, τὴν ἑνότητα διαφυλάττῃ. τὸ δὲ πολλὰς πόλεις διαιροῦντα τῷ χρόνῳ ποιεῖν, μᾶλλον δὲ ἀπείρους, ὅμοιόν ἐστι τῷ πολλοὺς τὸν ἕνα ποιεῖν ἄνθρωπον, ὅτι νῦν πρεσβύτερός ἐστι, πρότερον δὲ νεώτερος, ἀνωτέρω δὲ μειράκιον ἦν. *De sera Numinis vindicta*, pag. 559. A.

(2) Τῶν σωμάτων οἱ φιλόσοφοι τὰ μὲν ἐκ διεστώτων λέγουσιν εἶναι, καθάπερ στόλον καὶ στρατόπεδον. τὰ δὲ ἐκ συναπτομένων, ὡς οἰκίαν καὶ ναῦν· τὰ δὲ ἡνωμένα καὶ συμφυῆ, καθάπερ ἐστὶ τῶν ζώων ἕκαστον. PLUTARCH. *in Conjugal. Praecept.* page 142. F. Voyez SENEC. Epist. CII. DIGEST. Lib. VI. Tit. I. *De rei vindicat.* Leg. XXIII. §. 5. & Lib. XLI. Tit. III. *De Usurpat. seu Usucapion.* Leg. XXX. CUJAS, *Observat.* XV, 33. XXVI. *Cap. ult.* Toutes citations de l'Auteur.

Cette *liaison* est ou *Physique*, ou *Artificielle*, ou *Morale*. La *liaison Physique*, c'est celle qui unit les parties des Corps Naturels. La *liaison Artificielle*, c'est celle qui est un effet de l'industrie humaine, par laquelle plusieurs choses naturellement séparées sont jointes ensemble, ensorte qu'elles semblent desormais unies par la Nature même. La *liaison Morale*, c'est celle qui doit uniquement son origine à l'institution humaine, en vertu de laquelle plusieurs Individus distincts & séparez sont censez ne faire ensemble qu'un seul Tout. Cette derniere sorte de liaison pourroit être conçue par rapport aux Bêtes, aussi-bien que par rapport aux Hommes; par exemple, dans l'idée d'un Troupeau de Bêtail: cependant on ne l'applique guéres qu'aux Hommes. De-là résultent trois sortes de Corps, les *Corps Physiques*, les *Corps Artificiels*, & les *Corps Moraux*; qui ont (3) tous ceci de commun, qu'ils paroissent demeurer les mêmes, tant que le lieu originaire, qui les a formez, n'est pas dissous tout à la fois. Ainsi un Homme ne laisse pas de passer pour la même personne, quoique les petites parties de son Corps ayent changé perpetuellement (c) par la transpiration & par la nourriture. De même plusieurs Anciens ont soûtenu, (4) que le Vaisseau de *Thésée* (d) étoit toûjours le même, quoiqu'avec le tems il eût été si fort raccommodé, qu'il n'y restoit pas une seule des Planches dont il avoit été construit. A plus forte raison doit-on penser la même chose d'un Etat, qui, comme le disoit un ancien Philosophe, ne reçoit pas avec le tems de si grands changemens, que chaque personne dont il est composé. (e) Car si l'on a été quelques années sans voir un de ses Amis, on le trouve si fort changé & pour l'air, & souvent même pour les manieres, qu'on ne le reconnoît presque plus: Au lieu qu'après avoir été trente ans hors d'un Etat, on y trouve, à son retour, non seulement les mêmes Bâtimens, mais encore les mêmes Loix, les mêmes Mœurs, & les mêmes Coûtumes. Il faut avouer néanmoins, qu'au bout d'un certain tems on ne sauroit regarder un Peuple comme le même, à l'égard de (5) tous les effets de droit, ou de tout ce que l'on peut exiger de lui.

(c) Voyez *Lucret.* Lib. III. vers. 860. *& seqq. Senec.* Ep. LVIII. *Plutarch. de EI apud Delphos*, page 392. A.B. & *Th. Browne, Relig. Med.* Sect. XXXVI.

(d) *Plutarch. in Thes.* page 10. C. Voyez *Denys d'Halicarn.* Lib. I. Cap. LXXX. page 64, 65. *Edit. Oxon.* où il parle de la Cabane de *Romulus. Alex. ab Alexand.* Lib. III. Cap. I. *Piccard. ad Politic. Aristot.* Lib. III. Cap. III.

(e) *Plutarque*, De sera Numin. vindict. pag. 559. B. C. Tome II. *Edit. Wech.*

Comment le fond même du Peuple vient à périr?

§. VIII. Mais, quoique les Peuples soient immortels dans le sens que nous venons de l'expliquer, ils peuvent sans contredit être entierement détruits. Cela arrive non seulement lorsque la *matiere* ou le fond même du Peuple, vient à périr, c'est-à-dire, la Multitude de Citoyens qui le composoient; mais encore quand la *forme* est anéantie, c'est-à-dire, lorsque le lien Moral, qui formoit le Corps du Peuple, vient à être dissous.

Le *fond même du Peuple* est détruit, ou lorsque toutes ses parties, sans lesquelles il ne sauroit subsister, périssent en même tems, ou lorsqu'elles se désunissent, ensorte qu'elles ne forment plus de Corps Moral. A l'égard des Peuples qui sont éteints tout

(3) C'est la décision des Jurisconsultes Romains. *Respondi*, (Alfenus) *non modo si unus, aut alter, sed & si omnes Judices mutati essent; tamen & rem eadem, & judicium idem, quod antea fuisset, permanere. Neque in hoc solum evenire, ut partibus commutatis eadem res esse existimaretur, sed & in multis ceteris rebus: nam & legionem eamdem haberi, ex qua multi decessissent, quorum in locum alii sub lecti essent: &* populum *eumdem hoc tempore putari, qui abhinc centum annis fuisset, cum ex illis nemo nunc viveret: itemque* navem, *si adeo sæpe refecta esset, ut nulla tabula eadem permaneret, quæ non nova fuisset, nihilominus eandem navem esse existimari. Quod si quis putaret, partibus commutatis aliam rem fieri: fore, ut ex ejus ratione nos ipsi non iidem essemus, qui abhinc anno fuissemus; propterea quod, ut Philosophi dicerent, ex quibus particulis minimis consisteremus, hæ quotidie ex nostro corpore decederent, aliaque extrinsecus in earum locum accederent. Quapropter cujus rei species eadem consisteret, rem quoque eamdem esse existimari.* DIGEST. Lib. V. Tit. I. *De judiciis*, &c. Leg. LXXVI.

(4) Voyez le DIGEST. Lib. VII. Tit. IV. *Quibus mod. Ususfr. vel Usus amitt.* Leg. X. §. 1. & 7. Cette derniere Loi semble ne pas s'accorder avec deux autres, sçavoir, Lib. XLVI. Tit. III. *De solut. & liberationib.* Leg. XCVIII. §. ult. *Lib.* XLV. Tit. I. *De Verbor. Obligation.* Leg. LXXXIII. §. 5. C'est ce que disoit notre Auteur, & il a raison. Dans la Loi du Titre *Quib. mod. Ususfr.* ULPIEN se range de l'opinion des Jurisconsultes *Sabiniens*, qui croyoient, que quand on a démoli une Maison, ou défait toutes les piéces d'un Vaisseau, quoiqu'à dessein de le refaire aussi-tôt l'un & l'autre, ce n'est plus ni la même Maison, ni le même Vaisseau; & par conséquent le droit d'Usufruit, que quelqu'un y avoit, s'éteint. Mais dans les deux autres Loix, PAUL soûtient clairement le contraire. Mr. NOODT l'a reconnu de bonne foi, dans son beau Traité *De Usufructu*, Lib. II. Cap. XI.

(5) Voyez le Chapitre III. de ce dernier Livre, §. 39.

d'un coup par un Carnage, par une Inondation, par un Tremblement de terres, &c. on demande si, lorsqu'il reste quelques Citoyens qui ont eu le bonheur d'échapper à ces accidens tragiques, mais en si petit nombre qu'ils ne sçauroient faire un Corps de Societé Civile; si, dis-je, ces gens-là conservent les droits qu'avoit l'ancien Peuple? GROTIUS (a) croit, qu'ils peuvent bien hériter de ce que les Citoyens possedoient entant que simples Particuliers, mais non pas de ce qui appartenoit au Peuple considéré comme tel, ou comme un Corps d'État; c'est-à-dire, qu'ils peuvent s'approprier les biens & les droits particuliers des Citoyens qui ont péri, mais non pas la Souveraineté, avec les droits & les biens qui y étoient attachez. Mais, supposé que ces gens-là ayant été réduits à un si petit nombre par quelque autre accident que la Guerre, se trouvent assez forts pour se défendre quelque tems eux-mêmes contre les invasions des Etrangers, jusqu'à ce que, par la jonction de plusieurs autres, ils forment de nouveau un Corps de Societé Civile d'une juste étendue (b); je ne vois pas pourquoi ils ne succéderoient pas alors à tous les droits de l'ancien Peuple: d'autant plus qu'on n'a pas encore déterminé par une régle générale, combien de Peres de Famille il faut pour former un Peuple; & que même, un assez petit nombre suffisoit dans les commencemens des Societez Civiles. L'usage qu'on fait (1) du mot de *Peuple*, dans le langage ordinaire, semble favoriser cette pensée. (c) Le *fond du Peuple* est aussi détruit, lorsque la Multitude des Citoyens se dissipe & se desunit, ou par une sédition, ou à cause de la peste, ou par la (2) violence d'un Ennemi qui les chasse, ensorte qu'ils ne peuvent plus se rallier. Ainsi c'étoit plûtôt pour se flatter d'avoir donné la naissance à un Etat illustre, & pour lui faire la cour, qu'en vertu d'une prétension bien fondée, que les (d) Habitans de la nouvelle *Troye* se disoient autrefois les Ancêtres des *Romains*.

(a) Liv. II. Chap. IX. §. 4. Voyez *Digest.* Lib. VII. Tit. IV. *Quibus modis usufruct. amittatur*, &c. Leg. XXI. XXXI.

(b) Voyez *Justin.* Lib. V. Cap. VI. num. 5.

(c) Voyez *Grotius*, *ubi suprà*, §. 5.

(d) Voyez *Justin.* Lib. XXVIII. C. I. & Lib. XXXI. Cap. VIII.

Comment la forme du Peuple vient à etre détruite?

§. IX. LA *forme* du Peuple (a) est détruite, lorsqu'on le dépouille ou en tout, ou en partie, des droits communs dont il joüissoit entant que Peuple. La communauté de droit & de Loix finit entierement, lorsque les Citoyens étant dissipez entrent dans d'autres Etats, soit qu'ils y deviennent Esclaves, ou non. Et cette communauté ne subsiste plus qu'en partie, lorsque les Citoyens, sans perdre leur liberté personnelle, & sans sortir de leurs Villes ou de leurs Terres, passent sous la domination d'un autre (b) Etat, ou sont réduits, comme on parle, (1) en forme de Province. Mais le seul changement de demeure, ou la démolition des Murailles & des Fortifications d'une Ville, n'empêchent pas qu'un Peuple ne soit toûjours le même qu'auparavant.

(a) Voyez *Grotius*, *ubi suprà*, §. 6.

(b) Voyez l'exemple de la ville de Capoue, dans Tite Live, Lib. XXVI. Cap. XVI.

§. VIII. (1) *Quindecim liberi homines populus est.* APULEIUS, *in Apol.* Dans OVIDE, Metam. VI, 197. *Niobe* appelle un *Peuple*, ses quatorze enfans. Voyez JUSTIN. Lib. X. Cap. I. num. 6. [& GRÆVIUS sur HESIODE, dans le *Bouclier d'Hercule*, vers. 479.] Dans le *Digeste* il est dit, que si un *Corps* se trouve réduit à une seule personne, elle conserve le nom & les droits de ce Corps. *Sed si universitas ad unum redit, magis admittitur, posse eum convenire, & conveniri: cùm jus omnium in eum reciderit, & stet nomen universitatis*, *Lib.* III. Tit. IV. *Quod cujuscumque Universit. nomine*, &c. Leg. VII. §. 2. Il faut pourtant que cette personne cherche au plûtôt de nouveaux Collégues, qui prennent la place de ceux qui manquent. Tout ceci est de l'Auteur. Ajoûtons sur cette matiere en général, un beau passage de CICERON, où il dit qu'un Etat n'est point sujet à la Mort Naturelle, & que lorsqu'il vient à périr, c'est pour ainsi dire, comme si tout le monde étoit détruit. *Civitatibus autem mors ipsa pœna est, quæ videtur à pœna singulos vindicare; debet enim constituta sic esse civitas, ut æterna sit. Itaque nullus interitus est Reipublicæ naturalis, ut Hominis, in quo mors non modo necessaria est, verùm etiam optanda persæpe. Civitas autem quum tollitur, deletur, extinguitur, simile est quodammodo, ut magnis parva conferamus, ac si omnis hic mundus intereat ac concidat.* Apud. *Augustin.* De Civit. Dei, Lib. XXII. Cap. VI.

(2) Notre Auteur renvoye ici à BUCHANAN. *Rer. Scotic.* Lib. IV. vers la fin, où l'on voit comment les *Ecossois* furent dispersez par *Maximus*. Mais (dit un habile Ecossois, Mr. CARMICHAEL,) Not. in PUFEND. *De Offic. Hom. & Civ.* Lib. II. Cap. ult. §. ult.) l'exemple n'est point à propos; car la suite fit bien voir, que les *Ecossois* n'avoient pas été tellement mis en déroute, qu'ils ne pussent se rallier.

§. IX. (1) Voyez ci dessus, *Liv.* VII. *Chap.* V. §. 16.

Fin du Huitiéme & dernier Livre.

JOANNIS

www.ingramcontent.com/pod-product-compliance
Lightning Source LLC
Chambersburg PA
CBHW070412090426
42733CB00009B/1636

* 9 7 8 2 0 1 3 5 2 6 4 6 3 *